Julius Frauenstädt

Das sittliche Leben

Julius Frauenstädt

Das sittliche Leben

ISBN/EAN: 9783957006189

Auflage: 1

Erscheinungsjahr: 2015

Erscheinungsort: Norderstedt, Deutschland

© Verlag der Wissenschaften in Vero Verlag GmbH & Co. KG. Alle Rechte beim Verlag und bei den jeweiligen Lizenzgebern.

Webseite: http://www.vdw-verlag.de

Cover: Sandro Botticelli "die Geburt der Venus"

Das sittliche Leben.

Das sittliche Leben.

Ethische Studien

von

Julius Frauenstädt.

Leipzig:
F. A. Brockhaus.

1866.

Vorrede.

Die hier vorliegenden Studien sind zwar zunächst nur aus dem persönlichen Bedürfniß hervorgegangen, mit mir selbst über die in ihnen behandelten Gegenstände auf's Reine zu kommen; daß sie aber auch einem allgemeineren, in unserer Zeit liegenden Bedürfniß entsprechen, dessen bin ich gewiß. Denn längst hat man erkannt, daß im sittlichen Leben so gut, wie im physischen, Gesetze walten, und hat deshalb an die ethische Wissenschaft die Forderung gestellt, dieselbe Methode der Forschung anzuwenden, durch welche die Naturwissenschaft so Großes und Glänzendes geleistet hat. Aber es ist meistens bisher bei der Forderung geblieben. Die wirkliche Behandlung der Ethik litt bisher noch an demselben Fehler, an welchem überhaupt die a priori construirende nachkantische, in der Richtung von Fichte, Schelling und Hegel fortgebildete Philosophie litt. Man glaubte, ein wissenschaftliches System zu haben, wenn man in ein a priori fertig gemachtes Fachwerk von Kategorien die Dinge unterbrachte, so gut als es ging, sie mochten nun in die künstlichen Fächer hineinpassen oder nicht; während doch ein wahres, natürliches System nicht vor den Dingen fertig ist und diese hinterher nach seinen Begriffen beugt, sondern erst aus der erfahrungsmäßig erkannten Beschaffenheit der Dinge hervorgeht. Sehr wahr sagt Drobisch: „Daß Eintheilungen nach einem vorher bestimmten allgemeinen Fachwerk, z. B. den Kant'schen Kategorien, den Fichte'schen oder Hegel'schen Trichotomien, sehr häufig den Gegenständen Gewalt anthun, indem sie dieselben entweder in zu enge Formen pressen, oder ihnen Eintheilungsglieder aufnöthigen, zu denen der Stoff nicht vorhanden ist, kann jetzt als eine nicht nur bekannte, sondern auch anerkannte Erfahrung angesehen werden." *)

Jene falsche, den Dingen Gewalt anthuende, von Hegel auf den Gipfel getriebene Systemmacherei hat mit dazu beigetragen, die deutsche Philosophie in Verachtung zu bringen. Nur die besseren Systeme, wie das Herbart'sche und Schopenhauer'sche, konnten sie noch in einiger Achtung erhalten und vor gänzlichem Verfall bewahren.

Vorliegende „ethische Studien" wollen nichts mit jener falschen Richtung der Philosophie gemein haben. Sie gehen nicht darauf aus, System zu machen, sondern die Sache zu Worte kommen zu lassen. Dennoch liegt in ihnen ein System, und zwar ein wahreres und natürlicheres, als in den aus der oben bezeichneten falschen Richtung hervorgegangenen Ethiken, — wenigstens die Grundzüge eines solchen Systems. Nachdem ich die Dinge im Einzelnen erforscht hatte, war ich selbst überrascht von der durchgängigen Uebereinstimmung der aus ihnen gewonnenen Gedanken.

---

*) „Neue Darstellung der Logik", 3. Aufl., §. 124.

Daher ich mich in spätern Abschnitten auf Früheres berufen, so wie in frühern auf Späteres verweisen konnte.

Einen Gegenstand, der bisher so gut wie ganz vernachlässigt worden ist, habe ich seiner Vernachlässigung entzogen und mit besonderer Ausführlichkeit behandelt, ja habe ihm die ganze zweite Abtheilung gewidmet, — der Untersuchung nämlich des Zusammenhanges, in welchem das sittliche Leben mit dem physischen, psychischen, socialen, politischen, allgemein geistigen Leben steht, und der theils hemmenden, theils fördernden Einflüsse, die es von daher empfängt. Die bisherigen Ethiken waren meist nur abstracte Sittenlehren, systematische Darstellungen der Tugenden, Pflichten und Güter. Da aber das sittliche Leben kein isolirtes ist, sondern mit andern Lebensgebieten in vielfacher Berührung steht, so ist jene abstracte, isolirende Behandlung eine ungenügende, und es ist endlich Zeit, die Zusammenhänge, in denen das sittliche Leben mit anderartigem Leben steht, in den Bereich der ethischen Untersuchung zu ziehen. Erst dadurch wird die Ethik eine lebensvolle Wissenschaft, geeignet, aus dem engen Kreise der Schulen herauszutreten und die Theilnahme des größern gebildeten Publicums zu gewinnen. Und nicht blos dieses, sondern, was noch wichtiger ist, erst dadurch wird die Ethik zu einer für das praktische Leben fruchtbaren Wissenschaft; denn indem sie die theils hemmenden, theils fördernden Einflüsse auf die Sittlichkeit nachweist, zeigt sie eben damit, was aufzusuchen und was zu vermeiden ist, um die Sittlichkeit zu befördern. Die idealistisch, kategorisch-imperativistische Moral begnügte sich, ihr Sollen aufzustellen, unbekümmert um die Bedingungen, von denen die Erfüllung des sittlichen Imperativs abhängt. Die hier vorliegende realistische Moral dagegen zeigt, von welchen Bedingungen das tugendhafte Leben, welches der kategorische Imperativ fordert, abhängt. Eben damit erklärt sie mittelbar auch, warum das tugendhafte Leben so schwer und warum reine Tugend so selten ist.

Freilich konnten die hier vorliegenden „Studien" den Gegenstand nicht erschöpfen, sondern konnten überall nur das Hauptsächlichste und Wesentlichste der Sache geben. Aber ihr Zweck war auch nicht, den Gegenstand zu erschöpfen, sondern nur, anregend und Bahn brechend für die hier eingeschlagene neue Richtung der ethischen Forschung zu wirken.

Ich bin überzeugt, daß, wenn viele und tüchtige Forscher in dieser Richtung weiter gehen wollten, die ethischen Studien bald sich eben so allgemeiner Theilnahme erfreuen würden, wie gegenwärtig die Naturstudien. Denn, welchem andern Umstande ist die Theilnahmlosigkeit des bildungsbeflissenen Publicums für die Ethik, die es doch wahrlich mit höhern und wichtigern Erscheinungen zu thun hat, als die Physik, zuzuschreiben, als der bisherigen dürren, unfruchtbaren, scholastischen Behandlung derselben?

Die hier vorliegenden Untersuchungen berühren sich vielfach mit Schopenhauer, weichen aber auch wieder in vielen und wichtigen Punkten von ihm ab. Was die Weltverneinung der Schopenhauer'schen Ethik betrifft, so habe ich schon anderwärts gegen dieselbe gesagt: „Mich dünkt, nicht darum handelt es sich, das Leben entweder zu bejahen oder zu verneinen, sondern es in der rechten Weise zu bejahen und zu verneinen, d. h. es so weit, als es mit der Gerechtigkeit und Tugend vereinbar ist, zu bejahen, und, so weit es mit ihr streitet, zu verneinen."*) Nun, die hier vorliegenden Untersuchungen enthalten Näheres über diese rechte Weise der Bejahung und Verneinung. Sie zeigen, was innerhalb der Welt zu bejahen und was zu verneinen ist, betrachten aber nicht, wie Schopenhauer, das Wesen und den Kern der Welt selbst als das zu Verneinende.

In der ersten Abtheilung, die von dem „Wesen, Elementen und Bedingungen" des sittlichen Lebens handelt, habe ich zwar nicht diese drei getrennt behandelt, weil mir dieses gegen die Natur der Sache schien; aber dennoch wird man in dem Abschnitt über die „sittliche Sphäre und den sittlichen Zweck" mehr das Wesen, in den Abschnitten über „das sittliche Werthurtheil" und über „Gut, Pflicht und Tugend" mehr die Elemente, und in dem Abschnitt über „Freiheit und Zurechnung" mehr die Bedingungen des sittlichen Lebens behandelt finden. Der Abschnitt über „Moral und Moralprincip" giebt von meiner Auffassung des Sittlichen aus die Lösung einiger wichtigen und schwierigen Streitfragen.

Die in der zweiten Abtheilung untersuchten „Einflüsse" auf das sittliche Leben" schienen mir am natürlichsten in die drei Gruppen der physischen und psychischen, der socialen und politischen, und der allgemein geistigen zu zerfallen, daher ich sie in diese eingetheilt habe. Doch soll diese Eintheilung eben nur die Verwandtschaft der je in eine Gruppe zusammengestellten Einflüsse bezeichnen. Nach andern Ge-

---

*) S. Vorrede zu meinen „Lichtstrahlen aus Schopenhauer's Werken".

sichtspunkten ließen sich vielleicht andere Eintheilungen machen.

Da ich häufig, theils zur Bestätigung, theils zur Widerlegung, auf die Ansichten anderer, älterer und neuerer Autoren eingegangen bin, aber nicht annehmen durfte, daß die Werke dieser Autoren in den Händen aller meiner Leser sind, so habe ich die Hauptstellen aus denselben, auf die ich mich bezogen, ausführlicher citirt.

Berlin, im Februar 1866.

Der Verfasser.

Inhalt.

Erste Abtheilung.
Das sittliche Leben nach seinem Wesen, Elementen und Bedingungen.

                                                                     Seite

I. Einleitung 3
   1. Verschiedene Bedeutungen des Wortes „sittlich" . 3
   2. Unterschied der Ethik als Wissenschaft von der Ethik als Kunstlehre 6
   3. Voraussetzung der Ethik als Wissenschaft . . . 12
   4. Kant's Gegensatz zwischen Natur- und Sittenwelt. 19
   5. Wichtigkeit der Ethik als Wissenschaft für das Leben 24
   6. Unzulänglichkeit der Ethik als Wissenschaft für das Leben 29

II. Die sittliche Sphäre und der sittliche Zweck . 32
   1. Verwandtschaft der sittlichen mit der ästhetischen und wissenschaftlichen Beurtheilung 32
   2. Unterschied der sittlichen von der ästhetischen und wissenschaftlichen Beurtheilung 41
   3. Umfang der Sphäre der sittlichen Beurtheilung . 47
   4. Der sittliche Zweck und Endzweck 51
   5. Das sittlich Gleichgültige (Adiaphoron) 63
   6. Formelle und materielle Sittlichkeit 66
   7. Das Angenehme und Nützliche im Verhältniß zum sittlich Guten 73
   8. Ursprung des ethischen Ideals 77

		Seite
III.	Das sittliche Werthurtheil	84
	1. Der moralische Sinn	84
	2. Elemente des sittlichen Werthurtheils	88
	3. Ursachen der Verschiedenheit des sittlichen Werthurtheils	91
	4. Modificabilität des sittlichen Werthurtheils	93
	5. Das Gewissen	98
	6. Das eigene und das fremde Gewissen	106
	7. Das irrende und das vernünftelnde Gewissen	109
IV.	Gut, Pflicht und Tugend	112
	1. Gut, Pflicht und Tugend in ihrer Beziehung zu einander	112
	2. Gut und Güte	117
	3. Rangordnung der Güter	121
	4. Object der Pflichten im Allgemeinen	123
	5. Object der sittlichen Pflichten	125
	6. Erweiterung des Pflichtenkreises	127
	7. Rangordnung der Pflichten	132
	8. Modificabilität der Pflichten nach Ort, Zeit und Umständen	137
	9. Collision der Pflichten	142
	10. Von den Pflichten gegen sich selbst	145
	11. Pflicht und Neigung	151
	12. Wesen der Tugend im Allgemeinen und der ethischen Tugend im Besondern	157
	13. Die Aristotelische Definition der Tugend	160
	14. Unterschied der natürlichen und sittlichen Tugend	166
	15. Die Tugend als Gesinnung und die Tugend als Fertigkeit	172
	16. Die beiden ethischen Grundtugenden	175
	17. Theoretische und praktische Tugend	182
	18. Formelle Tugenden	184
	19. Trennbarkeit der Tugenden	189
	20. Das variable Element der Tugenden	193
	21. Vernunft und Tugend	194
	22. Lust und Tugend	199

	Seite
23. Glückseligkeit und Tugend	202
24. Grade der Tugend- und Lasterhaftigkeit . . .	205
V. Freiheit und Zurechnung	215
1. Die Freiheit des Willens	215
2. Gegenstand und Bedingungen der sittlichen Zurechnung	230
Anhang	242
3. Bedingungen des sittlichen Vorsatzes . . .	246
VI. Moral und Moralprincip	258
1. Die doppelte Moral	258
2. Moral und Metaphysik	267
3. Das Moralprincip	275

Zweite Abtheilung.
Die auf das sittliche Leben wirkenden Einflüsse.

I. Allgemeines über die auf die Sittlichkeit wirkenden Einflüsse	291
1. Relativität der auf die Sittlichkeit wirkenden Einflüsse	291
2. Grundunterschied der auf die Sittlichkeit wirkenden Einflüsse	297
II. Besondere Arten von Einflüssen	302
A. Physische und psychische Einflüsse . . .	302
1. Körperliche Zustände	302
2. Angeborener Charakter	309
3. Lebensalter	321
4. Geschlechtseigenthümlichkeiten	328
5. Erziehung	337
6. Gewohnheit	348
7. Affecte und Leidenschaften	358
8. Antecedentien und Consequenzen	374
B. Sociale und politische Einflüsse	377
1. Natur- und Culturzustand	377

		Seite
2. Lebensweise	. . . .	395
3. Stand . .	. . . .	405
4. Beruf	. . . .	410
5. Besitz	. . . .	415
6. Sitten	. . . .	427
7. Gesetze	. . . .	435
8. Verfassungen und Verfassungsformen	. . . .	440
C. **Allgemein geistige Einflüsse**	. . . . .	456
1. Naturbeschauung	. . . .	456
2. Aesthetische Beschauung und Kunst	. . . .	462
3. Religion	. . . .	485
4. Wissenschaft	. . . .	498

Das sittliche Leben nach seinem Wesen, Elementen und Bedingungen.

I. Einleitung.

1. Verschiedene Bedeutungen des Wortes „sittlich".

Das Wort „sittlich" hat verschiedene Bedeutungen, die gesondert werden müssen, wenn nicht Confusion entstehen soll.

Im weitesten Sinne genommen, bildet es den Gegensatz zu physisch. Denn man spricht von der „sittlichen Weltordnung" und versteht darunter eine höhere, als die blos physische, läßt das geschichtliche Leben der Menschheit unter „sittlichen Gesetzen" stehen und nennt den Staat, die Ehe u. s. w. „sittliche Institutionen".

Diese allgemeinste Bedeutung des Wortes „sittlich" ist eine sehr unbestimmte. Man hat Bestimmtheit in dieselbe dadurch hineinzubringen gesucht, daß man die sittliche Welt die Welt der Freiheit, die natürliche hingegen die der Nothwendigkeit genannt hat. Aber wenn die sittliche Welt die der Freiheit ist, wie kommt man dann wieder dazu, in der Geschichte, die man doch zur sittlichen Welt rechnet, Nothwendigkeit und Gesetzmäßigkeit walten zu lassen, und solche Institutionen, wie die Ehe, den Staat, für naturwüchsige zu erklären? Ist das nicht ein Widerspruch?

In diesem weitesten, unbestimmten, vielbeutigen Sinne soll hier nicht vom „sittlichen Leben" gesprochen werden.

Bestimmter, als jene weiteste Bedeutung des Prädicates „sittlich" ist die engere, in der es dem zur Pflicht und Tugend in Beziehung stehenden Wollen und Handeln beigelegt wird. Hier weiß man doch, woran man ist. Hier rechnet man nicht mehr ohne Unterschied alle geschichtlichen Erscheinungen, sie seien intellectueller oder moralischer Art, sie seien naturwüchsig oder gemacht, zur sittlichen Sphäre, sondern nur jene Willensrichtungen und Willensmanifestationen, die an der Pflicht und Tugend gemessen werden. In diesem engern Sinne soll hier vom „sittlichen Leben" geredet werden.

Aber innerhalb dieses engern Sinnes sind noch zwei Bedeutungen des Wortes „sittlich" zu unterscheiden. Erstens die allgemeinere, wonach es überhaupt die zu dieser Sphäre gehörigen Erscheinungen, sie mögen mit der Pflicht und Tugend in Einklang oder in Widerspruch stehen, also ebenso die sittlich bösen, wie die sittlich guten, ebenso die lasterhaften, wie die tugendhaften, bezeichnet. Zweitens, die speciellere, wonach es nur die guten, tugendhaften bezeichnet. Denn das Wort „sittlich" kommt in beiderlei Bedeutung vor. Wir sprechen z. B. von den „sittlichen Zuständen" eines Volkes, von dem „sittlichen Charakter" einer Zeit, und meinen damit nicht eine bestimmte sittliche Qualität, sondern nur im Allgemeinen die zur sittlichen Sphäre gehörigen Zustände, seien diese nun gute oder schlechte. Die Corruption und Depravation rechnen wir ebenso zu den sittlichen Zuständen, wie die Biederheit und Redlichkeit. Sodann aber auch nennen wir eine Gesinnung oder eine Handlung eine „sittliche" und meinen damit nicht eine überhaupt zur sittlichen Sphäre gehörige, sondern ganz bestimmt eine sittlich gute, tugendhafte. Dies ist die engste Bedeutung des Wortes „sittlich".

Bedeutet das Prädicat „sittlich" nur so viel als „zur sittlichen Sphäre gehörig", so ist sein Gegensatz: „nicht sittlich". Bedeutet es hingegen so viel als „tugendhaft", so ist sein Gegensatz: „unsittlich"; denn unter einem unsittlichen Charakter oder einer unsittlichen Handlung verstehen wir nicht einen von der sittlichen Sphäre ausgeschlossenen, also nicht sittlichen, sondern einen innerhalb der sittlichen Sphäre zu den lasterhaften gehörenden. Nur ein zur sittlichen Sphäre gehörender Charakter kann unsittlich sein; ein nichtsittlicher, d. h. ein außerhalb der sittlichen Sphäre liegender, z. B. der Naturcharakter eines Thieres, kann auch nicht unsittlich sein. Einen Tiger rechnen wir nicht zu den unsittlichen Charakteren, wohl aber einen blutdürstigen Tyrannen.

Je nachdem das Prädicat „sittlich" so viel als „zur sittlichen Sphäre gehörig", oder so viel als „tugendhaft" bezeichnet, gehört es zu den Wesensprädicaten des Menschen, oder nicht. Wesensprädicate sind bekanntlich solche, die einem Wesen nicht fehlen können, ohne daß es aufhört zu sein, was es ist. Kann nun das Prädicat „sittlich" dem Menschen fehlen, ohne daß er aufhört Mensch zu sein? Diese Frage läßt sich nur durch Unterscheidung der beiden angegebenen Bedeutungen des Wortes „sittlich" richtig beantworten. Im allgemeinen Sinne genommen, wonach es bedeutet „zur sittlichen Sphäre gehörig", kann es ihm nicht fehlen; denn der Mensch gehört zu der Gattung der sittlichen Wesen. Im speciellen Sinne aber, wonach es bedeutet „tugendhaft", kann es ihm fehlen; denn es giebt viele lasterhafte Menschen, die darum doch nicht aufhören, Menschen zu sein. Es verhält sich in dieser Beziehung mit dem Prädicat „sittlich" ganz wie mit dem Prädicat „vernünftig". Der Mensch ist wesentlich ein vernünftiges, d. h. ein vernunftbegabtes, zur Sphäre der Vernunftwesen gehöriges Wesen, aber er ist nicht wesentlich vernünftig im Sinne der actuellen Vernünftigkeit, der Besonnenheit, der Selbstbeherrschung; denn es giebt viele unvernünftige Menschen. Im potentiellen Sinne genommen, kann die Sittlichkeit dem Menschen so wenig fehlen, wie die Vernünftigkeit, im actuellen hingegen kann ihm jene eben so gut fehlen, wie diese.

Ich muß es dem Leser überlassen, im Folgenden jedes-

mal zu unterscheiden, in welchem Sinne das Wort „sitt=
lich" oder „Sittlichkeit" gebraucht ist, ob in dem all=
gemeinern, wo es gleichbedeutend ist mit „zur sittlichen
Sphäre gehörig" oder in dem speciellen, wo es so viel
heißt, als „gut", „tugendhaft". Ich hoffe, es wird nicht
schwer sein, es aus dem jedesmaligen Zusammenhange zu
entnehmen. Ueberall, wo das Gegentheil von „sittlich"
lauten würde „nichtsittlich", oder „außersittlich", ist das
Prädicat „sittlich" in dem allgemeinern Sinne genommen,
ist gleichbedeutend mit „zur sittlichen Sphäre gehörig"; wo
hingegen das Gegentheil lauten würde „unsittlich", da be=
deutet „sittlich" so viel als „sittlich gut", „tugendhaft".
Ist z. B. von der sittlichen Beurtheilung, der sittlichen Zu=
rechnung die Rede, so ist klar, daß hier die zur sittlichen
Sphäre gehörige Beurtheilung und Zurechnung im Gegen=
satze zu der außersittlichen oder nichtsittlichen Beurtheilung
und Zurechnung gemeint ist. Werden hingegen sittliche Mo=
tive von unsittlichen unterschieden, so ist klar, daß das Wort
„sittlich" so viel bedeutet, als „tugendhaft".

Ueberall, wo sich das Wort „sittlich" mit „ethisch"
vertauschen läßt, hat es den allgemeinern Sinn, bedeutet
„zur sittlichen Sphäre gehörig".

―――――

2. Unterschied der Ethik als Wissenschaft von der Ethik als Kunstlehre.

Die Ethik kann auf zwiefache Weise behandelt werden,
entweder als Wissenschaft oder als Kunstlehre.

Der Unterschied zwischen Wissenschaft und Kunstlehre
ist im Allgemeinen folgender. Die Wissenschaft hat zu ihrem
Ziel Erkenntniß der Dinge nach ihrem Wesen, ihrem
Ursprung, ihren Elementen und Bedingungen. Jede beson=
dere Wissenschaft ist eine besondere nur durch den besondern

Gegenstand, den sie nach den angegebenen Gesichtspunkten zu erkennen sucht.

Die Kunstlehre hingegen ist zwar auch Erkenntniß, aber nicht Erkenntniß des Wesens, Ursprungs, der Elemente und Bedingungen eines Seienden, sondern Erkenntniß der Mittel und Weisen eines Hervorzubringenden. Jede besondere Kunstlehre ist eine besondere nur durch die besondere Sache, zu deren Hervorbringung sie die Mittel und Weisen kennen lehrt.

Jeder Gegenstand, der sich eben sowohl als seiend, wie als hervorzubringend auffassen läßt, kann auf diese zwiefache Weise behandelt werden, kann entweder wissenschaftlich nach seinem Wesen, Ursprung, Elementen und Bedingungen, oder kunstlehrlich nach den Mitteln und Weisen seiner Hervorbringung betrachtet werden. So z. B. das Denken, Sprechen, Reden, Dichten. Wird das Denken als eine seiende Function aufgefaßt und nach seinem Wesen, Ursprung, seinen Elementen und Bedingungen untersucht, so giebt dies die Wissenschaft vom Denken. Ist hingegen der Zweck der, denken zu lehren, und werden die Mittel und Wege zum richtig Denken aufgestellt, so giebt dies die Kunstlehre des Denkens. Ebenso verhält es sich mit den andern genannten Functionen. Es giebt eine Wissenschaft der Sprache, der Poesie, der Beredsamkeit, und es giebt Kunstlehren des Sprechens, Dichtens und Redens.

Da nun die Sittlichkeit sich ebenfalls auf zwiefache Weise auffassen läßt, entweder als seiend, oder als hervorzubringend, so giebt es auch von ihr eine Wissenschaft und eine Kunstlehre. Jene lehrt sie nach ihrem Wesen, ihrem Ursprung, ihren Elementen und Bedingungen, diese lehrt die Mittel und Wege zu ihrer Hervorbringung kennen.

So verschieden aber auch Wissenschaften und Kunstlehren ihrem Wesen nach sind, so stehen letztere doch in einem innern Zusammenhange mit erstern. Jede Kunstlehre weist nämlich zurück auf die ihr entsprechende Wissenschaft. Denn um richtige Regeln zur Hervorbringung einer Sache oder Function geben zu können, muß man diese zuvor ihrem Wesen, ihrem Ursprung, ihren Elementen und Bedingungen nach kennen gelernt haben. Wie sollte z. B. die Kunstlehre des Denkens richtige Regeln zur Bildung der Begriffe, Urtheile und Schlüsse aufstellen können, wenn sie nicht zuvor aus der Wissenschaft vom Denken das Wesen, den Ursprung, die Elemente und Bedingungen dieser Denkgebilde kennen gelernt hätte?

Kunstlehren haben in allen Gebieten die ihnen entsprechenden **theoretischen** Wissenschaften zur Voraussetzung. Da nun aber diese nicht mit einem Schlage fertig sind, sondern sich entwickeln, so ist es natürlich, daß auch die Kunstlehren ihre Entwicklung haben. Mit den jedesmaligen Fortschritten einer Wissenschaft verbessert sich auch die ihr entsprechende Kunstlehre. Schreitet z. B. die Physiologie fort, lehrt sie das Wesen, den Ursprung, die Elemente und Bedingungen des organischen Lebens, sowohl des gesunden, als des kranken richtiger kennen, so verbessert sich eo ipso auch die Medicin als Heilkunstlehre.

Mit der ethischen Kunstlehre verhält es sich nicht anders. Falsche Theorien von der Willensfreiheit z. B. haben falsche Besserungsmethoden zur Folge. Richtige Besserungsmethoden haben eine richtige Theorie der Willensfreiheit zur Voraussetzung.

Dieses Verhältniß der Abhängigkeit der Kunstlehren von den ihnen entsprechenden Wissenschaften hat John Stuart Mill in seinem „System der deduktiven und induktiven Logik"*), im letzten Capitel sehr gut auseinandergesetzt. Mill begeht nur den Fehler, daß er die Ethik für keine Wissenschaft hält, sondern sie unter die Kunstlehren

---

*) S. die 2. Auflage der deutschen Uebersetzung des Mill'schen Werkes von J. Schiel, 2. Theil, S. 574.

I. Einleitung.

rechnet, während sie sich doch eben sowohl als Wissenschaft, wie als Kunstlehre behandeln läßt, je nachdem man ihren Gegenstand als seiend, oder als hervorzubringend betrachtet.

Mill sagt: „Der imperative Modus ist das Charakteristische der Kunst, das sie von der Wissenschaft Unterscheidende. Was in Regeln oder Vorschriften spricht, und nicht in der Form von Behauptungen in Beziehung auf Thatsachen, ist Kunst, und die Ethik oder Moral ist eigentlich ein Theil der Kunst, welche der Wissenschaft von der menschlichen Natur und Gesellschaft entspricht." (S. 574.) „Das Verhältniß, in dem die Regeln der Kunst zu den Lehren der Wissenschaft stehen, kann auf folgende Weise charakterisirt werden. Die Kunst setzt sich einen Zweck vor, definirt ihn und übergiebt ihn der Wissenschaft. Die Wissenschaft empfängt ihn, betrachtet ihn als ein Phänomen oder als eine Wirkung, die zu studiren ist, und nachdem sie seine Ursachen und Bedingungen untersucht hat, sendet sie ihn der Kunst zurück mit einem Lehrsatz bezüglich der Combination von Ursachen, durch welche dieses Phänomen oder diese Wirkung erzeugt werden kann. Die Kunst prüft dann diese Combination von Umständen und erklärt, je nachdem dieselben in menschlicher Macht stehen oder nicht, den Zweck für erreichbar oder nicht erreichbar. Die einzige Prämisse, welche die Kunst darnach liefert, ist die ursprüngliche obere Prämisse, welche behauptet, daß die Erreichung des besondern Zwecks wünschenswerth ist. Die Wissenschaft leiht daher der Kunst das (durch eine Reihe von Inductionen oder von Deductionen erhaltene) Urtheil, daß die Ausübung gewisser Handlungen den Zweck erreichen wird. Aus diesen Prämissen schließt die Kunst, daß die Ausübung dieser Handlungen wünschenswerth ist, und verwandelt, da sie dies ebenfalls ausführbar findet, den Lehrsatz in eine Regel oder Vorschrift." (S. 576.)

Mill hebt mit Recht als besonders beachtenswerth hervor, daß der Lehrsatz oder die theoretische Wahrheit nicht eher reif ist, um in eine Vorschrift verwandelt zu werden, als bis das Ganze und nicht blos ein Theil der Operation, welche der Wissenschaft angehört, ausgeführt worden ist. „Angenommen, wir hätten den wissenschaftlichen Proceß nur bis zu einem gewissen Punkte geführt, wir hätten entdeckt, daß eine besondere Ursache die gewünschte Wirkung hervorbringen wird, wir hätten aber nicht alle negativen Bedingungen bestimmt, welche nothwendig sind, d. h. nicht alle Umstände, welche deren Erzeugung verhindern würden, wenn sie gegenwärtig wären. Wenn wir bei diesem unvollkommenen Zustande der wissenschaftlichen Theorie versuchen, eine Kunstregel aufzustellen, so führen wir diese Operation zu frühe aus. Wenn irgend eine in dem Lehrsatz übersehene entgegenwirkende Ursache vorkommt, so wird die Regel auf Schwierigkeiten stoßen; wir werden die Mittel gebrauchen und den Zweck verfehlen. Kein Argumentiren von der Regel aus oder über die Regel selbst wird uns alsdann über die Schwierigkeit hinweghelfen; es bleibt nichts übrig, als zu dem wissenschaftlichen Proceß, welcher der Bildung der Regel hätte vorausgehen sollen, zurückzukehren und ihn zu Ende zu führen. Wir müssen die Untersuchung wieder aufnehmen, um den Rest der Bedingungen, von denen die Wirkung abhängig ist, zu erforschen; und erst nachdem wir das Ganze dieser Bedingungen ermittelt haben, sind wir vorbereitet, um das vollständige Gesetz der Wirkung in eine Vorschrift zu verwandeln, in welcher diejenigen Umstände oder Combinationen von Umständen, welche die Wissenschaft als Bedingungen aufweist, als Mittel vorgeschrieben werden." (S. 576 f.)

Im Leben freilich müssen wir uns, wie auch Mill einsieht, meist mit Regeln begnügen, welche auf eine etwas weniger ideal vollkommene Theorie gegründet sind. Dennoch bleibt es wahr: „Die Gründe einer jeden Kunstregel sind in den Lehrsätzen der Wissenschaft zu finden. Eine Kunst oder ein System der Kunst besteht aus den Regeln und aus so Vielen von den theoretischen Sätzen, als für die Rechtfertigung dieser Regeln nöthig ist. Die vollständige Kunst enthält eine Auswahl von dem Theile der Wissenschaft, der nöthig ist, um zu zeigen, von welchen Bedingungen die Wirkungen, nach deren Erzeugungen die Kunst strebt, abhängig sind. Die Kunst im Allgemeinen besteht aber aus den Wahrheiten der Wissenschaft, und zwar in einer Weise geordnet, die mehr den Bequemlichkeiten der Praxis, als denen des Denkens angepaßt ist. Die Wissenschaft ordnet und gruppirt ihre Wahrheiten so, daß wir im Stande sind, so viel als möglich von der allgemeinen Ordnung des Weltalls mit einem Blick in uns aufzunehmen. Wenn die Kunst auch dieselben allgemeinen Sätze annehmen muß, so folgt sie ihnen doch nur in diejenigen ihrer ausführlichen Consequenzen, welche zur Bildung von Regeln für die Praxis geführt haben; aus von einander sehr entfernt liegenden Theilen des Gebietes der Wissenschaft trägt sie die Wahrheiten zusammen, die sich auf die Erzeugung der verschiedenen heterogenen Bedingungen beziehen, welche für eine jede Wirkung, deren Erzeugung für die Bedürfnisse des praktischen Lebens erfordert wird, nothwendig sind." (S. 580.)

Aus dem über den Unterschied zwischen Wissenschaft und Kunstlehre Gesagten läßt sich leicht entnehmen, wie verschieden die Behandlung der Ethik als Kunstlehre von der Behandlung derselben als Wissenschaft ausfallen wird. Eine reinliche Sonderung dieser beiden Behandlungsweisen thut Noth. Wird in die wissenschaftliche Ethik der imperative Modus eingemischt, so wird sie dadurch verunreinigt. Denn die Wissenschaft hat es nicht mit Vorschriften zu einem zu erreichenden Zweck zu thun, sondern mit Erkenntniß des Seienden nach seinem Wesen, Ursprung, Elementen und Bedingungen. Vorschriften zu geben, wie Kranke gesund zu machen und Gesunde vor Krankheit zu bewahren sind, ist nicht Sache der Physiologie, sondern der Medicin als Heilkunstlehre, und eben so ist Regeln zu geben, wie Sünder zu bessern und Tugendhafte vor Sünde zu bewahren sind, nicht Sache der Ethik als Wissenschaft, sondern der Ethik als Kunstlehre.

3. Voraussetzung der Ethik als Wissenschaft.

Die Ethik als Wissenschaft setzt Allgemeinheit und Nothwendigkeit in den ethischen Erscheinungen voraus. Denn die Wissenschaft hat es nicht mit Vereinzeltem und Zufälligem zu thun, sondern mit Allgemeinem und Nothwendigem. In den einzelnen Erscheinungen sucht sie das allgemeine Gesetz, kraft dessen sie eintreten müssen.

So ist z. B. die zufällige Tödtung eines Individuums durch einen von einem Hause herabfallenden Stein, — diese vereinzelte und zufällige Thatsache ist nicht Gegenstand der Wissenschaft. Wohl aber sind die Gesetze, in Folge deren Körper fallen müssen und in Folge deren auch jener zufällig herabfallende Stein fallen mußte, ferner die Gesetze, in Folge deren gewisse Verletzungen tödtlich werden müssen, und in Folge deren auch jene zufällige Verletzung des vom herabfallenden Steine Getroffenen tödtlich werden mußte, Gegenstand der Wissenschaft.

Aehnlich hat es die Ethik als Wissenschaft nicht mit vereinzelten und zufälligen Thatsachen zu thun, wie z. B. damit, daß hier und jetzt ein Individuum zufällig durch schlechte Gesellschaft verdorben wird; sondern mit den allgemeinen Gesetzen, kraft deren die einzelnen Thatsachen nothwendig eintreten; also z. B. mit dem allgemeinen Gesetz, kraft dessen böse Gesellschaft verderblich werden muß, und kraft dessen auch jenes zufällig in böse Gesellschaft gerathende Individuum verdorben werden mußte.

Die Ethik als Wissenschaft setzt also, wie jede Wissenschaft, Allgemeinheit und Nothwendigkeit in den Erscheinungen voraus.

Aber ist nicht die Ethik das Gebiet des freien Willens, und kann in dem Gebiete des freien Willens von allgemeinem und nothwendigem Geschehen die Rede sein?

In der That, wenn es mit dem freien Willen als einem unbedingten Vermögen, in jedem Moment auch das Gegentheil von dem, was man gerade will, wollen zu können, seine Richtigkeit hätte, dann könnte von einer Wissenschaft der sittlichen Erscheinungen eben so wenig die Rede sein, als von einer Wissenschaft der physischen, wenn es im Belieben des Steines stünde, statt zu fallen, auch nicht zu fallen, oder im Belieben eines organisch lebendigen Individuums, statt zu sterben, auch nicht zu sterben.

Freiheit in diesem Sinne und Wissenschaft vertragen sich nicht mit einander. Was Gegenstand einer Wissenschaft sein soll, kann nicht im angegebenen Sinne frei, und was im angegebenen Sinne frei sein soll, kann nicht Gegenstand einer Wissenschaft sein. Hier heißt es: Entweder Oder. Entweder wir verzichten auf die Wissenschaft, oder wir verzichten auf die Freiheit. Entweder wir betrachten ein Verbrechen für eben so streng nothwendig, wie den Fall eines Steines, oder wir hören auf, von der Ethik als einer Wissenschaft zu schwatzen.

Doch die Ausschließung jener unbedingten, absoluten Freiheit, welcher zufolge in einem und demselben Moment Entgegengesetztes dem Willen gleich möglich ist, aus der Ethik als Wissenschaft, ist nicht Ausschließung der bedingten, relativen Freiheit, vermöge welcher der Wille von einer Determination durch eine andere frei werden kann, wenn die Bedingungen zu einer andern Determination vorhanden sind. Diese bedingte Freiheit raubt den ethischen Erscheinungen nicht, wie jene unbedingte, die Möglichkeit wissenschaftlich behandelt zu werden.

Bedingte Freiheit kommt auch in der Natur vor. Denn auch in der Natur kommen Ausnahmen von einer Regel, Abweichungen von einem Gesetz durch eine andere

Regel, ein anderes Gesetz vor, wie z. B. im organischen Gebiete die Mißgeburten beweisen. Die Ausnahmen und Abweichungen sind hier nicht absolut gesetzlos, sondern fallen nur unter ein anderes Gesetz, als die regelmäßigen Erscheinungen.

Jedes Gesetz spricht überhaupt nur eine bedingte Nothwendigkeit aus. Es sagt nur, daß unter diesen ganz bestimmten Umständen dieses Phänomen eintreten muß; es schließt also nicht aus, daß unter andern Umständen ein anderes eintritt. Das Eintreten eines andern wiederum ist nicht Beweis der absoluten Freiheit vom Gesetz, sondern nur Beweis der relativen Freiheit von diesem Gesetz.

Folglich raubt die relative Freiheit den Gegenständen nicht die Möglichkeit, wissenschaftlich behandelt zu werden, und kann sie auch den sittlichen Willenserscheinungen nicht rauben. Es giebt z. B. eine relative Freiheit von dem ethischen Gesetz, demzufolge böse Gesellschaft gute Sitten verbirbt. Gewisse Charaktere können dem corrumpirenden Einfluß böser Gesellschaft entgehen; oder unter gewissen Umständen können die sonst verführbaren Individuen von dem verderblichen Einfluß böser Gesellschaft unberührt bleiben. Will dieses sagen, daß hier keine Nothwendigkeit herrscht, sondern daß es vom Belieben des Individuums abhängt, ob böse Gesellschaft corrumpirend auf es wirke, oder nicht? Nein. Vielmehr herrscht in dem einen, wie in dem andern Falle, die böse Gesellschaft mag corrumpirend wirken, oder nicht, die strengste Nothwendigkeit. Die Freiheit von ihrer corrumpirenden Wirkung ist nur Beweis einer andern Nothwendigkeit, eines andern Gesetzes.

Daß Ausnahmen von den allgemeinen Gesetzen häufiger in der ethischen Welt, als in der physischen eintreten, die Ethik daher eine minder exakte Wissenschaft ist, als die Physik, dies rührt nur davon her, daß die ethischen Erscheinungen komplicirter, von mehrern und verwickeltern Bedingungen abhängig sind, als die physischen. Aber dies hebt die Möglichkeit, die ethischen Erscheinungen wissen-

I. Einleitung.

schaftlich zu behandeln, nicht auf. In der Natur kommen auch sehr verwickelte Erscheinungen vor, wie z. B. das Wetter. Ist aber darum die Meteorologie keine Wissenschaft?

„Die Lehre von der Ebbe und Fluth", sagt John Stuart Mill in seinem „System der deduktiven und induktiven Logik"*), „ist noch keine exakte Wissenschaft; nicht wegen der inhärenten Unfähigkeit es zu sein, sondern der Schwierigkeit wegen, die wirklichen derivativen Gleichförmigkeiten mit völliger Genauigkeit zu bestimmen. Durch eine Combination der genauen Gesetze der größern Ursachen und der hinlänglich bekannten Gesetze der kleinern mit denjenigen empirischen Gesetzen oder denjenigen annähernden Generalisationen in Betreff der verschiedenen Abweichungen, welche durch specifische Beobachtung zu erhalten sind, können wir allgemeine Sätze aufstellen, welche der Hauptsache nach wahr sind, und auf welche wir, wenn wir den Grad von wahrscheinlicher Ungenauigkeit in Anschlag bringen, unsere Erwartungen und unsere Praxis mit Sicherheit gründen können. Die Wissenschaft von der menschlichen Natur ist von dieser Art. Sie erreicht bei Weitem nicht das Maaß von Genauigkeit, wie die Astronomie, es ist aber kein Grund vorhanden, daß sie nicht eben so gut eine Wissenschaft sein sollte, wie die Fluthlehre, oder wie die Astronomie war, als ihre Rechnungen zwar die Haupterscheinungen, aber nicht die Perturbationen bemeistert hatten. Da die Phänomene, womit sich diese Wissenschaft befaßt, die Gedanken, die Gefühle, die Handlungen menschlicher Wesen sind, so würde sie die ideale Vollkommenheit einer Wissenschaft erreicht haben, wenn sie uns in den Stand setzte, mit derselben Gewißheit vorauszusagen, wie ein Individuum sein ganzes Leben hindurch denken, fühlen und handeln wird,

---

*) S. 2. Aufl. der deutschen Uebersetzung von J. Schiel, 2. Thl., S. 452.

womit die Astronomie uns erlaubt, die Orte und die Verfinsterungen der Himmelskörper vorauszusagen. Es ist kaum nöthig zu sagen, daß dies nicht einmal annäherungsweise geschehen kann. Die Handlungen von Individuen können nicht mit wissenschaftlicher Genauigkeit vorausgesagt werden, wäre es auch nur, weil wir das Ganze der Umstände, in welchen diese Individuen sich befinden werden, nicht vorhersehen können. Aber es kann auch sogar bei einer gegebenen Combination von (gegenwärtigen) Umständen keine zugleich präcise und allgemein wahre Behauptung bezüglich der Art, wie menschliche Wesen denken, fühlen oder handeln werden, gemacht werden. Aber nicht darum, weil jedermanns Art zu denken, zu fühlen und zu handeln nicht von Ursachen abhängig ist; auch ist es gar nicht zweifelhaft, daß wenn unsere Data in Beziehung auf irgend ein Individuum vollständig sein könnten, wir sogar jetzt schon genug von den letzten Gesetzen, durch welche geistige Erscheinungen bestimmt werden, wissen, um in vielen Fällen mit ziemlicher Gewißheit voraussagen zu können, was in der größern Anzahl von voraussetzbaren Combinationen von Umständen seine Handlungsweise oder seine Denkungsart sein würde. Aber die Eindrücke und die Handlungen menschlicher Wesen sind nicht das Resultat ihrer gegenwärtigen Umstände allein, sondern sie sind das Gesammtresultat dieser Umstände und des Charakters der Individuen; und die Agentien, welche den menschlichen Charakter bestimmen, sind so zahlreich und verschieden (indem nichts, was einem das Leben hindurch begegnet, ohne Einfluß bleibt), daß sie im Durchschnitt niemals in zwei Fällen genau ähnlich sind. Wenn daher auch unsere Wissenschaft von der menschlichen Natur theoretisch vollkommen wäre, d. h. wenn wir aus gegebenen Daten einen Charakter berechnen könnten, wie wir die Bahn eines Planeten berechnen können, so könnten wir dennoch weder positive Voraussagungen machen, noch allgemeine Sätze aufstellen, da die Data niemals alle gegeben, noch in verschiedenen Fällen jemals genau gleich sind.

„Insofern aber viele von diesen Wirkungen ähnlich der Fluth bei weitem mehr durch allgemeine Ursachen, als durch alle partiellen Ursachen zusammengenommen bestimmt werden, indem sie in der Hauptsache von den Umständen und Eigenschaften abhängen, welche allen Menschen oder wenigstens einem großen Theile derselben gemein sind, und nur in einem geringen Grade von den Idiosynkrasien der Organisation oder der besondern Geschichte des Individuums: so ist es mit Rücksicht auf alle diese Wirkungen offenbar möglich, Voraussagungen, die sich fast immer bewähren werden, und allgemeine Sätze (Urtheile) aufzustellen, welche fast immer wahr sein werden. Und wenn es genügt zu wissen, wie die große Mehrzahl des Menschengeschlechts, oder einer Nation, oder einer Classe von Personen denken, fühlen und handeln wird, so werden diese Sätze allgemeinen Sätzen äquivalent sein."

An einer spätern Stelle (II, 478 f.) sagt Mill, nachdem er die „Ethologie" als die der Erziehungskunst entsprechende Wissenschaft von den Gesetzen der Charakterbildung, sowohl der Bildung des nationalen oder collectiven, als auch der des individuellen Charakters, definirt hat: „Man würde in der That vergebens erwarten (wie vollständig die Gesetze der Charakterbildung auch bestimmt sein mögen), daß wir die Umstände eines gegebenen Falles so genau kennen lernen könnten, um den in diesem Falle erzeugten Charakter bestimmt vorauszusagen. Wir müssen uns aber erinnern, daß auch ein weit unter dem Vermögen der Voraussagung stehendes Wissen oft von großem praktischen Werthe ist. Es kann eine große Macht, die Erscheinungen zu beeinflussen, neben einer sehr unvollkommenen Kenntniß der Ursachen, durch welche dieselben in einem gegebenen Falle bestimmt werden, bestehen. Es ist genug, wenn wir wissen, daß gewisse Mittel ein Bestreben haben, eine gegebene Wirkung zu erzeugen, und daß andere Mittel ein Bestreben haben, sie zu vereiteln. Wenn wir die Umstände eines Individuums oder einer Nation in einem hohen

Grabe in der Gewalt haben, so können wir vermittelst unserer Kenntniß ihrer Bestreben im Stande sein, diese Umstände für den gewünschten Zweck viel günstiger herzustellen, als sie an und für sich sein würden. Dies ist die Grenze unserer Macht, aber innerhalb dieser Grenze ist die Macht eine sehr wichtige.

„Die Ethologie kann die exakte Wissenschaft der menschlichen Natur genannt werden, denn ihre Wahrheiten sind nicht, ähnlich den empirischen Gesetzen, welche von ihnen abhängen, annähernde Generalisationen, sondern wirkliche Gesetze. Es ist aber (wie bei allen komplexen Erscheinungen) für die Genauigkeit der Sätze nöthig, daß sie nur hypothetisch seien, und nur Bestreben, nicht aber Thatsachen behaupten. Sie dürfen nicht behaupten, daß Etwas immer oder gewiß eintreffen wird, sondern nur, daß die Wirkung einer gegebenen Ursache, so weit sie ungehindert wirkt, so und so sein wird. Es ist ein wissenschaftlicher Satz, daß körperliche Stärke die Menschen muthig zu machen strebt, nicht daß sie es immer thue; daß das Interesse auf der einen Seite einer Frage das Urtheil parteiisch zu machen strebt, nicht daß es dies beständig thue; daß die Erfahrung klug macht, nicht daß dies immer die Wirkung derselben sei. Da diese Propositionen nur Bestreben behaupten, so sind sie darum, daß die Bestreben vereitelt werden können, nicht weniger allgemein wahr."

Dies kommt auf Das hinaus, was ich oben gesagt und an dem Satze: „Böse Gesellschaft verdirbt gute Sitten" erläutert habe, daß nämlich jedes Gesetz nur eine relative, bedingte Nothwendigkeit ausdrückt, und daß es darum eine relative Freiheit von demselben giebt, daß Ausnahmen von demselben eintreten können, diese Ausnahmen aber dem Gegenstande nicht die Möglichkeit, wissenschaftlich behandelt zu werden, rauben, da sie selbst wieder nur unter ein anderes Gesetz fallen. Der Satz: „Böse Gesellschaft verdirbt gute Sitten" drückt, da nach Mill's richtiger Bemerkung alle solche allgemeine Sätze nur ein Streben behaupten, aus, daß böse Gesellschaft gute Sitten zu verderben strebt. Damit dieses Streben aber seine Wirkung erreiche, dazu sind gewisse Bedingungen, die nicht in der Macht des Strebens selbst liegen, erforderlich. Nur wenn das Streben auf den für seine Wirkung empfänglichen Gegenstand trifft, kann es sein Ziel erreichen; also die böse Gesellschaft kann nur dann einen Menschen wirklich verderben, wenn dieser Mensch charakterschwach und durch fremdes Beispiel verführbar genug ist. Den guten Sitten eines tugendhaften und charakterfesten Menschen kann böse Gesellschaft nichts anhaben. Aber obgleich die Gesetze nur ein Streben ausdrücken und deshalb Ausnahmen zulassen, so bleiben sie doch wahr, und folglich können auch die von der Ethik als Wissenschaft aufgestellten Gesetze dadurch ihre Wahrheit nicht einbüßen, daß in der Wirklichkeit Ausnahmen von ihnen vorkommen.

4. Kant's Gegensatz zwischen Natur- und Sittenwelt.

Kant unterscheidet die physische Welt von der sittlichen dadurch, daß in jener das Müssen, in dieser das Sollen herrsche. Das Naturgesetz besage, was geschehen muß, das Sittengesetz hingegen, was geschehen soll, ob es gleich niemals geschieht. In der „Grundlegung zur Metaphysik der Sitten" bezeichnet Kant die praktische Philosophie, im Gegensatze zur Naturlehre, als eine solche, wo es uns nicht darum zu thun ist, Gründe anzunehmen von dem, was geschieht, sondern von dem, was geschehen soll, ob es gleich niemals geschieht."*) In der „Kritik

---

*) S. Kant's sämmtl. Werke, Ausgabe von Rosenkranz u. Schubert, VIII, 54.

der reinen Vernunft" (in der „Erläuterung der kosmologischen Idee einer Freiheit in Verbindung mit der allgemeinen Naturnothwendigkeit") sagt er: „Das Sollen drückt eine Art von Nothwendigkeit und Verknüpfung mit Gründen aus, die in der ganzen Natur sonst nicht vorkommt. Der Verstand kann von dieser nur erkennen, was da ist, oder gewesen ist, oder seyn wird. Es ist unmöglich, daß etwas darin anders seyn soll, als es in allen diesen Zeitverhältnissen in der That ist, ja, das Sollen, wenn man blos den Lauf der Natur vor Augen hat, hat ganz und gar keine Bedeutung. Wir können gar nicht fragen: was in der Natur geschehen soll, eben so wenig, als: was für Eigenschaften ein Zirkel haben soll, sondern was darin geschieht, oder welche Eigenschaften der letztere hat."*)

Gegen diese Stelle bemerkt Schopenhauer in seinem Nachlaß mit Recht: „Das Sollen hat Bedeutung überall, wo Gesetz ist; also auch in der Natur. Es kommt nur zur Sprache, wo dem Gesetz nicht Genüge geschieht; denn außerdem tritt das ist ein. Das Schaaf soll vier Beine haben; ist aber mit dreien geboren. Die Bombe soll eine Parabel beschreiben; der Widerstand der Luft verhindert es."**)

Auch Schleiermacher hat die Unhaltbarkeit der Kant'schen Entgegensetzung der Sittenlehre gegen die Naturwissenschaft in seiner Weise dargethan. Er sagt nämlich: „Da die Sittenlehre der Naturwissenschaft nur entgegengesetzt ist durch den Inhalt des in ihr ausgedrückten Seins: so ist kein Grund zu einer wesentlichen Verschiedenheit beider in der Form.

---

*) S. Kant's sämmtl. Werke, Ausgabe von Rosenkranz u. Schubert, II, 429.
**) S. „Aus Arthur Schopenhauer's handschriftlichem Nachlaß. Abhandlungen, Anmerkungen, Aphorismen und Fragmente", S. 391.

I. Einleitung.

Schon hieraus geht hervor, das eigenthümliche des ethischen Wissens im Gegensatz gegen das physische könne nicht sein, daß nur dieses ein Sein ausdrücke, jenes aber ein Sollen; sondern nur, wenn die Naturwissenschaft erfahrungsmäßiger behandelt wird, die Ethik aber beschaulicher, entsteht dieser Unterschied. Denn von dem gleich allgemeinen Begriff ist das einzelne auf der Naturseite eben so sehr abweichend wie auf der Vernunftseite. Wird nun in beiden auf gleiche Weise das allgemeine betrachtet als hervorbringend das besondere: so ist das ethische Wissen eben so sehr auch Ausdruck eines Seins, als das physische eines Sollens.

„Inwiefern das erscheinende Sein oder Ding nie dem Begriff angemessen ist, ist auch das physische Wissen Ausdruck eines Sollens und nicht eines Seins; und inwiefern das hervorbringende Sein als allgemeines das eigentliche Objekt des Wissens ist, muß auch das ethische Wissen als Ausdruck eines Seins aufgefaßt werden.

„Wenngleich nur der Geist das Soll in sich trägt, so trägt er es doch auch für die Natur in sich, und der Gegenstand beider Wissenschaften läßt sich nicht mit Kant fassen, daß die eine das Sein zum Gegenstande habe, die andere das Sollen; denn das Sollen ist auch ein Sein, nämlich in der Natur, und das Sein ist auch ein Sollen. Wenn das Gesetz bloßer Gedanke wäre ohne zu treiben: so wäre die sittliche Welt eine blos eingebildete. Nun also wenn das gesollte auch nur gewollt oder angestrebt wird, so ist es auch, und man kann nur sagen, es ist in keinem Augenblicke ganz. Sollen und Sein sind daher auf beiden Gebieten Asymptoten und auf dem sittlichen Gebiet vielleicht der Approximations-Exponent größer."*)

In der That kommt das Sollen überall vor, wo im

---

*) S. Schleiermacher's literar. Nachlaß. Zur Philosophie. Dritter Band: Entwurf eines Systems der Sittenlehre, herausgegeben von Alex. Schweizer, S. 63.

einzelnen Fall dem allgemeinen Gesetz, der Regel, wegen
hemmender Ursachen nicht Genüge geschieht. Da nun aber
dieses in der Natur eben so eintrifft, wie in der sitt=
lichen Welt, da jedes Naturgesetz eigentlich nur eine be=
dingte Nothwendigkeit ausdrückt, nur besagt, daß diese
bestimmte Wirkung eintreten muß, wenn die Ursachen, die
dieselbe in der Regel hervorbringen, nicht durch andere ent=
gegenwirkende Ursachen verhindert werden, das ihrige zu
thun; so kommt in der Natur das Sollen so gut, wie in
der sittlichen Welt vor, ereignet es sich in der Natur so
gut, wie in der sittlichen Welt, daß etwas Anderes ge=
schieht, als geschehen soll. Andererseits aber auch
kommt in der sittlichen Welt so gut, wie in der Natur, das
Müssen vor. Wie die Naturkräfte, wenn sie nicht daran
gehindert werden, das ihrige thun müssen, so auch die
sittlichen Kräfte. Ein durch gegenwirkende egoistische Motive
nicht verhinderter Mensch muß ebenso natürlich und noth=
wendig dem eingeborenen Zuge des Wohlwollens folgen,
wie ein durch repellirende Kräfte nicht verhinderter Körper
dem Zuge der Attraction folgen muß. Das Sollen ent=
springt in beiden Welten, in der physischen wie in der sitt=
lichen, immer nur aus dem durch gegenwirkende Agentien
gehemmten Erfolg des eigenen Strebens der Kräfte. Sind
keine störenden, ablenkenden, gegenwirkenden Agentien da,
so muß der Erfolg so gut in der sittlichen, wie in der
physischen Welt eintreten. Es ist daher falsch, das Sollen
allein in die sittliche, das Müssen allein in die physische
Welt zu verlegen. In jeder von beiden Welten kommt
vielmehr Beides vor. Doch ist zuzugeben, daß das Sollen
einen weit größern Spielraum in der sittlichen, als in
der physischen Welt hat, weil die Bedingungen in der
sittlichen Welt weit komplicirter sind, weit schwieriger zu=
treffen, als in der physischen, so wie ja auch schon
innerhalb des physischen Gebiets die Bedingungen orga=
nischen Lebens und organischer Gesundheit weit kom=

plicirter und schwieriger zu erreichen sind, als die Bedingungen unorganischer Thätigkeiten. Dieser Unterschied begründet jedoch nur ein häufigeres Vorkommen des Sollens in den höhern, als in den niedern Sphären, nicht aber ein gänzliches Fehlen des Sollens in den letztern. Der angebliche Gegensatz zwischen der Natur- und Sittenwelt, demzufolge in jener nur das Müssen, in dieser das Sollen herrscht, gehört demnach zu den Vorurtheilen, die bei näherm Zusehen nicht Stich halten.

Mit der Widerlegung dieses Gegensatzes ist aber auch das wichtigste Bedenken beseitigt, welches der Annahme von Gesetzmäßigkeit in der sittlichen Welt entgegensteht. Gesetze walten überall, wo ursprüngliche Kräfte unter gegebenen Bedingungen sich auf eine konstante, gleichbleibende Weise äußern, seien diese Kräfte übrigens auch noch so verschieden, und seien die Bedingungen zu ihrer Aeußerung und ihren Erfolgen mehr oder minder komplicirt, leichter oder schwerer zu erreichen. Zweifelt denn Jemand daran, daß die Gesundheit an bestimmte Gesetze gebunden ist, weil sie so schwer zu erreichen und zu erhalten ist, daß sie weit öfter stattfinden soll, als wirklich stattfindet? Und an der Gesetzmäßigkeit in der sittlichen Welt sollten wir zweifeln, weil so Viele sich vom Pfade der Tugend verirren, für so Viele das Sittengesetz nur da zu sein scheint, um von ihnen übertreten zu werden? Weit entfernt, ein Gegenbeweis gegen die Gesetzmäßigkeit zu sein, ist hier das Fehlen und Sündigen vielmehr ein Beweis für dieselbe.

Kein Gebildeter wird jetzt mehr durch Krankheiten und Mißgeburten irre gemacht in dem Glauben, daß in dem Gebiete des organischen Lebens strenge Nothwendigkeit herrscht, so gut wie in der unorganischen Natur. Und die Sünde sollte ein Beweis dafür sein, daß im sittlichen Gebiete keine Nothwendigkeit, sondern Freiheit waltet? Als ob Einer ohne Ursache sündigte, und als ob es im Belieben des Sünders stünde, nicht zu sündigen. Sieht man die Sünde mit wissenschaftlichen Augen an, so wird man finden, daß sie im sittlichen Gebiete ganz dasselbe ist, was Krankheit im physisch-organischen, daß also auch das sittliche Heilverfahren ein anderes werden muß, als es auf dem Standpunkte Derer ist, welche die Gesetzmäßigkeit in der sittlichen Welt verkennen.

5. Wichtigkeit der Ethik als Wissenschaft für das Leben.

Die Ethik als Wissenschaft hat es zwar nicht mit dem Hervorbringen der Sittlichkeit zu thun, sondern mit dem Erkennen und Begreifen derselben nach ihrem Wesen, Ursprung, Elementen und Bedingungen. Aber da das Hervorbringen einer Sache das Erkennen und Begreifen derselben voraussetzt, so ist klar, daß die Ethik als Wissenschaft von Wichtigkeit auch für das praktisch sittliche Leben ist. Jeder, der bei sich selbst oder bei Andern die Sittlichkeit befördern, Jeder, der auf Hebung und Verbesserung der sittlichen Zustände hinarbeiten will, wird nur in dem Maaße reüssiren, als er richtige Begriffe vom sittlichen Leben hat, als er weiß, aus welchen Elementen dasselbe sich zusammensetzt, welchen Bedingungen es unterliegt, welche Ursachen zu demselben zusammenwirken. Falsche Begriffe über alles dieses führen zu falscher Praxis, und falsche Praxis verfehlt ihren Zweck.

Um nur ein Beispiel anzuführen: Man will sittliche Vorsätze in einem Sünder erwecken, weiß aber nicht, von welchen Bedingungen der Vorsatz überhaupt und der sittliche Vorsatz im Besondern abhängt, kennt nicht den innern psychischen Proceß beim Fassen von Vorsätzen, weiß nicht, welche Hindernisse dem Fassen derselben im Wege stehen, und wie dieselben aus dem Wege zu räumen sind, meint vielleicht, daß es genug sei, dem Sünder Moral zu predigen, mit dem kategorischen Imperativ an ihn heranzutreten und ihm einzuschärfen: du sollst! — Wird ein Solcher seinen Zweck erreichen? Gewiß nicht. Die Erfahrung lehrt leider nur allzu sattsam, wie wenig bloßes Moralpredigen und bloßes Pflichteinschärfen fruchtet.

Will man Jemanden Tugend lehren, so muß man ja wissen, ob überhaupt die Tugend lehrbar ist, ob sie sich von Außen beibringen läßt. Ist man über diese Frage nicht im Klaren, so müht man sich vielleicht mit dem Beibringen einer Sache ab, die sich gar nicht beibringen läßt. Die Ethik als Wissenschaft setzt diese Frage ins Klare und wird dadurch von Wichtigkeit für das Leben.

Aber auch noch in anderer Beziehung wird die Ethik als Wissenschaft von Wichtigkeit für das Leben. Jede Wissenschaft sucht vor Allem klare und deutliche Begriffe von den Gegenständen, die sie behandelt, zu geben, folglich auch die ethische Wissenschaft von ihren Gegenständen. Diese sind hauptsächlich: Gut, Pflicht und Tugend. Ohne einen klaren Begriff von den sittlichen Gütern, Pflichten und Tugenden zu haben, verwechselt man leicht die sittlichen Güter, Pflichten und Tugenden mit anderartigen, wird sich z. B. nicht des Unterschiedes zwischen natürlicher (physischer) und sittlicher (ethischer) Tugend, sowie zwischen natürlicher und sittlicher Schlechtigkeit bewußt, beurtheilt daher sich und Andere falsch, rechnet sich natürliche Tugenden als sittliches Verdienst an und macht Andern natürliche Schwächen zu sittlicher Schuld. Dieses falsche Werthurtheil macht im Leben ungerecht. Sich selbst hält man für besser, als man ist, Andere für schlechter, als sie sind. Dies macht hochmüthig, selbstgerecht, und diese Gesinnung influirt auf das Handeln. Indem die Ethik als Wissenschaft Klarheit in diese Begriffe bringt, wirkt sie dem aus der Confusion entspringenden Nachtheil entgegen.

Aber nicht blos durch die Klarheit, sondern auch durch die Deutlichkeit ihrer Begriffe wird die Ethik von Wichtigkeit für das Leben. Während die Klarheit der Begriffe darin besteht, daß man sie von andern verwandten, mit denen sie leicht zu verwechseln sind, durch specifische Merkmale unterscheidet, so besteht die Deutlichkeit darin, daß man innerhalb eines jeden Begriffes die wesentlichen von den unwesentlichen Merkmalen unterscheidet, nicht unwesentliche für wesentliche hält, nicht beide mit einander verwechselt. Hat Jemand einen undeutlichen Begriff von einer Pflicht oder von einer Tugend, so wird er leicht ein unwesentliches Merkmal derselben für ein wesentliches halten, wird also z. B. für ein wesentliches Erforderniß der Gerechtigkeit, Mäßigkeit, Tapferkeit nehmen, was vielleicht nur einer besondern Art oder Modification derselben zukommt, was also nur unter gewissen Umständen erfordert ist. Dies wird ihn einseitig, pedantisch, rigoristisch machen. Er wird z. B. meinen, die Pflicht der Wahrhaftigkeit erfordere unter allen Umständen, die buchstäbliche Wahrheit zu sagen, die Pflicht der Gerechtigkeit erfordere unter allen Umständen, Gleiches mit Gleichem zu vergelten u. s. w. Er wird nicht die Modificabilität der Pflichten nach Ort, Zeit und Umständen erkennen, wird nicht einsehen, daß eine und dieselbe Pflicht in verschiedenen Fällen ein sehr verschiedenes Verfahren erfordern, und daß in den verschiedensten äußern Erscheinungsweisen dennoch das innere Wesen dasselbe sein kann. Dies wird zu vielen Verstößen sowohl in der moralischen Beurtheilung Anderer und ihrer Handlungsweise, als auch im eigenen Handeln führen. Man wird z. B. Jemanden die Tapferkeit, oder die Mäßigkeit, oder Gerechtigkeit absprechen, weil man das untergeordnete, unwesentliche Merkmal dieser Tugend, das man für ein wesentliches hält, in seiner Bethätigung derselben nicht findet. Trendelenburg macht in seinen „Logischen Untersuchungen", wo er von den constanten und variabeln Elementen jedes Begriffes spricht, die Anwendung davon auf das Ethische und sagt, nachdem er an einigen mathematischen Beispielen das Verhältniß der constanten zu den variabeln Elementen nachgewiesen:

„Auf ähnliche Weise stellen sich überhaupt in dem Begriffe der Dinge constante und variable Elemente dar, indem Ein Grundverhältniß sie gegenseitig bindet. Die ethische Sphäre, wie entgegengesetzt sie sonst der mathematischen sei, zeigt uns dasselbe. In der sittlichen That unterscheiden wir die Gesinnung, die Erkenntniß der Sache und ihrer Zwecke, endlich die ausführende Persönlichkeit. Während die Gesinnung ihre wandellose Bestimmung hat, wie das Göttliche ewig ist, auf das sie gerichtet sein soll, während die Sache fest und sich selbst gleich bleibt, aber schon die subjective Erkenntniß derselben eine Verschiedenheit der Ueberzeugungen zuläßt oder hervorbringt: ist die ausführende Persönlichkeit in ihren Kräften theils mannigfaltig, theils beschränkt. Wenn nun in jedem Falle das Richtige entstehen soll, so müssen sich diese Elemente zu einem bestimmten Grundverhältnisse der Einheit vollenden. Die Tapferkeit hat z. B. die verschiedensten Weisen der Erscheinung; denn sie hat je nach der Kraft, die im einzelnen Falle zu Gebote steht, ihr eigenthümliches Maß. Die Freigebigkeit richtet sich auf ähnliche Weise nach dem Vermögen. Diese Andeutungen mögen genügen, um darzuthun, wie auch im Ethischen durch die Gleichartigkeit gewisser Elemente innerhalb des herrschenden Begriffes ein freier Raum zur besondern Gestaltung gelassen wird." *)

Die Ethik, den Unterschied der constanten von den variabeln Elementen im Sittlichen zum Bewußtsein bringend, wirkt dadurch den nachtheiligen Folgen, die aus der Vermengung beider entstehen, entgegen.

Einen nicht minder wichtigen Einfluß als durch Unter-

---

*) S. Trendelenburg, Logische Untersuchungen, 2. Aufl., II, 228 fg.

scheidung der constanten und variabeln Elemente übt die Ethik als Wissenschaft dadurch aus, daß sie die Rangordnung der Güter, Pflichten und Tugenden zum Bewußtsein bringt. Verkennung dieser Rangordnung führt zu Pflichtverletzungen. Richtige Erkenntniß derselben hilft über viele Schwierigkeiten hinweg. Es trete z. B. eine Collision von Pflichten ein, oder es handele sich um die schwierige Frage, ob der Zweck die Mittel heilige. In solchen Fällen kann nur die Erkenntniß der Rangordnung der Güter und Pflichten von allem Zweifel, aller Ungewißheit befreien und vor Pflichtwidrigkeiten bewahren.

Endlich lehrt die Ethik als Wissenschaft die theils hemmend, theils fördernd auf das sittliche Leben wirkenden Einflüsse kennen. Sie zeigt, welche Erleichterungen und Erschwerungen für die Tugend aus physischen und psychischen Zuständen, wie Gesundheit und Krankheit, Affecte und Leidenschaften, Gewohnheit u. s. w., ferner aus geschichtlichen und socialen Einflüssen, wie Natur- und Culturzustand, Lebensweise, Stand und Beruf, Sitten, Gesetze u. s. w. entspringen. Durch diesen Theil wird sie besonders wichtig für die ethische Praxis. Denn Kenntniß der eine Sache theils fördernden, theils hemmenden Einflüsse ist nothwendige Bedingung bei ihrer Hervorbringung. Wie der Arzt die die Gesundheit theils fördernden, theils hemmenden Einflüsse kennen muß, so muß der, welcher auf die Sittlichkeit im Leben wirken will, die dieselben theils hemmenden, theils fördernden Einflüsse kennen, um seinen Zweck zu erreichen.

In allen genannten Beziehungen wird man aus den hier vorliegenden ethischen Untersuchungen Belehrung schöpfen, und wird die Ueberzeugung gewinnen, daß solche Untersuchungen keineswegs unfruchtbar für das praktische Leben sind.

6. Unzulänglichkeit der Ethik als Wissenschaft für das Leben.

So wichtig die Ethik als Wissenschaft für das Leben auch ist, so behält sie doch immer etwas Unzulängliches, welches überhaupt jeder Wissenschaft als solcher dem praktischen Leben gegenüber anklebt.

Die Wissenschaft nämlich bewegt sich in abstract allgemeinen Begriffen und Sätzen. Das Leben bietet concrete, einzelne Fälle dar. Der abstracte Begriff reicht aber nie bis zum concreten einzelnen Falle herab. Im Leben entsteht immer die Frage, unter welchen Begriff, unter welchen Satz gehört dieser Fall? Gehört er nur unter einen, oder vielleicht unter mehrere, deren einer den andern einschränkt? In welchem Maaße ist der allgemeine Satz hier anzuwenden?

Dieses lehrt die Wissenschaft nicht mit, sondern hiezu ist ein eigenes Vermögen, nämlich Urtheilskraft (judicium) erforderlich. Ohne Urtheilskraft hilft alle Wissenschaft für das Leben nichts. Es kann Einer sehr gelehrt sein und dabei doch im Leben gröbere Verstöße begehen, als der Ungelehrte. Der Laie, der keine Medicin studirt hat, beurtheilt oft einen körperlichen Zustand weit richtiger, als der gelehrte Mediciner. Die medicinische Wissenschaft schützt den des Judiciums ermangelnden Arzt nicht davor, den Kranken zu Tode zu curiren.

Ebenso schützt die Ethik als Wissenschaft nicht davor, in einzelnen concreten Fällen sittlich falsch zu urtheilen und demzufolge pflichtwidrig zu handeln. Der gelehrte Ethiker begeht oft im Leben aus Mangel an Urtheilskraft sittliche Verstöße, wo den Laien sein Tact sicher leitet. Denn was man Tact nennt, ist eben Urtheilskraft, Vermögen, jeden einzelnen Fall seiner Natur nach richtig zu erkennen und ihn unter denjenigen Begriff oder unter diejenige Regel zu subsumiren, unter die er gehört.

Es handle sich z. B. in einem einzelnen Fall um die Frage, ob ein Individuum ethisch zurechnungsfähig sei, oder nicht. Hier genügt es nicht, wissenschaftlich die Bedingungen der ethischen Zurechnung zu kennen, sondern man muß auch beurtheilen können, ob in dem vorliegenden Fall, bei diesem Individuum und bei dieser Handlung desselben, jene Bedingungen zutreffen.

So wie die Kenntniß der Grammatik einer Sprache nicht vor Fehlern im Sprechen derselben und die Kenntniß der Logik nicht vor Denkfehlern, die Kenntniß der Aesthetik nicht vor Kunstfehlern schützt, so auch die Kenntniß der Ethik nicht vor sittlichen Fehlern. Man kann immerhin einen klaren und deutlichen Begriff von einer Pflicht oder einer Tugend haben, ohne darum schon zu wissen, ob in dem concreten, individuellen Falle, der jetzt und hier vorliegt, diese Pflicht und diese Tugend zu üben ist, oder in welchem Maaße sie zu üben ist.

Gesetzt auch, die Ethik gäbe zu jeder Pflicht, die sie aufstellt, die Ausnahmen an, sie lehrte z. B., in welchen Fällen die Pflicht der Wahrhaftigkeit Ausnahmen erleidet und die Lüge gestattet ist, so könnte sie doch diese Ausnahmen wieder nur ganz im Allgemeinen aufstellen, und es bliebe immer wieder im einzelnen, concreten Fall zu entscheiden, ob hier ein Ausnahmefall vorliegt, oder nicht. Es wäre also immer neben dem wissenschaftlichen Begriff Urtheilsvermögen (judicium) erforderlich, um keinen ethischen Verstoß zu begehen.

Kurz, die Ethik als Wissenschaft, so wichtig sie auch, wie gezeigt worden, für das Leben ist, bleibt doch unzulänglich für dasselbe und bedarf der Ergänzung durch das Judicium.

Auch Aristoteles sah ein und hob es in seiner Nikomachischen Ethik wiederholt hervor, daß mit seiner Bestimmung der Tugend als der richtigen Mitte zwischen den Extremen noch gar nicht gesagt ist, welches in jedem einzelnen Falle die richtige Mitte sei; weshalb es im Leben nicht leicht sei, die richtige Mitte zu treffen, sondern bald ein Zuviel, bald ein Zuwenig gegen dieselbe verstoße. Wie groß aber in jedem einzelnen Falle der Fehler sei, und wie viel Tadel er verdiene, sei nicht leicht im Allgemeinen durch Worte zu bestimmen, sondern dies zu beurtheilen sei Sache der Empfindung.*)

---

*) Διὸ καὶ ἔργον ἐστὶ σπουδαῖον εἶναι. ἐν ἑκάστῳ γὰρ τὸ μέσον λαβεῖν, ἔργον· οἷον κύκλου τὸ μέσον οὐ παντός, ἀλλὰ τοῦ εἰδότος· οὕτω δὲ καὶ τὸ μὲν ὀργισθῆναι παντός, καὶ ῥᾴδιον, καὶ τὸ δοῦναι ἀργύριον καὶ δαπανῆσαι· τὸ δὲ ᾧ, καὶ ὅσον, καὶ ὅτε, καὶ οὗ ἕνεκα, καὶ ὥς, οὐκ ἔτι παντός, οὐδὲ ῥᾴδιον· ὅπερ ἐστὶ τὸ εὖ, καὶ σπάνιον καὶ ἐπαινετὸν καὶ καλόν. (Eth. Nicom. II, Cap. 9, ed. Zell.) .. Ὁ δὲ μέχρι τίνος καὶ ἐπὶ πόσον ψεκτός, οὐ ῥᾴδιον τῷ λόγῳ ἀφορίσαι· οὐδὲ γὰρ ἄλλο οὐδὲν τῶν αἰσθητῶν· τὰ δὲ τοιαῦτα ἐν τοῖς καθ' ἕκαστα, καὶ ἐν τῇ αἰσθήσει ἡ κρίσις. (Ibid.) Ὁ δὴ πόσον καὶ πῶς παρεκβαίνων ψεκτός, οὐ ῥᾴδιον τῷ λόγῳ ἀποδοῦναι· ἐν γὰρ τοῖς καθ' ἕκαστα καὶ τῇ αἰσθήσει ἡ κρίσις. (Lib. IV, Cap. 5.)

II. Die sittliche Sphäre und der sittliche Zweck.

1. Verwandtschaft der sittlichen mit der ästhetischen und wissenschaftlichen Beurtheilung.

Die sittliche Beurtheilung hat mit der ästhetischen und wissenschaftlichen die Objectivität gemein.

Wenn man gewöhnlich das Wahre, Gute und Schöne zusammen-, und alle brei dem Angenehmen gegenüberstellt, so will man damit sagen, daß das Wahre, Gute und Schöne etwas Objectives, etwas Allgemeingültiges, das Angenehme hingegen etwas Subjectives, etwas nach Verschiedenheit der empfindenden Subjecte Verschiedenes ist.

Deshalb muthet man den Individuen in Beziehung auf das Angenehme nicht Uebereinstimmung zu; man gestattet vielmehr Jedem seinen besondern Geschmack. Aber in Beziehung auf das Wahre, Gute und Schöne fordert man von Allen Uebereinstimmung; hier muthet man Jedem zu, Dasselbe für wahr, gut, schön zu halten, weil man das Wahre, Gute und Schöne für ein von der Beschaffenheit des empfindenden Subjects Unabhängiges, für ein Objectives hält.

Geht ein Gelehrter bei seinen Untersuchungen von vorn herein auf ein bestimmtes Resultat aus, das er mit Gewalt herausbringen will, verschweigt er die einem Satze, den er gern anerkannt sehen möchte, ungünstigen Thatsachen, oder macht dieselben sich für seinen Zweck zurecht, fälscht sie, zieht aus ihnen für seinen Zweck Schlüsse, die gar nicht aus ihnen folgen; so verdammen wir sein Verfahren als **unwissenschaftlich**. Denn für Aufgabe der Wissenschaft halten wir es nicht, Resultate, die diesem oder jenem Subject, dieser oder jener Partei angenehm oder nützlich sind, herauszubringen, die unangenehmen und nachtheiligen aber zu verschweigen; sondern die **objective Wahrheit**, sie mag angenehm und nützlich sein, oder nicht, zu ermitteln. Wir halten daher den Gelehrten nicht für befugt, herauszubringen, was er will, sondern für verpflichtet, die **objective Wahrheit zu ermitteln**.

Eben so, wenn ein Künstler in seinen Werken dem verderbten Zeitgeschmack des Publikums huldigt, wenn er kirchlichen oder politischen oder socialen Tendenzen zu Liebe Züge in sein Werk einmischt, die dem Wesen der Kunst zuwider sind, wenn er Charaktere und Situationen erfindet, die ästhetisch verwerflich sind, so verdammen wir sein Verfahren als **unkünstlerisch**. Denn für die Aufgabe der Kunst halten wir es, das objectiv **Schöne** zur Anschauung zu bringen. Wir halten den Künstler in Beziehung auf die ästhetischen Gesetze nicht für frei, sondern für gebunden, zu ihrer Befolgung verpflichtet.

Endlich, wenn im sittlichen Leben, wo es gilt, seine Pflicht zu erfüllen, der Handelnde sich von persönlichen Interessen, von egoistischen Motiven bestimmen läßt, statt allein auf das objectiv Gute auszugehen, wenn z. B. ein Beamter bei Verwaltung seines Amtes, oder ein Erzieher bei der Erziehung, ein Regent bei der Regierung, ein Handwerker bei Ausübung seines Handwerks u. s. w. nur auf persönlichen Vortheil, auf Bereicherung oder Machterweiterung bedacht ist, statt darauf, sein Werk gut zu verrichten; so verdammen wir solches Verfahren und Verhalten als **unsittlich**. Denn für sittliche Aufgabe halten wir es, das objectiv **Gute** zu realisiren, und in Beziehung hierauf gestatten wir dem Subjecte kein Belieben, sondern halten es für gebunden, für verpflichtet zu dem Guten.

Also, mit einem Worte, **Uninteressirtheit**, oder, wie man auch mit Schopenhauer sagen könnte, **Willenlosigkeit**, d. h. Freiheit vom subjectiven, egoistischen Willen, ist es, was wir gleicherweise in ethischer, wie in ästhetischer und in scientifischer Hinsicht fordern.

Bei Beurtheilung wissenschaftlicher Leistungen ist unser Maaßstab die objective Wahrheit, bei Beurtheilung künstlerischer die objective Schönheit, und bei Beurtheilung ethischer die objective Güte.

Objectiv ist in allen drei Arten der Beurtheilung der Maaßstab, woran der Gegenstand gemessen wird. Der Unterschied aller drei besteht blos darin, daß in jeder der Gegenstand der Beurtheilung und der objective Maaßstab, woran der Gegenstand gemessen wird, ein anderer ist.

Man hat, auf die Verschiedenheit des ethischen Urtheils bei verschiedenen Völkern und zu verschiedenen Zeiten hinweisend, geleugnet, daß es einen objectiven, allgemeingültigen ethischen Maaßstab, daß es eine objective Moral gebe. Und allerdings läßt sich nicht in Abrede stellen, daß in der Geschichte die moralischen Urtheile bei verschiedenen Völkern und zu verschiedenen Zeiten sehr weit auseinander gehen. Was die Einen billigen, das verwerfen die Andern. Zwar darin stimmen Alle, die überhaupt eines ethischen Urtheils fähig sind und in ihrer Entwicklung bereits auf die Stufe der ethischen Beurtheilung sich erhoben haben, überein, daß sie gewisse Gesinnungen und Handlungen gut, tugendhaft, andere schlecht, lasterhaft nennen; — aber darin, welchen diese Prädicate beizulegen seien, gehen die Urtheile weit aus einander. Die allgemeinen Kategorien des Rechts und Unrechts, der Tugend und des Lasters, die man bei allen ethisch Urtheilenden zu allen Zeiten und unter allen Völkern wiederfindet, beweisen bloß, daß Alle einen Unterschied zwischen Recht und Unrecht, Tugend und Laster machen, aber nicht, daß Alle auch in Dem übereinstimmen, was sie unter das Eine oder das Andere subsumiren. In letzterem eben gehen die Urtheile weit auseinander. Die Einen halten es z. B. für kein Unrecht, schwächliche Kinder und Greise auszusetzen, den Andern erscheint dies als ein Unrecht. Die Einen billigen die Sclaverei, und zu diesen gehört selbst noch ein Aristoteles; die Andern verwerfen dieselbe. Die Einen billigen Vielweiberei, die Andern mißbilligen sie u. s. w.

Diese factische, empirische Verschiedenheit in den moralischen Urtheilen hat schon Locke als einen Beweis dafür benutzt, daß es keine objective, angeborene Moralprincipien gebe.*) Auch die neuesten Materialisten berufen sich auf diese Verschiedenheit, um die Objectivität des Sittengesetzes zu leugnen. So sagt z. B. Büchner: „Völker im Naturzustand entbehren meist aller moralischen Eigenschaften und begehen Grausamkeiten und Velleitäten, für die gebildete Nationen keinen Begriff haben; und zwar finden Freund und Feind solches Benehmen in der Ordnung. Den moralischen Begriff des Eigenthums z. B. besitzen sie gewöhnlich gar nicht oder in äußerst geringem Grade; daher die große Neigung aller Naturvölker zu Diebstahl. Bei den Indianern gilt ein gut ausgeführter Diebstahl für das höchste Verdienst. Nach den Berichten des Kapitäns Montravel über die Neukaledonier theilen diese, was sie besitzen, jedem mit, der es nothwendig hat, und verschenken einen Gegenstand, den sie so eben erhalten, eben so rasch wieder an den Ersten, der kommt, so daß oft ein Object von großem Werth rasch durch tausend Hände geht u. s. w. Aber nicht blos Diebstahl, sondern auch Mord und Blutrache sind bei Naturvölkern ganz gewöhnlich, und in Indien giebt es sogar eine schreckliche und bekannte Verbindung, die Thugs, welche den heimlichen Mord zu religiösen Zwecken ausübt. In ähnlicher Weise wissen Kinder, welche allein in der Wildniß aufgewachsen

---

*) De intellectu humano, Lib. I, cap. 3.

sind, nichts von moralischen Begriffen, und kennen nur einen Trieb, den sie mit allen ihnen zu Gebote stehenden Mitteln zu befriedigen trachten — den Nahrungstrieb. — Aber auch selbst bei den civilisirten Völkern sind bekanntlich und erfahrungsgemäß die moralischen Begriffe bis in die äußersten Extreme verschieden und bis zu solchem Grade relativ, einander widersprechend, von jeweiligen äußern Zuständen und individueller Anschauung abhängig, daß es jederzeit als eine Unmöglichkeit erscheinen mußte und immer erscheinen wird, irgend eine absolute Werthbestimmung für den Begriff des Guten zu gewinnen. Die Tödtung einer ungeborenen Frucht schien den Römern eine nicht im Geringsten gegen die Moral verstoßende Sache; heute hat man dafür strenge Strafen. Das Heidenthum pries den Haß der Feinde als höchste Tugend, das Christenthum verlangt Liebe auch für den Feind. Eine Menge Dinge, welche die Sitte heute als abscheulich brandmarkt, fand man früher ganz in der Ordnung u. s. w." Aus allem Diesem schließt Büchner, daß es kein angeborenes Sittengesetz gebe. „Erziehung, Lehre, Beispiel machen uns Tag für Tag mit jenen Vorschriften bekannt und verleiten uns, an ein angeborenes Sittengesetz zu glauben, dessen einzelne Bestandtheile sich bei näherer Betrachtung als Paragraphen des Strafgesetzbuches erweisen."*)

Neuerdings leugnet auch der Königl. Preuß. Appellations=Gerichts=Präsident, J. H. v. Kirchmann, daß es eine objective, allgemeingültige Moral gebe. Die Moral enthält nach ihm kein unbedingt Gültiges; ihre Grundlage ist die Lust; die Aenderungen in der Lust ändern auch die Moral. Die Moral hat demzufolge keine objective Wahrheit. „Die Moral und das Recht jeder Zeit ist halb das Werk vergangener Jahrhunderte, halb das der Gegenwart. Der Halt für ihren Inhalt ist nirgends zu finden,

---

*) Büchner, Kraft u. Stoff, 3. Aufl., S. 206 fg.

II. Die sittliche Sphäre und der sittliche Zweck.

als in der Lust, in den verschiedenen Arten derselben und in den Wegen und Mitteln, diese Lust und ihre einzelnen Arten zu erreichen. Daraus bildet sich das System der Regeln des Handelns in allen Gebieten des Lebens .... Ruht demnach Recht und Sitte in ihren wahren Grundlagen auf der Lust und den Mitteln für sie, so erhellt, daß jede Veränderung hierin auch eine Veränderung jener herbeiführen muß   Jene Veränderungen in den Arten der Lust, welche die Bewegung bestimmen und leiten, gehen wesentlich aus der gestiegenen Kenntniß und Macht über die Natur hervor; daneben aus den Veränderungen des Klima's, des Bodens, der geographischen Lage, überhaupt der physikalischen Bedingungen, in die ein Volk bei seinen Wanderungen gelangt, oder die für mehrere gleichzeitige Völker bestehen. Die Lust selbst und ihre verschiedenen Arten bleiben in alle Ewigkeit ungeändert; aber jene Veränderungen ändern einmal das bisherige Verhältniß der Empfänglichkeit für die einzelnen Arten der Lust und zweitens das Verhältniß der Mittel und Mühe, diese Lust zu erreichen." Herr v. Kirchmann führt mehrere Beispiele hiefür an und sagt dann: „Aus dieser Darlegung erhellt, daß in der Moral und dem Recht es kein Unbedingt-Wahres giebt. Jede sittliche Regel hat ihren letzten Grund nur in der zu ihrer Zeit bestehenden Abstufung der Empfänglichkeit für die verschiedenen Arten der Lust, und in der Abstufung der Schwierigkeiten, diese Arten der Lust zu erreichen. Mit jeder Veränderung hier ändert sich auch die sittliche Regel, und keine Zeit hat ein Recht, ihre Moral, ihr Recht über das einer andern Zeit zu stellen. In der Moral und dem Recht giebt es keine Wahrheit; denn die Wahrheit ist unveränderlich." *)

---

*) S. Ueber die Unsterblichkeit. Ein philosophischer Versuch von J. H. v. Kirchmann (Berlin, Verlag von Julius Springer 1865), S. 144—147.

Dieses Urgiren des Veränderlichen, nach örtlichen und zeitlichen Verhältnissen Wechselnden in den sittlichen Regeln und Vorschriften läßt ganz übersehen, daß es auch ein Sichgleichbleibendes, Unveränderliches in der menschlichen Natur giebt, woraus constante, allgemeingültige Sittenregeln hervorgehen. Auf dieses Unveränderliche hat schon ein Schriftsteller aus dem vorigen Jahrhundert sehr gut hingewiesen.

Sebastian Mutschelle sagt nämlich in einer Abhandlung „über die Kenntniß des Guten und Bösen": „Ihr, die ihr so emsig den widersprechenden Urtheilen über Sittlichkeit bei den Völkern unter allen Mittagszirkeln nachforschet! die ihr uns bei so mancher Handlung zu sagen wisset, daß sie gegen Aufgang gut und gegen Niedergang böse; im Süden erlaubt, im Norden unerlaubt; auf dem festen Lande lobwürdig, und auf irgend einer Insel in dem Ocean strafbar heiße, — Ihr forschet mit dem Durste nach Belehrung und Berichtigung, oder nach Einschläferung eures Gewissens, in guter oder böser Absicht — nennt mir doch auch, wenn ihr könnet, das Volk, das jemals bei einig erworbenem freien Gebrauch seiner Vernunft gesagt hat: «Es ist unrecht, es ist nicht gut, seinem Wohlthäter und Helfer dankbar zu sein; es ist nicht gut, einem der Wohlthat Bedürftigen und Empfänglichen helfen.» Sagt mir, unter welcher Breite und Länge das Volk liegt, das je gesagt hätte: «Es ist recht, den Armen todt hungern, den ohne gegebene Ursache Gedrückten todt quälen lassen, auch wenn ich ihn mit aller Bequemlichkeit, mit Aufhebung eines Fußes, oder mit der Wendung meiner Hand retten könnte; es ist nicht gut und lobwürdig, ihn zu retten, auch wenn ich ihn mit Anstrengung meiner Kräfte, mit Hingebung meiner Vergnügen und meines entbehrlichen Vermögens retten müßte.» — Das Volk zeigt mir, das gesagt hätte: «Stoß mit eben der Hand, mit der du empfängst, den Wohlthäter, mit eben der Hand, in der du überflüssig hast, den Hilfsbedürftigen von dir, das ist recht und nicht

II. Die sittliche Sphäre und der sittliche Zweck.

weniger gut, als daß du jenem dein dankbares und diesem dein mitleidiges Herz öffnest.«" *)

Mir scheint aus der factischen Verschiedenheit der ethischen Urtheile bei verschiedenen Völkern und zu verschiedenen Zeiten, die ich durchaus nicht in Abrede stellen will, keineswegs zu folgen, was v. Kirchmann daraus folgert, daß es keine objective, allgemeingültige Moral gebe, oder, wie er sich ausdrückt, daß es in der Moral und dem Rechte keine Wahrheit gebe. Diese Folgerung scheint mir sehr übereilt, wie ich denn überhaupt in den philosophischen Büchern v. Kirchmann's manche übereilte Behauptungen angetroffen habe. Zugegeben auch, daß, wie v. Kirchmann sagt, keine Zeit ein Recht hat, ihre Moral, ihr Recht über die einer andern Zeit zu stellen, so hat doch die Wissenschaft das Recht, die aus der allgemein menschlichen Natur und ihren constanten sittlichen Bedürfnissen abgeleitete Moral über die Moral aller Zeiten, d. h. sie hat das Recht, die unveränderliche über die veränderliche, die objective über die subjective, die ewige über die blos zeitliche Moral zu stellen.

Mit demselben Rechte, als man eine allgemeingültige Moral leugnet, könnte man auch leugnen, daß es überhaupt eine allgemeine Menschennatur gebe, ein allgemein menschliches Wesen, in welchem alle örtlich und zeitlich verschiedenen Menschen übereinstimmen.

Es verhält sich nach meiner Ansicht mit den empirischen Verschiedenheiten des ethischen Urtheils bei verschiedenen Völkern und in verschiedenen Zeiten, wie mit den empirischen Verschiedenheiten des ästhetischen Geschmacks und der empirischen Verschiedenheit wissenschaftlicher Ansichten. So wenig, als die empirischen Geschmacksverschie-

---

*) S. Sebastian Mutschelle, Vermischte Schriften oder philosophische Gedanken und Abhandlungen. Erstes Bändchen, 2. Aufl. (München 1799), S. 177.

denheiten berechtigen, ein objectiv Schönes, und die empirischen Differenzen in den wissenschaftlichen Urtheilen berechtigen, ein objectiv Wahres zu leugnen, eben so wenig berechtigen die empirischen Verschiedenheiten in den Sittenregeln, ein objectiv Gutes zu leugnen. Die empirischen Verschiedenheiten in allen diesen Gebieten entspringen nicht daraus, daß es kein objectiv Wahres, Schönes und Gutes giebt, sondern daraus, daß die Erkenntniß desselben keine unmittelbare, sondern eine sich entwickelnde und innerhalb ihrer Entwicklung vielfach gehemmte ist. Theils aus der Verschiedenheit des Geistes, theils aus der Verschiedenheit des Charakters entspringen bei verschiedenen Nationen und zu verschiedenen Zeiten Hindernisse für die Erkenntniß und Anerkennung des objectiv Wahren, Schönen und Guten. Aber die Hindernisse einer Sache beweisen nicht, daß dieselbe nicht möglich sei. Die Hindernisse der Uebereinstimmung in den ästhetischen, ethischen und scientifischen Urtheilen beweisen nicht, daß eine solche Uebereinstimmung absolut unerreichbar sei, weil es überhaupt kein objectiv Schönes, Wahres und Gutes gebe.

Das objective, allgemeingültige Urtheil, das aus der Erkenntniß der Beschaffenheit der Sache an sich entspringt, hat nur einen Kampf zu bestehen gegen die aus Geistes- und Charakterverschiedenheiten entspringenden Meinungsdifferenzen. Von zwei Kämpfenden aber existirt das eine so gut, als das andere. Es ist eben so falsch, das in der menschlichen Natur angelegte objective, allgemeingültige moralische Urtheil zu leugnen, als es falsch wäre, die factischen Verschiedenheiten der moralischen Urtheile bei verschiedenen Völkern und zu verschiedenen Zeiten in Abrede zu stellen.

Die Behauptung der Objectivität und Allgemeingültigkeit des wahren moralischen Urtheils bildet also mit der Behauptung der factischen Verschiedenheit der in der Geschichte hervortretenden moralischen Urtheile keinen Widerspruch. Wir sind nicht genöthigt, um diese anzuerkennen, jene aufzugeben, noch auch, um jene aufrechtzuhalten, diese zu leugnen.

2. Unterschied der sittlichen von der ästhetischen und wissenschaftlichen Beurtheilung.

Es ist schon gesagt worden, daß in den genannten drei Arten der Beurtheilung sowohl der Gegenstand, als der Maaßstab, woran er gemessen wird, ein anderer ist. In der wissenschaftlichen Beurtheilung ist der Maaßstab die Wahrheit, in der ästhetischen die Schönheit, in der sittlichen die Güte. Welches sind nun aber die verschiedenen Gegenstände, die nach diesen drei Maaßstäben beurtheilt werden?

Die Wahrheit, die Schönheit und alle solche -heiten und -keiten sind eigentlich nur substantivisch ausgedrückte Prädicate; denn für sich, ohne ein Subject, dem sie inhäriren, bestehen sie eben so wenig, wie die Taubheit, die Gesundheit, die Krankheit, die Mäßigkeit, die Tapferkeit u. s. w.

Wir finden daher die verschiedenen Gegenstände, die an der Wahrheit, Schönheit und Güte gemessen werden, am besten, wenn wir fragen, welches die verschiedenen Subjecte sind, denen die Prädicate wahr, schön und gut zukommen.

Das Prädicat wahr kommt einer ganz andern Klasse von Subjecten zu, als die Prädicate schön und gut. Diese Klasse bilden die Urtheile. Urtheile sind das Subject, dem das Prädicat wahr entweder zu- oder abgesprochen wird. Bloße Empfindungen, z. B. des Süßen, Bittern, des Rothen, Gelben, des Harten, Weichen, des Warmen, Kalten u. s. w. können weder wahr, noch falsch sein. Denn Jeder empfindet eben, was er empfindet, und hierbei findet kein Irrthum statt. Die Empfindung kann gesund oder krank, normal oder abnorm sein; aber nicht wahr oder unwahr. Wer Alles gelb sieht, oder wem Alles bitter schmeckt, oder wer allerwärts ein Summen, ein Klingen hört, der sieht, schmeckt und hört zwar, was Andere nicht sehen, schmecken und hören, aber man kann nicht sagen, daß er sich irrt.

Eben so wenig, als bloßen Empfindungen, kommt bloßen Wahrnehmungen das Prädicat wahr oder falsch zu. Die Wahrnehmung eines gebrochenen Stabes im Wasser, der außer dem Wasser nicht gebrochen erscheint, oder die Wahrnehmung einer in einen Winkel auslaufenden Allee, deren Bäume parallel stehen, ist als Wahrnehmung nicht falsch; denn der Percipirende nimmt sie wirklich so wahr und irrt sich hierin nicht.

Wohl aber würden Beide, der Empfindende, wie der Wahrnehmende irren, wenn sie ihre Sensation und Perception zum Grunde eines Urtheils machten, und der Alles gelb Sehende sagte: Die Dinge sind alle gelb, der den Stab gebrochen Wahrnehmende sagte: Der Stab ist gebrochen; statt daß Jener nur sagen sollte: Ich sehe Alles gelb, und dieser nur: Ich nehme den Stab gebrochen wahr.

Also Urtheile bilden die eigenthümliche Klasse von Subjecten, denen die Prädicate wahr oder falsch zukommen.

Der Grund der Beilegung dieser Prädicate aber ist hier die Uebereinstimmung oder Nichtübereinstimmung des von der Sache Ausgesagten mit ihrer objectiven Beschaffenheit. Im Fall der Uebereinstimmung ist das Urtheil wahr, im entgegengesetzten Falle falsch. Und hier macht es keinen Unterschied, ob der Gegenstand, über den geurtheilt wird, ein wirklicher, oder ein bloß erdichteter, fingirter ist; denn auch über fingirte Gegenstände, z. B. mythische Wesen, kann wahr oder falsch geurtheilt werden, je nachdem ihnen Prädicate beigelegt werden, die ihnen der Mythe zufolge zukommen, oder solche, die ihnen nicht zukommen. Vom Pegasus z. B. kann so gut Wahres oder Falsches prädicirt werden, als von einem wirklichen Pferde. Den verschiedenen Arten von Urtheilen, die es dem Stoffe nach giebt, entsprechen verschiedene Arten von Wahrheit. So giebt es mathematische, logische, physikalische, historische, philosophische Wahrheit. Doch dies hier nur beiläufig. Hier sollte nur festgestellt werden, daß Urtheile das Subject sind, dem die Prädicate wahr und falsch zukommen, und daß der Grund der Beilegung dieser Prädicate Uebereinstimmung oder Nichtüberstimmung des Ausgesagten mit der objectiven Beschaffenheit der Sache ist.

Fragen wir nun zweitens, welche Klasse von Subjecten es ist, der das Prädicat schön zukommt, so ergiebt sich, daß dies die Klasse der Formen ist. Formen sind das eigenthümliche Subject, dem das Prädicat schön entweder zu- oder abgesprochen wird, und hier macht es keinen Unterschied, ob es durch die Natur, oder durch die Kunst hervorgebrachte Formen, ob es Formen von körperlichen oder von geistigen Dingen sind.

Der Grund der Beilegung oder Absprechung ist hier wieder eine Uebereinstimmung oder Nichtübereinstimmung; aber nicht, wie bei den Prädicaten wahr und falsch, die Uebereinstimmung oder Nichtübereinstimmung eines Ausgesagten mit der objectiven Beschaffenheit der Sache, sondern die der erscheinenden Form mit dem Urbild oder Urtypus (der objectiven Idee) der Sache. Formen, die mit der Idee der Sache übereinstimmen, diese vollendet zur Erscheinung bringen, sind schön, im entgegengesetzten Falle unschön.

Was endlich drittens das Prädicat gut (in der sittlichen Bedeutung) betrifft, so ist die eigenthümliche Klasse von Subjecten, denen dieses Prädicat zukommt, der Wille und seine Manifestationen, mögen diese nun in blossen Vorsätzen oder Handlungen bestehen.

Der Grund der Beilegung oder Absprechung ist auch hier wieder eine Uebereinstimmung oder Nichtübereinstimmung, aber nicht von Urtheilen mit der objectiven Beschaffenheit der Sache, noch auch von Formen mit dem objectiven Urbild der Sache, sondern von Willensrichtungen und Willensmanifestationen mit der objectiven Aufgabe des Willens oder mit seiner Pflicht.

Alle drei Prädicate drücken also Beziehungen, Relationen aus, aber jedes von etwas Anderem zu etwas Anderem, und nun wissen wir, wodurch sich die drei Arten der Beurtheilung im Wesentlichen von einander unterscheiden.

Wollaston führte die Güte auf die Wahrheit zurück. Nach ihm drückt jede sittlich gute Handlung einen wahren Satz aus: „Jede Handlung ist gut, welche einen wahren Satz ausdrückt. Wahrheit ist das Höchste. Sie zu erkennen und sie in seinen Reden und Handlungen gleichsam lebendig und wirksam darzustellen, ist der letzte Endzweck des Menschen. — Die Fähigkeit, die Wahrheit zu erkennen, macht den Menschen zu einem vernünftigen Wesen: und durch die Anlagen seiner Natur, Wahrheit auch in Handlungen auszudrücken, wird er ein sittliches Wesen.

„So wie der Mensch seine Ideen durch Worte und vermittelst der Sprache ausdrückt: so kann er sie auch durch Handlungen bezeichnen und Andern mittheilen. Dies ist in der Geberdensprache jedermann klar: aber es ist nur dem aufmerksamsten Beobachter gegeben, zu entdecken, daß jede Handlung, ohne Ausnahme, einen gewissen Satz ausdrückt: und in der Wahrheit oder Unwahrheit dieses Satzes liegt die Sittlichkeit oder Unsittlichkeit der Handlung.

„Wenn ich ein Thier martere: so sage ich damit den Satz aus, — ich halte dies Thier für ein empfindungsloses Wesen, und behandle es daher so, wie einen Tisch oder einen Stein. Wenn ich einen Menschen zum Sclaven mache: so drücke ich dadurch den Satz aus, — dieser Mensch ist ein vernunftloses Wesen, welches ich, wie Pferde und Ochsen, ohne seine Einwilligung, zu meinen Endzwecken gebrauchen kann. Wenn ich ungerecht handele, so erkläre ich dadurch, daß ich mich für kein Glied der menschlichen Gesellschaft halte und nicht zu dem großen System gehöre, welches die Natur unter den Menschen, vermöge ihrer Aehnlichkeit, gestiftet hat. Zuweilen werden mehrere Unwahrheiten zugleich durch dieselbe Handlung ausgedrückt, und dann wird diese noch schändlicher." *)

Garve bemerkt hiezu: „Es ist unverkennbar, daß in diesem Systeme ein großer Scharfsinn verborgen liegt, der dessen Urheber Ehre macht: zumahl, da er es mit vieler Geschicklichkeit durchgeführt hat. Aber zwei Sachen zerstören es doch gänzlich: erstlich, der unendliche Zwang, der bei allem Scharfsinne angewendet werden muß, um es nur einiger Maßen wahrscheinlich zu machen, daß jede Handlung einen Satz ausdrücke, und daß, nach der Wahrheit oder Unwahrheit dieses Satzes, die sittliche Güte jeder Handlung zu beurtheilen sei. Das Zwangvolle und Unnatürliche aber kann nicht das Wahre sein. Und zweitens ist sich wenigstens kein Mensch bewußt, daß er, bei der sittlichen Beurtheilung seiner Handlungen, je diese Spekulationen angestellt habe; daß ihm sein Gewissen nichts als Mangel an Wahrhaftigkeit vorwerfe, wenn es ihn wegen ungerechter und verrätherischer Handlungen anklagt, und daß es ihm wegen wohlthätiger und gemeinnütziger nur deswegen Beifall giebt, weil er dadurch wahre Sätze ausgedrückt hat. Was aber keinen Menschen zur Tugend wirklich bewegt, das kann auch nicht das menschliche Princip der Tugend sein." **)

---

*) S. Garve „Ueber die verschiedenen Principe der Sittenlehre von Aristoteles bis auf unsere Zeiten", im 1. Bd. der Uebersetzung der Ethik des Aristoteles, S. 172 fg.

**) Daselbst S. 175.

Was hier Garve's erste Einwendung betrifft, so kann es nach meiner Ansicht keinen Zwang kosten, jede sittlich gute Handlung auf einen wahren Satz zurückzuführen, wenn man nur praktische von theoretischer Wahrheit unterscheidet. Jede sittlich gute Handlung drückt eine praktische Wahrheit aus, d. h. eine Wahrheit in Bezug auf die Pflicht.

Praktische Wahrheiten giebt es in Bezug auf Alles, in Bezug worauf es Pflichten giebt, und jede sittlich gute Handlung drückt eine praktische Wahrheit aus.

Was Garve's zweite Einwendung betrifft, so ist es zwar richtig, daß sich der tugendhaft Handelnde der wahren Sätze, die seinen Handlungen zu Grunde liegen, in der Regel nicht bewußt ist. Daraus folgt aber nicht, daß ihnen solche Sätze nicht zu Grunde liegen. Der Tugendhafte handelt zwar so wenig nach abstracten ethischen Sätzen, wie der Künstler nach abstracten ästhetischen schafft. Jener so wenig, wie dieser, wird sich der allgemeinen Regeln, die ihn leiten, bewußt. Handeln aber darum Beide regellos? Der Denkende wird sich auch der logischen Regeln, die sein Denken, und der Sprechende der grammatischen Regeln, die sein Sprechen leiten, nicht bewußt. Liegen aber darum dem Denken nicht logische und dem Sprechen nicht grammatische Regeln zu Grunde? Denken und sprechen wir nicht, wenn auch nicht nach Regeln, doch ihnen gemäß?

Jede gesetz- und regelmässige Thätigkeit, sei es Denken, oder Sprechen, oder künstlerisches Schaffen, oder sittliches Handeln geht zwar nicht aus von allgemeinen Sätzen, läßt sich aber in solchen ausdrücken.

Wollaston's Behauptung, daß jede sittlich gute Handlung einen wahren Satz ausdrücke, kann also nicht dadurch umgestoßen werden, daß der sittlich Handelnde sich in den meisten Fällen der wahren Sätze, die seinem Handeln zu Grunde liegen, nicht bewußt ist; so wenig als die Behauptung, daß jeder richtige Schluß ein logisches Gesetz ausdrücke, dadurch umgestoßen werden kann, daß sich die richtig Schließenden in der Regel des logischen Gesetzes, dem gemäß sie schließen, nicht bewußt sind.

Obwohl aber Wollaston Recht hat, daß jede sittlich gute Handlung einen wahren Satz ausdrückt, so folgt doch daraus nicht, daß um sittlich gut zu handeln, es schon genüge, praktisch wahre Sätze inne zu haben. Denn es kann, um bei Wollaston's Beispielen zu bleiben, Einer sehr wohl wissen, daß die Thiere keine leb= und empfindungs= losen Maschinen, sondern lebendige und fühlende Wesen sind, und doch ein Thierquäler sein. Eben so kann Einer sehr gut wissen, daß es gegen die Menschenwürde und die Menschenrechte ist, einen Menschen als Eigenthum zu be= handeln, und doch ein Sclavenhalter sein. Denn zum sitt= lichen Handeln genügt eben das bloße Wissen Dessen, was recht und gut ist, nicht, sondern es gehört auch Wille dazu, das als recht und gut Erkannte auszuführen. Wo dieser Wille fehlt, da helfen alle praktischen Wahr= heiten nichts, und es bleibt also bei Dem, was ich gesagt habe, daß das Subject, welchem das Prädicat gut zu= kommt, der Wille und seine Manifestationen sind.

---

3. Umfang der Sphäre der sittlichen Beurtheilung.

Da, wie schon gesagt worden, der Gegenstand der sitt= lichen Beurtheilung der Wille und seine Manifestationen in Beziehung zur Pflicht ist (s. Unterschied der sittlichen von der ästhetischen und wissenschaftlichen Beurtheilung), so folgt, daß so weit, als der zur Pflicht in Beziehung ste= hende Wille und seine Manifestationen reichen, so weit auch die Sphäre der sittlichen Beurtheilung sich erstreckt.

Hieraus ergiebt sich, daß Thätigkeiten, die nicht Aus= fluß des Willens sind und in Beziehung auf welche es keine Pflichten giebt, nicht in die Sphäre der sittlichen

Beurtheilung fallen. Die Verdauung kann gesund oder krank, die Sinnesthätigkeit scharf oder stumpf, das Denken klar oder verworren sein, aber alle diese Thätigkeiten unterliegen keiner sittlichen Beurtheilung, weil sie nicht Ausfluß des zur Pflicht in Beziehung stehenden Willens sind. Dagegen unterliegen ungerechte und lieblose Handlungen, so wie die Handlungen der Gerechtigkeit und Menschenliebe, der sittlichen Beurtheilung, weil in ihnen der zur Pflicht in Beziehung stehende Wille sich kundgiebt.

Aus dem Gesagten ergiebt sich aber auch, daß Thätigkeiten, die unmittelbar nicht Gegenstand sittlicher Beurtheilung sind, wie die willenlosen Functionen des Leibes und Geistes, das Verdauen, Athmen, die Sinnesthätigkeit, die Gehirnthätigkeit, doch es mittelbar werden können, wenn nämlich ihre gute oder schlechte Beschaffenheit Folge eines pflichtgemäßen oder pflichtwidrigen Wollens und Handelns ist.

Schlechte Verdauung, gestörter Schlaf, stumpfe Sinnesthätigkeit, verworrenes Denken sind zwar nicht an sich Gegenstände sittlicher Beurtheilung; sie können es aber werden, wenn sie Folge eines pflichtwidrigen Lebenswandels, Folge der Unmäßigkeit und Ausschweifung sind. Der aus solchen Gründen schlecht Verdauende, schlecht Schlafende, verworren Denkende u. s. w. wird mit Recht sittlich getadelt. Denn es giebt Pflichten in Beziehung auf die leiblichen und geistigen Functionen, und diese hat er verletzt.

Eben so verhält es sich auch mit den Werken und Verrichtungen der Wissenschaften, Künste, Gewerbe und Handwerke. Schlechte Gedichte, Gemälde, Compositionen u. s. w. sind zwar an sich nicht Gegenstand sittlicher, sondern ästhetischer Beurtheilung; wenn sie aber nicht Folge künstlerischer Unfähigkeit, sondern eines unsittlichen Strebens sind, z. B. der Gewinnsucht oder der Sucht nach dem Beifall des Publicums, oder sonst eines egoistischen Strebens, dem die Kunstproduction nur als Mittel dient, dann trifft sie mit Recht sittlicher

II. Die sittliche Sphäre und der sittliche Zweck.

Tadel. Eben so die Werke der Wissenschaft, wenn sie um irgend welcher egoistischen Bestrebungen willen die Wahrheit verschweigen oder entstellen. Eben so die Werke der technischen Gewerbe, wenn sie nicht in Folge technischer Unfähigkeit, sondern der Unsittlichkeit schlecht sind. Ein schlechter Stiefel, ein verpfuschtes Kleidungsstück fallen unter die sittliche Beurtheilung, wenn der Schuster und Schneider blos des Profits wegen oder aus Faulheit sie schlecht gemacht haben. Denn es ist in Beziehung auf alle diese Arbeiten Pflicht, sie ihrem objectiven Zweck gemäß zu machen, sie diesem Zwecke nicht um subjectiver Zwecke willen zu entfremden.

Demgemäß erstreckt sich die sittliche Beurtheilung, wenn auch zunächst und unmittelbar nur auf den Willen und seine Aeußerungen, doch mittelbar auch auf Functionen, Werke und Verrichtungen, die an sich nicht Sache des Willens, sondern physischer und geistiger Kräfte, Talente und Fertigkeiten sind.

Die sittliche Beurtheilung ist demnach die umfassendste, die es giebt. In ihren Bereich fallen auch körperliche Functionen, die an sich Gegenstand medicinischer Beurtheilung, und Werke, die an sich Gegenstand ästhetischer, oder wissenschaftlicher, oder technischer Beurtheilung sind. Denn um z. B. gut zu verdauen, ist es nicht genug, einen gesunden Magen zu haben, sondern es ist auch nöthig, mäßig zu sein und sich den Magen nicht durch Ueberladung zu verderben; um gut zu dichten, ist es nicht genug, poetisches Talent zu besitzen, sondern es ist auch nöthig, unbekümmert um den Geschmack und Beifall des Publicums, das an sich Poetische darstellen zu wollen; um gute wissenschaftliche Werke zu liefern, ist es nicht genug, wissenschaftlichen Geist zu haben, sondern es ist auch nöthig, unbekümmert um Vorgesetzte, und unbekümmert um kirchliche, politische oder sonstige Tendenzen des Zeitgeistes, die Wahrheit sagen zu wollen; um gute Kleider und Schuhe zu liefern, ist es nicht genug, in diesen Handwerken technische

Fertigkeit erlangt zu haben, sondern es ist auch nöthig, **ehrlich** und **redlich** zu sein, nicht aus Hab- und Gewinnsucht die Arbeit zu verpfuschen.

Kurz, Tugend ist zu allen Werken und Verrichtungen, die an sich nicht Sache der Tugend sind, nöthig, um sie gut, ihrem objectiven Zweck gemäß, zu verrichten, und darum erstreckt sich die sittliche Beurtheilung auch auf solche Werke. Man thut einem Handwerker, Künstler, Dichter, Denker, die Vollendetes in ihrem Gebiete leisten, Unrecht, wenn man ihre Werke immer blos vom technischen, ästhetischen und scientifischen Gesichtspunkte aus beurtheilt und blos ihr Talent, ihr Genie, ihre Fertigkeit preist. Nein, sie sind in vielen Fällen auch **sittlich** zu loben. Denn schon in der menschlichen Natur **an sich**, besonders aber in gewissen Lagen und in gewissen Verhältnissen liegen für das Individuum, das in seinem Berufe thätig ist, mancherlei Antriebe, die dazu verleiten, die Werke des Berufs ihrem objectiven Zwecke zu entfremden und sie subjectiven, egoistischen Zwecken dienstbar zu machen. Ist es unter solchen Umständen nicht sittlich zu loben, wenn das Individuum sein Talent und seine Fertigkeit, trotz der Versuchung zu ihrem Mißbrauch, richtig anwendet und objectiv gute Werke producirt? Gehört nicht z. B. für den Denker in gewissen, der Lüge huldigenden Zeiten sittlicher Muth und sittliche Selbstverleugnung dazu, die **Wahrheit** unumwunden zu sagen?

Die sittliche Beurtheilung erstreckt sich also viel weiter, als man gewöhnlich glaubt. Sie trifft zwar unmittelbar immer nur den Willen und seine Aeußerungen, aber mittelbar auch solche Functionen und Leistungen, die an sich Sache der physischen und geistigen Begabung, des Talents und der technischen Fertigkeit sind.

4. Der sittliche Zweck und Endzweck.

Die sittliche Handlung wird mit jeder Handlung Das gemein haben müssen, was das Wesen der Handlung überhaupt ausmacht, d. h. den Gattungscharakter der Handlung, da sie sonst gar nicht zu der Kategorie der Handlungen gehören würde.

Außer diesem allgemeinen Charakter der Handlung wird sie aber auch noch etwas Besonderes haben müssen, eine specifische Differenz, wodurch sie sich von anderartigen Handlungen unterscheidet, d. h. eine Eigenschaft, die sie zur sittlichen Handlung macht.

Fragen wir nun zuerst nach dem Gattungscharakter der Handlung als solcher; so lehrt uns die Psychologie, daß zu jeder Handlung ein bezweckender Wille, eine Absicht, ein Vorsatz gehört. Unbeabsichtigte, unwillkürliche, auf bloße Reize erfolgende Bewegungen gehören nicht in das Gebiet der Handlungen. Gähnen, Zittern, Lachen u. s. w. sind keine Handlungen. Wohl aber ist es eine Handlung, wenn Einer in der Absicht, seinen Ort zu verändern, vom Stuhle aufsteht; oder wenn Einer in der Absicht, seine Gedanken mitzutheilen, redet.

Eine und dieselbe Bewegung kann unwillkürlich oder willkürlich sein, je nachdem sie absichtslos oder mit Absicht geschieht. Es ist oft schwer zu sagen, ob Worte und Geberden Handlungen sind oder nicht. Sobald sie aber als Folgen oder Wirkungen eines innerlichen Vorsatzes erscheinen, sind sie wirkliche Handlungen, „und die größten Thaten der Menschen bestehen oft nur in gesprochenen Worten".[*]
Wenn, sagt Jessen, ein Zorniger gegen seinen Beleidiger die geballte Faust drohend erhebt, so kann dies eben so wohl eine bloße Geberde, als eine bestimmte Handlung

---

[*] S. Jessen, Versuch einer wissenschaftlichen Begründung der Psychologie, S. 331 fg.

sein, obgleich die Erscheinung in beiden Fällen ganz und gar dieselbe ist. Jede Handlung ist eine nach einem innerlich vorausgesetzten Zwecke ausgeführte combinirte Muskelbewegung; das Wort ist von der willkürlichen Bewegung der Hand hergenommen, weil wir uns vorzugsweise der Hände zur Ausführung unserer Zwecke bedienen. Bewegungen des Körpers und der Glieder, in denen wir keinen Zweck entdecken können, betrachten wir nicht als Handlungen; ausgesprochene Worte und Geberden sind dagegen Handlungen, sobald dadurch irgend etwas bezweckt wird. Solche Handlungen, die als einfache Reflexbewegungen eines Gedankens oder Gefühls erscheinen, pflegt man unwillkürliche zu nennen und von dem Begriff der eigentlichen Handlungen auszuschließen. Wenn, sagt Jessen ferner, Jemand eine einfache Frage auf der Stelle und ohne alle Ueberlegung mit Ja oder Nein beantwortet, so kann man in dieser Bejahung oder Verneinung kaum einen Willensakt erkennen. Wenn er sich aber vielleicht scheut, die Frage der Wahrheit gemäß zu beantworten, wenn er überlegt, was er thun soll und erst nach gefaßtem Entschlusse antwortet, so ist die Antwort ohne Zweifel eine durch ein Wollen bestimmte Handlung. Im ersten Falle war es eine einfache Reflexbewegung; im zweiten Falle ging eine innere Reflexion vorher, und zwar eine Wechselwirkung zwischen Geist und Gemüth, zwischen dem Gedanken die Wahrheit zu sagen, und einem Gefühle, welches davon zurückhielt. „Eine genauere Untersuchung der innern Vorgänge, welche das Fassen von Vorsätzen und Entschlüssen begleiten, läßt uns erkennen, daß eine ähnliche Wechselwirkung zwischen Gedanken und Gefühlen stets dabei Statt findet, und daß der bestimmte Wille, d. h. die nächste Ursache unserer Handlungen, nichts Anderes ist, als das früher oder später zu Stande gekommene Resultat derselben."*)

---

*) Jessen, Psychologie, S. 337.

II. Die sittliche Sphäre und der sittliche Zweck.

Die Zwecke, welche wir in unserm Bewußtsein vorfinden, sind nach Jessen zwiefacher Natur, man kann sie als objective und subjective unterscheiden und bezeichnen. Objective Zwecke sind solche, wodurch eine Veränderung in der Außenwelt hervorgebracht, wodurch etwas erreicht und bewirkt werden soll; die subjectiven Zwecke sind auf die Befriedigung der eigenen Wünsche und Bedürfnisse gerichtet. In beiden Fällen geschieht allerdings eine Veränderung in der Außenwelt, welche mit der Person des Handelnden in Beziehung steht, Objectives und Subjectives ist hier, wie überall, mit einander verbunden; allein bei den objectiven Handlungen ist die zu bewirkende Veränderung, bei den subjectiven die Selbstbefriedigung das nächste Ziel, welches dem Handelnden vorschwebt, und das leitende Princip seines Thuns.*)

Man könnte, was Jessen als objectiven und subjectiven Zweck unterscheidet, auch Zweck und Endzweck nennen. Jede Handlung hat einen Zweck, d. i. die objective Veränderung, die sie hervorzubringen sucht, und einen Endzweck, d. i. die subjective Befriedigung, die sie zu erreichen sucht.

Es läßt sich keine Handlung denken, die nur einen rein objectiven Zweck hätte, ohne einen subjectiven Endzweck. Denn das zu jeder Handlung, zur niedrigsten, wie zur erhabensten, zur edelsten, wie zur gemeinsten, Impellirende ist zuletzt ein subjectives Bedürfniß. Ein völlig bedürfnißloses Wesen könnte nicht handeln, weil gar kein Antrieb zum Handeln in ihm wäre.

Die Beziehung der Handlung zum Bedürfniß des Subjects ist bald eine nähere, bald eine entferntere, bald eine unmittelbare, bald eine mittelbare, und daher bald erkennbarer, bald unerkennbarer, aber fehlen kann sie bei keiner Handlung. Eine und dieselbe Handlung kann bei verschiedenen Subjecten sehr verschiedenen Bedürfnissen dienen.

---

*) Jessen, Psychologie, S. 335.

Der Eine reist z. B., um seine Langeweile zu vertreiben, der Andere, um seinen Wissenstrieb zu befriedigen.

Aus dieser Darlegung des allgemeinen Wesens jeder Handlung ergiebt sich, daß auch die sittliche Handlung als Handlung die Merkmale haben muß, die jeder Handlung zukommen, erstens eine objective Veränderung zu bezwecken, und zweitens, durch diese objective Veränderung eine subjective Befriedigung zu erstreben, oder kürzer, daß sie einen Zweck und einen Endzweck haben muß.

Aber was bezweckt und beendzweckt die sittliche Handlung? Wodurch unterscheidet sich ihr Zweck und Endzweck von den Zwecken und Endzwecken anderartiger Handlungen? Was ist ihr objectiver und was ihr subjectiver Zweck?

Es genügt nicht, zu sagen, der objective Zweck der sittlichen Handlungen sei das Gute, denn des Guten giebt es gar Vielerlei, und auch die nützlichen Handlungen bezwecken ein Gutes. Gut ist überhaupt Alles, was einen bestimmten Willen fördert, in Beziehung zu diesem Willen. Gut ist Speise und Trank zur Stillung des Hungers und Durstes, gut sind Kleider und Wohnung zum Schutz des Leibes, gut sind Waffen und Werkzeuge zur Vertheidigung und zur Arbeit; folglich bezwecken auch die hierauf gerichteten Handlungen ein Gutes.

Ja, offenbar unsittliche Handlungen bezwecken in Beziehung zu dem Willen, dem sie dienen, ein Gutes. Denn gut z. B. ist Lug und Trug, Wucher und Diebstahl zur Bereicherung. Gut ist Flucht vor dem Feinde zur Selbsterhaltung. Gut ist Heuchelei und Schmeichelei zur Erlangung von Macht und Einfluß. Niemand aber wird diese Handlungen sittlich gute nennen.

Es muß also das Gute, welches die sittlichen Handlungen bezwecken, von dem Guten anderartiger Handlungen unterschieden werden.

Wir werden den Unterschied am besten finden, wenn wir uns ein Beispiel zwiefacher Behandlungsweise eines

II. Die sittliche Sphäre und der sittliche Zweck.

und desselben Gegenstandes vorführen, wovon wir die eine sittlich gut nennen und billigen, die andere hingegen sittlich schlecht und mißbilligen. Es sei dies eine zwiefache Erziehungsweise. Die eine Art der Erziehung gehe darauf aus, den Zögling zu dressiren, zu einem beliebigen egoistischen Zweck der Eltern, oder des Staates, oder der Kirche abzurichten. Die andere hingegen gehe darauf aus, die Naturanlagen des Zöglings allseitig zu entwickeln und aus ihm ein der allgemeinmenschlichen Bestimmung, so wie ein der besondern Bestimmung seines Geschlechts, Standes und Berufs entsprechendes Individuum zu machen. Sowohl jene, als diese Art der Erziehung ist, wenn sie ihrem Zweck entsprechend verfährt, eine gute, — jede nämlich gut zu ihrem Zweck. Aber die erste Erziehungsweise verdammen wir als eine unsittliche, die andere hingegen loben wir als eine sittliche. Warum? Offenbar, weil die erstere den Gegenstand nur zum Mittel eines außer ihm liegenden, seiner Natur fremden Zweckes macht, die andere hingegen ihn als Selbstzweck auffaßt und ihn seinem immanenten Wesen, seiner objectiven Natur gemäß behandelt. Die erstere Erziehungsweise geht auf ein äußeres Gut aus, die andere hingegen auf die innere, objective Güte des zu behandelnden Gegenstandes.

Nun, die innere, objective Güte ist in allen Fällen die specifische Art des Guten, auf welche das sittliche Handeln gerichtet ist. Der Zweck der sittlichen Handlungen fällt zusammen mit dem objectiven immanenten Naturzweck der Dinge, mit demjenigen Zweck, den sie in der Ordnung und Haushaltung der Natur zu realisiren bestimmt sind.

Dies ließe sich an unzähligen Beispielen nachweisen. Ich führe hier nur noch einige an. Thierquälerei ist unsittlich. Warum? Weil sie dem Naturzweck der Thiere als lebender und fühlender Wesen zuwider ist. Als solche haben die Thiere Anspruch auf Schonung, und daher ist schonende Behandlung der Thiere, wenn sie nicht aus Nützlichkeitsgründen, sondern aus der Absicht entspringt, die

Thiere ihrer objectiven Natur gemäß zu behandeln, sie als Selbstzweck, so weit sie es in der Ordnung und Oekonomie der Natur sind, zu behandeln, sittlich.

Sclaverei ist unsittlich, weil es der persönlichen Würde des Menschen widerspricht, als Eigenthum betrachtet und behandelt zu werden.

Ehen, zum blossen Zwecke der Erwerbung oder Vermehrung von Reichthum, oder Macht, ohne innere Zuneigung geschlossen, sind unsittlich, weil es dem Naturzweck der Ehe widerspricht, blosses Mittel zu einem äußern Zweck zu sein. Dagegen sind Ehen aus Liebe sittlich, weil sie der Bestimmung der Ehe, ein Liebesbund zu sein, entsprechen.

Regierungs- und Verwaltungsweisen, die blos auf das dynastische Wohl des Regenten, oder auf die Sonderzwecke einer Partei gerichtet sind, sind unsittlich, weil dem objectiven Zweck des Regierens und Verwaltens zuwider. Dagegen sind Regierungs- und Verwaltungsweisen, welche lediglich das allgemeine Wohl im Auge haben, sittlich, weil dem objectiven Zweck des Regierens und Verwaltens entsprechend.

Kurz, in allen nur erdenklichen Fällen ist Realisirung des dem objectiven, immanenten Zweck der Dinge, des ihrer Naturbestimmung entsprechenden Zustandes der Zweck der sittlichen Handlung. Die auf das Nützliche und Angenehme gerichteten Handlungen können zwar mit diesem objectiven Zweck zusammentreffen, wenn nämlich der Nutzen oder das Vergnügen auf keine andere Weise zu erreichen ist, als durch naturgemäße Behandlung des Gegenstandes. So kann z. B. eine Verwendung der Thiere zum Nutzen oder Vergnügen zugleich mit einer der eigenen Natur der Thiere entsprechenden Behandlung zusammenfallen, wenn eben nur bei einer solchen der beabsichtigte Nutzen oder das beabsichtigte Vergnügen zu erreichen ist. Aber in allen solchen Fällen ist das Zusammentreffen des Nützlichen und Angenehmen mit dem Sittlichguten doch nur ein zufälliges. Dagegen ist es bei sittlicher Behandlung der Dinge nothwendig, daß sie ihrem Wesen, ihrer Natur, ihrem objectiven Zweck gemäß behandelt werden.

Da nun das wahre Wohl der Wesen in eben derjenigen naturgemäßen, ihrer immanenten Bestimmung entsprechenden Verfassung besteht, die hier als Zweck der sittlichen Handlungen bezeichnet worden, so kann man auch sagen: Der Zweck der sittlichen Handlungen ist Hervorbringung des wahren Wohls der Wesen, so weit als es in des Menschen Macht steht und von seinem Willen abhängt, dieses Wohl hervorzubringen.

Das wahre Wohl unterscheidet sich vom Scheinwohl dadurch, daß es nicht in vergänglicher Befriedigung eines einzelnen, zufällig herrschenden Triebes oder Bedürfnisses, sondern in dauernder Befriedigung der Gesammtnatur des Wesens besteht. Es kann allerdings einem Menschen in sinnlicher Völlerei ganz kannibalisch wohl sein; aber wahrhaft wohl wird er sich dabei als Mensch doch nicht fühlen, weil Völlerei gegen die vernünftige Natur des Menschen ist. Einer Hausfrau kann bei Befriedigung ihrer Eitelkeit, ihrer Putzsucht, ihrer Genußsucht ganz wohl sein; aber wahrhaft wohl wird sie sich doch nur dann fühlen, wenn sie erfüllt, was Schiller singt:

> drinnen waltet
> Die züchtige Hausfrau,
> Die Mutter der Kinder
> Und herrschet weise
> Im häuslichen Kreise,
> Und lehret die Mädchen
> Und wehret den Knaben,
> Und reget ohn' Ende
> Die fleißigen Hände
> Und mehrt den Gewinn
> Mit ordnendem Sinn u. s. w.

Und so in allen Fällen wird das wahre Wohl eines Einzeln- oder Gemeinwesens nur in demjenigen Zustande, in derjenigen Verfassung bestehen, welche seiner Natur und immanenten Bestimmung entspricht, das wahre Familienwohl z. B. nur in der der **Bestimmung der Familie**, das wahre Staatswohl nur in der der **Bestimmung des Staates** entsprechenden Verfassung.

Das wahre Wohl fällt also mit Dem zusammen, was ich als den Zweck der sittlichen Handlung bezeichnet habe.

Was nun aber den Endzweck derselben betrifft, so ist dieser zwar, wie bei allen Handlungen, kein anderer, als Befriedigung eines subjectiven Bedürfnisses des Handelnden. Aber das subjective Bedürfniß, das in der objectiven Güte oder in dem wahren Wohl der Wesen seine Befriedigung sucht, ist doch ein ganz anderes, als dasjenige, das sie in den egoistischen Zwecken sucht. Es ist ganz falsch, jede Handlung, deren Endzweck eine Selbstbefriedigung ist, egoistisch zu nennen. Denn, wenn dieses gelten sollte, so gäbe es überhaupt keine anderen, als egoistische Handlungen, und auch der tugendhafteste Mensch wäre ein Egoist; denn auch er sucht und findet Selbstbefriedigung in dem sittlichen Handeln. Aber so darf man die Bedeutung des Wortes Egoismus nicht verstehen. Egoistische und tugendhafte Handlungen sind einander nicht dadurch entgegengesetzt, daß jene Selbstbefriedigung suchen, diese aber nicht, sondern dadurch, daß jene in etwas ganz Anderem die Selbstbefriedigung suchen, als diese.

Der Egoist sucht Selbstbefriedigung auf Kosten des wahren Wohls, sowohl seines eigenen, als des fremden; der Tugendhafte hingegen sucht sie gerade nur in diesem wahren Wohl. Sowohl sich, als alle andern Wesen, die in den Bereich seines Handelns fallen, in den Zustand des wahren Wohls, in die dem immanenten Naturzweck entsprechende Verfassung zu setzen, — das und nichts Anderes ist es, was dem Tugendhaften Freude macht, worin er seine Selbstbefriedigung findet; daran hat er seine Lust und seine Genugthuung; denn er hat sich mit dem objectiven Wesen der Dinge identificirt.

Mit dem von mir hier als Zweck der sittlichen Handlun=

II. Die sittliche Sphäre und der sittliche Zweck.

gen Bezeichneten stimmt im Wesentlichen Clarke's Moralprincip, „the Fitness of Things", die Schicklichkeit der Dinge, überein. Jedes Ding in der Welt, sagt Clarke, hat seine eigenthümlichen Verhältnisse gegen andere Dinge; es hat seine Kräfte, mit welchen es, nach gewissen immer gleichförmigen Gesetzen, auf sie wirkt; es hat seine eigenthümliche Empfänglichkeit, nach welcher es von ihren Einwirkungen nur gewisse aufnimmt und andere gleichsam von sich abgleiten läßt. In der einen Lage wird es zerstört, oder leidet eine Veränderung seiner natürlichen Form, in einer andern erhält es sich lange und wird in seiner Art immer mehr veredelt.

Der Mensch nun, welcher, vermöge seiner Vernunft, der Ueberschauer aller dieser Dinge und ihr Herr ist, — unumschränkter Beherrscher der vernunftlosen und vernünftiger Regierer der vernünftigen — könne keine andere Richtschnur seines Betragens gegen sie haben, als ihre Natur und ihre daraus entspringenden Verhältnisse unter einander und zu ihm selbst. Indem er diese so wohl zusammenpaßt, daß sie, wie die Fugen eines sorgfältig verbundenen Gebäudes, nirgends eine Lücke, — nirgends eine Schwäche oder einen ununterstützten Theil zurücklassen: so handele er nach dem wahren Systeme der Natur und in dem Geiste ihres grossen Urhebers; er ergänze und vervollkomme die Erstere, und gehorche dem Willen des Andern.

Es ist, sagt Garve in seiner Darstellung des Clarke'schen Moralprincips, dies nicht die Schicklichkeit im Platonischen Sinne, nach welcher sie in der harmonischen Vereinigung aller Seelenkräfte bei jeder Handlung besteht. Es ist nicht die Schicklichkeit der Handlungen im Stoischen Sinne, welche alle übrigen Dinge nur in Beziehung auf den Menschen selbst und dessen Natur ansieht. Die Clarke'sche Schicklichkeit ist die Behandlung jedes Dinges in seiner Art und nach seiner Natur. Durch je mehr Eigenthümlichkeiten diese Natur sich unterscheidet, desto mehrere Verhältnisse finden zwischen dem Menschen und diesem Dinge Statt, und desto mehr Pflichten hat er also gegen dasselbe. — Der tugendhafte Mann behandelt einen Baum als einen Baum, d. h. als ein vegetatives Wesen, welches wachsen, gedeihen, blühen, Früchte tragen und sich fortpflanzen kann: und er vermeidet also, ihn zu beschädigen, und sucht vielmehr sein Wachsthum zu befördern und seine Keime zu entwickeln. Er behandelt ein Thier als ein Thier, d. h. als ein empfindendes und lebendes Wesen: er macht ihm also nicht ohne Noth Schmerzen, er sorgt, wenn er kann, für dessen Erhaltung und Wohlsein. Er bedient sich überdies jedes Thieres nach dessen besonderer Natur: er braucht den Hund zur Jagd, und das Pferd zum Reiten. — Er behandelt endlich den Menschen als Menschen, d. h. als ein vernünftiges und sittliches Wesen: er braucht ihn also nicht anders zu seinen Zwecken, als vermittelst des eigenen Willens des Andern und des Einflusses, den er durch Bewegungsgründe auf diesen hat; er beweist ihm nicht nur Fürsorge für sein Leben und Vergnügen, sondern auch für seinen Verstand und die Veredlung seines Charakters.*)

Garve bemerkt zu diesem Systeme: „Dieses System, wenn es nicht zum Gebrauch zu metaphysisch wäre, wenn ein Moralprincip bloß die Beschaffenheit der schon reifen Tugend ins Licht setzen und nicht auch das Entstehen der Tugend in der menschlichen Natur erklären sollte, würde eines der vollkommensten Systeme sein. Aber es ist augenscheinlich, daß die aptitudo rerum, die Schicklichkeit und gleichsam das Einpassende der Dinge gegen einander nicht die erste Idee sei, welche sich die Menschen von der Tugend machen, daß es vielmehr eine abgeleitete und künstliche Formel sei, an die sie ihren ursprünglichen und natürlichen Begriff von Tugend knüpfen." **)

---

*) S. Garve über die verschiedenen Principe der Sittenlehre von Aristoteles bis auf unsere Zeiten, im 1. Bd. der Uebersetzung der Ethik des Aristoteles, S. 168 fg.

**) Daselbst S. 171.

Indessen, daß die Menschen bei ihren tugendhaften Handlungen sich meist nicht bewußt sind, daß die aptitudo rerum das leitende Princip derselben ist, daraus folgt nicht, daß dieses nicht wirklich das Princip derselben sei. Die Menschen können in concreto nach einem Principe handeln, dessen sie sich in abstracto nicht bewußt sind. Dadurch hört dieses Princip aber nicht auf, das wirklich sie bestimmende zu sein. So wenig wie die ästhetischen Gesetze, nach denen der Künstler producirt, dadurch, daß er derselben sich nicht bewußt ist, aufhören, seine Production zu bestimmen, so wenig hören die ethischen, nach denen der Tugendhafte handelt, deswegen, weil er sich dieselben nicht in abstracto zum Bewußtsein bringt, auf, seine Handlungen zu bestimmen. Nach einem Gesetze oder Principe handeln und dieses Gesetz oder Princip wissen ist zweierlei. Der Verdauende verdaut auch, ohne sich der physiologischen Gesetze der Verdauung bewußt zu werden. Also kann Garve's Einwendung den Werth des Clarke'schen Princips nicht beeinträchtigen.

Uebrigens kommt Garve's eigene Idee vom Wesen des sittlich Guten auf Dasselbe hinaus, was Clarke „the Fitness of Things", und was ich die dem immanenten Zweck entsprechende Verfassung oder die objective Güte der Dinge genannt habe. Garve führt nämlich in seinen „Eigenen Betrachtungen über die allgemeinsten Grundsätze der Sittenlehre. Ein Anhang zu der Uebersicht der verschiedenen Moralsysteme" (Breslau 1798) nichts Anderes aus, als daß das Wesen der sittlich guten Handlungen im Hervorbringen der Vollkommenheit der Wesen bestehe. Unter Vollkommenheit versteht er aber nichts Quantitatives, wie die Herbartianer mit ihrer „Idee der Vollkommenheit", sondern etwas Qualitatives, nämlich den naturgemäßen, dem eigenen Wesen und immanenten Zweck der Dinge entsprechenden Zustand, also Das, was ich die objective Güte genannt habe. Dieser Vollkommenheit hält er alle diejenigen Dinge fähig, welche, wenn sie auch von keinem empfindenden oder denkenden Wesen wahrgenommen oder genützt werden, in sich einen Werth haben und eines bessern und schlechtern Zustandes in sich fähig sind, also Pflanzen, Thiere, Menschen, und unterscheidet diese ächte, absolute und innere Vollkommenheit von der unächten, welche einem Dinge nur in Beziehung auf ein anderes zukommt. Alle Handlungen nun, welche zu dieser ächten Vollkommenheit beitragen, sind nach ihm sittlich gute, moralisch zu billigende, und er theilt dieselben in drei Classen ein, 1) in schickliche, 2) in gute und wohlthätige, 3) in ordnungs- und gesetzmässige. Schließlich kommt er dann zu folgenden, mit der Lehre Zoroaster's übereinstimmenden Sätzen:

1. Das Gute ist: das Erhalten und Vervollkommnen der Naturwesen; und die Hervorbringung, Erhaltung und Vervollkommnung derjenigen Dinge, welche den Naturwesen nützlich sein können.

2) Das Böse, im Allgemeinen, ist das Zerstören, und was als eine Art der Zerstörung oder als ein Weg dazu angesehen werden kann, — alles, was die Dauer der Naturwesen verkürzt, ihre Kräfte schwächt, ihre Vollkommenheit vermindert.

3) Das Gute, welches eine Handlung stiftet, ist desto größer und die Handlung selbst desto löblicher, zu einer je eblern und höhern Gattung das Naturwesen gehört, für dessen Erhaltung und Vervollkommnung sie sorgt, und je größern Werth die Vollkommenheit selbst hat, welche sie demselben verschafft oder erhält.

4) Das Zerstören kann nur in dem Falle erlaubt und selbst pflichtmäßig sein, wenn es als Mittel zur Erhaltung oder Hervorbringung un-

II. Die sittliche Sphäre und der sittliche Zweck.

entbehrlich ist: so wie man ein altes Haus niederreißen muß, um ein neues besseres an dessen Stelle zu bauen; wie man einen brandigen Arm ablösen muß, um das Leben des ganzen Menschen zu retten." *)

Es ist klar, daß dies Alles nur nähere Ausführung Dessen ist, was ich oben als den Zweck der sittlichen Handlungen angegeben habe.

---

5. Das sittlich Gleichgültige (Adiaphoron).

Die Stoiker nahmen in doppeltem Sinne ein sittlich Gleichgültiges (Adiaphoron) an. „Die Stoiker unterscheiden das an sich Naturgemäße von dem durch Beziehung darauf (κατὰ μετοχήν) Naturgemäßen; zu ersterem rechneten sie Bewegung und das den Naturverhältnissen (σπερματικοὶ λόγοι) entsprechende Verhalten, wie Gesundheit, Stärke und die zum Ergreifen geeignete sinnliche Wahrnehmung; zu letzterem geschickte Hand, gesunden Körper und unverletzte Sinne; also, in unerheblicher Sonderung, die Bedingungen naturgemäßer Selbsterhaltung und die Theilnahme des Einzelwesens daran. Die Stoiker begriffen darunter körperliche Vorzüge, Gesundheit, Stärke und das Leben selbst, nicht minder geistige Anlagen, Kunstfertigkeiten, als Vorbedingungen zur Tugend, und endlich auch äußere Güter, Ehre, Reichthum, edle Abkunft, wünschenswerthe Verwandtschaft; unter dem Verwerflichen das Gegentheil solcher Vorzüge. Wenn sie aber diesem Angemessenen einen gewissen Werth zuerkannten, so doch immer nur als Mittel für Verwirklichung des der menschlichen Vernunft erreichbaren wahrhaft Guten, und im Ver-

---

*) S. Garve „Eigene Betrachtungen über die allgemeinsten Grundsätze der Sittenlehre", S. 54 ff. und S. 196 ff.

gleich mit diesem wird jenes als ein Gleichgültiges (ἀδιάφορον) bezeichnet. Vom unbedingt sittlichen Standpunkte ist weder der Besitz desselben, das Vorzuziehende, ein Gut, noch der Mangel oder das Verwerfliche ein Uebel. Doch unterscheiden sie noch von dieser Art des Gleichgültigen, d. h. des nur relativ Vorzuziehenden oder Verwerflichen, eine zweite Art, d. h. ein in dem Sinne Gleichgültiges, welches den Trieb weder erregt, noch abstößt, für das sittliche Leben, wie für die Selbsterhaltung daher gleichgültig ist."*)

Streng genommen, könnte man sittlich gleichgültig (ἀδιάφορον) nur Dasjenige nennen, was weder direkt noch indirekt den sittlichen Zweck berührt, weder fördernd, noch hemmend für die Verwirklichung desselben ist, also nur Eigenschaften, seien es körperliche oder geistige, angeborene oder erworbene, ferner nur Handlungen, ferner nur Güter oder Uebel, die in keiner noch so entfernten fördernden oder hemmenden Beziehung zum sittlichen Zweck stehen. Denn überhaupt kann nur der Zweck entscheiden, ob Etwas in praktischer Hinsicht gleichgültig ist, oder nicht. Für den Zweck der Gesundheit z. B. könnte nur derjenige Zustand, derjenige Genuß, diejenige Lebens- oder Handlungsweise gleichgültig sein, die in keiner Hinsicht fördernd oder hemmend auf die Gesundheit influiren. Eben so könnte für den Zweck des Gelderwerbs, für den Zweck des Erwerbs von Kenntnissen, oder der Ehre und Macht, für den Zweck des Vergnügens, für den Zweck des geselligen Umgangs, oder was immer für einen Zweck man hat, nur diejenige Eigenschaft, dasjenige Verhalten, derjenige Besitz gleichgültig sein, die in keiner Beziehung zu diesem Zwecke stehen, weder direkt, noch indirekt einen fördernden oder hemmenden Einfluß auf ihn üben. So wie aber ein solcher

---

*) S. Geschichte der Entwicklungen der griechischen Philosophie und ihrer Nachwirkungen im römischen Reiche von Christian Aug. Brandis. Zweite Hälfte, S. 131 fg.

II. Die sittliche Sphäre und der sittliche Zweck.

Einfluß nur im Geringsten stattfände, wäre auch die Sache nicht mehr gleichgültig für den Zweck.

Giebt es nun für den sittlichen Zweck etwas völlig Gleichgültiges, oder haben wir uns bei jedem Tritt und Schritt zu fragen, ob unser Verhalten dem sittlichen Zweck gemäß oder zuwider ist? Wäre in letzterem Falle die Tyrannei des sittlichen Zwecks nicht eine schreckliche, unerträgliche, und wäre es nicht um alle Freiheit und Unbefangenheit im Leben gethan?

Um diese Frage richtig zu beantworten, hat man Folgendes zu erwägen. Jede Handlung, durch die eine Pflicht erfüllt wird, ist nicht sittlich gleichgültig. Es ist nicht gleichgültig, ob wir sie thun, oder unterlassen, weil es nicht gleichgültig ist, ob die Pflicht erfüllt wird oder nicht. Aber der Modus der Pflichterfüllung kann ein verschiedener sein, und läßt in vielen Fällen einen freien Spielraum zu, so daß es gleichgültig ist, ob wir die Pflicht in dieser oder jener Weise erfüllen. Es ist z. B. Pflicht, die Gesundheit zu erhalten. Alles, was zur Erfüllung dieser Pflicht beiträgt, ist nicht sittlich gleichgültig. Ob wir uns z. B. Bewegung in freier Luft machen oder nicht, ist, weil diese Bewegung zur Erhaltung der Gesundheit erforderlich ist, durchaus nicht sittlich gleichgültig. Ob wir aber zu diesem oder jenem Thore hinaus in die freie Luft gehen, das ist sittlich ganz gleichgültig, wofern der Zweck, die Erhaltung der Gesundheit, vor dem einen Thore so gut, wie vor dem andern erreicht werden kann. Es wäre erst dann sittlich nicht mehr gleichgültig, ob wir vor dieses oder jenes Thor gehen, wenn vor dem einen Thore die Luft für die Gesundheit nützlicher wäre, als vor dem andern.

Also sittlich gleichgültig sind nur diejenigen Handlungen, die zur Pflicht in keiner Beziehung stehen, und von denjenigen Handlungen, die zur Pflicht in Beziehung stehen, ist es nur dann gleichgültig, ob wir diesen oder jenen Mobus wählen, wenn durch den einen so gut, als durch den andern die Pflicht erfüllt wird.

Dasselbe, was von den Handlungen, gilt auch von den Eigenschaften und Gütern. Ob wir diese, oder jene körperliche oder geistige Eigenschaft, dieses oder jenes materielle oder geistige Gut besitzen, ist nur so lange und so weit sittlich gleichgültig, als es den sittlichen Zweck nicht berührt, als dieser eben so gut bei der einen, als bei der andern Eigenschaft, bei dem einen, als bei dem andern Gut sich erreichen läßt. Sobald aber dieses nicht der Fall ist, hört auch die sittliche Gleichgültigkeit auf.

Die Sphäre des Sittlichgleichgültigen dürfte demnach eine sehr enge sein, dürfte nur höchst Unwesentliches umfassen.

---

6. Formelle und materielle Sittlichkeit.

Jeder Wille, der Das, was den Zweck der sittlichen Handlungen ausmacht, die objective Güte oder das wahre Wohl der Wesen, bezweckt, ist **formell sittlich**. Jede Handlung oder Handlungsweise, die diesem Zweck gemäß ist, ist **materiell sittlich**.

Die formelle Sittlichkeit ist also ein Prädicat des Willens, die materielle hingegen ein Prädicat der Handlungen.

Beide Arten der Sittlichkeit sind trennbar. Es kann ein Wille das wahre Wohl bezwecken, ohne daß die aus ihm hervorgehenden Handlungen demselben gemäß sind, ihm entsprechen, es fördern; und es können umgekehrt die Handlungen dem wahren Wohl gemäß sein, es fördern, ohne daß ihnen ein dasselbe bezweckender Wille zum Grunde liegt.

Ersteres ist z. B. der Fall, wenn ein Erzieher das wahre Wohl des Zöglings, ein Regent das wahre Wohl der Unterthanen zwar will, beide aber in ihren Handlungen, weil sie nicht erkennen, worin das wahre Wohl besteht, und welche Art der Erziehung und Regierung es fördert, fehlgreifen und daher das wahre Wohl, statt es zu fördern, hemmen.

Letzteres ist der Fall, wenn ein Erzieher oder Regent zwar auf eine dem wahren Wohl entsprechende Weise erzieht oder regiert, aber damit nicht das wahre Wohl des Zöglings oder der Unterthanen bezweckt, sondern nur persönliche Zwecke, persönliche Wohlfahrt, Ruhm, Lohn im Diesseits oder Jenseits damit verfolgt.

Demgemäß kann eine Handlung oder Handlungsweise formell zu billigen, materiell zu verwerfen, oder umgekehrt, materiell zu billigen, formell zu verwerfen sein, und es ist durchaus falsch zu meinen, daß in sittlicher Hinsicht sich über eine Handlungsweise entweder nur Billigung oder Mißbilligung aussprechen lasse. Es kann vielmehr in vielen Fällen sowohl Billigung, als Mißbilligung auszusprechen sein, in formeller Hinsicht Billigung, in materieller Hinsicht Mißbilligung, oder umgekehrt.

Kant nannte die materielle Sittlichkeit Legalität, die formelle Moralität. Dieser Unterschied kommt jedoch schon bei den Stoikern vor. „Die Stoiker mußten unterscheiden zwischen der äußern und innern Seite der Handlungen. Was aus dem reinen ungetrübten Naturtriebe hervorgeht, ist ein Angemessenes; aber erst wenn das Motiv der Handlung ausschließlich, um es kurz auszudrücken, ihre Vernunftgemäßheit ist, erhebt sich's in die höhere Sphäre der Sittlichkeit. Ein und dieselbe äußere Handlung kann eine blos angemessene oder eine wahrhaft sittliche sein, und man konnte dabei immerhin noch den Gegensatz zwischen Weisen und Thoren, Guten und Bösen aufrechthalten. Wer lediglich dem Naturtriebe folgt, ohne noch zur wahren Vernunfterkenntniß vorgedrungen zu sein, handelt nach Naturnothwendigkeit, ohne zur Freiheit der Vernunftherrschaft sich erhoben zu haben. Mit Recht führt man daher die Unterscheidung von Legalität und Moralität unserer Handlungen auf die Stoiker zurück." *)

Man kann beide Arten der Sittlichkeit einfach als Sittlichkeit der That und Sittlichkeit des Willens unterscheiden und kann mit Recht sagen: Der Werth der That entscheidet nicht über den Werth des Willens. Aber ungenau ist es, zu sagen: „Der Werth des Gewollten entscheidet nicht über den Werth des Willens", wie Allihn thut, indem er dem Satze: „Der Werth eines Willens ist zu bestimmen durch den Werth oder Unwerth dessen, worauf es gerichtet ist", den andern Satz entgegenstellt: „Der sittliche Werth eines Willens ist nicht zu bestimmen nach dem Werthe oder Unwerthe des Gewollten." **) Dies ist von einem Herbartianer, der sich, wie Allihn, bestrebt, die Philosophie zur „exacten Wissenschaft" zu erheben, ungenau gesprochen. Denn das Gewollte entscheidet nur dann nicht über den Werth des Willens, wenn man darunter die Handlung versteht; versteht man aber unter dem Gewollten das durch die Handlung Beabsichtigte, also das eigentlich und wirklich Gewollte, so entscheidet dieses allerdings über den Werth des Willens.

Ja, die Qualität des Willens ist aus gar nichts Anderem zu erkennen, als aus der Qualität des Gewollten, wie Allihn selbst dadurch einräumt, daß er die Würdigkeit oder Unwürdigkeit der Absicht zum Kriterium des sittlichen Werthes macht. Das Beabsichtigte ist ja das eigentlich Gewollte.

Wenn z. B. Einer Wohlthaten übt, um dafür im Himmel obenan zu sitzen, so sind nicht die Wohlthaten das eigentlich von ihm Gewollte, sondern vielmehr der Rang im Himmel, den er damit erkaufen will. Wenn Einer für das Vaterland sich

---

*) S. Geschichte der Entwicklungen der griechischen Philosophie und ihrer Nachwirkungen im römischen Reiche, von Christian August Brandis. Zweite Hälfte, S. 147.

**) S. Allihn, Grundlehren der allgemeinen Ethik, S. 54.

II. Die sittliche Sphäre und der sittliche Zweck.

opfert, um sich in der Geschichte einen Namen zu machen, so ist nicht die Rettung des Vaterlandes das von ihm eigentlich Gewollte, sondern vielmehr der Ruhm in der Geschichte. Man kann also, das Gewollte im Sinne des Beabsichtigten nehmend, sehr wohl sagen: Der Werth des Gewollten entscheidet über den Werth des Willens. Man kann aber nicht sagen: der Werth des Gethanen entscheidet über den Werth des Willens; denn das Gethane kann gut und der Wille schlecht sein, oder umgekehrt, der Wille gut und das Gethane schlecht. Hierin eben besteht die Trennbarkeit der formellen und materiellen Sittlichkeit oder der Legalität und Moralität.

Schleiermacher leugnet die Trennbarkeit der materiellen von der formellen Sittlichkeit. Er erklärt es für „unmöglich, daß die Pflichtformeln einen, der die Gesinnung nicht hat, in Stand setzen könnten, in einem vorliegenden Falle das Sittliche zu verrichten". Dies ist nach ihm eine Trennung des Materiellen und Formellen, durch welche das Sittliche gleich aufgehoben wird. Die Handlung sei ja nur dadurch sittlich, daß die Gesinnung sie verrichtet. *)

Hiegegen ist aber einzuwenden, daß das Prädicat sittlich einer Handlung aus einem andern Grunde beigelegt wird, als einer Gesinnung, einer Handlung nämlich, weil sie dem sittlichen Zweck entspricht, einer Gesinnung, weil sie den sittlichen Zweck beabsichtigt. Eine Handlung kann aber einem Zweck entsprechen, ohne diesen Zweck zu beabsichtigen. Und umgekehrt kann eine Handlung einen Zweck beabsichtigen, ohne demselben zu entsprechen. Folglich sind formelle und materielle Sittlichkeit trennbar. Nur, wenn man das Prädicat sittlich schon von vorn herein ausschließlich der guten Gesinnung beilegt, muß man es der

---

*) S. Entwurf eines Systems der Sittenlehre, im 3. Bd. des literar. Nachlasses Schleiermacher's, §. 321, S. 421.

guten Handlung, die nicht aus solcher Gesinnung hervorgeht, absprechen.

Einen andern Fehler, als die hier erwähnte Leugnung der Trennbarkeit der materiellen und formellen Sittlichkeit, habe ich in einem Werke der Gegenwart angetroffen. Der Königl. Preuß. Appellationsgerichtspräsident v. Kirchmann erklärt nämlich im ersten Bande seiner „Philosophie des Wissens"*) die Achtung vor der Autorität für die Quelle aller Sittlichkeit ihrer Form nach. Er sagt nämlich:

S. 77: „Die Quelle der Sittlichkeit, ihrer Form nach, und getrennt von ihrem Inhalt, liegt in einem Seelenzustand, der im Allgemeinen hier Achtung genannt werden soll."

S. 78: „Durch die Achtung wird das Wollen des Geachteten zu einem Sollen für den von der Achtung Getroffenen. Vermöge dieser Achtung, dieser Niederbeugung des eigenen Selbst, der eigenen Gefühle und Begehren wird das Wollen des Geachteten zu dem Bestimmungsgrund für das eigene Handeln; die eigenen Triebe und Gefühle schwinden, an deren Stelle treten das Begehren und Wollen des Mächtigen oder Geachteten ... In der Achtung vergeht gewissermaßen das eigene Selbst und verliert sich in der Persönlichkeit des Geachteten, so daß dessen Wollen als das eigene Wollen gilt und das eigene Selbst bestimmt ... Dies ist der Kern des sittlichen Elements im Handeln. Sein Wesen liegt in der Achtung des Gebots des fremden Wollens. Das Gebot wirkt nicht durch Gründe, nicht durch die Lust, welche es in Aussicht stellt, nicht durch den Schmerz, mit welchem es droht; es ist auch nicht der eigene freie Wille, der es zufällig zu seinem Inhalte macht. Das sittliche Handeln geschieht, weder

---

*) J. H. v. Kirchmann, Die Philosophie des Wissens. Erster Band. Die Lehre vom Vorstellen. Berlin 1864. Verlag von Jul. Springer.

II. Die sittliche Sphäre und der sittliche Zweck. 71

aus Begehren, noch aus freiem Willen, sondern in Achtung vor der fremden Macht und deren Gebot. Alle sittlichen Gebote sind deshalb ihrem Wesen nach für den, an den sie ergehen, sachlich grundlos (absolut), jede Rechtfertigung ihrer aus sachlichen Gründen greift ihr Wesen an."

S. 80: „Die Gewalt der sittlichen Gebote beruht bei dem Einzelnen, wenn er auch sich dessen nicht mehr klar bewußt ist, auf Erziehung, Beispiel und auf dem allgemeinen Anerkenntniß ihrer durch den Stamm, die Genossenschaft, das Volk. Weil zuerst die Eltern und die Lehrer es gewollt, weil später die Träger der Staats- und Kirchengewalt es gebieten, weil das Volk in allen seinen Schichten es will und durch sein eigenes Handeln vollführt und anerkennt, deshalb gilt das sittliche Gebot dem Einzelnen, deshalb achtet er es und aus dieser Achtung fließt die Macht desselben über den Einzelnen. Man sagt wohl: ich handle so, ich muß so handeln, weil es meine Pflicht ist; aber diese Pflicht und ihre Macht ist sie nur als dieses Ergebniß jener Gewalten, wenn auch dieser Zusammenhang dem Einzelnen abhanden gekommen ist."

S. 80: „So wenig das sittliche Gebot für den es Achtenden der sachlichen Gründe bedarf, ja dadurch an seiner Würde verlöre, so sehr hat doch dieses Gebot an sich seine sachlichen Gründe, wenn auf seine Entstehung und Ausbildung in den Trägern der Macht zurückgegangen wird, von denen es ausgeht. In diesen Trägern, sei es der Vater, der Stammesälteste, der Priester, der Lehrer, der Fürst, die Stimme des Volkes, ist dieses Gebot in seiner Entstehung nur Mittel zur Lust, eine Nützlichkeits- oder Klugheitsregel; mag der Zweck des Gebietenden nun die Lust seiner allein, oder Mehrerer, oder Aller sein; mag sie auf alle Arten der Ursachen der Lust oder nur auf einzelne derselben gehen. Die sittliche Natur nimmt das Gebot erst an in seinem Uebergang zu denen, welche es mit Achtung empfangen. Je größer die Achtung, die Autorität, desto schneller wird aus der Nützlichkeitsregel ein sittliches Gebot; je länger der Zeitraum, in dem die Regel schon in Uebung ist, desto fester ist ihre sittliche Natur und desto mehr liegt ihre Macht nicht in der Nützlichkeit, sondern in der Achtung, mit der sie, als eine grundlose, als der Wille Gottes, oder des Königs, oder des Volkes überliefert und empfangen wird. — Der Inhalt der sittlichen Regel steht daher mit ihrer sittlichen Natur in durchaus keiner Verbindung. Das entgegengesetzte kann sittliche Regel werden und ist es geworden. Jeder Inhalt ist sittlich, so wie er auf diejenige Autorität sich stützt, deren Gebote von den Andern mit Achtung empfangen werden."

Gegen diese Ansicht ist einfach zu sagen: Alle Sittlichkeit ist zwar wesentlich ihrer Form nach freiwillige Unterwerfung des Einzeln- und Eigenwillens unter eine objective Norm des Handelns, und folglich findet sich dieses Wesen der formellen Sittlichkeit auch auf der niedrigsten historischen Stufe wieder, auf der Stufe nämlich, wo die objective Norm, der sich der Einzeln- und Eigenwille des Individuums freiwillig unterwirft, in dem Gebote eines Mächtigen, Gefürchteten oder Geehrten und Geachteten, sei dieser nun ein Gott, oder ein König, ein Priester, ein Gesetzgeber, besteht. Aber diese unterste historische Stufe der Sittlichkeit zum Wesen aller Sittlichkeit ihrer Form nach zu machen ist gerade so, als wenn man behaupten wollte, die Form der fossilen Thiere sei die wesentliche Form alles thierischen Lebens.

Das Wesen einer Sache kommt zwar in jeder ihrer historischen Gestaltungen vor, das Wesen der Religion z. B. in jeder historischen Religion, das Wesen der Kunst in jeder historischen Kunstgestaltung, also auch das Wesen der Sittlichkeit von ihrer formellen Seite in jeder historischen Gestaltung derselben. Aber daraus folgt nicht, daß eine besondere historische Form das Wesen der Sache ausmacht, und am allerwenigsten, daß gerade die niedrigste historische Form es ausmacht. So wenig als der Fetischismus das Wesen aller Religion ist, so wenig kann die Achtung vor der Autorität das Wesen aller Sittlichkeit ihrer Form nach sein. Jedenfalls kommt doch das Wesen einer Sache in der höchsten historischen Form zu vollkommnerer Erscheinung als in der niedrigsten.

---

7. Das Angenehme und Nützliche im Verhältniß zum sittlich Guten.

Die Merkmale des Angenehmen, Nützlichen und Sittlichguten sind zwar verschieden; denn aus andern Gründen nennen wir Etwas angenehm, aus andern nützlich, und wieder aus andern sittlich gut. Aber daraus folgt nicht, daß alle drei Prädicate nicht einer und derselben Sache zukommen könnten, daß z. B. eine Handlung, die angenehm und nützlich ist, nicht zugleich sittlich gut, oder eine, die sittlich gut ist, nicht zugleich angenehm und nützlich sein könnte. Das sittliche Gebiet schließt das Angenehme und Nützliche nicht schlechthin aus, sondern nur gewisse Arten des Angenehmen und Nützlichen.

Das Angenehme und Nützliche können zwar mit dem Sittlichen collidiren, und collidiren factisch in vielen Fällen mit ihm. Aber sie müssen nicht mit ihm collidiren. Es giebt auch Fälle, wo sie mit ihm harmoniren. Nach gethaner Arbeit z. B. sich durch ein Spiel zu erholen ist angenehm und nützlich; es restaurirt die Kräfte und erneuert die Lust zur Arbeit. Ist es aber nicht auch sittlich löblich, eine solche Erholung zu suchen? Ist hier das Streben nach dem Angenehmen und Nützlichen nicht zugleich ein sittliches? Freilich ist die Erholung nach gethaner Arbeit nicht dadurch sittlich, wodurch sie angenehm und nützlich ist. Das Prädicat sittlich erhält sie erst, wenn sie aus dem Vorsatz, naturgemäß zu leben, der Ordnung der Natur zu folgen, hervorgeht. Aber da das naturgemäße Leben zugleich angenehm und nützlich ist, so vereinigen sich in ihm alle drei Prädicate. Ein solches Angenehmes und Nützliches, welches der Natur gemäß ist, ist zugleich auch ein sittlich Gutes.

Offenbar zu weit aber geht Cicero, wenn er, in seiner Schrift de officiis, das Nützliche mit dem sittlich Guten identificirt, die Möglichkeit des Conflicts zwischen beiden leugnend. Er sagt nämlich (de offic. III, 4): „Itaque, ut sine ullo errore dijudicare possimus, si quando cum illo, quod honestum intelligimus, pugnare videbitur id, quod appellamus utile, formula quaedam constituenda est, quam si sequemur in comparatione rerum, ab officio nunquam recedemus. Erit autem haec formula Stoicorum rationi disciplinaeque maxime consentanea, quam quidem his libris propterea sequimur, quod, quamquam et a veteribus Academicis et a Peripateticis vestris, qui quondam iidem erant qui Academici, quae honesta sunt anteponuntur iis, quae videntur utilia, tamen splendidius haec ab eis disseruntur, quibus, quidquid honestum est, idem utile videtur nec utile quidquam quod non honestum, quam ab iis, quibus et honestum aliquid non utile et utile non honestum."

Der Hauptbeweis, den Cicero beibringt, besteht darin, daß er dem Nützlichen den gemeinsamen Nutzen substituirt, indem er nachweist, omnium utilitatem esse communem; nichts könne nützlich sein, was Unrecht ist, weil es die menschliche Gesellschaft zerstört. „Detrahere igitur alteri aliquid et hominem hominis incommodo suum commodum augere magis est contra naturam quam mors, quam paupertas, quam dolor, quam cetera, quae possunt aut corpori accidere aut rebus externis. Nam principio tollit convictum humanum et societatem. Si enim sic erimus adfecti, ut propter suum quisque emolumentum spoliet aut violet alterum, disrumpi necesse est eam, quae maxime est secundum naturam, humani generis societatem. Ut, si unumquodque membrum sensum hunc haberet, ut posse putaret se valere, si proximi membri valetudinem ad se traduxisset, debilitari et interire totum corpus necesse esset, sic, si unusquisque nostrum ad se rapiat commoda aliorum detrahatque quod cuique possit emolumenti sui gratia, societas hominum et communitas evertatur necesse est."

„Ergo unum debet esse omnibus propositum, ut eadem sit utilitas uniuscujusque et universorum, quam si ad se quisque rapiet, dissolvetur omnis humana consortio. Atque etiam, si hoc natura praescribit, ut homo homini, quicumque sit, ob eam ipsam causam, quod is homo sit, consultum velit, necesse est secundum eandem naturam omnium utilitatem esse communem. Quod si ita est, una continemur omnes et eadem lege naturae, idque ipsum si ita est, certe violare alterum naturae lege prohibemur." (III, 5 u. 6.)

Nun ist es zwar richtig, daß, wenn ein Jeder des eigenen Nutzens willen die Andern beschädigte, die menschliche Gesellschaft nicht bestehen könnte. Aber folgt daraus, daß Unrecht und Gewaltthat überhaupt nicht nützlich sein können? Nein, sondern es folgt nur, daß sie der menschlichen Gesellschaft nicht nützlich sein können, daß nichts der menschlichen Gesellschaft nützen könne, quod non honestum sit. Hier handelt es sich aber gar nicht um die Frage, ob der menschlichen Gesellschaft Unrecht nützlich sein könne, sondern ob überhaupt Unsittliches nützlich sein könne. Cicero leugnet letzteres, indem er mit den Stoikern behauptet: nihil utile, quod non honestum; aber bewiesen hat er es eigentlich nirgends.

Es läßt sich auch gar nicht beweisen, außer wenn man in das Wort nützlich einen Sinn hineinlegt, den es an sich nicht hat. Läßt man dem Worte seinen ursprünglichen Sinn, so lassen sich unzählige Fälle anführen, wo Nützliches und Sittliches nicht zusammen-, sondern auseinanderfallen. Ein Strick z. B. ist sehr nützlich zu dem Zwecke, sich oder einen Andern aufzuhängen. Das Aufhängen wiederum ist sehr nützlich zu dem Zwecke, sich oder einen andern aus der Welt zu schaffen. Aber ist eine solche Verwendung des Strickes sittlich? Eine Lüge, eine Schmeichelei, ein Betrug können sehr nützlich sein; sind sie aber darum sittlich? Manche Kriege sind sehr nützlich, gleichzeitig aber sehr ungerecht, also unsittlich.

Fielen Nützliches und Sittliches immer zusammen, so müßten auch Schädliches und Unsittliches immer zusammenfallen. Aber auch dies ist nicht der Fall. In's Wasser zu springen, um einem Ertrinkenden das Leben zu retten, kann für den Rettenden sehr schädlich sein; ist es aber unsittlich?

Cicero vermag seine Behauptung nur dadurch zu retten, daß er zwischen dem wahrhaft und scheinbar Nützlichen unterscheidet, unter jenem das der bessern menschlichen Natur Nützliche, unter diesem das den egoistischen Begierden Dienende verstehend. Und allerdings, wenn man den Sinn des Wortes nützlich so einschränkt, daß man darunter nur das der sittlichen Natur des Menschen Dienende versteht, dann fällt das Nützliche mit dem Sittlichen zusammen. Dann ist in's Wasser zu springen, um einen Ertrinkenden zu retten, auch wenn man dabei an seiner eigenen Gesundheit Schaden leidet, oder, mit einem Armen Hab und Gut zu theilen, auch wenn man dadurch selbst arm wird, nützlich.

Aber jene Einschränkung der Bedeutung des Wortes nützlich auf eine besondere Art des Nützlichen ist eine unberechtigte. Ein Wort, welches eine ganze Gattung bezeichnet, darf nicht dazu verwendet werden, ausschließlich eine besondere Art dieser Gattung zu bezeichnen. Es ist eben so unberechtigt, nur das in sittlicher Hinsicht Nützliche nützlich zu nennen, als es unberechtigt wäre, z. B.

nur das mathematisch Wissenschaftliche wissenschaftlich zu nennen, folglich eine nichtmathematische Untersuchung aus dem Gebiete der Wissenschaft auszuschließen.

Das Einzige, wozu Cicero berechtigt war, ist die Behauptung, daß nichts in sittlicher Hinsicht nützlich sein, d. h. nichts den sittlichen Zweck fördern könne, was nicht honestum ist. Aber daß überhaupt nichts nützlich sein könne, was nicht sittlich ist, ist eine völlig unberechtigte Behauptung. Der Begriff des Nützlichen ist ein weiterer, umfassenderer, als der des Sittlichguten.

8. Ursprung des ethischen Ideals.

Nach dem, was ich über den sittlichen Zweck und Endzweck, so wie über die formelle und materielle Sittlichkeit gesagt habe, ist das ethische Ideal das Musterbild eines Willens, der die objective Güte oder das wahre Wohl der Wesen aus reiner Lust und Liebe zu demselben bezweckt, und der es nicht blos bezweckt — denn das wäre erst die formelle Sittlichkeit — sondern dessen Handlungen auch diesem Zwecke gemäß sind, der also mit der formellen die materielle Sittlichkeit verbindet.

Welchen Ursprungs nun ist dieses Ideal? Ist es aus der Erfahrung geschöpft, oder ist es rein apriorischen Ursprungs?

Aus der Erfahrung scheint es nicht geschöpft zu sein; denn wo treffen wir jenen reinen Willen an, der wirklich nichts Anderes bezweckt, als das wahre, objective Wohl der Wesen? Materielle Sittlichkeit (Legalität) läßt sich allenfalls in der Erfahrung nachweisen, aber auch formelle (Moralität)?

Dies, daß reine Tugend in der Wirklichkeit so selten, vielleicht gar nicht anzutreffen ist, bestimmte Kant, dem das ethische Ideal nur in der formellen Sittlichkeit besteht, den empirischen Ursprung des ethischen Ideals zu leugnen und den apriorischen zu behaupten. Nach ihm haben wir einen Begriff von reiner Redlichkeit, von uninteressirter Freundschaft u. s. w., obgleich nicht ausgemacht ist, daß in der Wirklichkeit dergleichen vorkomme: "Wenn wir auf die Erfahrung vom Thun und Lassen der Menschen Acht haben, treffen wir häufige, und, wie wir selbst einräumen, gerechte Klagen an, daß man von der Gesinnung, aus reiner Pflicht zu handeln, so gar keine sichern Beispiele anführen könne, daß, wenn gleich Manches Dem, was Pflicht gebietet, gemäß geschehen mag, dennoch es immer noch zweifelhaft sei, ob es eigentlich aus Pflicht geschehe und also einen moralischen Werth habe? Daher es zu aller Zeit Philosophen gegeben hat, welche die Wirklichkeit dieser Gesinnung in den menschlichen Handlungen schlechterdings abgeleugnet und Alles der mehr oder weniger verfeinerten Selbstliebe zugeschrieben haben, ohne doch deswegen die Richtigkeit des Begriffes von Sittlichkeit in Zweifel zu ziehen, vielmehr mit inniglichem Bedauern der Gebrechlichkeit und Unlauterkeit der menschlichen Natur Erwähnung thaten, die zwar edel genug sei, sich eine so achtungswürdige Idee zu ihrer Vorschrift zu machen, aber zugleich zu schwach, um sie zu befolgen, und die Vernunft, die ihr zur Gesetzgebung dienen sollte, nur dazu brauche, um das Interesse der Neigungen, es sei einzeln, oder, wenn es hoch kommt, in ihrer größten Verträglichkeit unter einander, zu besorgen. In der That ist es schlechterdings unmöglich, durch Erfahrung einen einzigen Fall mit völliger Gewißheit auszumachen, da die Maxime einer sonst pflichtmässigen Handlung lediglich auf moralischen Gründen und auf der Vorstellung seiner Pflicht beruht habe .... Man kann auch denen, die alle Sittlichkeit als blosses Hirngespinst einer durch Eigendünkel sich selbst übersteigenden menschlichen Einbildung verlachen, keinen gewünschtern Dienst thun, als ihnen einräumen, daß die Begriffe der Pflicht lediglich aus der Erfahrung gezogen werden mußten; denn da bereitet man jenen einen sichern Triumph. Ich will aus Menschenliebe einräumen, daß noch die meisten unserer Handlungen pflichtmäßig seien; sieht man aber ihr Tichten und Trachten näher an, so stößt man allenthalben auf das liebe Selbst, das immer hervorsticht, worauf, und nicht auf das strenge Gebot der Pflicht, welches mehrmalen Selbstverleugnung erfordern würde, sich ihre Absicht stützt. Man braucht auch eben kein Feind der Tugend, sondern nur ein kaltblütiger Beobachter zu sein, der den lebhaftesten Wunsch für das Gute nicht sofort für dessen Wirklichkeit hält, um in gewissen Augenblicken zweifelhaft zu werden, ob auch wirklich in der Welt wahre Tugend angetroffen werde. Und hier kann uns nun nichts vor dem gänzlichen Abfall von unsern Ideen der Pflicht bewahren und gegründete Achtung gegen ihr Gesetz in der Seele erhalten, als die klare Ueberzeugung, daß, wenn es auch niemals Handlungen gegeben habe, die aus solchen reinen Quellen entsprungen wären, dennoch hier auch gar nicht davon die Rede sei, ob dies oder jenes geschehe, sondern die Vernunft für sich selbst und unabhängig von allen Erscheinungen gebiete, was geschehen soll, mithin Handlungen, von denen die Welt vielleicht bisher noch gar kein Beispiel gegeben hat, an deren Thunlichkeit sogar der, welcher Alles auf Erfahrung gründet, sehr zweifeln möchte, dennoch durch Vernunft unnachläßlich geboten seien, und daß z. B. reine Redlichkeit in der Freundschaft um nichts weniger von jedem Menschen gefordert werden könne, wenn es gleich bisjetzt gar keinen redlichen Freund gegeben haben möchte, weil diese Pflicht als Pflicht überhaupt, vor aller Erfahrung, in der Idee einer den Willen durch Gründe a priori bestimmenden Vernunft liegt." *)

Auch dieses, daß empirische Beispiele der Sittlichkeit

---

*) S. Kant's Grundlegung zur Metaphysik der Sitten, in der Gesammtausgabe der Kant'schen Werke von Rosenkranz und Schubert, Bd. VIII, S. 28—30.

immer schon den Begriff dieser voraussetzen, um als Beispiele dienen zu können, ist nach Kant ein Beweis für die Apriorität dieses Begriffs. „Man könnte auch, sagt er*), der Sittlichkeit nicht übler rathen, als wenn man sie von Beispielen entlehnen wollte. Denn jedes Beispiel, das mir davon vorgestellt wird, muß selbst zuvor nach Principien der Moralität beurtheilt werden, ob es auch würdig sei, zum ursprünglichen Beispiele, d. i. zum Muster zu dienen, keineswegs aber kann es den Begriff derselben zuoberst an die Hand geben. Selbst der Heilige des Evangeliums muß zuvor mit unserm Ideal der sittlichen Vollkommenheit verglichen werden, ehe man ihn dafür erkennt."

Was nun zunächst diesen letztern Beweis betrifft, so beweist er zuviel. Denn jedes Beispiel zu irgend einem Begriff setzt den Begriff schon voraus, um als ein Beispiel desselben gebraucht werden zu können. Ganz eben so, wie ich schon einen Begriff von Tugendhaftigkeit haben muß, um eine bestimmte Gesinnung und Handlungsweise tugendhaft zu nennen, — genau eben so muß ich schon einen Begriff von Gesundheit und Krankheit haben, um einen Körper gesund oder krank, ferner einen Begriff von Klugheit und Dummheit, um einen Menschen klug oder dumm zu nennen u. s. w. Folgt aber daraus, daß die Begriffe der Gesundheit und Krankheit, der Klugheit und Dummheit apriorischen Ursprungs sind? Würden wir wohl einen Begriff von Gesundheit und Krankheit, Klugheit und Dummheit haben, wenn wir empirisch nie und nirgends gesunde und kranke, kluge und dumme Menschen angetroffen hätten? Würden wir einen Begriff von Tod und Leben haben, wenn wir empirisch nie und nirgends todte und lebendige Leiber wahrgenommen hätten?

Allerdings muß ich schon einen Begriff von Gesundheit

---

*) S. Kant's Grundlegung zur Metaphysik der Sitten, in der Gesammtausgabe der Kant'schen Werke von Rosenkranz und Schubert, Bd. VIII, S. 31.

II. Die sittliche Sphäre und der sittliche Zweck.

und Krankheit, Klugheit und Dummheit, Leben und Tod haben, um vorkommenden Falls ein bestimmtes Individuum gesund oder krank, klug oder dumm, lebendig oder todt zu nennen. Aber diesen Begriff, den die Beurtheilung des einzelnen Falles schon voraussetzt, habe ich nicht a priori, sondern a posteriori gewonnen. Hätte ich nicht zuerst in der Wirklichkeit entgegengesetzte körperliche und geistige Zustände oder Functionen wahrgenommen, von denen ich die einen gesund, die andern krank, die einen klug, die andern dumm, die einen todt, die andern lebendig nenne, und aus denen ich die allgemeinen Begriffe der Gesundheit und Krankheit, der Klugheit und Dummheit, der Lebendigkeit und Leblosigkeit abstrahire, so könnte ich nachmals nicht beurtheilen, ob ein bestimmter einzelner Fall unter den einen oder den andern dieser Begriffe gehört. Begriffe werden also zwar zur Beurtheilung einzelner Fälle vorausgesetzt, aber diese Begriffe sind selbst aus zuvor erfahrenen einzelnen Fällen abstrahirt.

A priori besitzen wir nur die Fähigkeit der Begriffsbildung, d. h. die Fähigkeit, aus einer Menge gleichartiger Erscheinungen das ihnen wesentliche Gleiche hervorzuheben, und das unwesentliche Ungleiche fallen zu lassen. Um aber mittelst dieser Fähigkeit wirkliche Begriffe bilden zu können, müssen wir einen empirisch gegebenen Stoff haben, auf den wir jene Fähigkeit anwenden, und die ethischen Begriffe verhalten sich in dieser Beziehung nicht anders, als alle andern Begriffe. Nicht die abstracten Begriffe der Tugend und des Lasters sind uns angeboren, sondern die Fähigkeit, verschiedene Beschaffenheiten und Richtungen des Willens, die wir empirisch antreffen, zu unterscheiden, und die einen tugendhaft, die andern lasterhaft zu nennen, alsdann aus allen tugendhaften, das ihnen Gleiche und Gemeinsame hervorhebend, den abstracten Begriff der Tugend, aus allen lasterhaften eben so den des Lasters zu bilden.

Ja, aber — höre ich hier die Aprioristen einwenden —, wenngleich der Begriff der Tugend empirischen Ursprungs ist, wie verhält es sich denn mit dem Begriff der reinen Tugend? Hat hier Kant nicht Recht, daß wir den Begriff derselben in uns tragen, obgleich gar nicht ausgemacht ist, daß ihm in der Wirklichkeit ein Exemplar entspricht? Ist dieser Begriff also nicht apriorischen Ursprungs?

Hierauf habe ich nun Folgendes zu erwidern. Mit dem Begriff der reinen Tugend verhält es sich nicht um ein Haar anders, als mit dem Begriff der vollkommenen Gesundheit, der vollendeten Schönheit, der irrthumslosen Wahrheit. Auch für diese läßt sich in der Wirklichkeit vielleicht kein einziges Exemplar antreffen, und doch bilden wir alle diese Begriffe. Woher?

Alle diese Begriffe drücken ein Streben der menschlichen Natur nach einem Zustand aus, der in der Wirklichkeit nicht, oder höchst selten angetroffen wird. Der Leib strebt nach vollkommener Gesundheit, der Geist strebt nach irrthumsloser Wahrheit, der ästhetische Sinn strebt nach vollendeter Schönheit, der ethische Wille strebt nach fleckenloser Reinheit. Daß in der Wirklichkeit diesem Streben nach dem Vollkommenen, Vollendeten so wenig Genüge geschieht, daß vielleicht kein Exemplar angetroffen wird, in welchem dieses Streben realisirt und sein Zweck erreicht ist, — das ist Folge der Hemmungen und Hindernisse, auf die jedes Streben in dieser Welt stößt und durch die es gekreuzt wird. Die Dinge sind gebrochen zwischen Dem, was sie reell sind, und Dem, was sie ideell zu sein streben. Es ist dies der allgemeine Zwiespalt zwischen Ideal und Wirklichkeit, dem kein Endliches entgeht.

Insofern nun aber das ideelle Streben doch ein wirkliches, reelles Streben ist, so sind auch alle angeführten Ideale Ausdruck eines empirisch Gegebenen, und insofern ebenfalls empirischen Ursprungs. Wir würden nun und nimmermehr das Ideal reiner Tugend bilden, wenn nicht

II. Die sittliche Sphäre und der sittliche Zweck.

in der sittlichen Natur des Menschen ein reelles Streben nach reiner Tugend wäre; so wie wir das Ideal vollkommener Gesundheit nicht bilden würden, wenn in dem leiblichen Organismus nicht das Streben nach derselben, und das Ideal irrthumsloser Wahrheit nicht, wenn im wissenschaftlichen Geiste nicht das Streben nach derselben wäre.

Alle berechtigten Ideale sind Bilder eines Wirklichen, nur daß hier das Wirkliche ein sich erst zu verwirklichen Strebendes ist. Ideale, denen kein wirkliches Naturstreben zum Grunde liegt, haben keine Berechtigung. Wollte Jemand für den menschlichen Leib das Ideal aufstellen, zu fliegen, oder für den menschlichen Geist das Ideal, Alles zu wissen (Allwissenheit), so würden wir diese Ideale als Hirngespinnste zurückweisen. Die Ideale vollkommener Gesundheit, irrthumsloser Wahrheit, reiner Tugend hingegen halten wir, obgleich diesen Idealen in der Wirklichkeit vielleicht kein Beispiel entspricht, für keine Hirngespinnste, weil es in der menschlichen Natur begründete Ideale sind.

Die Frage nach dem Ursprung des ethischen Ideals ist daher so zu beantworten:

Das dem ethischen Ideal zu Grunde Liegende, das Streben der sittlichen Natur des Menschen nach sittlicher Reinheit, ist ein Wirkliches, empirisch Gegebenes. Da aber jedes Streben der Verwirklichung Dessen, wonach es strebt, vorangeht, so ist insofern das ethische Ideal apriorisch, der wirklichen Reinheit vorhergängig. Es ist also zugleich empirisch und apriorisch, in dem einen Sinne empirisch, in dem andern apriorisch. Es stammt von einem Wirklichen her und ist auf ein zu Verwirklichendes gerichtet. Seiner Herkunft nach ist es also empirisch, seinem Ziele nach apriorisch.

———————

III. Das sittliche Werthurtheil.

1. Der moralische Sinn.

Um das moralische Werthurtheil zu erklären, hat man einen eigenen Sinn angenommen, den sogenannten „moralischen Sinn", der unmittelbar das sittlich zu Billigende oder zu Mißbilligende erkenne.

Gäbe es nun wirklich einen solchen Sinn, dann müßten wir in jedem einzelnen Falle eben so unmittelbar und zweifellos wissen, ob eine Handlung sittlich zu billigen oder zu verwerfen sei, als wir in jedem einzelnen Falle sinnlicher Empfindung wissen, ob eine Farbe roth oder grün, ein Ton hoch oder tief, ein Geschmack süß oder bitter ist. Ferner müßten Alle eben so darin übereinstimmen, daß eine Handlung sittlich zu billigen oder zu mißbilligen sei, als sie darin übereinstimmen, daß eine Farbe roth oder grün, ein Ton hoch oder tief, ein Geschmack süß oder bitter sei.

Beides ist aber nicht der Fall. Weder wissen wir in allen Fällen unmittelbar und zweifellos, ob eine Handlung sittlich gut oder schlecht, und ob sie demgemäß zu billigen oder zu verwerfen sei. Denn es giebt Fälle verwickelter Art, wo es erst einer Ueberlegung, eines Nachdenkens bedarf, ob das eine oder das andere Prädicat auf sie anzuwenden sei. Noch auch stimmen Alle in dem sittlichen Werth=

III. Das sittliche Werthurtheil.

urtheil überein, wie in der Sinnesempfindung. Die Einen halten z. B. Lüge und Eidbruch in gewissen Fällen für erlaubt und für sittlich zu billigen, die Andern verwerfen Lüge und Eidbruch in allen Fällen. Die Einen halten das Duell für sittlich gefordert, die Andern halten es für sittlich verwerflich. Wo bleibt also der „moralische Sinn" mit seiner unmittelbaren Entscheidung?

Wofern der „moralische Sinn" mehr bedeutet, als das in der menschlichen Natur angelegte Vermögen der sittlichen Beurtheilung überhaupt, der Unterscheidung zwischen Recht und Unrecht, Gut und Böse im Allgemeinen, wofern er ein Vermögen bedeutet, in jedem einzelnen Falle unmittelbar und mit zweifelloser Gewißheit, wie durch einen Geschmack, zu entscheiden, welches Prädicat ihm zukomme, hat er die Erfahrung wider sich. Das moralische Werthurtheil in einzelnen Fällen ist kein unmittelbares, sondern ein vermitteltes, vermittelt durch Vergleichung der Beschaffenheit des vorliegenden Gegenstandes mit dem Begriff von gut und böse, den wir in uns tragen. Und daraus erklärt sich auch die Verschiedenheit des moralischen Werthurtheils über einen und denselben Gegenstand bei verschiedenen Menschen. Die Begriffe von gut und böse sind entweder nicht bei Allen dieselben; oder, wenngleich diese Begriffe dieselben sind, so erkennen doch nicht Alle die Beschaffenheit des vorliegenden Gegenstandes auf dieselbe Weise; die Einen finden in ihm nicht die Eigenschaften, die dazu berechtigen, ihn unter das Prädicat „gut" zu subsumiren und ihn zu billigen, die Andern finden gerade diese Eigenschaften in ihm.

Gegen den „moralischen Sinn" als ein Vermögen über Recht und Unrecht, Gut und Böse unmittelbar zu entscheiden, hat übrigens schon Garve in seiner Weise sehr gut polemisirt. Er sagt nämlich, von Hutcheson sprechend: „Er (Hutcheson) ist der erste, welcher unter den Schottischen Philosophen und besonders auf den beiden Universitäten, Edinburg und Glasgow, die Gewohnheit aufgebracht hat, für jede etwas auffallend und bei dem ersten Anblicke nicht gleich zu erklärende Erscheinung der menschlichen Natur sogleich eine eigene Urkraft anzunehmen: eine Gewohnheit, welche der guten spekulativen Philosophie geradezu entgegensteht, ob sie gleich die Beobachtungs- und praktische Philosophie, in welcher die schottischen Gelehrten vorzüglich glänzen, nicht verhindert, vielmehr gelegentlich sie zu befördern dienen kann. Reid, von dem wir ein großes Werk über die Erkenntnißkräfte haben, nimmt eine eigene Fähigkeit für die Mittheilung unserer Gedanken an Andere, und wieder eine andere für die Sprache an. Auch der in vieler anderen Rücksicht so wahr und tief denkende Adam Smith ist von diesem Fehler nicht ganz frei, indem er sein berühmtes Werk über den Nationalreichthum damit anfängt, ein eigenes Tausch-Princip, — ich meine eine ursprüngliche Neigung und Fähigkeit des Menschen zum Tauschen, festzusetzen. In der That aber heißt es eigentlich so viel, als der Untersuchung aller Principien entsagen, wenn man an eine specielle Wirkung eine erste Ursache sogleich anknüpft, und diese nach jener benennt. Dieß waren die qualitates occultae der Scholastiker, welche wir so sehr verachten, und sie kommen, wie wir sehen, unvermerkt, in einem sehr erleuchteten Zeitalter und Lande wieder."

Alsdann in Hinsicht auf den „moralischen Sinn": „Das Dasein eines eigenen moralischen Sinnes in der menschlichen Natur läßt sich auf keine Weise darthun.

„1) Der Gegenstand eines Sinnes muß etwas einfaches und einzelnes sein, und die Sittlichkeit ist etwas viel umfassendes und allgemeines. Durch die Eindrücke der Handlungen unserer selbst und Anderer auf einen gewissen Sinn könnte man wohl etwas Angenehmes und Unangenehmes in denselben gewahr werden: aber daß dieses Angenehme gerade von der Art des sittlich Angenehmen sei, kann kein Sinn lehren. Wir fühlen durch das Auge das Angenehme der Farben und das Angenehme der Gestalten. Daß aber das Angenehme der Gestalten von anderer Art

III. Das sittliche Werthurtheil.   87

sei und Schönheit heiße, lehrt der Verstand. Das Ohr ergötzt uns durch den Wohlklang einzelner Töne, und durch die Harmonie und Melodie vieler vereinigten Töne. Daß aber diese Vereinigung derselben, welche die Musik ausmacht, zu einer höhern Gattung des Vergnügens gehöre, und den Geist veredle, kann nur der Verstand einsehen.

„2) Wenn der Mensch ein unmittelbares Gefühl dessen hätte, was Recht und Unrecht, Tugend und Laster wäre: so hätte er auch einen weit sicherern Führer in Absicht seiner moralischen Aufführung, als er nach der Erfahrung wirklich hat. Der tugendhafteste Mensch ist oft in der größten Verlegenheit, zu wissen, was jetzt seine Pflicht sei. Und er kann nur durch weitläuftiges Nachdenken, und durch Befragung weiser Freunde, zu einem zweifelhaften Lichte darüber kommen. Die dem moralischen Sinne vorgelegte Handlung macht auf denselben keinen Eindruck, weder des Angenehmen noch des Unangenehmen.

„3) Es ist ausgemacht, daß die Tugend aus Ideen erwächst, und die Pflicht durchdacht werden muß, ehe ihre Schönheit empfunden wird. Aber bei einem Sinne geht die Empfindung des Angenehmen vorher, und die Betrachtung der Ursache folgt erst. — Auch wird der Mensch der Sittlichkeit erst fähig, wenn der Verstand sich zuvor bis auf einen gewissen Grad ausgebildet hat: und wo die letztere Eigenschaft gänzlich mangelt, findet sich die erste niemals ein. — Aber die Sinne entwickeln sich im Menschen vor allen andern Fähigkeiten; und sie entwickeln sich auch im rohesten Menschen ohne alle Cultur." *)

Diese Polemik Garve's ist insofern eine verdienstliche, als es überhaupt wissenschaftlich verdienstlich ist, Er-

---

*) S. Garve's Abhandlung über die verschiedenen Principe der Sittenlehre, von Aristoteles bis auf unsere Zeiten, im ersten Bande seiner Uebersetzung der Ethik des Aristoteles, S. 154 fg.

scheinungen, die für einfache, unmittelbare Aeußerungen einer Urkraft gelten, in ihre Elemente zu zerlegen und die vielen Ursachen nachzuweisen, aus deren Zusammenwirken sie entspringen. In unserer Zeit hat die Naturwissenschaft sich dieses Verdienst in Bezug auf diejenigen physischen Phänomene, die früher für unmittelbare Aeußerungen einer Urkraft galten, erworben. Aber auch auf ethischem Gebiet ist das selbe Ziel zu verfolgen, und Garve hat daher hier mit seiner Polemik gegen den „moralischen Sinn" das Verdienst eines Vorgängers.

Aus meiner folgenden Darlegung der Elemente des **sittlichen Werthurtheils** wird hervorgehen, daß die sittliche Billigung und Mißbilligung, die man für ein ein**faches Product** des **„moralischen Sinnes"** zu halten pflegt, in der That etwas aus mehreren Factoren Zusammengesetztes, Vermitteltes ist.

---

2. Elemente des sittlichen Werthurtheils.

Das ethische Werthurtheil ist theils ein billigendes, theils ein mißbilligendes.

Zu jeder Billigung oder Mißbilligung ist aber Viererlei erforderlich:

1. Ein Gegenstand, der gebilligt oder gemißbilligt wird.
2. Ein Zweck oder Ideal, in Beziehung worauf der Gegenstand gebilligt oder gemißbilligt wird.
3. Ein beurtheilendes Subject, welches den Gegenstand an dem Zweck oder Ideal mißt und ihn demselben entweder entsprechend oder zuwider findet.
4. Ein Wille, welcher den Zweck oder das Ideal verwirklicht wissen will.

Ohne diese vier Elemente kommt keine Billigung, oder Mißbilligung, also kein Werthurtheil zu Stande. Zwei dieser Elemente sind **objectiv**: der Gegenstand und der Zweck oder das Ideal; zwei sind **subjectiv**: das urtheilende Subject und der Wille.

Der Gegenstand muß eine Beziehung zum Zweck oder Ideal haben, wenn er der Billigung oder Mißbilligung unterliegen soll. Das Subject muß urtheilen und wollen, wenn es billigen oder mißbilligen soll.

Ein Gegenstand, der keine, sei es directe oder indirecte Beziehung zu einem Zweck oder Ideal hat, ist kein Gegenstand der Billigung oder Mißbilligung, z. B. ein Dreieck als mathematische Figur betrachtet. An einem Dreieck als mathematischer Figur ist nichts zu billigen, noch zu mißbilligen. Würde aber ein Geräth oder Gebäude, statt viereckig, dreieckig gemacht, so würde dadurch das Dreieck ein Gegenstand der Mißbilligung.

Ein Subject, das blos will, ohne zu urtheilen, kann nicht billigen oder mißbilligen; eben so wenig ein Subject, das blos urtheilt, ohne zu wollen. Stellen wir uns ein Subject vor, das einen Zweck oder ein Ideal verwirklicht wissen will, das aber nicht zu beurtheilen vermag, ob eine vorliegende Handlung diesem Zweck, diesem Ideal ent- oder widerspricht, so wird dieses die vorliegende Handlung weder billigen, noch mißbilligen können. Stellen wir uns andererseits ein Subject vor, das eine Handlung an einem bestimmten Zweck oder Ideal zu messen und ihre Uebereinstimmung mit demselben, oder ihren Widerstreit gegen dasselbe zu beurtheilen vermag, dem aber dieser Zweck oder dieses Ideal völlig gleichgültig ist, so wird ein solches ebenfalls weder billigen, noch mißbilligen können. Der Zweck oder das Ideal muß unser Zweck, unser Ideal sein, wenn wir eine ihm entsprechende Erscheinung billigen, eine ihm zuwiderlaufende mißbilligen sollen. Derjenige z. B., dem das Ideal reiner Tugend völlig gleichgültig ist, wird es nicht mißbilligen können, daß unter Menschen reine Tugend so selten angetroffen wird.

Die vier genannten Elemente, die in jeder Billigung und Mißbilligung vorkommen, müssen natürlich auch in der ethischen vorkommen. Der Unterschied wird nur dieser sein, daß Gegenstand, Zweck und Wille in der ethischen Billigung und Mißbilligung andere sind, als in anderartiger Billigung und Mißbilligung. Der Gegenstand nämlich der ethischen Billigung und Mißbilligung ist die Beschaffenheit des Willens und seiner Aeußerungen; der Zweck oder das Ideal, in Beziehung worauf diese gebilligt oder gemißbilligt wird, ist die objective Güte oder das wahre Wohl der Wesen (s. der sittliche Zweck und Endzweck); der Wille, der diesen Zweck oder dieses Ideal verwirklicht wissen will, ist der sittliche Wille. Was das Urtheil betrifft, so ist seine Function in allen Arten der Billigung und Mißbilligung dieselbe, nämlich Vergleichung des beurtheilten Gegenstandes mit dem Zweck oder Ideal, woran er gemessen wird.

Ein Beispiel ethischer Billigung: Ein Armer giebt einem Reichen eine von diesem verlorene Summe, die er gefunden, aus reiner Ehrlichkeit zurück. Wir billigen Dieses. Der Gegenstand der Billigung ist hier die redliche Gesinnung (die Willensbeschaffenheit) des Armen; der Zweck oder das Ideal, in Beziehung worauf wir diese billigen, ist das wahre Wohl des Menschen; der Wille, der dieses Ideal realisirt wissen will, ist der sittliche. Das Urtheil vergleicht die Handlung mit dem Ideal und findet sie ihm entsprechend.

3. Ursachen der Verschiedenheit des sittlichen Werthurtheils.

Es ist eine bekannte Thatsache, daß die ethischen Werthurtheile bei Verschiedenen sehr aus einander gehen. Die Einen billigen, was die Andern mißbilligen; die Einen loben als recht und gut, was die Andern als unrecht und schlecht verdammen.

Woher diese Verschiedenheit?

Da alle Billigung und Mißbilligung bedingt ist durch
1) einen Zweck oder Ideal des Willens,
2) ein Urtheil des Verstandes (Intellekts) über die Uebereinstimmung oder den Widerstreit der Sache mit dem Zweck des Willens (s. Elemente des sittlichen Werthurtheils);

so kann die Ursache des Auseinandergehens Verschiedener im Werthurtheil theils in der Verschiedenheit ihres Zwecks, theils aber auch bei gleichem Zweck in der Verschiedenheit ihres Urtheils über die Uebereinstimmung oder den Widerstreit der Sache mit demselben liegen.

Egoisten können mit Tugendhaften im Werthurtheil darum nicht übereinstimmen, weil die Zwecke des Willens Beider grundverschieden sind. Der Egoist will persönliches Wohl, der Tugendhafte dagegen will die objective Güte oder das wahre Wohl der Wesen. Egoisten als Egoisten können es daher nimmermehr billigen, daß Jemand sein Vermögen oder sein Leben für das allgemeine Beste opfert. Dem Egoisten als Egoisten müssen ein Sokrates, Jesus und alle für objective, gemeinnützige Zwecke sich Opfernden als Thoren erscheinen. Dagegen können es wiederum Tugendhafte als solche nimmermehr billigen, daß man um persönlichen Vortheils willen Andern Unrecht thut, auch wenn der Vortheil, der daraus entspringt, noch so groß und das Unrecht noch so gering wäre.

Um im Werthurtheil übereinzustimmen, muß also vor allen Dingen gleicher Wille, d. h. Richtung des Willens auf denselben Zweck, vorhanden sein.

Aber diese Uebereinstimmung im Wollen allein reicht noch nicht hin, um das Werthurtheil einstimmig zu machen. Denn bei gleicher Willensrichtung kann doch sehr große Verschiedenheit im Urtheil über das, dem Zweck des Willens Entsprechende oder Widersprechende herrschen. Von zwei Egoisten z. B. kann der Eine es tadeln, eine gefundene Summe, die man ohne Gefahr entdeckt und bestraft zu werden, für sich behalten kann, herauszugeben, der Andere hingegen kann aus der Kant'schen egoistischen Erwägung, daß wenn solche Handlungsweise allgemeine Maxime würde, er selbst vorkommenden Falls auch darunter zu leiden hätte, die Unterschlagung der Summe tadeln. Beide wollen hier als Egoisten Dasselbe, nämlich persönliches Wohl; aber das Urtheil beider über das dem persönlichen Wohl Angemessene und es Fördernde ist im vorliegenden Falle verschieden, und daher billigt der Eine, was der Andere verwirft.

Eben so können zwei Tugendhafte, obwohl sie als solche wesentlich denselben Willen haben, im Werthurtheil auseinandergehen; der Eine kann billigen, was der Andere verwirft. Der Eine kann z. B. einen unternommenen Krieg billigen, der Andere mißbilligen, der Eine weil er ihn für das wahre Wohl des Vaterlandes für nöthig hält, der Andere weil er ihn als diesem nachtheilig ansieht. Beide wollen hier Dasselbe, das wahre Wohl des Vaterlandes; aber Beide gehen im Urtheile über das diesem Zweck Entsprechende aus einander.

Um also die Differenzen im Werthurtheil aufzuheben und das Werthurtheil Aller einstimmig zu machen, genügt es nicht, die Verschiedenheit der Willensrichtungen aufzuheben, sondern man müßte auch die Verschiedenheit des Urtheils über das dem Willen Gemässe und Zuwiderlaufende beseitigen.

Da es leichter ist, die Verschiedenheit des Urtheils, als die des Willens aufzuheben, so sind die aus jener entspringenden Differenzen in der Billigung und Mißbilligung leichter zu beseitigen, als die aus dieser. Denn ich brauche Einem, der mit mir gleichen Willen hat, gleiche Zwecke verfolgt, nur zu beweisen, daß das von ihm Gebilligte dem Zweck zuwider ist, das von ihm Gemißbilligte dem Zweck entspricht, um ihn auf meine Seite zu bringen und mit mir einstimmig zu machen. Hingegen Einem im Wollen von mir Grundverschiedenen müßte ich erst einen andern Willen beibringen, um ihn Dasselbe billigen oder mißbilligen zu machen, was ich billige oder mißbillige. Aber Velle non discitur.

---

4. Modificabilität des sittlichen Werthurtheils.

Das ethische Werthurtheil bleibt sich zwar seinem Wesen nach immer und überall gleich; es ist immer und überall Billigung oder Mißbilligung von Gesinnungen und Handlungen, hervorgerufen durch ihre erkannte Uebereinstimmung oder ihren Widerstreit mit der von dem sittlichen Willen geforderten objectiven Güte.

Aber diese wesentliche Gleichheit des ethischen Werthurtheils hindert nicht, daß es sich nach den Umständen modificire, daß es in dem einen Falle billige, was es in dem andern Falle mißbilligt, oder daß es eine und dieselbe Handlung in verschiedenen Fällen in verschiedenem Grade billige oder mißbillige. Das ethische Werthurtheil fällt sowohl qualitativ, als quantitativ unter verschiedenen Umständen verschieden aus.

Ein Beispiel, daß es in dem einen Falle billigt, was es in dem andern mißbilligt, ist die Lüge. Es giebt Fälle, wo die Lüge ethisch zu billigen ist und vom gesunden Urtheil gebilligt wird. Die Kant'sche absolute Verwerfung der Lüge ist unhaltbar (s. Modificabilität der Pflichten nach Ort, Zeit und Umständen). Es läßt sich nicht leugnen, daß es Fälle giebt, wo eine sonst verwerfliche Handlung durch den guten Zweck, dem sie dient, ethisch gerechtfertigt ist.

Aber ist dies nicht die Jesuitische Lehre: „Der Zweck heiligt die Mittel"? Wenn die Lüge, sobald sie nur einem guten Zwecke dient, zu billigen ist, so ließe sich ja auf dieselbe Weise auch jedes Verbrechen, jedes Unrecht, jede Schandthat rechtfertigen.

Gemach! Mit dem Satze: „Der Zweck heiligt die Mittel", verhält es sich so: Der Zweck heiligt die Mittel nur unter gewissen Bedingungen.

Die Bedingungen, unter denen der Zweck die Mittel heiligt und also eine Handlung, die sonst zu mißbilligen, zu billigen ist, sind nämlich folgende:

1) Die Handlung, die um ihres guten Zweckes willen gebilligt werden, also an der Billigung des Zweckes participiren soll, muß ein höheres, ein wichtigeres Gut fördern, als dasjenige ist, welches durch sie negirt wird. Das, was durch sie erreicht wird, muß in der Rangordnung der Güter höher stehen, als Das, was durch sie verletzt wird, ähnlich wie bei der Amputation eines kranken Gliedes. Die Amputation ist eine Verstümmelung des Körpers, also eine Handlung, die unter andern Umständen bestraft wird. Aber hier heiligt der Zweck das Mittel, weil die Erhaltung des Lebens oder der Gesundheit ein höheres, ein wichtigeres Gut ist, als die Integrität der Glieder.

2) Die Handlung, die um ihres guten Zweckes willen gebilligt werden soll, muß diesen Zweck wirklich fördern und muß unentbehrlich zur Erreichung desselben sein, ähnlich wie eine Amputation nur dann zu billigen ist, wenn sie wirklich das Leben oder die Gesundheit rettet und hierzu unumgänglich nöthig ist.

Erfüllt eine schlechte Handlung, z. B. Lüge, Eidbruch, Mord, diese beiden Bedingungen, dann heiligt der

III. Das sittliche Werthurtheil. 95

Zweck das Mittel; dann ist die Handlung eigentlich keine schlechte mehr, sondern eine gute. Denn, wie in dem Capitel über Gut und Güte gezeigt ist, das Prädicat gut ist ein relatives. Gut ist Etwas nur in Beziehung auf einen bestimmten Zweck; ethisch gut nur, was dem ethischen Zwecke dient. Nun bildet aber der ethische Zweck eine Rangordnung von Gütern, und was in dem einen Falle zu unterlassen Pflicht ist, kann in dem andern Falle zu thun Pflicht werden. (S. Rangordnung der Güter und: Rangordnung der Pflichten.)

Also muß sich das ethische Werthurtheil hiernach modificiren, und das gesunde ethische Werthurtheil modificirt sich wirklich nach diesen Rücksichten. Das gesunde ethische Werthurtheil billigt nicht absolut und verwirft nicht absolut, sondern was es in dem einen Falle billigt, das verwirft es in einem andern, weil es stets Rücksicht nimmt auf den relativen Werth einer und derselben Handlung unter verschiedenen Umständen.

Aus demselben Grunde billigt oder mißbilligt auch das gesunde ethische Werthurtheil eine und dieselbe Handlung nicht unter allen Umständen in gleichem Grade, sondern in dem einen Falle stärker, in dem andern schwächer.

Die Grade der Billigung und Mißbilligung sind theils durch die Grade der Tugend= und Lasterhaftigkeit bedingt (s. das gleichnamige Capitel). Die Wohlthat des Armen z. B., der, um wohlzuthun, sich beraubt, wird stärker gelobt, als die des Reichen, der von seinem Ueberflusse giebt. Der gegen einen Verwandten oder Befreundeten ausgeübte Betrug wird stärker getadelt, als der gegen einen Fremden und Fernstehenden. Theils aber auch sind die Grade der Billigung und Mißbilligung durch den Grad der Pflicht= mäßigkeit oder Pflichtwidrigkeit der Handlung bedingt. Eine und dieselbe Handlung oder Unterlassung kann näm= lich unter verschiedenen Umständen, bei verschiedenen Per= sonen und zu verschiedenen Zeiten, in sehr verschiedenem Grade pflichtmäßig oder pflichtwidrig sein. Alter, Ge=

schlecht, Stand, Beruf, Glücksumstände — alles Dieses influirt auf den Grad der Pflichtmäßigkeit oder Pflichtwidrigkeit einer Handlung und alles Dieses bestimmt daher auch den Grad der Billigung oder Mißbilligung.

Für den reifen, erwachsenen Menschen z. B. ist unvernünftiges Handeln eine grössere Pflichtwidrigkeit, als für das Kind, für das Weib ist Unkeuschheit eine grössere, als für den Mann, für den Vornehmen Pöbelhaftigkeit eine grössere als für den gemeinen Mann, für den Soldaten Feigheit eine grössere als für den Bürgerlichen, für den Reichen Knickerei eine grössere als für den Armen. Demgemäß tadeln wir auch alle diese Fehler an den Erstern stärker, als an den Letztern, und loben die ihnen entgegengesetzten Tugenden an den Letztern stärker, als an den Erstern, also Vernünftigkeit am Kinde stärker, als am Erwachsenen, Keuschheit am Manne stärker, als am Weibe, Anständigkeit am gemeinen Manne stärker, als am Vornehmen, Tapferkeit am Bürgerlichen stärker, als am Soldaten, Generosität am Armen stärker, als am Reichen.

Da ein und derselbe Fehler, der an der einen Person blos Uebernatur, Uebertreibung des natürlichen Wesens ist, bei einer andern von entgegengesetzter Qualität zur Unnatur wird, Unnatur aber ein größerer Fehler ist, als Uebernatur, so tadeln wir einen solchen Fehler an der Person, an welcher er Unnatur ist, stärker, als an der, an welcher er blos Uebernatur ist. So tadeln wir z. B. Ungeschlachtheit an einem Weibe schärfer, als an einem Manne, Weichlichkeit dagegen an einem Manne schärfer, als an einem Weibe. In dieser Beziehung sagt Chalybäus: „Weibisch und Weiblich unterscheidet schon der Sprachgebrauch, und so hoch die edle Weiblichkeit zu stellen ist, so tief sinkt das entartete Weib herab, sei es durch principielle Negation des specifisch Weiblichen, wodurch es zur doppeltwidrigen Mißgestalt des Mannweibes wird, sei es durch Abschwächung des in der Sanftmuth liegenden Muthes, wodurch die Seele des Weibes zum gänzlichen Ver-

III. Das sittliche Werthurtheil.

zagen, zu lautlos, gefühllos, selbstlos duldender Sclaverei herabgebracht wird. Für das Weib ist indeß jene hypersthenische Unweiblichkeit häßlicher und naturwidriger, zugleich auch mehr selbstverschuldet, als die Zaghaftigkeit (δειλία) und Sclaverei, die mehr die Schuld des männlichen Uebermuthes ist. In gleicher Weise verhält es sich umgekehrt auf Seiten der Männer; hier ist die Rohheit minder häßlich und unnatürlich, als die weibische Entnervung." *)

Aus demselben Grunde, aus welchem eine und dieselbe Handlung oder Handlungsweise bei verschiedenen Personen ein verschiedener Grad der Billigung oder Mißbilligung trifft, wird auch bei einer und derselben Person zu verschiedenen Zeiten und unter verschiedenen Umständen dieselbe Handlung oder Handlungsweise in verschiedenem Grade gebilligt oder gemißbilligt. Denn zu der einen Zeit und unter den einen Umständen ist sie der sittlichen Aufgabe der Person ent- oder widersprechender, als zu einer andern und unter andern Umständen. Wechsel des Alters, Wechsel der Glücksumstände, Wechsel der Stellung, des Amtes, der geselligen Beziehungen u. s. w. erfordert andere und andere Handlungsweisen. Wer daher als Greis noch den Lüsten fröhnt, denen er im Jünglingsalter ergeben war, wer in Krankheit noch so unmäßig und unenthaltsam ist, als er in gesunden Tagen war; wer, zu Reichthum gelangt, noch so knickerig ist, wie er als Armer war; wer in gebildeteren Gesellschaftskreisen noch so gemein sich benimmt, wie er unter Pöbel sich benahm; wer in Kriegszeiten noch so unpatriotisch ist, wie in Friedenszeiten, — Den trifft alsdann mit Recht in demselben Grade schärferer Tadel, als die Pflichtwidrigkeit, der er sich schuldig macht, alsdann eine größere ist.

---

*) S. Chalybäus, System der speculativen Ethik, Bd. I, S. 414.

5. Das Gewissen.

Kant stellt das Gewissen als einen innern Gerichts=
hof dar: „Ein jeder Pflichtbegriff enthält objective Nöthi=
gung durch's Gesetz (als einen moralischen, unsere Freiheit
einschränkenden Imperativ) und gehört dem praktischen Ver=
stande zu, der die Regel giebt; die innere Zurechnung
aber einer That, als eines unter dem Gesetz stehenden
Falles (in meritum aut demeritum) gehört zur Urtheils=
kraft (judicium), welche, als das subjective Princip der
Zurechnung der Handlung, ob sie als That (unter einem
Gesetz stehende Handlung) geschehen sei oder nicht, rechts=
kräftig urtheilt; worauf dann der Schluß der Vernunft
(die Sentenz), d. i. die Verknüpfung der rechtlichen Wir=
kung mit der Handlung (die Verurtheilung oder Lossspre=
chung) folgt: welches Alles vor Gericht (coram judicio),
als einer dem Gesetz Effect verschaffenden moralischen Per=
son, Gerichtshof (forum) genannt, geschieht. — Das
Bewußtsein eines innern Gerichtshofes im Menschen
(„vor welchem sich seine Gedanken einander verklagen oder
entschuldigen") ist das Gewissen."*)

Schopenhauer, in seiner Kritik dieser Kant'schen
Lehre vom Gewissen, tadelt die juridische Darstellung.
„Es wird uns da im Innern des Gemüths ein vollständi=
ger Gerichtshof vorgeführt, mit Proceß, Richter, Ankläger,
Vertheidiger, Urtheilsspruch. Verhielte sich nun wirklich
der innere Vorgang so, wie Kant ihn darstellt; so müßte
man sich wundern, daß noch irgend ein Mensch, ich will
nicht sagen so schlecht, aber so dumm sein könnte, gegen
das Gewissen zu handeln. Denn eine solche übernatür=
liche Anstalt ganz eigener Art in unserm Selbstbewußtseyn,

---

*) S. Kant's Metaphysische Anfangsgründe der Tugend=
lehre, §. 13, im 9. Theile der Gesammtausgabe der Kant'schen
Werke von Rosenkranz und Schubert, S. 293.

III. Das sittliche Werthurtheil.

ein solches vermummtes Vehmgericht im geheimnißvollen Dunkel unsers Innern, müßte Jedem ein Grausen und eine Deisidämonie einjagen, die ihn wahrlich abhielte, kurze, flüchtige Vortheile zu ergreifen, gegen das Verbot und unter den Drohungen übernatürlicher, sich so deutlich und so nahe ankündigender, furchtbarer Mächte. — In der Wirklichkeit hingegen sehen wir umgekehrt die Wirksamkeit des Gewissens allgemein für so schwach gelten, daß alle Völker darauf bedacht gewesen sind, ihr durch positive Religion zu Hülfe zu kommen, oder gar sie dadurch völlig zu ersetzen." *)

Sodann tadelt es Schopenhauer, daß Kant der moralischen Selbstbeurtheilung im Gewissen eine Form als wesentlich beilegt, die eben so jeder andern, dem eigentlich Moralischen ganz fremden Rumination dessen, was wir gethan haben und hätten anders thun können, angepaßt werden kann. „Denn nicht nur wird ebenfalls das offenbar unächte, erkünstelte, auf blossen Aberglauben gegründete Gewissen, z. B. wenn ein Hindu sich vorwirft, zum Morde einer Kuh Anlaß gegeben zu haben, oder ein Jude sich erinnert, am Sabbath eine Pfeife im Hause geraucht zu haben, — die selbe Form des Anklagens, Vertheidigens und Richtens gelegentlich annehmen; sondern sogar auch diejenige Selbstprüfung, welche von gar keinem ethischen Gesichtspunkte ausgeht, ja eher unmoralischer, als moralischer Art ist, wird ebenfalls oft in solcher Form auftreten, So z. B. wenn ich für einen Freund, gutmüthiger, aber unüberlegter Weise, mich verbürgt habe, und nun am Abend mir deutlich wird, welche schwere Verantwortlichkeit ich da auf mich genommen habe, und wie es leicht kommen könne, daß ich dadurch in grossen Schaden gerathe, den die alte Weisheitsstimme ἐγγύα, πάρα δ' ἄτα! mir prophezeit; da tritt ebenfalls in meinem Innern der Ankläger auf

---

*) S. Schopenhauer, Die beiden Grundprobleme der Ethik, 2. Aufl., S. 170 fg.

und auch ihm gegenüber der Advokat, welcher meine übereilte Verbürgung durch den Drang der Umstände, der Verbindlichkeiten, durch die Unverfänglichkeit der Sache, ja durch Belobung meiner Gutmüthigkeit zu beschönigen sucht, und zuletzt auch der Richter, der unerbittlich das Urtheil «Dummer Streich!» fällt, unter welchem ich zusammensinke."*)

Es ist nun zwar richtig, daß mit der moralischen Selbstbeurtheilung jede anderartige Selbstbeurtheilung diese Form gemein hat, daß in ihr der Beurtheilte vor einem innern Gerichtshof erscheint, und daß, wenn er von ihm als schuldig verurtheilt wird, hier Angeklagter und Richter in einer Person beisammen sind; aber daraus folgt nicht, daß der moralischen Selbstbeurtheilung diese Form nicht zukomme, sondern nur, daß das moralische Gewissen sich von jedem anderartigen Gewissen durch etwas Anderes, als durch die Form unterscheide.

Das Gewissen ist nämlich eine allgemeine Form. Jedes anerkannte und angestrebte Ideal, nach dem man sich selbst und seine Handlungen beurtheilt, bildet eine besondere Art von Gewissen. So giebt es ein ästhetisches Gewissen, ein wissenschaftliches Gewissen, ein gesellschaftliches Gewissen, ein politisches Gewissen, ein Berufs- und Amtsgewissen, ein Standesgewissen, ein moralisches Gewissen, und im Gegensatze zum moralischen Gewissen giebt es sogar ein egoistisches Gewissen; weshalb die Gewissenhaftigkeit nur eine formelle Tugend ist.

Jedes selbstgewollte Ideal, an dem man seine Gesinnungen und Handlungen mißt, begründet ein Gewissen. In der Selbstbilligung oder Mißbilligung durch das Gewissen kommen also dieselben vier Elemente vor, die oben (in dem Capitel über die Elemente des sittlichen Werthurtheils) als

---

*) S. Schopenhauer, Die beiden Grundprobleme der Ethik, 2. Aufl., S. 171.

III. Das sittliche Werthurtheil.

in jeder Art von Billigung und Mißbilligung enthalten, nachgewiesen worden: 1) ein Gegenstand, der gebilligt oder gemißbilligt wird; 2) ein beurtheilendes Subject, das den Gegenstand beurtheilt; 3) ein Zweck oder Ideal, in Beziehung auf welche es den Gegenstand beurtheilt; 4) ein Wille, der die Verwirklichung dieses Zwecks oder Ideals will. Das Gewissen ist also eben so wenig etwas Einfaches, wie der sogenannte „moralische Sinn", aus dem manche Ethiker das moralische Werthurtheil abgeleitet haben.

Je nach der Verschiedenheit des Ideals und des auf dasselbe gerichteten Willens ist auch das Gewissen ein verschiedenes. Der Künstler z. B. beurtheilt seine Kunstwerke nach dem ästhetischen Ideal; diese Art der Selbstbeurtheilung bildet das künstlerische Gewissen. Der Gelehrte beurtheilt seine Arbeiten nach dem wissenschaftlichen Ideal; diese Art der Selbstbeurtheilung ist das wissenschaftliche Gewissen. Die Selbstbeurtheilung nach dem Ideal des Standes, dem man angehört, bildet das Standesgewissen. Die Selbstbeurtheilung nach dem Ideal des Amtes oder Berufes, dem man dient, bildet das Amts- oder Berufsgewissen. Ein egoistischer Mensch, z. B. ein Geiziger, beurtheilt seine Handlungen nach dem Ideal seines Egoismus; dies ist das egoistische Gewissen. Ein Tugendhafter beurtheilt sie nach dem Ideal der objectiven Güte; dies ist das sittliche Gewissen.

Von der Selbstbilligung oder Mißbilligung nach andern, als ethischen Gesichtspunkten, unterscheidet sich also die Selbstbilligung oder Mißbilligung nach ethischem Gesichtspunkt oder das moralische Gewissen nicht durch die Form, sondern durch den Inhalt.

Daß in der Selbstanklage durch das Gewissen der Angeklagte mit dem Richter eine Person bildet, dieser scheinbare Widerspruch löst sich durch die Doppelnatur des Menschen, derzufolge er ein Anderer actû, als potentiâ, ein Anderer in seiner empirischen Wirklichkeit und ein Anderer seinem idealen Wesen und Willen nach ist.

Kant bezeichnet diese beiden Naturen als den Sinnenmenschen und den intelligibeln Menschen (homo phaenomenon und homo noumenon).*) Der Angeklagte ist der empirische Mensch, der Ankläger und Richter ist der ideale Mensch. Zwar also ist in der Selbstanklage der Angeklagte und der Richter eine und dieselbe Person, aber eine und dieselbe Person in zwei verschiedenen Naturen (numero idem, specie diversus, wie Kant sagt).

Wenn Kant das Gewissen als eine furchtbare Macht darstellt, die dem Menschen überall hin, „wie sein Schatten, wenn er zu entfliehen gedenkt", folge, Schopenhauer dagegen auf die allgemeine Schwäche der Stimme des Gewissens hinweist, die sogar alle Völker darauf bedacht sein lasse, ihr durch positive Religion zu Hülfe zu kommen oder sie dadurch zu ersetzen; so ist in Beziehung auf diesen Punkt zu sagen: Sowohl Kant hat Recht mit seiner Behauptung der Furchtbarkeit des Gewissens, als Schopenhauer mit seiner Hinweisung auf die Schwäche desselben.

Die Sache ist nämlich diese: Das Gewissen ist eine furchtbare Macht, wenn es nämlich wach und rege ist; es ist eine schwache Macht, wenn es schläft. Ob es in dem einen oder andern Zustand sich befindet, das hängt von psychischen Bedingungen ab. Es ist nicht zufällig, daß das Gewissen, worauf auch Schopenhauer hinweist, eigentlich erst nach der That spricht. „Vor der That kann es höchstens indirekt sprechen, nämlich mittelst der Reflexion, welche ihm die Erinnerung früherer Fälle vorhält, wo ähnliche Thaten hinterher die Mißbilligung des Gewissens erfahren haben."**) Wenigstens ist so viel gewiß, daß das Gewissen nach der That ganz anders spricht, als vor

---

*) S. den angeführten Paragraphen über das Gewissen in der Tugendlehre (Bd. IX, S. 294 der Gesammtausgabe von Rosenkranz u. Schubert).

**) Vergl. Schopenhauer, Die beiden Grundprobleme der Ethik, 2. Aufl., S. 169.

derselben. Nach der That ist es, wie es Kant schildert, eine furchtbare Macht, deren Stimme sich zwar gewaltsam betäuben, aber nicht ersticken läßt; vor der That ist es, wie es Schopenhauer schildert, schwach und der Nachhülfe bedürftig. Woher dieser verschiedene Grad von Stärke des Gewissens vor und nach der That? Offenbar daher, daß vor der That der psychische Zustand des Menschen ein anderer ist, als nach derselben. Nehmen wir z. B. einen Rachsüchtigen, der über Rache brütet und seinen Beleidiger ermorden will; — so ist zwar in einem solchen Menschen während der Hitze des Affects der sittliche Wille und das sittliche Urtheil, welches die Rache verdammt, auch vorhanden; aber beides ist in ihm durch die überwältigende Macht des Affects gebunden, gefesselt, gelähmt. Der Intellekt als gehorsamer Diener des Willens, wie ihn Schopenhauer in dem Capitel über den „Primat des Willens"*) so treffend geschildert, richtet sich vorwiegend nur auf die dem eben jetzt erregten und mächtig gewordenen Rachewillen dienenden Mittel; die sittlichen, gegen die Rache sprechenden Motive treten dagegen nur schwach in's Bewußtsein. Dagegen, wenn die That vollbracht ist, wird der sittliche Wille und das sittliche Urtheil frei; jetzt ist der Affect verraucht und steht dem Urtheil des Gewissens nicht mehr verdunkelnd oder unterbrückend im Wege. Auch gewinnt nach der That die Sache ein ganz anderes Ansehen, als vorher; denn sie liegt jetzt als etwas Reales dem Urtheil in klaren und scharfen Umrissen vor, während sie vorher in der inneren Vorstellung, in der Phantasie, noch etwas Unbestimmtes und Unklares hatte. Realitäten wirken aber bekanntlich stärker, als innere Bilder.

Sowohl Kant also mit seiner „furchtbaren Macht", als Schopenhauer mit seiner „Schwäche des Gewissens" hat Recht. —

---

*) S. Cap. 19 des 2. Bandes der Welt als Wille und Vorstellung.

Treffend nennt Schopenhauer die Unzufriedenheit mit uns selbst, welche die sittliche Selbstanklage im Gewissen hervorruft, eine Unzufriedenheit „von besonderer Art, welche das Eigene hat, nicht den Erfolg, sondern die Handlung selbst zu betreffen und nicht, wie jede andere, in der wir das Unkluge unseres Thuns bereuen, auf egoistischen Gründen zu beruhen; indem wir hier gerade damit unzufrieden sind, daß wir zu egoistisch gehandelt haben, zu sehr unser eigenes, zu wenig das Wohl Anderer berücksichtigt haben."*) So lange wir uns im Gewissen blos wegen der schlimmen Folgen, die unsere bösen Handlungen für uns selbst haben, anklagen, so lange wir solche Handlungen blos um dieser Folgen willen bereuen, so lange ist unser Gewissen und die aus ihm hervorgehende Reue noch kein sittliches.

Erst, wenn wir uns wegen der schlechten Beschaffenheit unseres Willens an sich anklagen, wenn wir das Gethane um seiner Schändlichkeit und Niederträchtigkeit willen bereuen, erst dann ist das Gewissen und die Reue sittlich. Denn dann ist die Selbstanklage und die Reue ein Zeichen, daß wir einen auf die objective Güte gerichteten Willen haben, während die blos durch die üblen Folgen des Gethanen für unsere Person motivirte nur ein Zeichen unsers Egoismus ist. —

Schopenhauer behauptet, daß blos böse Thaten das Gewissen belasten, nicht aber boshafte Gedanken und Wünsche. „In jedem, auch dem besten Menschen steigen, auf äußern Anlaß, erregten Affect, oder aus innerer Verstimmung, unreine, niedrige, boshafte Gedanken und Wünsche auf: für diese aber ist er moralisch nicht verantwortlich und dürfen sie sein Gewissen nicht belasten. Denn sie zeigen nur an was der Mensch überhaupt, nicht aber was er, der sie denkt, zu thun fähig wäre. Denn andere Motive, die nur nicht augenblicklich und mit jenen zugleich in's

---

*) Die beiden Grundprobleme der Ethik, 2. Aufl., S. 173.

Bewußtseyn treten, stehen ihnen, bei ihm, entgegen; so daß sie nie zu Thaten werden können: daher sie der überstimmten Minorität einer beschließenden Versammlung gleichen. An den Thaten allein lernt ein Jeder sich selbst, so wie die Andern, empirisch kennen, und nur sie belasten das Gewissen. Denn sie allein sind nicht problematisch, wie die Gedanken, sondern, im Gegensatz hievon, gewiß, stehen unveränderlich da, werden nicht blos gedacht, sondern gewußt." *)

In Beziehung hierauf aber ist meine Ansicht diese: selbstsüchtige, boshafte Regungen des Temperaments und Naturells sind als unwillkürlich aufsteigende nicht sittlich zuzurechnen. Erst wenn sich der Wille an ihnen betheiligt und sie bejaht, dann sind sie es (s. Unterschied der physischen und ethischen Tugenden). Das Gewissen beginnt aber, wo die Zurechnung beginnt. Also belasten nicht blos böse Thaten, sondern auch schon boshafte Gedanken und Wünsche das Gewissen, wenn der Wille sich an ihnen betheiligt.

Die Betheiligung des Willens tritt aber schon ein, wenn er sie nicht niederkämpft, wenn er sie beim Aufsteigen nicht sofort unterdrückt, sondern sie ungezügelt schalten und walten, sie so recht nach Herzenslust im Innern gähren und kochen läßt. Noch stärker wird die Betheiligung des Willens, wenn er den boshaften Regungen und Wünschen entsprechende Vorsätze faßt. Am stärksten und unzweifelhaftesten endlich zeigt sich die Betheiligung des Willens in der bösen That.

Ich kann also nicht, wie Schopenhauer, sagen, daß blos Thaten das Gewissen belasten, sondern nur, daß Thaten es am stärksten belasten, weil sie das unzweifelhafteste Zeichen des Willens sind, Wünsche dagegen am schwächsten, weil in ihnen der Wille sich am schwächsten äußert. Zwischen Wünschen und Thaten bilden Vorsätze

---

*) Die beiden Grundprobleme der Ethik, 2. Aufl., S. 169.

die Mitte; sie führen die Wünsche in Thaten über, sie belasten daher das Gewissen stärker, als bloße Wünsche, und schwächer, als Thaten.

Wünsche, Vorsätze, Thaten bilden eine Klimax der Gewissensbelastung.

---

6. Das eigene und das fremde Gewissen.

Um Gewissensruhe oder Gewissenspein zu empfinden, ist es durchaus erforderlich, daß uns das eigene Gewissen freispreche oder verurtheile. Fremdes Gewissen kann uns weder beruhigen, noch beunruhigen. Gesetzt, sein eigenes Gewissen machte einem Pietisten Vorwürfe darüber, den Sabbath gebrochen, sich weltliche Vergnügungen, Tanz, Theater u. s. w. erlaubt zu haben, was könnte es ihm helfen, wenn ihn auch die Aufgeklärten der ganzen Welt freisprächen? Und eben so, was könnte es einem Aufgeklärten schaden, wenn ihn auch alle Pietisten der Welt verdammten? Was könnte es einem Kant'schen Rigoristen, der sich über eine Nothlüge Vorwürfe macht, nützen, wenn ihn laxe Moralisten freisprächen? Und was könnte es umgekehrt einem moralisch Laxen schaden, wenn ihn Rigoristen verdammten?

Es ist hierin mit dem Gewissen gerade, wie mit Hunger und Durst. Daß ein Anderer satt ist, kann uns nicht satt machen, und daß ein Anderer hungert, kann uns nicht hungrig machen. Eben so kann fremde Billigung nicht unsere Selbstmißbilligung, und fremde Mißbilligung nicht unsere Selbstbilligung aufheben oder mindern.

Es ist nur eine unberechtigte Unterschiebung unseres eigenen Gewissens unter das fremde, wenn wir Handlungen eines Andern, weil sie unserm Gewissen zuwider sind, sofort für gewissenlos erklären, wie so häufig bei der Beurtheilung fremder Handlungen geschieht. Wir verabsolutiren unser Gewissen, bedenken nicht, daß das Gewissen auf verschiedenen Entwicklungsstufen ein sehr verschiedenes ist und daß gewissenlos nur Der handelt, der seinem eigenen Gewissen zuwider, nicht aber Der, der gegen unser Gewissen handelt. Wir bedenken auch nicht, daß Einer materiell schlecht und doch formell sehr gewissenhaft handeln kann, weil Gewissenhaftigkeit überhaupt nur eine formelle Tugend ist (s. Formelle Tugenden).

Denen gegenüber, welche die materielle und formelle Sittlichkeit nicht zu unterscheiden wissen, und die daher um einer an sich tadelnswerthen Handlung willen eine fremde Person sofort als unsittlich verurtheilen, wäre in Erinnerung zu bringen, was Lessing gegen Goeze, der den „Ungenannten" beschuldigt hatte, daß er die Apostel, indem er sie den Leichnam Jesu stehlen lasse, zu Betrügern und Schelmen mache, sagt. Lessing macht nämlich dem Herrn Hauptpastor bemerklich, daß gesetzt auch, der „Ungenannte" hätte die Apostel beschuldigt, den Leichnam Jesu gestohlen zu haben, er sie darum noch nicht für Betrüger erklärt hätte, weil frommer Betrug (fraus pia) zu jenen Zeiten für keinen Betrug galt und keine Gewissensbedenken verursachte. „Gesetzt auch, mein Ungenannter hätte das Wahrscheinliche für wahr, das Glaubliche für unleugbar gehalten, er hätte es schlechterdings für ausgemacht gehalten, daß die Apostel den Leichnam Jesu entwendet: so bin ich auch sodann noch überzeugt, daß er diesen Männern, durch welche gleichwohl so unsäglich viel Gutes in die Welt gekommen, wie er selbst nicht in Abrede ist, daß er, sage ich, diesen uns in aller Absicht so theuern Männern die schimpflichen Namen Betrüger, Bösewichter, Leichenräuber würde erspart haben, die dem Herrn Hauptpastor so geläufig sind.

„Und zwar würde er sie ihnen nicht blos aus Höflichkeit erspart haben; nicht blos aus Besorglichkeit das Kalb, wie man zu sagen pflegt, zu sehr in die Augen zu schlagen: sondern er würde sie ihnen erspart haben, weil er überzeugt sein mußte, daß ihnen zu viel damit geschähe.

„Denn wenn es schon wahr ist, daß moralische Handlungen, sie mögen zu noch so verschiedenen Zeiten, bei noch so verschiedenen Völkern vorkommen, in sich betrachtet, immer die nämlichen bleiben: so haben doch darum die nämlichen Handlungen nicht immer die nämlichen Benennungen, und es ist ungerecht, irgend einer eine andere Benennung zu geben, als die, welche sie zu ihren Zeiten und bei ihrem Volk zu haben pflegte.

„Nun ist es erwiesen und ausgemacht, daß die ältesten und angesehensten Kirchenväter einen Betrug, der in guter Absicht geschieht, für keinen Betrug gehalten und diese nämliche Denkungsart den Aposteln beizulegen, sich kein Bedenken gemacht haben. Mein Ungenannter hat immer in seinem Herzen dafür halten können, daß wir betrogen sind; aber er hat sich wohl gehütet zu sagen, daß wir von Betrügern betrogen sind. Herr Goeze weiß sehr wohl, daß mein Ungenannter eigentlich nur behauptet, daß die Apostel es ebenfalls gemacht, wie es alle Gesetzgeber, alle Stifter neuer Religionen und Staaten zu machen für gut befunden. Aber das fällt dem Pöbel, für den er schreibt und predigt, nicht so recht auf. Er spricht also mit dem Pöbel die Sprache des Pöbels und schreit, daß mein Ungenannter die Apostel als Betrüger und Bösewichter lästere." *)

Unser Gewissen kann mit Recht eine fremde Handlung verurtheilen, ohne darum auch schon berechtigt zu sein, die fremde Person zu verurtheilen. Um diese zu verurtheilen, müßten wir einen Blick in ihr Inneres thun und sehen können, welche Beziehung die Handlung zu ihrem eigenen Gewissen hat. Es ist dies besonders bei der mo-

---

*) S. Lessing's Anti-Goeze. Fünfter. (1778.)

ralischen Beurtheilung ferner, entlegener Zeiten und Völker von Wichtigkeit. Beurtheilen wir diese nach unserm Gewissen, so thun wir ihnen Unrecht.

7. Das irrende und das vernünftelnde Gewissen.

Jeder Gewissensspruch scheint zwar ein unmittelbares Urtheil zu sein, ist aber in Wahrheit ein Schluß, dessen sich der Schliessende nur nicht bewußt ist. Wenn sich z. B. ein Soldat, der aus Feigheit in der Schlacht geflohen ist, im Gewissen verurtheilt, so ist diese Selbstverurtheilung durch folgenden Schluß vermittelt:

> Feigheit am Soldaten ist schimpflich,
> Ich bin Soldat und bin aus Feigheit geflohen;
> Also habe ich schimpflich gehandelt.

Da es nun irrende Gewissenssprüche giebt, so wird sich der Sitz ihres Irrthums am leichtesten entdecken lassen, wenn man sie in einen Schluß auflöst und diesen prüft. Gewöhnlich wird der Irrthum entweder im Obersatz oder im Untersatz des Schlusses liegen.

Im Obersatz liegt er z. B. bei der Kant'schen Verurtheilung der Nothlüge. Denn in einen Schluß gebracht, lautet diese:

> Wahrhaftigkeit ist unbedingte Pflicht,
> Die Nothlüge ist gegen die Wahrhaftigkeit;
> Also ist die Nothlüge pflichtwidrig.

Hier ist der Obersatz: Wahrhaftigkeit ist unbedingte Pflicht, falsch. Denn die Wahrhaftigkeit ist nur eine bedingte Pflicht (s. Modificabilität der Pflichten nach Ort, Zeit und Umständen).

Im Untersatz liegt der Irrthum z. B. bei der pietistischen Verurtheilung der weltlichen Vergnügungen, des Tanzes, Theaters u. s. w. In einen Schluß gebracht, lautet diese:

Aller sündhaften Genüsse hat sich der Christ zu enthalten,
Theater, Tanz u. s. w. sind sündhafte Genüsse;
Also hat sich der Christ ihrer zu enthalten.

Hier ist der Untersatz falsch; denn Theater, Tanz, überhaupt jedes weltliche Vergnügen ist nicht an sich sündhaft, sondern wird es erst durch pflichtwidrige Art und Maaß des Genusses.

Von dem irrenden ist das vernünftelnde oder richtiger das sophistische Gewissen zu unterscheiden. Dieses hat seinen Ursprung nicht im Intellekt, sondern im Willen, in egoistischen Trieben und Neigungen, die um in ihrer unsittlichen Befriedigung nicht durch das Gewissen gestört zu werden, den Intellekt dazu verdrehen, aus Schwarz Weiß, aus Unrecht Recht, aus Laster Tugend zu machen, was bei dem Einfluß des Willens auf den Intellekt*) nicht schwer hält.

Dieser Art ist z. B. das Gewissen der Despoten, die sich überreden, das Volk sei noch nicht reif zur Freiheit, die Bevormundung sei eine Wohlthat für dasselbe u. s. w., und die sich daher den Druck, den sie üben, und die Freiheitsberaubung, deren sie sich schuldig machen, zum Verdienst anrechnen. Oder das Gewissen der Pfaffen, die die geistliche Bevormundung der Gläubigen und ihre Gewissensknechtung mit der Leitungsbedürftigkeit der verfinsterten Vernunft des gefallenen Menschen rechtfertigen, während es ihnen doch nur um ihre Herrschaft zu thun ist.

Dem irrenden Gewissen läßt sich durch Widerlegung seines Irrthums, habe dieser nun im Obersatz oder im Untersatz des Schlusses seinen Sitz, beikommen, dem lügen-

---

*) Vergl. Schopenhauer's Capitel über den Primat des Willens, in der Welt als Wille und Vorstellung, II, Cap. 19.

III. Das sittliche Werthurtheil.

haften, sophistischen Gewissen aber nicht, weil dessen Trugschlüsse im Willen wurzeln, und der Wille der starke Gewaltige ist, der keine Raison annimmt, bevor er nicht sich selbst bekehrt hat. Beweise einem Ketzerverbrenner noch so scharf und schlagend, daß Verbrennung Andersgläubiger nicht zur Ehre Gottes gereiche. Er wird demungeachtet fortfahren, zu schließen:

Andersgläubige sind Feinde Gottes.
Feinde Gottes müssen zur Ehre Gottes vertilgt werden;
Also u. s. w.

Man hat daher in jedem einzelnen Falle, wo falsche Gewissensurtheile vorkommen, zu unterscheiden, ob der Fehler derselben ein rein intellektueller, oder ein aus dem Interesse des Willens entspringender ist. In beiden Fällen wird man, um auf das Gewissen zu wirken, ein verschiedenes Verfahren einschlagen müssen.

IV. Gut, Pflicht und Tugend.

1. Gut, Pflicht und Tugend in ihrer Beziehung zu einander.

Man pflegt in der Ethik die drei Begriffe der Tugend, der Pflicht und des Guts in einer gewissen Ordnung auf einander folgen zu lassen. Die Einen setzen den Tugendbegriff an die Spitze, die Andern den Begriff des Guts, noch Andere den Begriff der Pflicht.

Streng genommen, läßt sich diese Dreitheilung nicht aufrecht halten. Denn gehört die Tugend nicht zu den Gütern? Ist die Tugend nicht ein inneres, subjectives Gut? Die Güter lassen sich eintheilen in subjective und objective oder persönliche und sachliche. Die persönlichen bestehen in den dem Subject inwohnenden Eigenschaften, Fähigkeiten und Fertigkeiten, seien diese nun physischer, oder intellektueller, oder moralischer Art. Körperliche Stärke, Behendigkeit, scharfe Sinne u. s. w. sind persönliche Güter physischer Art; Witz, Scharfsinn, Urtheilskraft u. s. w. sind persönliche Güter geistiger Art. Nun, und die Tugend ist ein persönliches Gut sittlicher Art. Also ist der Tugendbegriff dem Gutsbegriff zu subordiniren.

Soll jedoch die alte Dreitheilung beibehalten werden, so sind jedenfalls solche Künsteleien und gesuchte Parallelen

IV. Gut, Pflicht und Tugend.

fern zu halten, wie sie sich z. B. in Schleiermacher's „Entwurf eines Systems der Sittenlehre" und in Chalybäus' „System der speculativen Ethik" finden.

Schleiermacher, der den Gutsbegriff an die Spitze stellt, worin ich ihm beistimme, parallelisirt Gut, Tugend und Pflicht mit der organischen, dynamischen und mechanischen Natursphäre. Nachdem er nämlich dargelegt hat, daß Güter-, Tugend- und Pflichtenlehre jede die ganze Sittenlehre nur unter einem andern Gesichtspunkte ist, sagt er: „Organische Naturwissenschaft, dynamische und mechanische sind richtig verstanden nichts anderes als jede eine anders vereinzelnde Entwicklung der Idee der Natur. In der ersten in dem System der lebendigen sich wiedererzeugenden Formen; denn sind diese für sich und in ihrem nothwendigen Zusammenhange angeschaut: so ist die ganze Natur angeschaut ähnlich der Anschauung der Vernunft unter der Form des höchsten Gutes. In der zweiten in dem System der Kräfte. Diese sind in jeder lebendigen Form auf eine eigene Weise und in einem eigenen Verhältniß gebunden. Sind also alle Kräfte angeschaut: so ist die ganze Natur angeschaut ähnlich der Entwicklung der Sittenlehre als Tugendlehre. In der dritten in dem Inbegriff aller in einander greifenden Bewegungen auf beschauliche Weise erkannt. In diesem Inbegriffe aber gehen alle Kräfte auf, und auch das Dasein aller lebendigen Formen. Also ist auch das System der Bewegungen die ganze Naturwissenschaft, sowie das System der Pflichten die ganze Sittenlehre ist. — Die Lehre vom höchsten Gut entspricht der Physik als Ausdruck des Systems der sich reproducirenden Formen, die Tugendlehre ihr als System der lebendigen Kräfte, die Pflichtenlehre ihr als System der in einander greifenden Bewegungen." *)

---

*) S. §. 116 des „Entwurfs eines Systems der Sittenlehre" (in Schleiermacher's Nachlaß zur Philosophie. Bd. III).

Noch wunderlicher ist die Entdeckung, die Chalybäus gemacht hat. Diesem zufolge haben Tugend, Pflicht und Gut — denn so ordnet Chalybäus diese drei Begriffe, die sich nach ihm verhalten „wie principielles, vermittelndes und zweckliches Moment" — drei verschiedene Oerter, die Tugend nämlich in der Familie, die Pflicht im Staate, das höchste Gut in der religiösen Gemeinde. Die Familie ist der Schooß der Tugend, der Staat der Ort der Pflicht, die Kirche die Stätte des höchsten Gutes.*)

Solche Künsteleien erzeugt die Systemsucht, das apriorische Construiren und Systematisiren. Schleiermacher und Chalybäus können hiefür in der Ethik als abschreckende Beispiele dienen.

In Wahrheit verhalten sich Tugend, Pflicht und Gut weder, wie die dynamische, mechanische und organische Sphäre, noch auch haben alle drei einen verschiedenen Ort, die Tugenden in der Familie, die Pflichten im Staate, die Güter in der Kirche, da ja die einfachste Besinnung lehrt, daß sowohl in der Familie, als im Staate, als auch in der Kirche Tugenden, Pflichten und Güter zusammen ihre Stätte haben. Sondern in Wahrheit, nach natürlicher, ungesuchter und ungekünstelter Auffassung verhält es sich mit Tugend, Pflicht und Gut, wie folgt:

Gesinnungen und Fertigkeiten sind das Subject, dem das Prädicat tugendhaft oder lasterhaft; Handlungen sind das Subject, dem das Prädicat pflichtgemäß oder pflichtwidrig; Wohl oder Wehe erzeugende Dinge und Zustände sind das Subject, dem das Prädicat Gut oder Uebel beigelegt wird. Die gerechte Gesinnung z. B. nennen wir tugendhaft; die aus dieser Gesinnung folgende Handlungsweise, die Jedem das Seine giebt (suum cuique), nennen wir pflichtgemäß; den Wohl erzeugenden Zustand der menschlichen Gesellschaft, der

---

*) Vergl. Chalybäus, System der speculativen Ethik oder Philosophie der Familie, des Staates und der religiösen Sitte (Leipzig 1850), Bd. I, §. 68 ff.

IV. Gut, Pflicht und Tugend.

aus gerechter Gesinnung und Handlungsweise folgt, nennen wir ein Gut. Gesinnungen, Handlungen und Wohl erzeugende Dinge oder Zustände sind also in Wahrheit die drei verschiedenen Oerter von Tugend, Pflicht und Gut. Die Tugend hat ihren Sitz in der Gesinnung, die Pflicht in der Handlung, das Gut im Wohl erzeugenden Ding oder Zustand.

In demselben Verhältniß daher, in welchem Gesinnung, Handlung und Wohlerzeugendes zu einander stehen, in demselben stehen Tugend, Pflicht und Gut zu einander. Wohl erzeugende Zustände (im Sinne der objectiven Güte, des wahren Wohls) hervorzubringen, die Wehe erzeugenden hingegen abzustellen, ist der Zweck der pflichtgemäßen Handlungen, zu welchem sich diese nur wie das Mittel verhalten; und tugendhafte Gesinnungen und Fertigkeiten sind das subjective Organ zur Verrichtung derselben. Die Tugend befähigt zur Pflichterfüllung, und die Pflichterfüllung ist das Mittel zur Realisirung des guten Zwecks oder des Guts. So befähigt z. B. die Tugend der Mäßigkeit zur Erfüllung der Pflicht des Maaßhaltens im Genuß, und durch das Maaßhalten wird das Gut der Gesundheit befördert. Die Pflichten weisen also auf die Güter, und die Tugenden auf die Pflichten hin. Pflichten giebt es nur in Beziehung auf zu realisirende Güter, und Tugenden nur in Beziehung auf zu erfüllende Pflichten. Die Tugend ist die Basis des ganzen sittlichen Lebens, und das Gut der Gipfel. Die Tugend führt durch die Pflicht hindurch zum Gut.

Während aber in der Praxis die Tugend das Erste und das Gut das Letzte ist, verhält es sich in der Theorie umgekehrt. Hier muß die Erkenntniß der zu realisirenden Güter vorangehen; aus dieser müssen die zu erfüllenden Pflichten, und aus diesen die zu übenden Tugenden abgeleitet werden. In der Theorie sind also die Güter das Erste, und die Tugenden das Letzte. Wir würden gar nicht wissen, welche Pflichten wir zu erfüllen haben, wenn wir nicht die von uns zu realisirenden Güter kennten, und eben so wenig würden wir wissen, welche Tugenden wir

8*

zu üben haben, wenn wir die von uns zu erfüllenden Pflichten nicht kennten.

In der Praxis folgen die Wirkungen aus den sie hervorbringenden Ursachen, in der Theorie hingegen schließen wir aus den hervorzubringenden Wirkungen auf die Ursachen; in der Praxis folgen die Zwecke aus den sie realisirenden Mitteln, in der Theorie hingegen schließen wir aus den Zwecken auf die Mittel. Da die Pflichten auf die Güter hinweisen, und die Tugenden auf die Pflichten, so muß in der Theorie mit der Güterlehre der Anfang gemacht und mit der Tugendlehre geschlossen werden. Denn hervorbringen zwar kann ich ein Gut nur durch pflichtgemäßes Handeln, die Gesundheit z. B. nur durch Beobachtung der naturgemäßen Diät; aber erkennen, welche Handlungen Pflicht sind, kann ich nur, wenn ich zuvor den zu erreichenden Zweck, das hervorzubringende Gut erkannt habe, in Beziehung auf welches sie Pflicht sind, denn andere Güter machen andere Handlungen zur Pflicht. Eben so kann ich pflichtgemäß handeln, zwar nur unter Voraussetzung tugendhafter Gesinnungen und Fertigkeiten; aber erkennen, welche Gesinnungen und Fertigkeiten tugendhaft sind, kann ich nur, wenn ich zuvor die Pflichten erkannt habe, in Beziehung auf welche sie tugendhaft sind. Denn andere Pflichten setzen andere Tugenden voraus.*)

Es ist hiermit im sittlichen Gebiete nicht anders, als in jedem andern Gebiete, wo es Güter, Pflichten und Tugenden giebt. Welches z. B. die Tugenden des Künstlers als solchen, also die specifisch künstlerischen Tugenden

---

*) Daß, wie aus dem Capitel über formelle und materielle Sittlichkeit hervorgeht, pflichtgemäße Handlungen (materielle Sittlichkeit, Legalität) auch ohne tugendhafte Gesinnung (formelle Sittlichkeit, Moralität) möglich sind, dies stößt die Wahrheit des Satzes, daß Tugend die Grundbedingung des pflichtgemäßen Handelns ist, nicht um. Denn die Tugend setzt immer und nothwendig in den Stand, pflichtgemäß zu handeln, egoistische Motive hingegen nur ausnahmsweise und zufällig.

seien, kann nur Der wissen, der die Pflichten des Künstlers kennt, und diese wiederum kann nur Der kennen, der das durch die Kunst zu realisirende Gut kennt. Dieses Gut ist bekanntlich das Schöne. Demgemäß bestehen die Pflichten des Künstlers in allen denjenigen Handlungen, die der Production des Schönen dienen, und die Tugenden des Künstlers in denjenigen Gesinnungen und Fertigkeiten, die ihn zu diesen Handlungen befähigen.

Eben so, welches die Tugenden des wissenschaftlichen Forschers seien, ergiebt sich aus den Pflichten desselben, und diese wieder aus dem durch ihn zu realisirenden Gut. Dieses Gut ist die Wahrheit. Alle Handlungen folglich, die zur Erkenntniß dieser führen, sind die Pflicht des Forschers, alle Gesinnungen und Fertigkeiten, die zu diesen Handlungen befähigen, die Tugenden des Forschers.

So stellt sich die Sache, wenn man sie unbefangen auffaßt und sich von allen Künsteleien fern hält.

---

2. Gut und Güte.

Schopenhauer hat mit Recht auf die gänzliche Relativität des Begriffs gut hingewiesen. Er sagt nämlich in der „Welt als Wille und Vorstellung", I, § 65: „Dieser Begriff (gut) ist wesentlich relativ und bezeichnet die Angemessenheit eines Objects zu irgend einer bestimmten Bestrebung des Willens. Also Alles, was dem Willen in irgend einer seiner Aeußerungen zusagt, seinen Zweck erfüllt, das wird durch den Begriff gut gedacht, so verschieden es auch im Uebrigen seyn mag. Darum sagen wir gutes Essen, gute Wege, gutes Wetter, gute Waffen, gute Vorbedeutung u. s. w., kurz, nennen Alles gut, was gerade so ist, wie wir es eben wollen; daher auch dem Einen gut seyn kann, was dem Andern gerade das Gegentheil davon ist."

Wie mit dem Adjectiv gut, so verhält es sich aber auch mit dem Substantiv Gut. Denn auch Güter giebt es nur in Beziehung auf einen bestimmten Willen und auf bestimmte Bestrebungen desselben. Was daher für den Einen ein Gut ist, das kann für den Andern ein Uebel sein.

Zwischen Gut (als Substantiv) und gut (als Adjectiv) scheint aber diese Differenz zu sein, daß Etwas ein Gut sein kann, ohne gut zu sein. Speise und Trank z. B. ist für den Hungrigen und Durstigen ein Gut, selbst wenn es schlechte Speise und schlechter Trank ist. Denn er zieht diese immer noch dem gänzlichen Mangel an beiden vor, als welcher für ihn ein Uebel ist. Eben so zieht der zu seiner Vertheidigung der Waffen Bedürftige selbst die schlechtesten Waffen dem gänzlichen Mangel an Waffen vor; jene sind, obgleich sie nicht gut sind, für ihn doch immer noch ein Gut, der Mangel an allen Waffen hingegen ein Uebel. Eben so zieht der sich stark nach Gesellschaft Sehnende die schlechteste Gesellschaft dem Mangel an aller Gesellschaft vor, denn jene ist im Vergleich zu diesem für ihn immer noch ein Gut. Und so in allen Fällen, wo ein schlechtes Exemplar einer Sache dem gänzlichen Mangel vorgezogen wird; in allen diesen Fällen ist Etwas ein Gut, ohne gut zu sein.

Ist dieses aber nicht ein Widerspruch? Muß nicht Alles, was ein Gut ist, auch gut sein, und muß nicht mit der Güte auch das Gut sein aufhören? Wie soll Etwas ein Gut sein können, ohne gut zu sein? Wäre die Güte wirklich von den Gütern trennbar, so müßte ja auch die sittliche Güte von den sittlichen Gütern trennbar sein.

Der Widerspruch löst sich, wenn wir erwägen, daß die Güte ihre Grade hat, und daß bis zu einem gewissen Grade Gut und Güte trennbar sind, jenseits dieses Grades aber mit der Güte auch die Geltung als Gut aufhört.

In allen Fällen nämlich, wo ein schlechtes Exemplar

einer Sache dem gänzlichen Mangel an selbiger vorgezogen und immer noch für ein Gut gehalten wird, hat das Exemplar noch einen, wenngleich schwachen Grad von Güte, der es zu dem Zweck, zu dem es begehrt wird, brauchbar macht. Fehlt hingegen die Güte in dem Grade, daß die Sache, statt dem Zwecke zu dienen, ihm entgegenwirkt, so wird aus dem Gute ein Uebel, und alsdann zeigt sich, wie sehr das Gut sein bedingt ist durch das gut sein. Schlechte Gesellschaft wird dem Mangel an aller Gesellschaft nur so lange vorgezogen, als sie noch irgendwie dem Zwecke der Geselligkeit entspricht, also noch nicht absolut schlecht ist; erreicht aber ihre Schlechtigkeit den Grad, daß sie diesem Zweck entgegenwirkt, dann zieht man ihr die Einsamkeit vor. Eben so zieht man schlechte Nahrung dem Mangel an aller Nahrung nur so lange vor, als jene noch dem Zweck des Nährens dient. Ist aber eine Speise Gift für den Körper, so zieht man ihr den Mangel vor.

Ein Gut kann also Etwas zwar sein, ohne vollkommen gut, vollkommen dem Zweck entsprechend zu sein, aber nicht ohne überhaupt einen, dem Zweck entsprechenden Grad von Güte zu besitzen. Bis zu einem gewissen Grade muß Alles, was ein Gut sein soll, auch in Beziehung auf den Zweck, für welchen es ein Gut ist, gut sein. Gut und Güte sind also nicht absolut, sondern nur bis zu einem gewissen Grade trennbar.

Hieraus folgt, daß auch für den sittlichen Zweck Etwas zwar ein Gut sein kann, ohne vollkommen gut zu sein, aber nicht ohne überhaupt in Beziehung auf den sittlichen Zweck gut zu sein. Selbst die mangelhafteste Erziehung und Regierung z. B. sind noch der Zuchtlosigkeit und Anarchie gegenüber Güter; aber eine Erziehung und Regierung, die aller sittlichen Güte ermangelten, eine durch und durch unsittliche, demoralisirende Erziehung und Regierung könnten nicht mehr sittliche Güter, sondern nur Uebel sein.

Gut und Güte fallen also zusammen, gehen aber auch aus einander. Sie fallen zusammen, insofern nur Das für einen gewissen Zweck ein Gut sein kann, was überhaupt einen diesem Zwecke noch irgend wie entsprechenden Grad von Güte besitzt. Sie fallen aus einander, insofern Etwas ein Gut sein kann, ohne vollendet gut zu sein.

Daß ein der vollendeten Güte theilhaftiges Gut ein größeres Gut ist, als ein noch mangelhaftes, versteht sich von selbst. Der Mensch begnügt sich zwar, wo er zwischen Gütern und Uebeln zu wählen hat, auch mit schlechten Exemplaren der Güter, wenn er die bessern nicht haben kann, zieht also schlechte Nahrung, schlechte Wohnung und Kleidung, schlechte Regierung, schlechte Gesellschaft u. s. w. dem gänzlichen Mangel an allen diesen Gütern vor, achtet jene immer noch für Güter gegenüber dem gänzlichen Mangel, der für ihn ein Uebel ist. Aber was dem gänzlichen Mangel gegenüber ein Gut ist und als solches geschätzt wird, ist dem vollendet Guten gegenüber ein Uebel. Schlechte Exemplare aller Güter sind also, den vollendeten gegenüber gehalten, Uebel und werden auch als solche betrachtet.

Es ist dem Menschen nicht blos darum zu thun, die seinen Bedürfnissen entsprechenden Güter, sondern dieselben auch in vollendeter Güte zu besitzen. Am Anfange der geschichtlichen Entwicklung freilich, wo es noch gilt, die dem Mangel abhelfenden Güter überhaupt erst herzustellen, kann er noch nicht darauf ausgehen, sie auch schon in vollendeter Güte zu haben; ist aber erst einmal für die wesentlichsten Bedürfnisse durch die Herstellung der entsprechenden Güter gesorgt, so geht alsdann das Bestreben darauf, diese Güter auch in vollendeter Güte zu haben.

So verhält es sich nicht blos mit den physischen, sondern auch mit den ethischen Gütern. Die ersten ethischen Einrichtungen und Verfassungen sind nur dazu bestimmt, dem unsittlichen Naturzustand, dem bellum omnium contra omnes ein Ende zu machen und nur überhaupt erst durch Gesetz und Sitte ein rechtliches und sittliches Leben möglich zu machen. Ist dieses aber einmal erreicht, dann ist das Streben auf Vervollkommnung der ethischen Güter gerichtet; dann genügt es nicht mehr ethische Institutionen überhaupt zu haben, sondern dieselben sollen auch in Beziehung auf den ethischen Zweck vollendet gute, demselben vollkommen entsprechende sein.

Den Gütern die vollendete Güte zu geben, das ist das Ziel des sittlichen Strebens.

---

3. Rangordnung der Güter.

Güter giebt es nur in Beziehung auf Zwecke (s. Gut und Güte). Folglich kann die Rangordnung der Güter nur bestimmt werden nach der Rangordnung der Zwecke. Den höhern Zwecken innerhalb eines Gebietes entsprechen höhere Güter, den untergeordneten untergeordnete. Und so wie innerhalb einer und derselben Sphäre die Güter eine Rangordnung bilden, so auch die Güter verschiedener Sphären. Die einer höhern Lebenssphäre entsprechenden Güter sind höhere, als die einer untergeordneten entsprechenden.

Für das leibliche Leben ist z. B. Gesundheit ein höheres Gut, als Speise und Trank. Innerhalb des geistigen Lebens ist Erkenntniß ein höheres Gut, als blosse Kenntnisse. Denn Speise und Trank soll die Gesundheit, die Kenntnisse sollen die Erkenntniß fördern.

So wie aber nach diesen Beispielen sowohl innerhalb des leiblichen, als des geistigen Lebens die Güter eine Rangordnung bilden, so auch die des ganzen leiblichen Lebens verglichen mit denen des geistigen Lebens. Die Güter des leiblichen Lebens im Ganzen sind untergeordnet denen des geistigen Lebens, weil das geistige Leben ein höheres ist, einem höhern Zweck der menschlichen Natur entspricht, zu welchem sich das leibliche Leben nur wie Mittel verhält.

Wenn gefragt wird, welches das höchste Gut ist, so

will man nicht wissen, welches das höchste Gut innerhalb einer bestimmten Lebenssphäre sei, sondern welches von allen möglichen Gütern das höchste sei. Welches Gut das höchste innerhalb einer bestimmten Sphäre sei, darüber wird nicht leicht gestritten, darüber vereinigt man sich unschwer, weil man den Zweck jeder besondern Lebenssphäre kennt. Niemand wird leugnen, daß für das physische Leben Gesundheit, für das wissenschaftliche Leben Erkenntniß der Wahrheit, für das politische Leben Verwirklichung des Rechts das höchste Gut ist. Aber wenn gefragt wird, welches von allen Gütern, die dem Menschen erreichbar sind, das höchste sei, dann beginnt der Streit, weil der Zweck des menschlichen Lebens im Ganzen nicht so auf der Hand liegt, wie die Zwecke einzelner Lebensgebiete.

Aber auch diese Frage kann nur eben so entschieden werden wie die nach dem höchsten Gut innerhalb einer bestimmten Sphäre. So wie hier das höchste Gut dasjenige ist, welches dem obersten Zwecke dieser Sphäre entspricht, so kann für das Leben im Ganzen nur dasjenige Gut das höchste sein, welches dem obersten Zweck des Lebens entspricht.

Dieser dürfte aber wohl kein anderer sein, als der sittliche Zweck. Denn was helfen alle andern Güter dem Menschen, was hilft ihm Gesundheit, was hilft ihm Reichthum, was hilft ihm Ehre, was hilft ihm Wissenschaft, was helfen ihm alle sinnlichen und geistigen Schätze, wenn das sittliche Bedürfniß unbefriedigt bleibt?

Worin das sittliche Bedürfniß bestehe, ist schon in dem Capitel über den sittlichen Zweck und Endzweck gesagt worden. Es ist das Bedürfniß nach der objectiven Güte, dem wahren Wohl der Wesen. Folglich kann das höchste von allen menschlichen Gütern nur derjenige Zustand oder diejenige Verfassung der Dinge sein, durch welche dieses Bedürfniß vollkommen befriedigt wird.

4. Object der Pflichten im Allgemeinen.

Pflichten sind im Allgemeinen Obliegenheiten, etwas zu leisten. Sie können sich also nur auf Das beziehen, was zu leisten überhaupt in des Menschen Macht steht, von seinem Willen abhängt. Auf Das, was nicht in seiner Macht steht, nicht von seinem Willen abhängt, können sie sich nicht erstrecken.

Niemand hält es z. B. für Pflicht des Menschen, ein anderes Wesen als ein Mensch, etwa ein Engel, zu sein. Niemand hält es für Pflicht des Mannes, die Eigenschaften des Weibes, oder für Pflicht des Weibes, die Eigenschaften des Mannes zu haben. Niemand hält es für Pflicht des Kindes, die Reife und Selbstständigkeit des Erwachsenen zu haben u. s. w.

Also die Pflichten gehen nicht über die Natur des Wesens, welches verpflichtet ist, hinaus, sondern liegen innerhalb der Natur desselben.

Aber auch innerhalb der Natur desselben beziehen sie sich nicht auf Das, was vom Willen völlig unabhängig ist, nicht auf das Unwillkürliche, von selbst sich Vollziehende oder von selbst Unterbleibende. So z. B. ist es nicht Pflicht, zu erkennen, daß jede Wirkung eine Ursache hat; es ist nicht Pflicht, bei leerem Magen Hunger zu fühlen, noch auch Pflicht, das Angenehme zu begehren, das Unangenehme zu verabscheuen. Denn angeborene, natürlich und von selbst sich vollziehende Functionen fallen nicht unter die Kategorie der willentlich hervorzubringenden Leistungen. Es mag Einer wollen oder nicht, so muß er, wenn sein leiblicher Zustand es mit sich bringt, Schmerz fühlen; muß, wenn er eine Veränderung wahrnimmt, sie für Wirkung einer Ursache halten; muß das Angenehme begehren, das Widrige verabscheuen.

Hingegen muß er nicht, sondern soll den Schmerz,

den er fühlt, mit Geduld ertragen; muß nicht, sondern soll Einsichten, die er nicht hat, erwerben; muß nicht, sondern soll seine Begierde nach dem Angenehmen auf rechtliche Weise befriedigen.

Die Pflichten erstrecken sich also im Allgemeinen auf vorsätzlich hervorzubringende Leistungen, auf Handlungen und Werke, nicht aber auf Angeborenes, sich von Selbst Machendes. Immer soll, wo eine Pflicht vorhanden ist, Etwas willentlich gethan oder unterlassen werden.

Hieraus folgt, daß Erkenntnisse, Gefühle und Begehrungen nur uneigentlich zur Pflicht gemacht werden können; denn nicht sie sind gemeint, sondern das Hervorbringen, Erwecken, Fördern derselben. So z. B. wenn gesagt wird, das Erkennen der Wahrheit sei Pflicht, so ist hier nicht eigentlich das Erkennen als solches, sondern das redliche, gewissenhafte Forschen, welches zur Erkenntniß der Wahrheit führt, also ein Thun, ein Handeln, gemeint. Denn das Erkennen als solches hängt nicht vom Willen ab, wohl aber das Hervorbringen der Erkenntniß, das Anstrengen des Kopfes zum Nachdenken, das Beobachten, Forschen, überhaupt das Thun alles dessen, was zur Gewinnung der Erkenntniß führt. Eben so, wenn gesagt wird, die Liebe des Nächsten, ja sogar die Feindesliebe sei Pflicht, so ist, wenn hier nicht blos äußere Liebeshandlungen, Werke der Barmherzigkeit, sondern liebreiche, wohlwollende Gesinnung gemeint ist, wiederum nicht diese Gesinnung als solche, sondern das Hervorbringen, Erwecken dieser Gesinnung durch solche Vorstellungen, welche sie zu erwecken geeignet sind, also ein Thun, ein Handeln, die Pflicht. Denn die liebreiche Gesinnung als solche hängt nicht vom Willen ab, wohl aber das Erwecken derselben.

Eben so, wenn das Nichtbegehren nach fremdem Eigenthum zur Pflicht gemacht wird, so ist, wenn hier nicht die Unterlassung rechtswidriger Aneignung fremden Eigenthums, sondern das Nichtbegehren desselben gemeint ist, wiederum nur das Hervorbringen, Erwecken dieser Gesinnung die eigentliche Pflicht.

Kurz, Erkenntnisse, Gefühle und Begehrungen als solche können niemals Pflicht sein, sondern nur das Thun, das Handeln, welches sie hervorzubringen im Stande ist. Dieses auf ihre Hervorbringung gerichtete Handeln ist die eigentliche Pflicht.

5. Object der sittlichen Pflichten.

Nachdem ich gezeigt habe, was im Allgemeinen Gegenstand der Pflicht ist, nämlich nur Das, was innerhalb der Natur des verpflichteten Wesens liegt und vom Willen desselben abhängt, also Handlungen, Werke, Leistungen, hingegen Erkenntnisse, Gefühle, Begehrungen nur insoweit, als es ein auf ihre Hervorbringung, ihre Erweckung gerichtetes Handeln giebt, gehe ich nun dazu über, anzugeben, wodurch die sittlichen Pflichten sich von anderartigen Pflichten unterscheiden. Denn Pflichten giebt es in jedem Gebiete des Handelns. Ueberall, wo ein Zweck zu erreichen, ein Gut zu realisiren ist, giebt es in Bezug auf die Realisirung desselben Pflichten. So hat jeder Stand und Beruf seine Pflichten. Der Landmann, der Handwerker, der Kaufmann, der Krieger, der Gelehrte, der Künstler, der Staatsmann, jeder hat seine besondern, auf das eigenthümliche Gut seiner Sphäre bezüglichen Pflichten. Auch die verschiedenen Geschlechter und Lebensalter haben ihre besondern Pflichten. Andere sind die Pflichten des Mannes, andere die des Weibes; andere die Pflichten des Kindes und wieder andere die des Mannes und des Greises. Auch die verschiedenen Gesellschaftskreise haben ihre besondern Pflichten. Andere sind die Pflichten der Familie, andere die des Staates, andere die der Kirche.

Wodurch unterscheiden sich nun die sittlichen Pflichten von den Pflichten der andern Sphären?

Da es, wie gesagt, Pflichten nur in Beziehung auf einen zu realisirenden Zweck giebt, so kann der Unterschied der Pflichten nur aus dem Unterschied der zu realisirenden Zwecke hergeleitet werden. Es frägt sich also, wodurch sich der sittliche Zweck von den anderartigen Zwecken unterscheide.

Dieser Unterschied geht aus dem Capitel über den sittlichen Zweck und Endzweck zur Genüge hervor. Der sittliche Zweck ist kein besonderer, wie der der besondern Berufsarten und Gesellschaftskreise; sondern der allgemeine, in allen Sphären des Handelns die objective Güte, das wahre Wohl der Wesen zu fördern. Folglich ist das Unterscheidende der sittlichen Pflichten von den anderartigen Pflichten diese allgemeine Obliegenheit.

Alles, was irgendwie, sei es mittelbar oder unmittelbar, direct oder indirect, die objective Güte, das wahre Wohl der Wesen befördert, das zu thun ist sittliche Pflicht, woraus von selbst folgt, daß das Unterlassen des Gegentheils ebenfalls sittliche Pflicht ist.

Es geht hieraus hervor, daß das Gebiet der sittlichen Pflichten ein sehr umfassendes ist, da es in allen noch so verschiedenen Lebenssphären gilt, durch die besondern Güter derselben das genannte allgemeine Gut zu fördern. Jeder Stand, jeder Beruf, jeder Gesellschaftskreis hat zwar zunächst nur seine besondern, auf die Erfüllung der ihm eigenthümlichen Aufgabe gerichteten Pflichten; aber jeder hat darüber noch die sittliche Pflicht, das besondere Werk, das ihm obliegt, gut, dem objectiven Zweck gemäß zu verrichten, um dadurch die objective Güte, das wahre Wohl der Wesen zu fördern (s. Umfang der Sphäre der sittlichen Beurtheilung). Das Land zu bestellen, ist Pflicht des Landmanns; Kleider, Schuhe u. s. w. zu verfertigen, Pflicht des Handwerkers; Handel zu treiben,

Pflicht des Kaufmanns; den Staat gegen äußere und innere Feinde zu vertheidigen, Pflicht des Kriegers; die Jugend zu erziehen und zu unterrichten, Pflicht des Erziehers und Lehrers; Recht zu sprechen, Pflicht des Richters; Gesetze zu geben und zu regieren, Pflicht der gesetzgebenden und regierenden Gewalten; den religiösen Cultus zu besorgen, Pflicht der Kirche; das Schöne zu bilden, Pflicht der Kunst; die Wahrheit zu erforschen, Pflicht der Wissenschaft. Aber sittliche Pflicht ist es, alle diese besonderen Werke, zu denen man berufen ist, zweckgemäß, d. h. ihrem objectiven, immanenten Zweck entsprechend zu verrichten, und dadurch das wahre Wohl zu fördern.

---

6. Erweiterung des Pflichtenkreises.

Der Umfang des Pflichtenkreises ist kein ein für alle Mal abgeschlossener, sondern er wächst und erweitert sich mit den Verhältnissen und Beziehungen. Je reicher und mannigfaltiger, je vielseitiger und complicirter das Leben wird, desto vielfacher werden die Pflichten, die zu erfüllen sind. Welch' ein Abstand zwischen der Menge und Vielfachheit der Pflichten, die ein Erwachsener zu erfüllen hat, und den wenigen und einfachen Pflichten, deren Erfüllung einem Kinde obliegt, und eben so, welch' ein Abstand zwischen der Menge und Vielfachheit der Pflichten, die ein in der Cultur weit vorgeschrittenes Volk oder Zeitalter zu erfüllen hat, und den wenigen und simpeln Pflichten, die ein in der Cultur noch weit zurückstehendes Volk oder Zeitalter hat!

Auf je höherer Stufe theils durch Naturbegabung, theils durch Beruf und Lebensstellung ein Mensch steht, desto umfassender sind seine Pflichten. Der Mann als

Mann hat schon einen umfassendern Pflichtenkreis, als das Weib; der öffentlich zu wirken Berufene einen umfassendern, als der Privatmann.

Der Grund davon ist dieser. Mit der Vermehrung der Lebensbeziehungen nach Alter, Geschlecht, Talent, Beruf und Lebensstellung vermehren sich auch die zu realisirenden Güter, von den Gütern aber hängen die Pflichten ab (s. Gut, Pflicht und Tugend); folglich müssen sich mit den zu realisirenden Gütern auch die zu erfüllenden Pflichten vermehren.

Auf die geschichtliche Erweiterung des Pflichtenkreises je nach der Erweiterung der Bedürfnisse und der zu ihrer Befriedigung dienenden Güter hat schon Johann Georg Sulzer in einer seiner Akademischen Abhandlungen, welche den Titel führt: „Psychologische Betrachtungen über den sittlichen Menschen" hingewiesen. Sein Gedankengang ist dieser: Die Erkenntniß der Pflichten ist so, wie die Erkenntniß einer jeden andern Sache, die Wirkung des Nachdenkens. Der ganz rohe, von dem Vermögen nachzudenken entblößte Mensch kennt nichts; es ist keine Spur von Tugend in seiner Seele. Der wilde Mensch hat keine andern Ideen, als die sich auf sinnliche Empfindungen beziehen, und keine andern Bedürfnisse, als alle unangenehmen sinnlichen Empfindungen von sich zu entfernen. In diesem Zustande gründen sich seine Handlungen eben so wenig auf Nachdenken, als die Handlungen der Thiere. Ist er gleich der Stimme der Natur sehr treu, so hat er doch noch nicht den geringsten Grad der Tugend. Kömmt er zum Nachdenken, so fängt er an die Verbindung zwischen seinen Bedürfnissen und seiner Erhaltung zu entdecken und die Nothwendigkeit der Handlungen zu erkennen, wozu ihn bisher blos der Instinkt angetrieben hat. Wenn diese Entdeckung seine Aufmerksamkeit an sich zieht, wenn er bemerkt, daß es, ohne Absicht auf die sinnlichen Empfindungen, Gründe gebe, gewisse Dinge zu suchen und andere zu vermeiden, und wenn diese Gründe Bestimmungsgründe bei ihm werden, die sich mit dem Instinkte verbinden; so fängt er an tugendhaft zu sein, so eingeschränkt auch immer seine Moral sein mag.

Die Tugend ist also, nach Sulzer, bei ihrem Entstehen nichts anderes, als die Fähigkeit und die Neigung Das, was der wilde Mensch aus Instinkt thut, aus Kenntniß der Sache und aus Vernunft zu thun. Sobald sich die Stimme der Vernunft hören läßt, und man sich derselben unterwirft, fängt man an tugendhaft zu sein. Diese Tugend ist eigentlich noch nichts anderes, als erstlich die zur Betrachtung der natürlichen Bedürfnisse angewendete Vernunft, und zweitens die Neigung, den Einsichten, welche sie uns von diesen Bedürfnissen giebt, zu folgen.

„Nach dem Maaße, nach welchem die Vernunft vollkommner wird, vermehret sich die vorhin erwähnte so einfache und unvollkommene Moral, und befördert das Wachsthum der Tugend. Die Gewohnheit nachzudenken zeigt sogar dem halb wilden Menschen, daß er gewisse Dinge suchen oder vermeiden müsse, ohne daß solches irgend eine gegenwärtige sinnliche Empfindung erfordere. Der erste etwas strenge Winter wird ihm die Nothwendigkeit, die künftigen Bedürfnisse voraus zu sehen, zu empfinden geben; und wenn ihn die hitzige Verfolgung eines Thieres an Oerter mit fortgerissen hat, wo er umzukommen gedachte, oder wenn er aus Unmäßigkeit krank geworden ist, so wird er bald begreifen lernen, daß er sich den gegenwärtigen Eindrücken nicht anders, als mit Vorsicht überlassen darf. Sobald er fähig ist, diesen Bemerkungen einen hinlänglichen Grund der Gewißheit zu geben, so wird er seine Moral durch Hinzufügung neuer Vorschriften erweitern. Er wird zuletzt zur Erkenntniß aller auf die physikalischen Bedürfnisse sich beziehenden Pflichten gelangen.

„Er wird des Beistandes der Vernunft nicht lange genossen haben, ohne eben so lebhafte und interessante Empfindungen zu erfahren, als selbst die sinnlichen Empfindungen sind; nämlich das Bedauern und die Reue, die aus der Wahrnehmung des Einflusses des Vergangenen auf das Gegenwärtige entspringen. Diese werden ihn zur Entdeckung einer andern Art von eben so natürlichen Bedürfnissen leiten, als die physikalischen sind; nämlich der Bedürfnisse, mit sich selbst zufrieden zu sein, sich nichts vorwerfen zu dürfen, seine Fähigkeiten vollkommen zu machen, und von einem Tage zum andern geschickter, stärker, verständiger, vernünftiger und vorsichtiger zu werden. Endlich wird sich bei stets zunehmender Erfahrung und Ueberlegung auch die Erkenntniß seiner moralischen Bedürfnisse erweitern; er wird gewahr werden, daß es mit zu seinen Bedürfnissen gehört, sich die Hochachtung, das Wohlwollen, die Freundschaft derjenigen, mit welchen er lebt, zu erwerben."

So hängt nach Sulzer von der Erweiterung der Bedürfnisse und ihrer durch Erfahrung erworbenen Kenntniß die Erweiterung der Pflichten und ihrer Kenntniß ab. „Sie hat keine andern Schranken, als die ihr die Erfahrung und die Vernunft geben; sie kann also ins Unendliche gehen. So lange sich die Erfahrung und die Vernunft, in ihrer Anwendung auf unsere Bedürfnisse, vermehren, so lange erweitert sich auch die Kenntniß unserer Pflichten, und die Moral wird immer weitläufiger, ob gleich die Principia, auf welche sie sich gründet, sehr einfach sind. Es verhält sich also mit der Moral, wie mit den Wissenschaften, deren keine festgesetzte Gränzen haben kann." „Was mit dem Individuo vorgeht, das geht auch mit dem ganzen Geschlechte vor. So lange der Mensch seine Kräfte und seine Munterkeit behält, vermehret er seine Erfahrung und seine Bemerkungen; und eben dadurch entdeckt er neue Verhältnisse, neue Bedürfnisse und vorher unbekannte Pflichten. Ein ganzes Volk befindet sich in demselben Falle. Seine Kenntnisse, seine Künste, seine Verhältnisse, seine Bedürfnisse vervielfältigen sich. Die Pflichten vervielfältigen sich ebenfalls, die Schwierigkeit, sie zu erfüllen, wird größer, und das glückselige Leben wird endlich eine sehr schwere, ja unmögliche Sache." *)

Dieser Erweiterung der Pflichten gegenüber ließe sich aber andererseits auch nachweisen, daß innerhalb der geschichtlichen Entwicklung manche Pflichten, die in frühern, rohern Zeiten bestanden, in spätern, cultivirtern wegfallen. Denn gewisse Güter, die früher erst noch zu erreichen waren, und in Beziehung auf deren Realisirung es Pflichten gab, sind doch später erreicht worden. Nach der Erreichung eines Gutes fallen aber die auf seine Herbeiführung bezüglichen Pflichten weg. So lange Kinder unmündig sind, haben die Eltern die Pflicht, sie zu leiten; sind sie mündig geworden, so fällt diese Pflicht der Eltern weg. Eben so hatten in frühern Zeiten der Geschichte die Oberhäupter des Staates und der Kirche in Beziehung auf die Leitung der Völker Pflichten, die in spätern Zeiten, wo die Völker den Kinderschuhen entwachsen sind und sich selbst leiten können, wegfallen.

In Zeiten, wo die Gesellschaft noch in Reiche und Arme zerfällt, haben die Reichen die Pflicht der Wohlthätigkeit gegen die Armen. Je mehr in Folge der geschichtlichen Entwicklung der schroffe Gegensatz zwischen Reichen und Armen schwindet, je mehr allgemeiner Wohlstand sich verbreitet und die fortschreitende Volkswirthschaft dahin führt, die Privatwohlthätigkeit überflüssig zu machen, desto mehr schwindet auch die Pflicht dieser Wohlthätigkeit.

Es sei materieller Wohlstand, es sei geistige Bildung, es sei humane Gesittung, oder welches Gut immer, das durch den geschichtlichen Fortschritt erreicht wird, — mit jedem erreich-

---

*) S. Johann George Sulzer's „Vermischte philosophische Schriften. Aus den Jahrbüchern der Akademie der Wissenschaften zu Berlin gesammelt" (Leipzig 1773), S. 288—292.

ten Gut schwinden die Pflichten, die in Bezug auf seine Herbeiführung bestanden.

Der behaupteten Erweiterung des Pflichtenkreises innerhalb der geschichtlichen Entwicklung ließe sich also andererseits auch eine Verengerung entgegenstellen. Die Pflichten nehmen zwar zu in dem Maaße, als die Verhältnisse sich erweitern; aber sie nehmen auch ab in dem Maaße, als Güter, die früher erst noch zu realisiren waren, bereits erreicht sind.

7. Rangordnung der Pflichten.

Die Rangordnung der Pflichten bestimmt sich nach der Rangordnung der Güter; denn Pflichten giebt es überhaupt nur in Beziehung auf Güter (s. Gut, Pflicht und Tugend).

Die Rangordnung der Güter aber wiederum ist bestimmt durch die Rangordnung der Zwecke (s. Rangordnung der Güter).

Folglich ist auch die Rangordnung der Pflichten zuletzt bedingt durch die Rangordnung der Zwecke. Den höhern Zwecken innerhalb einer bestimmten Sphäre entsprechen höhere Pflichten. So ist es z. B. in der intellectuellen Sphäre höhere Pflicht, Erkenntniß, als Kenntnisse zu erwerben.

Von allen möglichen Pflichten die höchsten können nur die dem Zweck der höchsten Sphäre entsprechenden sein, also die sittlichen Pflichten.

Falsche Schätzung der Rangordnung der Güter führt zu falscher Schätzung der Rangordnung der Pflichten. Eine solche falsche Schätzung ist es z. B., wenn man es für höhere Pflicht hält, nicht gegen die öffentliche Meinung, das Herkommen, die Sitte, die Mode, als nicht gegen die Wahrheit, das Recht, die gesunde Vernunft, den guten Geschmack zu verstoßen.

IV. Gut, Pflicht und Tugend.

Innerhalb der sittlichen Sphäre ist das Gut, auf das alle Thätigkeit gerichtet ist, zwar wesentlich nur eines, die objective Güte oder das wahre Wohl der Wesen (s. Der sittliche Zweck und Endzweck). Auf dieses eine Gut beziehen sich alle sittlichen Pflichten. Aber da die Wesen und Kreise, deren wahres Wohl zu befördern Pflicht ist, eine Stufenfolge bilden, so bilden auch demgemäß die sittlichen Pflichten eine Rangordnung. Pflichten gegen eine höhere Wesensgattung stehen über Pflichten gegen eine untergeordnete. Es ist z. B. höhere Pflicht, Menschenwohl, als Thierwohl zu fördern. So weit, als es das Wohl der Menschheit fordert, darf Thierleben dem Menschenleben geopfert werden.

So wie Pflichten gegen den Menschen über die gegen untergeordnete Wesensgattungen gehen, so gehen zweitens innerhalb der menschlichen Gattung Pflichten gegen einen höhern Kreis über die gegen einen niedern. Pflichten gegen den Staat z. B. gehen über Pflichten gegen die Familie. Pflichten gegen die Menschheit gehen über Pflichten gegen eine Nation. Wo das wahre Wohl des Staates es fordert, darf ihm Familienwohl, und wo das wahre Wohl der Menschheit es fordert, darf ihm Staatswohl geopfert werden, weil das Wohl eines umfassendern Kreises ein höheres Gut ist, als das eines engern.

Drittens, Pflichten gegen die höhere Seite eines Wesens oder Kreises gehen über die gegen eine untergeordnete; z. B. Pflichten gegen die geistige Natur über Pflichten gegen die leibliche. Das geistige Wohl der Menschheit, oder eines Volkes, oder einer Familie, oder eines Individuums zu befördern ist höhere Pflicht, als Beförderung des leiblichen Wohls. Wo es das geistige Wohl fordert, darf ihm nicht nur das leibliche geopfert werden, sondern es ist auch Pflicht, dieses jenem zu opfern.

Doch, wie gesagt, nur wo und nur so weit als es wirklich die Pflicht gegen die höhere Gattung, den umfassendern Kreis, die höhere Natur fordert, dürfen die Pflichten gegen die niedere Gattung, den engern Kreis, die untergeordnete Natur verletzt werden. Darüber hinaus ist es pflichtwidrig. Vivisectionen z. B. an Thieren über das von der Wissenschaft geforderte Maaß hinaus, zu bloffer Befriedigung der Neugierde, sind pflichtwidrig, und Schopenhauer hat ganz Recht, solche zur Lösung müssiger, unnützer und futiler Fragen, oder zur Lösung von Problemen, deren Lösung längst gefunden und dem Experimentirenden nur unbekannt ist, unternommene Vivisectionen zu verdammen.*) Aus demselben Grunde halte ich auch Thierhetzen, Stiergefechte u. s. w. zu blosser Befriedigung der Schaulust für verwerflich. Denn Befriedigung der Schaulust ist zwar an sich nicht pflichtwidrig, und zur Befriedigung derselben dürfen auch Thiere verwendet werden; aber Thiere auf eine grausame Weise dazu verwenden ist pflichtwidrig, weil nicht alles und jedes Bedürfniß der menschlichen Natur so hoch steht, daß ihm das Leben und Wohl untergeordneter Wesen unbedenklich geopfert werden darf. Ueberdies ist grausame Befriedigung der Schaulust schon darum verwerflich, weil dadurch eine höhere und edlere Seite des menschlichen Wesens, das Mitleid mit fühlenden Geschöpfen, abgestumpft wird, und Pflichten gegen die höhern Seiten unsers Wesens gehen ja, wie gesagt worden, über Pflichten gegen die niedrigern. Es ist doch jedenfalls ein höheres und edleres Bedürfniß unserer Natur, welches uns auffordert, die Thiere nicht zu quälen, als jenes, welches uns dazu treibt, grausame Thierkämpfe zu veranstalten.

So wie die Ueberordnung der Pflichten gegen eine höhere Gattung über die gegen eine niedere nicht so weit gehen darf, daß ein wesentliches Gut der niedern Gattung

---

*) S. Parerga und Paralipomena. Zweite Auflage. II, 400.

einem unwesentlichen der höhern, z. B. Thierleben und Thierwohl der Schaulust des Menschen geopfert wird; eben so darf die Ueberordnung der Pflichten gegen eine höhere Seite eines Wesens über die gegen eine niedere nicht so weit gehen, daß ein wesentliches Gut der niedern einem unwesentlichen der höhern geopfert wird. Leibliches Wohl z. B. ist zwar im Allgemeinen dem geistigen unterzuordnen und nöthigen Falls zu opfern; aber daraus folgt nicht, daß um bloßer Erwerbung unbedeutender Kenntnisse willen die Gesundheit des Leibes geopfert werden darf. Wohl ist der Gelehrte im Dienste der ächten Wissenschaft verpflichtet, seine Gesundheit zu opfern, aber die Anhäufung von unbedeutenden Kenntnissen ist ein viel zu unwichtiges und unwesentliches geistiges Gut, als daß es Pflicht sein könnte, ein so wichtiges und wesentliches leibliches Gut, wie die Gesundheit, ihm zu opfern.

Auch ist außerdem bei der Rangordnung der Pflichten besonders der Beruf der Individuen zu berücksichtigen. Wenn ich gesagt habe, daß Pflichten gegen einen höhern, umfassendern Kreis über Pflichten gegen einen niedern, also Pflichten gegen den Staat über Pflichten gegen die Familie und Pflichten gegen die Menschheit über Pflichten gegen eine Nation oder einen Staat gehen, so folgt daraus doch noch nicht, daß Jeder gleich berechtigt ist, seine Familie zu vernachlässigen, um für den Staat oder gar für die Menschheit zu wirken. Sondern hier kommt es gar sehr auf den innern Beruf, auf die Mission des Individuums an. Unberufene, die sich als Staats- und Weltverbesserer geriren und darüber ihr Hauswesen und ihre Familie zu Grunde richten, können sich nicht damit rechtfertigen, daß Pflichten gegen einen höhern Kreis über Pflichten gegen einen niedern gehen. Denn ihr Beruf ist es nicht, im weitern, sondern im engern Kreise, in beschränkter Sphäre, Gutes zu schaffen, das Wohl ihrer Familie und ihrer Genossenschaft zu fördern. Nur den wirklich zu einer großen, weltgeschichtlichen Rolle, zur Staats- und Weltverbesserung innerlich Berufenen darf man Vernachläſſigung ihrer Pflichten gegen untergeordnete Kreiſe nachſehen.

Die Sucht vieler Unberufenen der Jetztzeit, die politiſchen Tageshelden zu ſpielen, ſich um ihre Familie und ihr Geſchäft nicht zu bekümmern, um für's Ganze zu wirken, geißelt Bogumil Goltz treffend in ſeinen „Feigenblättern", indem er ſagt:

„Leute, die mit der Politik enfilirt ſind, leiſten für ihre Familie ſo wenig als möglich, ſuchen in derſelben nur bequeme Erholung, wenn ſie des Zeitungen=Geſchwätzes im Bierhauſe überdrüſſig werden; bekümmern ſich um die Erziehung der Kinder gar nicht, oder erziehen dieſelben nach liberalen Principien; d. h. ſie machen ſich mit ihrer Nachkommenſchaft ſo lange familiär, bis die producirte Frechheit einen Abſolutismus diktirt, der mit Exceſſen von Seiten der Kinder, wie des radicalen Erzeugers abſchließt.

„Wer Weib und Kindern genug thun ſoll, muß mit ungetheiltem Gemüthe Familienvater ſein. Kneipe, Vergnügungen, Lektüre und ſtädtiſche Aemter nehmen bereits den Reſt von Zeit und freier Stimmung in Anſpruch, den die Geſchäfte und Nahrungsſorgen übrig laſſen. Theilt ſich noch in dieſen Reſt die Sorge um den Staat und die Welt, ſo bleibt für die Familie nichts, und doch giebt es ohne ſie keinen konkreten Staat.

„Alle Volkslieblinge, Allerweltsleute, Luſtigmacher und Converſationslöwen kommen verdrießlich und abgerackert nach Hauſe, leiden den ganzen Tag am moraliſchen Katzenjammer, ſind alſo die unliebenswürdigſten, moroſeſten, einſylbigſten Tyrannen in ihrer Familie, ſehen ihr Geſchäft für ein nothwendiges Uebel an und gewinnen erſt wieder Stimulus und Witz, wenn ſie in der Geſellſchaft oder im Wirthshauſe ſind."*)

---

*) S. Bogumil Goltz, Feigenblätter. Eine Umgangs=Philoſophie und pathologiſche Menſchenkenntniß, Bd. II, S. 156.

8. Modificabilität der Pflichten nach Ort, Zeit und Umständen.

Eine blos abstract begriffliche Kenntniß der Pflichten setzt noch nicht in den Stand, zu wissen, was in jedem vorkommenden Falle des Lebens, was jetzt, hier und unter diesen Umständen Pflicht ist. Denn der Begriff ist viel zu allgemein, um bis zum einzelnen, concreten Fall herabzureichen (s. Unzulänglichkeit der Ethik als Wissenschaft für das Leben).

Im Leben modificiren sich die Pflichten häufig nach Ort, Zeit und Umständen. Was in dem einen Falle Pflicht ist, kann in dem andern aufhören es zu sein. Der einen Art von Uebeln gegenüber ist z. B. Geduld Pflicht, der andern gegenüber Ungeduld. Den Fehlern der einen Person gegenüber ist Nachsicht, den Fehlern der andern gegenüber ist Nachsichtslosigkeit Pflicht.

Was dabei herauskommt, wenn die Modificabilität der Pflichten nach Ort, Zeit und Umständen ignorirt wird, das kann man unter andern aus Kant's absoluter Verwerfung der Lüge ersehen. „Du sollst nicht lügen!" ist nach Kant eine absolute, ausnahmslose Pflicht; es giebt nach ihm durchaus kein „Recht, aus Menschenliebe zu lügen". Die Lüge gegen einen Mörder, der uns fragte: ob unser von ihm verfolgter Freund sich nicht in unser Haus geflüchtet, ist eine Pflichtwidrigkeit. *)

Diese Ansicht theilt auch noch Fichte, welcher die Vertheidigung der Nothlüge „das Verkehrteste, was unter Menschen möglich ist" nennt und hinzufügt: „Der Vertheidiger deckt dadurch seine in Grund und Boden verdorbene Denkart auf. Daß euch die Lüge als ein mögliches Auskunfts-

---

*) S. „Ueber ein vermeintliches Recht, aus Menschenliebe zu lügen" (1797), in Kant's sämmtl. Werken, Ausgabe von Rosenkranz u. Schubert, VII, 1. Abtheil., S. 295 ff.

mittel aus gewissen Verlegenheiten auch nur eingefallen ist, und ihr nun ernstlich berathschlagen könnt, ob man sich nicht derselben bedienen dürfe, ist der wahre Sitz eurer Verkehrtheit." *)

Das, was Kant und Fichte an den angeführten Orten zum Beweise ihrer Behauptung beibringen, ist eitle Sophisterei gegenüber der einfachen, schlichten Wahrheit der von Kant am angeführten Orte citirten Worte Benjamin Constant's: „Der sittliche Grundsatz: es sei eine Pflicht, die Wahrheit zu sagen, würde, wenn man ihn unbedingt und vereinzelt nähme, jede Gesellschaft zur Unmöglichkeit machen. Den Beweis davon haben wir in den sehr unmittelbaren Folgerungen, die ein Deutscher Philosoph aus diesem Grundsatze gezogen hat, der so weit geht zu behaupten: daß die Lüge gegen einen Mörder, der uns fragte, ob unser von ihm verfolgter Freund sich nicht in unser Haus geflüchtet, ein Verbrechen sein würde. Es ist eine Pflicht, die Wahrheit zu sagen. Der Begriff von Pflicht ist unzertrennbar von dem Begriffe des Rechts. Eine Pflicht ist, was bei einem Wesen den Rechten eines andern entspricht. Da, wo es keine Rechte giebt, giebt es keine Pflichten. Die Wahrheit zu sagen, ist also eine Pflicht; aber nur gegen denjenigen, welcher ein Recht auf die Wahrheit hat."

Wenn Kant in seiner Widerlegung dieser Worte sagt, daß die Pflicht der Wahrhaftigkeit keinen Unterschied zwischen Personen mache, gegen die man diese Pflicht habe oder gegen die man sich auch von ihr lossagen könne, sondern unbedingte Pflicht sei, die in allen Verhältnissen gilt**); so ist einfach darauf zu erwidern: unbedingte Pflichten giebt es überhaupt nicht, sondern jede Pflicht ist bedingt durch das Gut, zu dessen Realisirung

---

*) System der Sittenlehre nach den Principien der Wissenschaftslehre, von Johann Gottlieb Fichte (1798), S. 386 fg.
**) Am angeführten Orte, S. 300.

sie als Mittel dient (s. Gut, Pflicht und Tugend). Der sittliche Zweck, die objective Güte oder das wahre Wohl der Wesen, kann allein bestimmen, was in einem gegebenen Falle sittliche Pflicht ist, oder nicht. Erfordert dieser Zweck eine Lüge, wie z. B. wenn Kinder vorzeitig über geschlechtliche Verhältnisse belehrt sein wollen, oder wenn ein Bösewicht zu verbrecherischen Zwecken eine Auskunft von uns verlangt; so ist die Lüge nicht nur erlaubt, sondern sie ist Pflicht.

Gegen Kant's und Fichte's absolute Verwerfung der Lüge hat Schopenhauer zwischen den Fällen unterschieden, wo die Lüge rechtmäßig und wo sie unrechtmäßig ist. Die Unrechtmäßigkeit der Lüge beruht nach Schopenhauer darauf, daß sie ein Werkzeug der List, d. h. des Zwanges mittelst der Motivation ist. „Wie ich durch Gewalt einen Andern tödten, oder berauben, oder mir zu gehorchen zwingen kann; so kann ich alles dieses auch durch List ausführen, indem ich seinem Intellect falsche Motive unterschiebe, in Folge welcher er thun muß, was er außerdem nicht thun würde. Dies geschieht mittelst der Lüge, deren Unrechtmäßigkeit allein hierauf beruht, ihr also nur anhängt, sofern sie ein Werkzeug der List, d. h. des Zwanges mittelst der Motivation ist." Wie ich nun, ohne Unrecht, also mit Recht, Gewalt durch Gewalt vertreiben kann; so kann ich, wo mir die Gewalt abgeht, oder es mir bequemer scheint, es auch durch List. „Ich habe also in den Fällen, wo ich ein Recht zur Gewalt habe, es auch zur Lüge: so z. B. gegen Räuber und unberechtigte Gewaltiger jeder Art, die ich demnach durch List in eine Falle locke. Darum bindet ein gewaltsam abgezwungenes Versprechen nicht." *)

---

*) Die beiden Grundprobleme der Ethik, 2. Aufl., S. 222. Aus Arthur Schopenhauer's handschriftlichem Nachlaß. Abhandlungen, Aphorismen und Fragmente, S. 187 fg. und S. 402. Welt als Wille und Vorstellung, 3. Aufl., I, 398 f.

Gehen wir auf die Wurzel zurück, aus der Kant's Rigorismus, der die Modificabilität der Pflichten nach Ort, Zeit und Umständen verkannte, entsprang, so finden wir, daß es die Voraussetzung ist, bei Ausübung der Pflichten habe man sich durchaus nicht um die Folgen zu bekümmern, sondern man habe einfach seine Schuldigkeit zu thun, ohne danach zu fragen, was daraus erfolgt. Denn die Rücksicht auf die Folgen sei schon Heteronomie.

Aber Pflichten giebt es nur in Beziehung auf Handlungen (s. Object der Pflichten im Allgemeinen), und Handlungen giebt es nicht ohne einen Zweck. Der Zweck einer Handlung aber ist der durch sie zu erreichende Erfolg. Pflichten können demnach nur auf einen bestimmten Erfolg gerichtete Handlungen sein. Sittliche Pflichten können nur die auf ein sittliches Gut gerichteten Handlungen sein (s. Object der sittlichen Pflichten).

Folglich ein Handeln ohne alle Rücksicht auf die Folgen giebt es nicht; es wäre dies eine contradictio in adjecto. Ihren eigenthümlichen Zweck, d. h. den Erfolg, auf den sie gerichtet ist, kann keine Handlung außer Augen setzen, keine kann um ihn unbekümmert sein. Dem Arzt z. B., dessen ärztliche Handlungen den Zweck des Heilens haben, kann es nicht gleichgültig sein, ob sie wirklich diesen Erfolg erreichen oder nicht; dem Erzieher, dessen pädagogische Handlungen den Zweck der Bildung und Entwicklung der Kräfte des Zöglings haben, kann es nicht gleichgültig sein, ob sie wirklich diesen Erfolg haben. Nun, und eben so kann es dem Tugendhaften, dessen Handlungen den Zweck haben, die objective Güte, das wahre Wohl der Wesen zu realisiren, nicht gleichgültig sein, ob seine Handlungen wirklich diesen Erfolg erreichen.

Der Satz, man solle unbekümmert um die Folgen seine Pflicht und Schuldigkeit thun, kann demnach nur den Sinn haben, man solle lediglich den Zweck, auf den das pflichtgemäße Handeln gerichtet ist, im Auge haben, ohne sich um die für die eigene Person daraus entspringenden Folgen zu bekümmern; man solle z. B. bei der Erziehung dem Zweck der Erziehung gemäß verfahren, ohne Rücksicht darauf, ob man dafür Dank ernten wird, oder nicht; man solle in der Wissenschaft die Wahrheit rücksichtslos verfolgen, unbekümmert darum, ob man durch die Wahrheit seinen Vorgesetzten oder Zeitgenossen gefallen wird, oder nicht. Nur außerhalb des Zwecks der Sache liegende Folgen also sind es, die jene Forderung des Unbekümmertseins um die Folgen meinen kann.

Folglich ist jede sittliche Pflichterfüllung zu modificiren nach den Folgen, die daraus für den sittlichen Zweck entspringen. Ist das Sagen der Wahrheit in einem gegebenen Falle dem sittlichen Zweck zuwider, wie z. B. wenn ein Verbrecher durch meine wahre Antwort auf seine Frage in den Stand gesetzt würde, sein Verbrechen auszuführen, so darf ich nicht nur lügen, sondern ich bin auch dazu verpflichtet, aus demselben Grunde, aus welchem der Arzt dazu verpflichtet ist, in gewissen Fällen den Kranken, und die Eltern, das Kind zu belügen.

In jedem andern Gebiete des Handelns giebt man ohne Weiteres zu, daß die Handlungsweise nach dem vorauszusehenden Erfolg zu modificiren sei, daß sie also auf Ort, Zeit und Umstände, als welche auf den Erfolg influiren, Rücksicht zu nehmen habe. Warum also nicht eben so im sittlichen Gebiete? Ist etwa hier das Handeln ein zweckloses?

Was die Kant'sche Furcht vor der „Heteronomie" betrifft, die in der Rücksichtnahme auf den Erfolg liegen soll, so ist diese Furcht unbegründet, da Heteronomie in allen Gebieten nur das Bestimmtwerden durch fremdartige, außerhalb des eigenthümlichen Zwecks derselben liegende Motive ist, nicht aber das Bestimmtwerden durch den immanenten Zweck. So wenig als den Künstler, der Rücksicht darauf nimmt, ob sein Werk auch den ästhetischen

Effect, den es als Kunstwerk haben soll, wirklich haben wird, und der um des beabsichtigten ästhetischen Effects willen sein Werk nach Ort, Zeit und Umständen modificirt, der Vorwurf der Heteronomie treffen kann; eben so wenig kann dieser Vorwurf den sittlich Handelnden treffen, der Rücksicht darauf nimmt, ob sein Handeln auch den sittlichen Zweck erreichen wird, und der es um seiner Erreichung willen nach Ort, Zeit und Umständen modificirt.

9. Collision der Pflichten.

Versteht man unter Collision der Pflichten dieses, daß Fälle vorkommen, wo die Erfüllung der einen Pflicht nur mit Vernachlässigung der andern möglich ist, so giebt es allerdings eine Collision von Pflichten. Denn solche Fälle kommen allerdings vor. Die Pflicht gegen das Vaterland z. B. ist in gewissen Fällen nur mit Vernachlässigung der Pflichten gegen die eigene Familie erfüllbar.

Versteht man aber unter Collision der Pflichten dieses, daß Fälle vorkommen, wo einander widerstreitende Pflichten gleichen Anspruch auf Erfüllung haben, so muß ich eine solche Collision leugnen. Denn nach dem, was ich über die Rangordnung der Pflichten (s. Rangordnung der Pflichten) und über die Modificabilität der Pflichten nach Ort, Zeit und Umständen (s. das gleichnamige Capitel) gesagt habe, wird stets eine der beiden widerstreitenden Pflichten den Vorrang vor der andern, und niemals werden beide gleich berechtigten Anspruch auf Erfüllung haben. In dem oben angeführten Beispiele geht die Pflicht gegen das Vaterland über die Pflicht gegen die Familie, weil das Wohl des Vaterlandes ein höheres Gut ist, als das Wohl einer Familie.

Stets wird bei collidirenden Pflichten nur die eine und zwar die dem Range nach höhere Anspruch auf Erfüllung haben und man wird uns in solchem Falle, wo wir eine höhere Pflicht nur auf Kosten einer untergeordneten haben erfüllen können, nicht Pflichtverletzung vorwerfen dürfen. Immer ist nur Eines die zu erfüllende Pflicht, und das damit zufällig in Collision kommende Andere ist an diesem Ort, zu dieser Zeit und unter diesen Umständen nicht Pflicht.

Nur, wenn man die Rangordnung der Pflichten und die Modificabilität der Pflichten nach Ort, Zeit und Umständen ignorirt, kann man behaupten, daß verschiedene Pflichten in dem Sinne mit einander collidiren können, daß sie gleichzeitig gleichen Anspruch auf Erfüllung haben.

Schleiermacher leugnet die Collision der Pflichten. Er sagt, um den Gegensatz aufzulösen, daß in pflichtmäßigen Handlungen die ganze Idee der Sittlichkeit sein muß, jede pflichtmäßige Handlung aber doch sich nur auf Eine sittliche Sphäre beziehen kann: „Da die verschiedenen Sphären des höchsten Gutes nicht absolut getrennt sind, also jede ein Interesse an der andern hat: so ist es möglich, daß das Interesse Aller durch Eine Handlung befriedigt werde, welche nur in Einer etwas bewirkt. In Bezug auf den Gegensatz wird also die pflichtmäßige Handlung diejenige sein, welche zwar nur in Einer Sphäre etwas bewirkt, aber zugleich im Bewußtseyn als das Interesse Aller befriedigend gesetzt wird. Wonach denn in dem ersten Sinn die einzelne, in dem letzten aber die Totalität aller Sphären das Object der Handlung ist.

„Die Lösung reicht hin, wenn in Einer Sphäre eine Nothwendigkeit gesetzt ist etwas zu thun, in Andern aber nicht. Wenn in mehreren für denselben Moment eine Nothwendigkeit gesetzt ist: so ist pflichtmäßig gehandelt, wenn der Handelnde sagen kann, Jede der andern Sphären muß damit zufrieden sein, daß ich in diesem Moment gerade dieses gethan habe. Die Lösung im Allgemeinen ist also bedingt durch das Postulat einer solchen Ordnung in allen

Sphären, daß die Zeit unter sie getheilt wird; ohne welche Ordnung keine Pflichterfüllung möglich ist.

„Im höchsten Gut fanden wir actu alle Sphären in einander greifend. Also muß auch jedes einzelne Handeln in Alle greifen. Denn wenn es nur eine isolirte zum Gegenstand hätte: so könnte es nicht sittlich producirt sein, sondern würde in das Gebiet des sittlichen Scheines gehören. Nun geht aber doch jedes einzelne Handeln auf ein bestimmtes Object, und die Beziehung auf die andern ist nicht darin wahrzunehmen. Es kann aber nur dann sittlich sein, wenn es auf Alle geht. Also muß es auf Eins und Alle gehen, d. h. das unmittelbare Object muß nur insofern Object sein, als es in die Totalität aufgenommen ist, und gerade so muß das Handeln in der Pflichtenlehre dargestellt sein. Dies hebt nun die Behauptung der Collision der Pflichten auf. Collidirende Pflichten sind keine Pflichten. Nach der gewöhnlichen Ansicht aber sind alle Pflichten collidirend, denn indem ich in einer Sphäre handle, vernachlässige ich die übrigen."*)

Collidirende Pflichten sind keine Pflichten, — diesem Schleiermacher'schen Satze stimme ich bei, in dem Sinne nämlich, daß von zwei collidirenden Pflichten nicht beide im selben Moment gleichen Anspruch auf Erfüllung haben, nicht beide im gleichem Grade Pflicht sind. Aber collidirende Pflichten ungleichen Grades und mit ungleichem Anspruch auf Erfüllung lassen sich allerdings nicht leugnen. Pflichten gegen Thiere z. B. kommen mit Pflichten gegen Menschen und Pflichten gegen höhere und umfassendere menschliche Kreise mit Pflichten gegen niedere und engere häufig in Collision.

---

*) S. Entwurf eines Systems der Sittenlehre (Schleiermacher's literar. Nachlaß. Zur Philosophie. Dritter Band), §. 324, S. 424 fg.

10. Von den Pflichten gegen sich selbst.

Kant hat in seiner „Tugendlehre" die Pflichten des Menschen gegen sich selbst eingetheilt und abgehandelt.*) Schopenhauer dagegen verwirft die Kategorie der Pflichten gegen sich selbst. Er sagt: „Pflichten gegen uns selbst müssen, wie alle Pflichten, entweder Rechts- oder Liebespflichten seyn. Rechtspflichten gegen uns selbst sind unmöglich, wegen des selbst-evidenten Grundsatzes volenti non fit injuria: da nämlich Das, was ich thue, alle Mal Das ist, was ich will; so geschieht mir von mir selbst auch stets nur, was ich will, folglich nie Unrecht. Was aber die Liebespflichten gegen uns selbst betrifft, so findet hier die Moral ihre Arbeit bereits gethan und kommt zu spät. Die Unmöglichkeit der Verletzung der Pflicht der Selbstliebe wird schon vom obersten Gebot der Christlichen Moral vorausgesetzt: «Liebe deinen Nächsten wie Dich selbst»; wonach die Liebe, die Jeder zu sich selbst hegt, als das Maximum und die Bedingung jeder andern Liebe vorweg angenommen, keineswegs aber hinzugesetzt wird: «Liebe Dich selbst wie deinen Nächsten»; als wobei Jeder fühlen würde, daß es zu wenig gefordert sei: auch würde dieses die einzige Pflicht seyn, bei der ein Opus supererogationis an der Tagesordnung wäre. Selbst Kant sagt, in den «Metaphysischen Anfangsgründen zur Tugendlehre», S. 13 (Rosenkranz, S. 230): «Was Jeder unvermeidlich schon von selbst will, das gehört nicht unter den Begriff der Pflicht.» Dieser Begriff von Pflichten gegen uns selbst hat sich indessen noch immer in Ansehen erhalten und steht allgemein in besonderer Gunst; worüber man sich nicht zu

---

*) S. Kant's sämmtliche Werke, Ausgabe von Rosenkranz u. Schubert. Thl. IX, S. 267 ff.

wundern hat. Aber eine belustigende Wirkung thut er in Fällen, wo die Leute anfangen, um ihre Person besorgt zu werden, und nun ganz ernsthaft von der Pflicht der Selbsterhaltung reden; während man genugsam merkt, daß die Furcht ihnen schon Beine machen wird und es keines Pflichtgebots bedarf, um nachzuschieben."*)

Dieser Polemik gegen die „Pflichten gegen sich selbst" kann ich nicht beistimmen. Sie scheint mir auch nicht mit Schopenhauer's, an Kant sich anschließender Unterscheidung zwischen dem empirischen und intelligibeln Menschen (homo phaenomenon und homo noumenon) übereinzustimmen, welche Kant'sche Lehre Schopenhauer „die größte aller Leistungen des menschlichen Tiefsinns" nennt**), und auf welche er schon in seinen Erstlingsmanuscripten seinen Begriff von der Demuth gegründet hat.***)

Diese Unterscheidung ist es, mittelst welcher Kant in seiner „Tugendlehre" die scheinbare Antinomie, die in dem Begriff der Pflichten gegen sich selbst liegt, daß nämlich hier der Verpflichtete zugleich der Verpflichtende sei, löst, indem er sagt: „Der Mensch betrachtet sich, in dem Bewußtseyn einer Pflicht gegen sich selbst, als Subject derselben, in zwiefacher Qualität: erstlich als Sinnenwesen, d. i. als Mensch (zu einer der Thierarten gehörig): dann aber auch als Vernunftwesen (nicht blos vernünftiges Wesen, weil die Vernunft nach ihrem theoretischen Vermögen wohl auch die Qualität eines lebenden körperlichen Wesens seyn könnte), welches kein Sinn erreicht und das sich nur in moralisch-praktischen Verhältnissen, wo die un-

---

*) Die beiden Grundprobleme der Ethik. Zweite Auflage, S. 126 fg.

**) S. Die beiden Grundprobleme der Ethik. 2. Aufl., S. 176.

***) S. Aus Arthur Schopenhauer's handschriftlichem Nachlaß. Abhandlungen, Anmerkungen, Aphorismen und Fragmente, S. 157 fg.

begreifliche Eigenschaft der Freiheit sich durch den Einfluß der Vernunft auf den innerlich gesetzgebenden Willen offenbar macht, erkennen läßt. Der Mensch nun, als vernünftiges Naturwesen (homo phaenomenon), ist durch seine Vernunft, als Ursache, bestimmbar zu Handlungen in der Sinnenwelt, und hierbei kommt der Begriff einer Verbindlichkeit noch nicht in Betrachtung. Eben derselbe aber seiner Persönlichkeit nach, d. i. als ein mit innerer Freiheit begabtes Wesen (homo noumenon) gedacht, ist ein der Verpflichtung, und insonderheit der Verpflichtung gegen sich selbst (die Menschheit in seiner Person) fähiges Wesen; so daß der Mensch (in zweierlei Bedeutung betrachtet), ohne in Widerspruch mit sich zu gerathen, weil der Begriff vom Menschen nicht in einem und demselben Sinne gedacht wird, eine Pflicht gegen sich selbst anerkennen kann." *)

In der That, wäre der Mensch nur ein sinnliches Wesen, so könnte von „Pflichten gegen sich selbst" nicht die Rede sein. Da er aber ein Doppelwesen ist, ein Wesen von zwiefacher Natur, von sinnlicher und sittlicher, und da er als Sinnenwesen gegen sich als Sittenwesen sündigt, seine sittliche Natur aber die höhere ist, durch die er sich als Mensch von blos thierischen Wesen unterscheidet, so hat er Pflichten gegen sich selbst, z. B. die Pflicht, seine Würde als Sittenwesen zu wahren, sich nicht um blos sinnlicher Existenz und Lust willen wegzuwerfen. Oder hat Kant etwa nicht Recht, wenn er sagt: „Die Menschheit in seiner Person ist das Object der Achtung, die der Mensch von jedem andern Menschen fordern kann; deren er aber auch sich nicht verlustig machen muß. Er kann und soll sich also, nach einem kleinen sowohl als großen Maaßstabe, schätzen, nachdem er sich als Sinnenwesen (seiner

---

*) S. Kant's Tugendlehre, im 9. Theile der sämmtl. Werke. Ausgabe von Rosenkranz u. Schubert, S. 268.

thierischen Natur nach), oder als intelligibles Wesen (seiner moralischen Anlage nach) betrachtet. Da er sich aber nicht blos als Person überhaupt, sondern auch als Mensch, d. i. als eine Person, die Pflichten auf sich hat, die ihm seine eigene Vernunft auferlegt, betrachten muß, so kann seine Geringfügigkeit als Thiermensch dem Bewußtsehn seiner Würde als Vernunftmensch nicht Abbruch thun, und er soll die moralische Selbstschätzung in Betracht der letzteren nicht verleugnen, d. i. er soll sich um seinen Zweck, der an sich selbst Pflicht ist, nicht kriechend, nicht knechtisch (animo servili), gleich als sich um Gunst bewerbend, bewerben, nicht seine Würde verleugnen, sondern immer das Bewußtsehn der Erhabenheit seiner moralischen Anlage in sich aufrecht erhalten; und diese Selbstschätzung ist Pflicht des Menschen gegen sich selbst."*)

Schopenhauer freilich wollte von der „Würde des Menschen" nichts wissen. Der Begriff der Würde schien ihm „auf ein am Willen so sündliches, am Geiste so beschränktes, am Körper so verletzbares und hinfälliges Wesen, wie der Mensch ist, nur ironisch anwendbar zu sein".**) Aber heißt Dies nicht den Blick einseitig nur auf den homo phaenomenon richten und den homo noumenon ignoriren? Liegt nicht nach Schopenhauer's eigenem Geständniß in der Fähigkeit des Menschen, sich selbst zu verleugnen, sich über sich selbst zu erheben und auf etwas Objectives zu richten, seine Würde?***) Begründet nicht auch, was Schopenhauer als wesentliches Merkmal der Demuth betrachtet, die Gesinnung: „Mein Reich ist nicht von dieser Welt" †)

---

*) S. Tugendlehre, S. 289 fg. in der Ausgabe von Rosenkranz und Schubert.

**) S. Parerga und Paralipomena, 2. Aufl., II, S. 216.

***) S. die in „Arthur Schopenhauer. Von ihm, über ihn", S. 263, von mir angeführten Stellen.

†) S. Aus Arthur Schopenhauer's handschriftlichem Nachlaß, S. 157.

— die Würde des Menschen? Und hat nicht Jeder gegen sich die Pflicht, diese Würde zu wahren?

Wenn Schopenhauer gegen die Annahme von Pflichten gegen sich selbst die Kant'schen Worte geltend macht: „Was Jeder unvermeidlich schon von selbst will, das gehört nicht unter den Begriff der Pflicht", so ist hier zu sagen: Wenn Jeder eben so, wie er seine sinnliche Natur schon von selbst zu befriedigen trachtet, auch seine sittliche Natur von selbst zu befriedigen strebte, dann freilich gehörte die Befriedigung dieser eben so wenig unter die Pflichten gegen sich selbst, wie die der erstern, und es wäre eben so überflüssig, einem Menschen vorzuschreiben: Wahre deine Würde, als es überflüssig ist, ihm vorzuschreiben: Stille deinen Hunger und Durst. Weil aber jenes nicht so von selbst geschieht, wie dieses, darum eben gehört jenes unter die Pflichten gegen sich selbst.

In dem Capitel über das Object der Pflichten im Allgemeinen habe ich gezeigt, daß zwar nicht Erkenntnisse, Gefühle und Begehrungen als solche Pflicht sind, wohl aber das Thun, das Handeln, das sie zu erwecken geeignet ist. Hieraus folgt, daß zwar nicht das Gefühl der Selbstachtung als solches Pflicht gegen sich selbst ist, wohl aber das Erwecken desselben.

Ferner habe ich in dem Capitel über Gut, Pflicht und Tugend gezeigt, daß die Pflichten auf die Güter hinweisen; denn Pflichten sind Handlungen, die sich auf zu realisirende Güter (negativ auf abzustellende Uebel) beziehen. Die Pflichten gegen sich selbst ließen sich daher nur dann mit Grund leugnen, wenn sich nachweisen ließe, daß der Mensch in Bezug auf sich selbst keine Güter zu realisiren und keine Uebel abzustellen habe. Niemand aber wird leugnen, daß z. B. Gewissensruhe ein zu erreichendes Gut, Gewissensbisse ein zu vermeidendes Uebel ist. Folglich läßt sich auch nicht leugnen, daß es Pflicht des Menschen gegen sich selbst ist, Gewissensruhe zu erstreben, Gewissensbissen vorzubeugen. Kurz, so viel Güter der Mensch in Bezug auf sich selbst zu realisiren hat, so viel Pflichten gegen sich selbst hat er zu erfüllen. Und zwar stehen die Pflichten gegen sich selbst in derselben Rangordnung wie die Güter. Wie leibliches Wohl ein niedrigeres Gut ist, als geistiges, so ist auch die Pflicht gegen sich selbst, seinen Leib zu conserviren, eine niedrigere Pflicht, als die, seinen Geist zu cultiviren. (Vergleiche das Capitel: Rangordnung der Pflichten.)

Die Kategorie der „Pflichten gegen sich selbst" ist demnach in der Ethik aufrecht zu halten. Die Schopenhauer'sche Polemik gegen dieselbe ist nicht stichhaltig. Wenn Schopenhauer meint, es liebe doch Jeder sich schon von selbst, man brauche also nicht erst die Pflicht der Selbsterhaltung als Pflicht gegen sich selbst aufzustellen und den Selbstmord zu verbieten, so ist dagegen zu sagen, daß es zweierlei Selbstliebe giebt, unsittliche und sittliche, und daß der unsittlichen gegenüber, welche unter Umständen zum Selbstmord treibt, die sittliche Selbstliebe, d. h. die Liebe zum moralischen Selbst, Pflicht gegen sich ist.

Eben so, wie von der Pflicht der Selbsterhaltung, hat Schopenhauer auch Unrecht, von den Klugheitsregeln und diätetischen Vorschriften zu sagen, sie gehörten nicht in die eigentliche Moral.*) Die Moral hat zwar nicht Klugheitsregeln, noch auch diätetische Vorschriften als solche zu ihrem Gegenstand; aber die Pflicht der Beobachtung sowohl der Klugheitsregeln, als auch der diätetischen Vorschriften, gehört in die Moral, weil die durch diese Beobachtung zu erreichenden Güter, wenngleich sie nicht die höchsten sind und ihre Erstrebung nur in der gehörigen Unterordnung unter die höhern Güter eine sittliche ist, in die Moral gehören.

---

*) Die beiden Grundprobleme der Ethik, 2. Aufl., S. 128.

IV. Gut, Pflicht und Tugend.

11. Pflicht und Neigung.

Nach Kant haben pflichtmäßige Handlungen nur dann sittlichen Werth, wenn sie nicht aus Neigung, sondern aus Pflicht geschehen. „Sein Leben zu erhalten, ist Pflicht, und überdies hat Jedermann dazu noch eine unmittelbare Neigung. Aber um deswillen hat die oft ängstliche Sorgfalt, die der größte Theil der Menschen dafür trägt, doch keinen innern Werth, und die Maxime derselben keinen moralischen Gehalt. Sie bewahren ihr Leben zwar pflichtmäßig, aber nicht aus Pflicht. Dagegen, wenn Widerwärtigkeiten und hoffnungsloser Gram den Geschmack am Leben gänzlich weggenommen haben; wenn der Unglückliche, stark an Seele, über sein Schicksal mehr entrüstet, als kleinmüthig oder niedergeschlagen, den Tod wünscht, und sein Leben doch erhält, ohne es zu lieben, nicht aus Neigung oder Furcht, sondern aus Pflicht; alsdann hat seine Maxime einen moralischen Gehalt.

„Wohlthätig seyn, wo man kann, ist Pflicht, und überdies giebt es manche so theilnehmend gestimmte Seelen, daß sie, auch ohne einen andern Bewegungsgrund der Eitelkeit, oder des Eigennutzes, ein inneres Vergnügen daran finden, Freude um sich zu verbreiten, und die sich an der Zufriedenheit Anderer, so ferne sie ihr Werk ist, ergötzen können. Aber ich behaupte, daß in solchem Falle dergleichen Handlung, so pflichtmäßig, so liebenswürdig sie auch ist, dennoch keinen wahren sittlichen Werth habe, sondern mit andern Neigungen zu gleichen Paaren gehe, z. B. der Neigung nach Ehre, die, wenn sie glücklicherweise auf das trifft, was in der That gemeinnützig und pflichtmäßig, mithin ehrenwerth ist, Lob und Aufmunterung, aber nicht Hochschätzung verdient; denn der Maxime fehlt der sittliche Gehalt, nämlich solche Handlungen nicht aus Neigung, sondern aus Pflicht zu thun. Gesetzt also, das Gemüth jenes Menschenfreundes wäre vom eigenen Gram umwölkt, der alle Theilnehmung an Anderer Schicksal auslöscht, er hätte immer noch Vermögen, anderen Nothleidenden wohlzuthun, aber fremde Noth rührte ihn nicht, weil er mit seiner eigenen genug beschäftigt ist, und nun, da keine Neigung ihn mehr dazu anreizt, risse er sich doch aus dieser tödtlichen Unempfindlichkeit heraus, und thäte die Handlung ohne alle Neigung, lediglich aus Pflicht, alsdann hat sie allererst ihren ächten moralischen Werth. Noch mehr: wenn die Natur diesem oder jenem überhaupt wenig Sympathie ins Herz gelegt hätte, wenn er (übrigens ein ehrlicher Mann) von Temperament kalt und gleichgültig gegen die Leiden Anderer wäre, vielleicht, weil er selbst gegen seine eigenen mit der besondern Gabe der Geduld und aushaltenden Stärke versehen, dergleichen bei jedem Andern auch voraussetzt, oder gar fordert; wenn die Natur einen solchen Mann (welcher wahrlich nicht ihr schlechtestes Product seyn würde) nicht eigentlich zum Menschenfreunde gebildet hätte, würde er dann nicht noch in sich einen Quell finden, sich selbst einen weit höhern Werth zu geben, als der eines gutartigen Temperaments seyn mag? Allerdings! gerade da hebt der Werth des Charakters an, der moralisch und ohne alle Vergleichung der höchste ist, nämlich daß er wohlthue, nicht aus Neigung, sondern aus Pflicht." *)

So leicht nun, wie der Dichter diese Ansicht abfertigte **), darf der Philosoph sie nicht abfertigen. Diesem

---

*) S. Grundlegung zur Metaphysik der Sitten, im 8. Theile der sämmtl. Werke, Ausg. von Rosenkranz u. Schubert, S. 17 fg.

**) Schiller fertigte sie bekanntlich in folgenden zwei Epigrammen ab:
Gewissensscrupel.
Gerne dien' ich den Freunden, doch thu' ich es leider mit Neigung,
Und so wurmt es mir oft, daß ich nicht tugendhaft bin.
Entscheidung.
Da ist kein anderer Rath, du mußt suchen sie zu verachten,
Und mit Abscheu alsdann thun, wie die Pflicht dir gebeut.

liegt vielmehr ob, zu untersuchen, welche Bewandtniß es mit dem hier von Kant aufgestellten Gegensatze zwischen Pflicht und Neigung habe, und ob wirklich jedes pflichtgemäße Handeln aus Neigung ohne sittlichen Werth sei.

Dem „aus Neigung" setzt Kant entgegen „aus Pflicht"; dieses Letztere heißt so viel als: weil die moralische Regel (das Sittengesetz) es vorschreibt. Wenn ich mein Leben erhalte, weil mich eine unmittelbare Neigung dazu antreibt, eben so wenn ich gegen Bedrängte mich theilnehmend und wohlthätig bezeige aus unmittelbarer Naturneigung, dann hat es keinen sittlichen Werth; wenn ich es aber thue, weil es die moralische Regel vorschreibt, dann bin ich ein tugendhafter Mann, dann habe ich einen guten Willen. Das Handeln um der Regel willen wird also hier zum Kriterium des sittlichen Werthes gemacht.

Nun setzt aber jedes Handeln nach einer Regel einen Zweck, und der Zweck einen Trieb, eine Neigung voraus. Welches Handeln nach einer Regel man auch immer nennen möge; so handelt der Mensch doch niemals blos, um die Regel zu erfüllen, sondern um durch die Erfüllung der Regel den Zweck zu erreichen, den er sich vorgesetzt hat, und diesen Zweck wiederum hat er sich vorgesetzt, weil in ihm ein Naturtrieb ist, der durch Realisirung desselben befriedigt wird. Das Handeln nach einer Regel ist also nie etwas Ursprüngliches, sondern stets etwas Secundäres. Das Ursprüngliche ist der Trieb, die Neigung. Die Regel ist nur Mittel zur Erreichung des Zwecks, der dem Triebe entspricht. Die Regel sei z. B. folgende Gracian'sche Klugheitsregel: „Sich Allen zu fügen wissen: ein kluger Proteus: gelehrt mit dem Gelehrten, heilig mit dem Heiligen. Man beobachte die Gemüther und stimme sich nach dem eines Jeden. Man lasse sich vom Ernsten und vom Jovialen mit fortreißen, indem man eine politische

Verwandlung mit sich vornimmt."*) Ist es nun wohl denkbar, daß Jemand nach dieser Regel handle, blos um sie zu erfüllen? Ist nicht vielmehr der Zweck der, Alle zu gewinnen, sich die Zuneigung Aller zu erwerben, und liegt diesem Zweck nicht der Trieb zum Grunde, sich beliebt zu machen, oder Macht und Einfluß zu gewinnen?

Wie nun mit den Klugheitsregeln, so verhält es sich auch mit den moralischen Regeln. Auch sie haben einen Zweck, und auch ihrem Zweck liegt ein Trieb, eine Neigung zum Grunde. Man kann nicht sagen, zwar die Klugheitsregeln seien Mittel zu einem bestimmten Zweck, die moralischen Regeln hingegen seien Selbstzweck. Denn keine praktische Regel ist Selbstzweck; jede praktische Regel, sie sei sittlicher, oder nichtsittlicher Art, weist auf einen Zweck, auf ein zu erreichendes Gut hin. Die Klugheitsregeln unterscheiden sich von den moralischen nicht dadurch, daß jene einen Zweck haben, diese aber nicht; sondern nur dadurch, daß jene einen andern Zweck haben, als diese, jene nämlich den Nutzen, diese das objectiv Gute bezwecken. Nehmen wir z. B. aus der obigen Stelle Kant's die beiden moralischen Regeln: „Erhalte dein Leben, auch wenn Widerwärtigkeiten und hoffnungsloser Gram den Geschmack am Leben dir gänzlich benehmen", und: „Nimm an dem Schicksal Anderer Theil, auch wenn Du von Natur untheilnehmend, oder wenn Du durch eigene Noth für fremde Leiden unempfindlich bist: so ist ein Handeln nach diesen Regeln, das sittlichen Werth haben soll, gar nicht möglich, wenn der Handelnde sich nicht in allen Verhältnissen und in jeder Lage das objectiv Gute zum Zweck gesetzt hat, und dieses wiederum ist nicht möglich, wenn er nicht einen, über den Egoismus erhabenen sittlichen Trieb in sich hat.

---

*) S. Balthazar Gracian's Hand-Orakel und Kunst der Weltklugheit, aus dem spanischen Original übersetzt von Arthur Schopenhauer, Seite 48, Regel 77.

IV. Gut, Pflicht und Tugend.

Jedenfalls setzt doch das Handeln aus Pflicht die Neigung zur Pflichterfüllung voraus, wenn auch nicht die Neigung zu der bestimmten Handlung, welche die Pflicht vorschreibt. Zwischen Pflicht und Neigung ist also kein absoluter, sondern nur ein relativer Gegensatz. Der wahre Sinn der Kant'schen Behauptung, daß nur die aus Pflicht, nicht aber die aus Neigung geschehenden guten Handlungen sittlichen Werth haben, ist dieser, daß nur die aus Liebe zur Pflichterfüllung, nicht aber die aus Temperament und Stimmung geschehenden sittlichen Werth haben. Die Liebe zur Pflichterfüllung aber, was ist sie anders, als die Neigung der sittlichen Natur zum ethisch Geforderten?

Also nicht das Handeln aus Neigung schlechthin benimmt pflichtgemäßen Handlungen den sittlichen Werth, sondern das Handeln aus einer andern Neigung, als aus der der sittlichen Natur zum objectiv Guten.

Die Selbstverleugnung, die Ueberwindung der der Pflichterfüllung widerstrebenden individuellen Neigungen, welche Kant in der oben angeführten Stelle zum Kriterium des sittlichen Werthes macht, ist als solche noch kein Zeichen desselben. Denn es giebt ja eine Selbstüberwindung auch aus unsittlichen Motiven. Es könnte z. B. Einer, dem Widerwärtigkeiten und Gram den Geschmack am Leben gänzlich benommen haben, und der schon mit dem Gedanken des Selbstmordes umgeht, sich überwinden und sein Leben erhalten, blos aus Furcht vor der Strafe im Jenseits. Aus demselben Motive könnte er auch seine natürliche Theilnahmlosigkeit gegen Andere überwinden und trotz seiner Ungeneigtheit, wohlzuthun, dennoch Wohlthaten üben. In solchem Falle würde doch auch Kant den pflichtgemäßen Handlungen keinen sittlichen Werth zuschreiben.

Erst, wenn die Selbstüberwindung aus Liebe zum sittlich Guten hervorgeht, dann hat sie moralischen Werth. Also bleibt immer doch zuletzt die Neigung (zum sittlich Guten) das Kriterium des sittlichen Werthes. Kant faßt einseitig den Stoicismus, die Selbstüberwindung, die Verleugnung der Naturneigungen, die Vernunftherrschaft, die zum tugendhaften Handeln gehört, in's Auge. Ein eben so wesentliches Erforderniß des sittlichen Handelns aber, als der Stoicismus, ist der Enthusiasmus, die Liebe zum Guten, die Begeisterung für dasselbe. Denn diese erst macht zu jenem Stoicismus fähig.

Es verhält sich hiermit im sittlichen Gebiete ganz eben so, wie im Gebiete der Kunst und Wissenschaft. Der Künstler bedarf Kälte (Stoicismus) gegenüber den verführerischen, vom objectiv Schönen ablenkenden, unkünstlerischen Neigungen, hingegen Begeisterung (Enthusiasmus) für das Schöne. Der Gelehrte bedarf Kälte gegenüber den wissenschaftswidrigen, von der objectiven Wahrheit ablenkenden Trieben und Neigungen, hingegen Begeisterung für die Wahrheit. Nun, und eben so bedarf der sittlich Handelnde der Kälte gegen die vom objectiv Guten abziehenden Neigungen, aber Begeisterung für das Gute. So wenig, als die künstlerische und wissenschaftliche Thätigkeit ohne diese beiden Eigenschaften, ohne die negative der Kälte gegen das Unschöne und Unwahre und ohne die positive der Wärme für das Schöne und Wahre gelingen kann, eben so wenig kann die sittliche Thätigkeit ohne Kälte gegen das Schlechte und ohne Wärme für das Gute gelingen. Stoische Charaktere haben als solche erst die negative Bedingung zur Tugend. Zu dieser negativen muß aber noch die positive der Liebe und Begeisterung für das Gute hinzukommen (s. Vernunft und Tugend).

Moses Mendelssohn betrachtet als Gegenmittel gegen die sittlichen Verirrungen Stoicismus und Enthusiasmus, „Stoicismus oder die Gewalt über die nähern Verhältnisse, das Vermögen, ihren Eindruck herabzustimmen, und ihm nicht mehr Interesse einzuräumen, als ihm nach Vorschrift der Vernunft und der Wahrheit zukommt; und Enthusiasmus oder das Vermögen, den entfernten Verhältnissen des sittlichen Lebens Nachdruck und Stärke zu

geben, die Stimme des Vaterlandes und der Gesetze, wie Sokrates, zu hören, wenn Liebe zum Leben, Bitten der Freunde und Thränen der Seinigen die Sinne benehmen; die Stimme der strengsten Gerechtigkeit, wie Regulus, zu hören, wenn die Stimme der Kinder, Verwandten, Freunde und des gesammten Vaterlandes sich mit der Liebe zum Leben vereinigen und so laut für die Erhaltung sprechen."
„Die Gewalt über die Empfindungen und das Vermögen, ihren Eindruck durch die Vernunft zu schwächen, — ist Stoicismus. Die Fertigkeit, das Abwesende mit der Lebhaftigkeit des Gegenwärtigen, das Uebersinnliche mit der Lebhaftigkeit des Sinnlichen zu empfinden, — Enthusiasmus." *)

12. Wesen der Tugend im Allgemeinen und der ethischen Tugend im Besondern.

Tugend im allgemeinsten Sinne des Wortes bedeutet Tüchtigkeit, Tauglichkeit zu vorzüglicher Verrichtung einer Function, eines Geschäfts. In diesem weitesten Sinne brauchten die Alten das Wort Tugend. So nennt Thucydides (I, 2) die Fruchtbarkeit die Tugend des Bodens (ἀρετὴν γῆς) und Plato (Rep. I, 335) spricht von der Tugend der Hunde und Pferde (τῶν κυνῶν, τῶν ἵππων ἀρετή). Aristoteles sagt von der Tugend, daß sie sowohl das Subject, dessen Eigenschaft sie ist, als auch das Werk desselben zu einem vorzüglichen mache; so z. B. mache die Tugend des Auges sowohl das Auge selbst zu einem vorzüglichen, als auch seine Verrichtung, das Sehen; eben so mache die Tugend des Pferdes sowohl das Pferd selbst

---

*) S. Moses Mendelssohn's gesammelte Schriften (Leipzig, F. A. Brockhaus), III. Bd., S. 410—412.

zu einem vorzüglichen, als sie es auch besonders geschickt mache zum Laufen, Tragen und Standhalten vor dem Feinde.*)

Schopenhauer sagt in Beziehung auf diesen Begriff der Tugend: „Man sollte auf diesen weitern Umfang des Begriffs der Tugend bei den Alten die Schüler ausdrücklich aufmerksam machen; da er sonst leicht eine heimliche Perplexität bei ihnen erzeugt. Zu diesem Zweck empfehle ich besonders zwei uns vom Stobäos aufbehaltene Stellen: die eine, angeblich von einem Pythagoräer Metopos herrührende im 1. Titel seines Florilegiums §. 64 (Vol. 1, p. 22 ed. Gaisf.), wo die Tauglichkeit jedes Gliedes unseres Leibes für ἀρετή erklärt wird, und die andere in seinen Eclog. eth. L. II, cap. 7 (p. 272 ed. Heeren). Daselbst heißt es geradezu: .... σκυτοτομου αρετην λεγεσθαι καθ' ἣν αποτελειν αριστον ὑποδημα δυναται (sutoris virtus dicitur secundum quam probum calceum novit parare). Hieraus erklärt es sich auch, warum in der Ethik der Alten von Tugenden und Lastern geredet wird, welche in der unsrigen keine Stelle finden."**)

Mich dünkt, daß dieser allgemeinste Begriff der Alten von der Tugend, wonach dieselbe vorzügliche Befähigung, Tüchtigkeit, Tauglichkeit zu einer Function, einer Leistung bezeichnet, festzuhalten wäre. Denn von welchen besondern Tugenden man auch immer reden möge, immer wird dieser allgemeinste Begriff der Tugend in ihnen wiederzufinden sein.

---

*) Ῥητέον ὅτι πᾶσα ἀρετή οὗ ἂν ᾖ ἀρετή, αὐτό τε εὖ ἔχον ἀποτελεῖ, καὶ τὸ ἔργον αὐτοῦ εὖ ἀποδίδωσιν· οἷον ἡ τοῦ ὀφθαλμοῦ ἀρετή τόν τε ὀφθαλμὸν σπουδαῖον ποιεῖ, καὶ τὸ ἔργον αὐτοῦ· τῇ γὰρ τοῦ ὀφθαλμοῦ ἀρετῇ εὖ ὁρῶμεν. ὁμοίως ἡ τοῦ ἵππου ἀρετή ἵππόν τε σπουδαῖον ποιεῖ, καὶ ἀγαθὸν δραμεῖν, καὶ ἐνεγκεῖν τὸν ἐπιβάτην, καὶ μεῖναι τοὺς πολεμίους. (Eth. Nicom. II, 6. ed. Zell.)

**) S. Parerga und Paralipomena, 2. Aufl., II, §. 112.

IV. Gut, Pflicht und Tugend.

Die besondern Tugenden sind besondere nur durch die besonderen Verrichtungen, zu welchen sie vorzüglich geschickt machen. Leibestugenden machen zu leiblichen, Geistestugenden zu geistigen Verrichtungen vorzüglich geschickt. Eben so verhält es sich mit männlichen Tugenden, weiblichen Tugenden, Regententugenden, Gelehrtentugenden, Künstlertugenden, oder was für Arten von Tugenden man auch immer unterscheiden möge. Alle diese besondern Tugenden stehen in Beziehung zu einer besondern Verrichtung, einer besondern Aufgabe, und besagen die vorzügliche Befähigung zu dieser Aufgabe, dieser Verrichtung. Ein gehorsames Kind nennen wir ein tugendhaftes, weil der Gehorsam es vorzüglich geschickt macht zur Erfüllung der Kindespflicht. Einen weisen Regenten nennen wir einen tugendhaften, weil die Weisheit ihn vorzüglich befähigt zur Erfüllung der Regentenpflicht. Einen tapfern Soldaten nennen wir einen tugendhaften, weil die Tapferkeit ihn vorzüglich qualificirt zur Erfüllung der Soldatenpflicht. Einen wahrheitsliebenden Forscher nennen wir einen tugendhaften, weil die Wahrheitsliebe ihn vorzüglich in den Stand setzt, die Pflicht des Forschers zu erfüllen.

Eben weil die besondern Tugenden in Beziehung stehen zu den besondern Verrichtungen oder Aufgaben, können wir die Tugenden eines bestimmten Gebietes nur kennen lernen, wenn wir zuvor die eigenthümlichen Verrichtungen, die specifischen Aufgaben dieses Gebietes kennen. Der Arzt z. B. kann nur dann wissen, welche physiologische Beschaffenheit der Leibesorgane eine tugendhafte ist, wenn er zuvor den eigenthümlichen Zweck, die eigenthümliche Function, zu der sie bestimmt sind, kennt. Nur aus der physiologischen Kenntniß des Zwecks des Herzens, der Lunge, der Nieren, der einzelnen Sinnesorgane u. s. w. kann er die Kenntniß der Tugenden dieser Organe schöpfen.

Aus allem diesem ergiebt sich für die Begriffsbestimmung der ethischen Tugend, daß sie diejenigen Eigenschaften umfaßt, welche vorzüglich geschickt machen zur

Erfüllung des ethischen Zwecks, der sittlichen Aufgabe. Da diese, wie schon wiederholt gesagt worden, in der Realisirung der objectiven Güte oder des wahren Wohls der in den Bereich des menschlichen Handelns fallenden Wesen besteht, so bestehen also die ethischen Tugenden in denjenigen Eigenschaften des Menschen, die ihn vorzüglich geschickt machen zur Realisirung der objectiven Güte oder des wahren Wohls der Wesen. Diese Eigenschaften sind theils intellectuelle, theils Willenseigenschaften, und demgemäß lassen sich die ethischen Tugenden eintheilen in theoretische und praktische.

---

13. Die Aristotelische Definition der Tugend.

Kant kommt in seiner „Tugendlehre", in dem Capitel vom Geize, auf die Aristotelische Definition der Tugend als der richtigen Mitte zwischen zwei fehlerhaften Extremen zu sprechen und sagt: „An der Rüge dieses Lasters (des Geizes) kann man ein Beispiel von der Unrichtigkeit aller Erklärung, der Tugenden sowohl als Laster, durch den blossen Grad, deutlich machen, und zugleich die Unbrauchbarkeit des Aristotelischen Grundsatzes darthun: daß die Tugend in der Mittelstraße zwischen zwei Lastern bestehe. Wenn ich nämlich zwischen Verschwendung und Geiz die gute Wirthschaft als das Mittlere ansehe, und dieses das Mittlere des Grades seyn soll: so würde ein Laster in das (contrarie) entgegengesetzte Laster nicht anders übergehen, als durch die Tugend, und so würde diese nichts anders, als ein vermindertes oder verschwindendes Laster seyn, und die Folge wäre in dem gegenwärtigen Fall: daß von den Mitteln des Wohllebens gar keinen Gebrauch zu machen, die ächte Tugendpflicht sei. Nicht das Maaß der Ausübung sittlicher Maximen, sondern das objective Princip derselben, muß als verschieden erkannt und vorgetragen

IV. Gut, Pflicht und Tugend.

werden, wenn ein Laster von der Tugend unterschieden werden soll."*)

Obwohl nun nicht einzusehen ist, wie aus des Aristoteles Definition der Tugend folgen soll, daß von den Mitteln des Wohllebens gar keinen Gebrauch zu machen die ächte Tugendpflicht sei, und Schopenhauer in seinen Anmerkungen zu Kant's Tugendlehre diese Folgerung nicht mit Unrecht „absurd" genannt hat, da zwischen zu viel und zu wenig das Mittel doch nicht gar nicht, sondern genung sei**); so hat doch Kant Recht, daß zwischen Tugend und Laster kein bloßer Gradunterschied, sondern ein qualitativer Gegensatz stattfinde. Denn die ethische Tugend ist Tüchtigkeit zur Erfüllung der sittlichen Aufgabe (s. Wesen der Tugend im Allgemeinen und der ethischen Tugend im Besondern). Von dieser Tüchtigkeit aber hat das Laster nicht ein Zuviel oder ein Zuwenig, sondern es hat sie gar nicht, denn das Laster befähigt gar nicht zur Erfüllung der sittlichen Aufgabe. Feigheit und Tollkühnheit z. B. befähigen gar nicht zur Erfüllung der sittlichen Pflicht, sondern nur Tapferkeit. Eben so verhält es sich mit Geiz und Verschwendung, Unmäßigkeit und Unempfindlichkeit ($\dot{\alpha}\nu\alpha\iota\sigma\theta\eta\sigma\iota\alpha$), oder was für fehlerhafte Extreme man immer nennen möge. Diese fehlerhaften Extreme unterscheiden sich von der richtigen Mitte nicht dadurch, daß sie zu viel oder zu wenig zur sittlichen Pflichterfüllung befähigen, sondern dadurch, daß sie gar nicht zu ihr befähigen. Also muß die richtige Mitte, wenn sie das Wesen der Tugend ausmachen soll, als ein qualitativ und nicht blos quantitativ von den fehlerhaften Extremen Verschiedenes angesehen werden.

---

*) S. Kant's sämmtl. Werke, Ausgabe von Rosenkranz u. Schubert, Neunter Theil, S. 286 fg.

**) S. Aus Arthur Schopenhauer's handschriftlichem Nachlaß. Abhandlungen, Anmerkungen, Aphorismen und Fragmente, S. 157.

Aber des Aristoteles Meinung ist auch gar nicht diese, daß die fehlerhaften Extreme ein Zuwenig und Zuviel der Tugend seien, also Feigheit und Tollkühnheit ein Zuwenig oder Zuviel der Tapferkeit, Geiz und Verschwendung ein Zuviel und Zuwenig der guten Wirthschaft, Unmäßigkeit und Unempfindlichkeit ein Zuwenig und Zuviel der Mäßigkeit, sondern seine Meinung ist diese: die fehlerhaften Extreme sind ein Zuviel und Zuwenig in Beziehung auf diejenigen Gegenstände, in Beziehung auf welche die Tugend das rechte Maaß beobachtet. Feigheit und Tollkühnheit sind ihm also ein Zuwenig und Zuviel in Beziehung auf Gefahren, in Beziehung auf welche Tapferkeit das richtige Verhalten ist; Geiz und Verschwendung sind ihm ein Zuwenig und Zuviel in Beziehung auf den Gebrauch des Vermögens, in Beziehung auf welchen Liberalität das richtige Verhalten ist; Unmäßigkeit und Unempfindlichkeit sind ihm ein Zuviel und Zuwenig in Beziehung auf Genüsse, in Beziehung auf welche Mäßigkeit das richtige Verhalten ist.

So aufgefaßt, hat des Aristoteles Definition von der Tugend als der richtigen Mitte zwischen den Extremen allerdings eine unleugbare Wahrheit. Der Tugendhafte beobachtet wirklich in allen Verhältnissen, wo der ethische Zweck ein gewisses Maaß erfordert, dieses Maaß, während der Lasterhafte gegen dieses Maaß entweder durch ein Zuviel oder Zuwenig sündigt.

Aber gegen des Aristoteles Definition läßt sich Folgendes einwenden. Erstlich besteht die Tugend nur da und dann in Beobachtung des richtigen Maaßes, wo und wann überhaupt der ethische Zweck die Beobachtung eines bestimmten Maaßes erfordert. Dies ist aber nicht in allen Verhältnissen der Fall. Es giebt Tugenden, die sich nicht unter die Kategorie der richtigen Mitte zwischen zwei fehlerhaften Extremen bringen lassen, wie z.B. Wahrheitsliebe, Wohlwollen. Kant bemerkt in einer Anmerkung zu der schon angeführten Stelle der Tugendlehre: „Es giebt zwischen

Wahrhaftigkeit und Lüge (als contradictorie oppositis) kein Mittleres: aber wohl zwischen Offenherzigkeit und Zurückhaltung (als contrarie oppositis), da an dem, welcher seine Meinung erklärt, Alles, was er sagt, wahr ist, er aber nicht die ganze Wahrheit sagt."

Will man durchaus alle Tugenden auf das richtige Maaß zwischen zwei fehlerhaften Extremen zurückführen, so geht es ohne Künsteleien nicht ab. Schon Garve wirft gegen Aristoteles mit Recht die Frage auf: „Giebt es nicht Vollkommenheiten, die ohne Maaß und Ziel verfolgt werden dürfen? und bei welchen kein Zuviel Statt findet? giebt es nicht Bestrebungen, welche, wäre es möglich, ins Unendliche fortgesetzt, untadelhaft, und selbst im höchsten Grade löblich seyn würden?" Und Garve bejaht diese Frage. „Allerdings giebt es", sagt er, „solche Bestrebungen. Es ist kein Grund vorhanden, warum wir in Erwerbung richtiger Einsichten eine Mäßigung beobachten müßten. Eine ohne Ende fortgehende Erweiterung derselben ist vielmehr ein Ziel und die Bestimmung des Menschen. Eben so wenig hätte Wohlwollen und Güte einer Einschränkung nöthig, wenn nicht unsere Kräfte und unsere Mittel von selbst unsern Wirkungskreis beengten. Des Muthes, in sofern er Stärke des Geistes und des Charakters ist, kann der Mensch nie zu viel haben, und die Verwegenheit ist nie ein Exceß dieses Muthes, da sie vielmehr von einer Schwäche, welche an Verzweiflung gränzt, herrührt. Wenn mit Recht zu dem Menschen gesagt wird, daß er nicht zu weise, nicht zu gerecht seyn solle: so ist dies nicht von diesen Vollkommenheiten selbst in ihrer Wahrheit und Lauterkeit zu verstehen. Entweder will der Moralist nur den falschen Anmaaßungen solcher Menschen steuern, welche sich, um einiger erworbenen Kenntnisse oder Verdienste willen, eine Erhabenheit über das ganze übrige Menschengeschlecht zuschreiben. Er will ihnen sagen: Bildet euch nie ein, den höchsten Gipfel der Weisheit und Güte erstiegen zu haben. Oder wenn er von jenen Eigenschaften selbst redet, so will er nur anzeigen, daß, da die Zeit und der Fleiß des Menschen eingeschränkt sind, er auf jede Vollkommenheit nur so viel von beiden wenden müsse, als derselben, nach Verhältniß seiner übrigen zugleich zu verfolgenden Endzwecke, gebühre. Ob er gleich der Einsichten nicht zu viel haben kann, so kann er doch unrecht thun, wenn er seine Gelehrsamkeit auf Kosten seiner Gesundheit vermehrt. Ob er gleich des Wohlwollens nicht zu viel haben kann: so kann er doch unrecht thun, wenn er durch seine Freigebigkeit sich in Armuth stürzt.

„Alle Bestrebungen nach absoluter Vollkommenheit also dürfen nicht bei einer gewissen Mitte stehen bleiben, und können also auch durch dieselbe nicht erklärt werden. Außerdem giebt es aber auch noch eine Tugend, welche blos in Unterlassungen besteht, das ist die Gerechtigkeit, bei welcher das Princip des Aristoteles sich nicht schicklich anbringen läßt. Nicht unrecht zu thun, niemanden zu beleidigen, ist etwas ganz absolutes und einfaches, das nicht zwischen zwei Extremen in der Mitte schwebt, das gar nicht einmal solche Extreme hat. Bei der strengen Gerechtigkeit läßt sich kein Zuviel noch Zuwenig denken. Auch hat Aristoteles seinen ganzen Scharfsinn und selbst manche Sophistereien und Unterschiebungen neuer Ideen unter alte Worte zu Hülfe nehmen müssen, um die Tugend der Gerechtigkeit als ein Mittel zwischen zwei Extremen darzustellen. Kein Theil seines Werkes ist daher auch dunkler und verwickelter, als der, welcher von der Tugend der Gerechtigkeit handelt.

„Das Princip des Aristoteles ist also in so fern fehlerhaft, als es nicht die ganze Tugendlehre umfaßt." *)

Zweitens aber ist die „richtige Mitte", außer dem, daß sich nicht alle Tugenden ungezwungen auf sie zurück-

---

*) S. Die Ethik des Aristoteles, übersetzt und erläutert von Christian Garve. Erster Band, S. 8—11.

IV. Gut, Pflicht und Tugend.

führen lassen, auch überhaupt etwas viel zu Relatives, nach Ort, Zeit und Umständen Variirendes, als daß sie das eigentliche Wesen der Tugend ausmachen sollte. Sie ist vielmehr nur ein abgeleitetes, secundäres Merkmal des Wesens derselben. Aristoteles sagt selbst, daß die richtige ethische Mitte keine arithmetische, für Alle sich gleichbleibende, sondern eine für Verschiedene verschiedene sei. *)

Auch hebt Aristoteles die Relativität der ethisch richtigen Mitte noch besonders dadurch hervor, daß er sagt, in Gemüthsbewegungen und Handlungen (πάθη καὶ πράξεις) gebe es ein zu viel und zu wenig, und ein richtiges Maaß, welches zwischen beiden in der Mitte liegt. Z. B. Furcht und Selbstvertrauen, Begierde und Abscheu, Zorn und Mitleiden, und überhaupt Lust und Schmerz, können in zu großem und zu geringem Maaße vorhanden sein, und in beiden Fällen sei es nicht, wie es sein soll. Wenn aber alle diese Gemüthsbewegungen vorhanden seien „zur gehörigen Zeit und bei den gebührenden Gegenständen; gerichtet gegen diejenigen Personen, her-

---

*) Ἐν παντὶ συνεχεῖ καὶ διαιρετῷ ἔστι λαβεῖν, τὸ μὲν πλεῖον τὸ δ', ἔλαττον· τὸ δ', ἴσον· καὶ ταῦτα, ἢ κατ' αὐτὸ τὸ πρᾶγμα, ἢ πρὸς ἡμᾶς· τὸ δ' ἴσον μέσον τι ὑπερβολῆς καὶ ἐλλείψεως. Λέγω δέ, τοῦ μὲν πράγματος μέσον, τὸ ἴσον ἀπέχον ἀφ' ἑκατέρου τῶν ἄκρων, ὅπερ ἐστὶν ἓν καὶ ταὐτὸ πᾶσι· πρὸς ἡμᾶς δέ, ὃ μήτε πλεονάζει, μήτε ἐλλείπει. τοῦτο δ' οὐχ ἕν, οὐδὲ τὸ αὐτὸ πᾶσι. Οἷον εἰ τὰ δέκα, πολλά· τὰ δὲ δύο, ὀλίγα· τὰ ἓξ, μέσα λαμβάνουσι κατὰ τὸ πρᾶγμα· ἴσως γὰρ ὑπερέχει τε καὶ ὑπερέχεται. Τοῦτο δὲ μέσον ἐστὶ κατὰ τὴν ἀριθμητικὴν ἀναλογίαν· τὸ δὲ πρὸς ἡμᾶς, οὐχ οὕτω ληπτέον· οὐ γὰρ εἴ τῳ δέκα μνᾶς φαγεῖν, πολύ· δύο δέ, ὀλίγον, ὁ ἀλείπτης ἓξ μνᾶς προστάξειεν· ἔστι γὰρ ἴσως καὶ τοῦτο πολὺ τῷ ληψομένῳ ἢ ὀλίγον. Μίλωνι μὲν γὰρ ὀλίγον, τῷ δὲ ἀρχομένῳ τῶν γυμνασίων, πολύ· ὁμοίως ἐπὶ δρόμου καὶ πάλης. Οὕτω δὴ πᾶς ἐπιστήμων τὴν ὑπερβολὴν καὶ τὴν ἔλλειψιν φεύγει· τὸ δὲ μέσον ζητεῖ, καὶ τοῦθ' αἱρεῖται· μέσον δέ, οὐ τὸ τοῦ πράγματος, ἀλλὰ τὸ πρὸς ἡμᾶς. (Eth. Nicom. II, 6 ed. Zell.)

vorgebracht aus denjenigen Beweggründen, und modificirt auf diejenige Art und Weise, wie es schicklich ist": dann beobachten sie das rechte Maaß, oder stehen, mit andern Worten, in der Mitte; und dann seien sie auch gut und vollkommen, — welches zu bewirken die Sache der Tugend sei.*)

Ist aber die ethisch richtige Mitte nicht zu treffen, wenn man nicht Rücksicht nimmt auf Zeit, Gegenstand, Person, Zweck, schickliche Art u. s. w., — giebt es also nur mit Rücksicht auf diese Punkte eine richtige Mitte, so ist auch die richtige Mitte nicht das ursprüngliche Wesen der Tugend, sondern nur ein abgeleitetes Merkmal derselben. Um die richtige Mitte in allen Fällen, wo es überhaupt ein Maaß zu beobachten giebt, zu treffen, um im rechten Maaße zu fürchten oder zu vertrauen, zu begehren oder zu verabscheuen, zu zürnen oder zu bemitleiden, sich zu freuen oder zu betrüben, muß man schon tugendhaft sein, muß schon einen auf das objectiv Gute gerichteten Willen und einen das objectiv Gute erkennenden Verstand haben. Also setzt die richtige Mitte schon die Tugend voraus. Die Beobachtung der richtigen Mitte ist nur eine von den Aeußerungsweisen der Tugend.

---

14. Unterschied der natürlichen und sittlichen Tugend.

Den ethischen Tugenden pflegt man die natürlichen entgegenzusetzen und versteht unter letztern die angeborenen Dispositionen zum Guten, die Tugenden des Temperaments und Naturells.

Dieser Gegensatz ist ein wohlbegründeter. Alters- und

---

*) .. Τὸ δὲ ὅτε δεῖ, καὶ ἐφ' οἷς, καὶ πρὸς οὕς, καὶ οὗ ἕνεκα, καὶ ὡς δεῖ, μέσον τε καὶ ἄριστον, ὅπερ ἐπὶ τῆς ἀρετῆς. (Eth. Nicom. II, 6 ed. Zell.)

IV. Gut, Pflicht und Tugend.

Geschlechtseigenthümlichkeiten, Temperament und Naturell disponiren den Menschen zu mancherlei Gutem. Aber allen diesen natürlichen Tugenden legt man keinen sittlichen Werth bei. Die natürliche Tapferkeit des Mannes, die natürliche Sanftmuth des Weibes, die natürliche Offenherzigkeit und Aufrichtigkeit des Kindes, die natürliche Gelassenheit des Phlegmatikers u. s. w., — alles Dieses hat keinen sittlichen Werth. Zur sittlichen Tugend wird noch etwas Anderes erfordert, als blos natürliche Disposition zu diesem oder jenem Guten.

Zwar ist die sittliche Tugend auch Tugend der menschlichen Natur, aber nicht der ersten unmittelbaren, sondern der zweiten höhern Natur. Sie ist nicht die Tugend des ersten, sondern des zweiten Adam.

Der blos natürlich Tugendhafte übt nur diejenigen Tugenden aus, zu denen ihn zufällig Alter, Geschlecht, Temperament, Naturell disponiren, die andern läßt er bei Seite. Der sittlich Tugendhafte hingegen ist kein solcher Particularist, sondern Universalist; ihm liegen alle Tugenden gleich sehr am Herzen, die ihm von Natur schwer werdenden nicht minder, als die ihm leicht werdenden. Denn sein Wille ist auf das objectiv Gute in allen Sphären seiner Thätigkeit gerichtet, und folglich kann er sich nicht mit dieser oder jener Tugend begnügen, in deren Besitz er sich zufällig von Natur befindet, sondern er muß alle auf den sittlichen Zweck bezüglichen Tugenden cultiviren.

Schon Aristoteles rechnete Den, der aus blos natürlicher Disposition gerecht, mäßig, tapfer ist, nicht zu den eigentlich sittlich guten Menschen. Er unterscheidet nämlich die eigentliche Tugend (die κυρία ἀρετή) von der blos natürlichen (φυσικὴ ἀρετή) und sagt, wir verlangen von einem Menschen, um ihn eigentlich tugendhaft zu nennen, noch etwas Anderes, als die blos angeborene Gerechtigkeit, Mäßigkeit, Tapferkeit. Solche blos physische Dispositionen hätten auch Kinder und Thiere; aber ohne νοῦς, ohne Verstand, könnten sie sogar schädlich werden, wie ein Mensch von starkem Körper, ohne Gesicht, um so schwerer und gefährlicher fallen könne. *)

Uebereinstimmend hiemit ist seine Unterscheidung zwischen der natürlichen Charakterschwäche und der ethischen Schlechtigkeit. Die natürliche Unenthaltsamkeit (ἀκρασία) ist ihm noch keine ethische Schlechtigkeit (κακία). **)

So wie also die natürliche Güte von der ethischen Tugendhaftigkeit zu unterscheiden ist, eben so die natürliche Schwäche von der ethischen Schlechtigkeit. Natürliche Gutmüthigkeit ist noch kein Beweis von ethischer Güte, und natürliche Heftigkeit noch kein Beweis von ethischer Bosheit.

---

*) Πᾶσι δοκεῖ ἕκαστα τῶν ἠθῶν ὑπάρχειν φύσει πως· καὶ γὰρ δίκαιοι, καὶ σωφρονικοί, καὶ ἀνδρεῖοι, καὶ τἆλλα ἔχομεν εὐθὺς ἐκ γενετῆς· ἀλλ' ὅμως ζητοῦμεν ἕτερόν τι, τὸ κυρίως ἀγαθὸν εἶναι· καὶ τὰ τοιαῦτα ἄλλον τρόπον ὑπάρχειν· καὶ γὰρ παισὶ καὶ θηρίοις αἱ φυσικαὶ ὑπάρχουσιν ἕξεις· ἀλλ' ἄνευ νοῦ βλαβεραὶ φαίνονται οὖσαι· πλὴν τοσοῦτον ἔοικεν ὁρᾶσθαι, ὅτι ὥσπερ σώματι ἰσχυρῷ ἄνευ ὄψεως κινουμένῳ συμβαίνει σφάλλεσθαι ἰσχυρῶς, διὰ τὸ μὴ ἔχειν ὄψιν, οὕτω καὶ ἐνταῦθα. Ἐὰν δὲ λάβῃ νοῦν, ἐν τῷ πράττειν διαφέρει· ἡ δ' ἕξις ὁμοία οὖσα, τότ' ἔσται κυρίως ἀρετή· ὥστε καθάπερ ἐπὶ τοῦ δοξαστικοῦ δύο ἐστὶν εἴδη, δεινότης καὶ φρόνησις, οὕτως ἐπὶ τοῦ ἠθικοῦ δύο ἐστί· τὸ μὲν ἀρετὴ φυσική, τὸ δ' ἡ κυρία· καὶ τούτων ἡ κυρία οὐ γίνεται ἄνευ φρονήσεως. (Eth. Nicom. VI, 13 ed. Zell.)

**) Er sagt nämlich in der Nikomachischen Ethik, nachdem er daselbst schon im 1. Capitel des 7. Buches die κακία von der ἀκρασία unterschieden und als das Gegentheil beider die ἀρετή und ἐγκράτεια bezeichnet hat, im 10. Capitel desselben Buches vom Unenthaltsamen (ἀκρατής), er sei nicht identisch mit dem Bösen (πονηρός), ἡ γὰρ προαίρεσις ἐπιεικής· ὥσθ' ἡμιπόνηρος καὶ οὐκ ἄδικος· οὐ γὰρ ἐπίβουλος· ὁ μὲν γὰρ αὐτῶν οὐκ ἐμμενετικός, οἷς ἂν βουλεύσηται· ὁ δὲ μελαγχολικὸς, οὐδὲ βουλευτικὸς ὅλως· καὶ ἔοικε δὴ ὁ ἀκρατὴς πόλει, ἣ ψηφίζεται μὲν ἅπαντα τὰ δέοντα, καὶ νόμους ἔχει σπουδαίους, χρῆται δ' οὐδενί· ὁ δὲ πονηρὸς χρωμένη μὲν τοῖς νόμοις, πονηροῖς δὲ χρωμενη.

IV. Gut, Pflicht und Tugend.

Treffend ist die schon angeführte Bemerkung des Aristoteles, daß die blos physischen Tugenden ohne Verstand (ἄνευ νοῦ) schädlich werden können, wie ein Mensch von starkem Körper, des Gesichts beraubt, in Gefahr komme, desto schwerer und gefährlicher zu fallen. Denn natürliche Tugenden, als sich von selbst und planlos äußernd, äußern sich ohne Unterschied überall, auch wo sie nicht hingehören, oder wo der Fall eine Einschränkung, eine Modification derselben fordert. Das Kind z. B. bringt seine Arglosigkeit und Offenherzigkeit, der Jüngling seine Begeisterung, das Weib seine Milde und sein Mitleid, der Phlegmatiker seine Gelassenheit überall mit hin, auch wo der sittliche Zweck vielleicht entgegengesetzte Tugenden oder jene angeborenen in einer gewissen Einschränkung und Modification erfordert. Die blos natürliche Tugend wirkt blind. Die ethische Tugend hingegen wirkt sehend. Denn der ethisch Tugendhafte, als überall nur auf das an sich Gute gerichtet, frägt in jedem einzelnen Falle, was hier das objectiv Gute erfordere, er modificirt daher sein Verfahren nach Ort, Zeit und Umständen. (Vergl. in dem Capitel über die beiden ethischen Grundtugenden das über die Weisheit Gesagte.)

„Die wahre Tugend", sagt Justus Möser treffend, „muß aus einem freien Entschlusse des Geistes das Gute, welches sie für ihre Pflicht erkennt, wählen; sie muß weiter als die Empfindungen gehen, und das Feld ihrer Vollkommenheiten durch Ueberlegung erweitern. Das Gefühl wird oft gerührt, wo die Tugend strenge sein muß. Standhaftigkeit und Muth wohnen selten bei der Zärtlichkeit: und diese mildert wiederum nicht allemal die Härte der erstern. Die Ueberlegung muß also bei der Wahl den Vorsitz haben. Und wenn wir alsdann strenge oder gelinde sind, wie es die Wahrheit, die Gerechtigkeit und unsere Pflicht erfordert: so verdient die Strenge oder Gelindigkeit erst den großen Namen einer Tugend. Eine glückliche Leidenschaft übertreibt gemeiniglich diejenige Tugend, welche ihr Liebling ist. Sie gleicht der Fluth, die ein Schiff nicht in den Hafen, sondern über die Ufer aufs Land setzt. Selten wird sie das Verhältniß zwischen allen Tugenden gleich unterhalten; und doch entsteht aus diesem Verhältniß die wahre Größe des Tugendhaften. So ist oft das Vergnügen Gutes zu thun weit vor der Gerechtigkeit voraus, welche wir uns und Andern schuldig sind. So ist oft die Großmuth zu stolz, Wohlthaten anzunehmen, welche gleichwohl ihre Selbsterhaltung insgeheim erfordert. Der sanfte Reiz, unsere Feinde versöhnen zu wollen, bricht oft in tyrannische Wohlthaten aus, wenn dieser ihr Edelmuth zu seiner Beruhigung von uns keine erniedrigende Größe, sondern eine schmeichelnde Schwäche erfordert hätte. Wie oft würde ein Feind sein Leben als eine Wohlthat annehmen, wenn es ihm unvermerkt gelassen und nicht mit gar zu sichtbarer Gütigkeit geschenkt würde? Man sehe die mehrsten großen Leute an, welche jemals in der Welt gewesen. Jeder von ihnen hat sich in eine gewisse Tugend verliebt, welcher alle andern zum Opfer werden müssen. Einer hat sich die Tapferkeit, ein Anderer die Großmuth, ein Anderer die Barmherzigkeit, Dieser die Armuth, Jener die Keuschheit zum Günstling erwählt, ihm sein ganzes Vertrauen geweihet, und solchergestalt die allgemeinen Bande der Tugenden zerrissen. Was waren aber diese Tugenden? Werke der Neigungen. Bei starken und glücklichen Leidenschaften hat also die Vernunft am mehrsten zu arbeiten, damit die mit der Neigung vertraute Tugend die andern nicht zurücklasse, und zwei Freunde allein vorausgehen, ohne sich nach der Gesellschaft umzusehen. So bricht ein vorsichtiger Gärtner oft die Blüten einem jungen Baume ab, welcher der Liebling seiner Erwartung ist, damit er sich auch im Fruchtbringen nicht erschöpfen, und darüber einige gute Zweige saftlos lassen möge. Dieses alles aber erfordert Einsicht, Entschluß und Ueberwindung: diese aber sind Früchte des Verstandes, und keiner natürlichen Neigungen. Wir müssen also das Vergnügen mäßigen, welches nicht sowohl aus unserer wahren Rechtschaffenheit, als vielmehr aus einigen zufälligen Tugenden unsers Geblüts, daß ich sie so nennen mag, entspringet." *)

Die natürlichen Dispositionen sind in vielen Fällen solche, wie sie die sittliche Aufgabe erfordert, und alsdann der Erfüllung derselben förderlich, in vielen aber auch sind sie dem ethisch Geforderten zuwiderlaufend und alsdann hinderlich. Bei jedem Lebensalter und Geschlecht, bei jedem Naturell und Temperament, kommen theils der sittlichen Aufgabe entsprechende, theils ihr zuwiderlaufende Naturdispositionen vor. Des Kindes sittliche Aufgabe z. B. ist die, sich willig erziehen, seine physischen, intellektuellen und moralischen Kräfte bilden und entwickeln zu lassen. Hiezu nun sind die kindliche Empfänglichkeit, Gläubigkeit, Nachahmungstrieb, Wißbegierde u. s. w. günstige Naturdispositionen. Das Kind hat aber auch manche andere Naturdispositionen, die der genannten sittlichen Aufgabe desselben zuwider und hinderlich sind, wie Unvernunft, Ungehorsam, Unbeständigkeit, Eigensinn, Scheu vor Anstrengung, sinnliche Begehrlichkeit u. s. w.

Dasselbe läßt sich an jedem Lebensalter, jedem Geschlecht, jedem Temperament und Naturell nachweisen. Alle diese haben eben so ihre natürlichen Fehler, wie ihre natürlichen Tugenden, machen folglich zur Erfüllung der sittlichen Aufgabe theils geschickt, theils ungeschickt, erleichtern zum Theil und erschweren zum Theil die sittliche Pflichterfüllung.

Die ethische Tugendhaftigkeit hingegen macht nicht blos theilweise, sondern ganz zur Erfüllung der sittlichen Aufgabe geschickt. Während z. B. ein blos die natürlichen Tugenden des weiblichen Geschlechts besitzendes Weib nicht davor sicher ist, in vielen Fällen pflichtwidrig zu han-

---

*) S. Justus Möser, Ueber den Werth wohlgewogener Neigungen und Leidenschaften, im ersten Theile der Vermischten Schriften (Berlin und Stettin, 1797), S. 15 fg.

deln, weil es neben den natürlichen Tugenden immer auch noch die natürlichen Fehler seines Geschlechts hat und sich von diesen fortreißen läßt; so wird dagegen ein ethisch tugendhaftes Weib immer und überall pflichtgemäß handeln. Denn der ethisch Tugendhafte setzt sich überall und in allen Fällen das objectiv Gute vor, auch wo seine Naturdisposition ihn nach entgegengesetzter Richtung hin zieht; er pflegt und stärkt seine der Pflichterfüllung günstigen Naturdispositionen und hemmt und unterdrückt die ungünstigen.

Auf dieser Möglichkeit, trotz ungünstiger, die Erfüllung der sittlichen Aufgabe erschwerender Naturdispositionen dennoch ethisch tugendhaft zu handeln, beruht es, daß ungünstige Naturdispositionen dem Sünder nicht zur Entschuldigung gereichen, die sittliche Zurechnung nicht aufheben. Denn es ist Pflicht, denselben entgegenzuarbeiten; unterläßt der Handelnde dies, giebt er in seinen Handlungen dem nach, wozu ihn seine natürlichen Schwächen und Fehler verleiten, so betheiligt sich sein Wille an diesen, und dies macht ihn schuldig. Also zwar nicht die natürlichen Schwächen und Fehler als solche begründen seine Schuld, aber die Betheiligung des Willens an ihnen. Eben so begründen nicht natürliche Tugenden als solche ein Verdienst, wohl aber die Betheiligung des Willens an ihnen, die Aufnahme derselben in den Willen.

15. Die Tugend als Gesinnung und die Tugend als Fertigkeit.

Es ist ein Unterschied zu machen zwischen der Tugend als Gesinnung und der Tugend als Fertigkeit.

Wie das Wollen das Können noch nicht einschließt, so auch die Tugend als Gesinnung noch nicht die Tugend als Fertigkeit. Es kann z. B. Einer sehr gerecht gesinnt

IV. Gut, Pflicht und Tugend.

sein, dabei aber doch noch sehr unfertig in der Ausübung der Gerechtigkeit.

Die Gesinnung besteht wesentlich in der Richtung des Willens auf eine Sache aus Liebe zur Sache selbst. So nennen wir Einen wissenschaftlich gesinnt, der die Wissenschaft aus Liebe zu ihr selbst treibt. Wem die Wissenschaft blos die Kuh ist, die ihn mit Butter versorgt, der hat keine wissenschaftliche Gesinnung. Eben so schreiben wir nur Dem eine künstlerische Gesinnung zu, der die Kunst aus Liebe zu ihr selbst treibt. Wer blos aus Eitelkeit oder Ehrgeiz oder sonst welchem egoistischen Motiv Kunstwerke schafft, dem legen wir keine künstlerische Gesinnung bei.

Nun, mit der ethischen Gesinnung verhält es sich nicht anders. Auch sie besteht in der Richtung des Willens auf ihren Gegenstand, auf die objective Güte oder das wahre Wohl der Wesen, aus Liebe zu diesem. Wer Gerechtigkeit, Mäßigkeit, Tapferkeit oder welche Tugend immer übt um irdischen oder himmlischen Lohnes willen, dem schreiben wir keine tugendhafte Gesinnung zu.

Eine Folge des angegebenen wesentlichen Merkmals der Gesinnung ist, daß sie ihrem Gegenstande beharrlich nachstrebt. Der wissenschaftlich, der ästhetisch, der ethisch Gesinnte — sie Alle streben nach ihrem Zweck beharrlich, bleiben ihm unter allen Umständen, unter allen Schwierigkeiten und Hindernissen treu. Dagegen verläßt, wem die Wissenschaft oder Kunst oder die sittliche Pflichterfüllung nur Mittel zu egoistischen Zwecken ist, dieselbe, sobald sie aufhört diese Zwecke zu befördern.

So wie nun aber Einer wissenschaftlich oder künstlerisch gesinnt sein kann, ohne schon fertig genug, um wissenschaftlich und künstlerisch vollendete Werke zu produciren; so kann auch Einer tugendhaft gesinnt sein, ohne die zur vollendeten Pflichterfüllung nöthige Fertigkeit zu besitzen.

Das wesentliche Merkmal einer Fertigkeit ist nämlich

Leichtigkeit und Gewandtheit in der Ausführung des Vorgesetzten. Für den Fertigen giebt es keine Schwierigkeiten mehr zu überwinden, wie für den Unfertigen, weil er sie bereits überwunden hat. Der fertige Reiter, Schwimmer, Spieler eines Instruments u. s. w. ist von dem Unfertigen auf den ersten Blick dadurch zu unterscheiden, daß Jener ohne merkliche Anstrengung, ohne Kampf vollführt, was Diesem noch sichtbare Anstrengung und Kampf kostet. Jener kann bereits, was er will; dieser will Etwas, was er noch nicht recht kann.

Fertigkeiten sind bedingt theils durch günstige Naturanlage, theils durch Uebung und Gewöhnung.

Fertigkeiten zu erwerben kostet Zeit; dagegen ist der Wille, die Gesinnung zu Etwas mit einem Schlage da. Die Fertigkeit ist etwas Werdendes und Wachsendes, die Gesinnung dagegen etwas Unveränderliches und sich Gleichbleibendes.

Die auf einen Zweck gerichtete Gesinnung treibt zum Erwerben der entsprechenden Fertigkeiten. Wer wissenschaftlich oder künstlerisch gesinnt ist, der wird auch nicht ruhen, bis er sich die zur Wissenschaft oder zur Kunst nöthigen Fertigkeiten erworben hat. Und eben so wird, wer tugendhaft gesinnt ist, nicht ruhen, als bis er sich die zur Ausführung der Pflichten nöthige Fertigkeit erworben hat.

Schleiermacher sagt richtig: „Da die Fertigkeit ein in der Zeit wachsendes ist, die Gesinnung streng genommen aber nicht; sondern wenn man sie als entstehend denkt, sie als in Einem Augenblick ganz entstehend gedacht werden muß: so bezeichnet ein größerer oder geringerer Grad der Fertigkeit nicht ein Mehr oder Weniger der Gesinnung, sondern einen spätern oder frühern Punkt in der Wirksamkeit derselben mit Veranschlagung des individuellen Vor- oder Zurücktretens der bestimmten Richtung. Die Gesinnung ist also nichts anderes, als das Produciren der Fertigkeit, und diese ist nur das organische und zeitliche Sein jener. Die Größe der Fertigkeit kann gemessen werden durch die von Handlungen, welche einen Mangel der Tugend setzen, ununterbrochene Folge gleichartiger sittlicher Handlungen in einem gewissen Zeitraum, wobei also alles abhängt von der Bestimmung der Einheit der Handlung. Die Fertigkeit ist ein ihrer Natur nach bis zur Vollendung, welche aber empirisch nie gegeben werden kann, wachsendes."*)

Die bekannte alte Frage, ob die Tugend lernbar sei, läßt sich nur richtig beantworten, wenn man die Tugend als Gesinnung von der Tugend als Fertigkeit unterscheidet. Die Gesinnung, als Willensrichtung, läßt sich nicht lernen; denn Velle non discitur, wie Schopenhauer überzeugend dargethan. Dagegen ist die Fertigkeit als Gewandtheit in der Ausführung allerdings etwas Erlernbares. Die Tugend als Gesinnung ist also unlernbar, die Tugend als Fertigkeit lernbar. Es verhält sich auch hier wieder im ethischen Gebiet ganz so wie in den andern Gebieten der Thätigkeit. Die wissenschaftliche und die künstlerische Gesinnung lassen sich Keinem durch Unterricht und Uebung beibringen. Wohl aber lassen sich wissenschaftliche und künstlerische Fertigkeiten beibringen.

Die Gesinnung kann höchstens, wo sie von Natur vorhanden, aber latent ist, geweckt, gestärkt und gekräftigt werden, aber geschaffen nimmermehr.

16. Die beiden ethischen Grundtugenden.

Da die Tugenden in Beziehung stehen zu einem auszuführenden Zweck (s. Wesen der Tugend im Allgemeinen und

---

*) Entwurf eines Systems der Sittenlehre, §. 310. (Schleiermacher's literar. Nachlaß. Zur Philosophie, Bd. III, S. 385.)

der ethischen Tugend im Besondern), so sind die Grundtugenden in einem Gebiete der Thätigkeit diejenigen Tugenden, welche die Grundbedingung zur guten Ausführung des Zwecks dieses Gebietes ausmachen, ohne welche also alle andern Tugenden nichts helfen und keinen Werth für den zu erreichenden Zweck haben.

So sind z. B. rücksichtslose Wahrheitsliebe und richtige Methode die wissenschaftlichen Grundtugenden, weil sie die Grundbedingung zur Erreichung des Zwecks der Wissenschaften sind und ohne sie alle andern Tugenden, wie Scharfsinn, Combinationsgabe, Gedächtniß, Gelehrsamkeit u. s. w. nichts helfen.

Die ethischen Grundtugenden sind demnach diejenigen Tugenden, welche die Grundbedingung zur Erreichung des sittlichen Zwecks ausmachen. Dieser Zweck ist, wie gezeigt und wiederholt gesagt worden, die objective Güte oder das wahre Wohl der Wesen.

Welches sind nun die Tugenden, die die Grundbedingung zur Realisirung dieses Zwecks bilden, oder die ethischen Grundtugenden?

Ich kenne nur zwei:

1. Wahre Erkenntniß dessen, worin die objective Güte oder das wahre Wohl im Allgemeinen, so wie in jedem besondern Falle besteht;
2. Reiner, uneigennütziger Wille, der keinen andern Zweck hat, als dieses wahre Wohl.

Oder kürzer: Weisheit und Liebe.

Ueber Weisheit und Liebe findet man nun zwar in ethischen Schriften viel hochtrabende Phrasen, aber wenig klare und deutliche Begriffe.

Was zunächst die Weisheit betrifft, so bemerkt Schopenhauer nicht mit Unrecht: „Es giebt einige Begriffe, die sehr selten mit Klarheit und Bestimmtheit in irgend einem Kopfe vorhanden sind, sondern ihr Dasein blos durch ihren Namen fristen, der dann eigentlich nur die Stelle so eines Begriffs bezeichnet, ohne den sie jedoch ganz verloren gehen würden. Der Art ist z. B. der Begriff der Weisheit. Wie vage ist er in fast allen Köpfen! Man sehe die Erklärungen der Philosophen." *)

Aber auch Schopenhauer's eigener, daselbst aufgestellter Begriff von der Weisheit ist noch nicht bestimmt genug. Er sagt nämlich: „Weisheit scheint mir nicht blos theoretische, sondern auch praktische Vollkommenheit zu bezeichnen. Ich würde sie definiren als die vollendete, richtige Erkenntniß der Dinge, im Ganzen und Allgemeinen, die den Menschen so völlig durchdrungen hat, daß sie nun auch in seinem Handeln hervortritt, indem sie sein Thun überall leitet."

Schleiermacher definirt die Weisheit als „diejenige Qualität, durch welche alles Handeln des Menschen einen idealen Gehalt bekommt". **)

Aber bei dieser Definition entsteht die Frage: Wodurch bekommt denn das Handeln des Menschen einen idealen Gehalt? Und da müssen wir denn sagen: Durch die Richtung auf die immanenten Zwecke der Dinge oder ihre Naturbestimmung. Alles Handeln, welches die Dinge und Verhältnisse ihrer Naturbestimmung zuzuführen, sie zum adäquaten Ausdruck dieser zu machen, also die objective Güte, das wahre Wohl zu realisiren sucht, hat idealen Gehalt. Die Weisheit ist also, bestimmter ausgedrückt, diejenige ethische Tugend, welche in den Stand setzt, die Dinge ihrer objectiven Bestimmung gemäß zu behandeln. Aber sie allein reicht dazu nicht aus; denn sie setzt nur in den Stand, die objective Bestimmung zu erkennen.

Außer der Erkenntniß ist aber auch Wille, die Dinge

---

*) Parerga und Paralipomena, 2. Aufl., II, §. 351.

**) Entwurf eines Systems der Sittenlehre, §. 299, in Schleiermacher's literar. Nachlaß. Zur Philosophie, Bd. III, S. 350.

ihrer objectiven Bestimmung gemäß zu behandeln und dadurch das wahre Wohl zu befördern, nöthig, und dieser Wille bildet die zweite Grundtugend, die Liebe.

Zur Weisheit verhält sich die Klugheit, wie zu dem sittlich Guten das Nützliche. Wie Etwas nützlich sein kann, ohne einem sittlich guten Zwecke zu dienen (s. das Angenehme und Nützliche im Verhältniß zum Sittlichguten); so kann auch Einer klug handeln, ohne weise zu sein. Wie aber das sittlich Gute nicht realisirt werden kann, ohne das zu seiner Realisirung Dienende oder Nützliche, so kann auch der Weise der Klugheit nicht entbehren. Es kann Einer noch so weise Zwecke haben; wenn er nicht klug genug ist, zu denselben die geeigneten Mittel zu wählen, so wird er seine weisen Zwecke eben so verfehlen, wie der Egoist, der Habsüchtige, Ehrsüchtige, Herrschsüchtige, wenn er nicht klug genug ist, die richtigen Mittel zu wählen, seine egoistischen Zwecke verfehlt.

Der Weise bedarf der Klugheit hauptsächlich dazu, um sein auf die objective Güte, das wahre Wohl der Wesen gerichtetes Handeln nach Ort, Zeit und Umständen zu modificiren (vergl. Modificabilität der Pflichten nach Ort, Zeit und Umständen). Der weise Erzieher wird zwar immer denselben Zweck haben, das wahre Wohl des Zöglings, der weise Regent immer denselben Zweck, das wahre Wohl des Volks; aber hieraus folgt nicht, daß Beide Pedanten sind und ihren Zweck unter allen Umständen auf dieselbe Weise, durch dieselben Mittel zu erreichen suchen. Der Weise schickt sich vielmehr in die Zeit. Weisheit und Pedanterie vertragen sich nicht mit einander. Der Weise handelt nicht nach einer starren, unbiegsamen Regel, sondern wählt in jedem einzelnen Falle die nach der Individualität des Falles geeignetsten Mittel zu seinem objectiv guten Zwecke. Ohne seinem Zwecke Etwas zu vergeben, berücksichtigt er doch Ort, Zeit und Umstände, ist also in diesem Sinne klug.

Die dem Weisen zugeschriebene Constanz und Unwandelbarkeit bezieht sich nur auf den Zweck seines

Handelns, welcher immer derselbe ist, die objective Güte, das wahre Wohl der Wesen, aber nicht auf die Mittel. Vielmehr besitzt er in Beziehung auf diese Urtheilskraft genug, je nach Verschiedenheit des Falles zu demselben objectiven Zweck die verschiedensten Mittel zu wählen, die verschiedensten Methoden zu befolgen. Er wäre sonst dumm zu nennen. Ein dummer Weiser aber ist eine contradictio in adjecto.

Wenn die Klugen dieser Welt die Weisen der Unklugheit beschuldigen, so haben sie von ihrem Standpunkt aus ganz Recht. Denn die Weisen handeln wirklich in Bezug auf die Zwecke der Weltleute, in Bezug auf persönliche Vortheile und selbstisches Wohl, sehr unklug; aber daraus folgt nicht, daß die Weisen auch in Beziehung auf ihren Zweck, die Realisirung des objectiv Guten, unklug handeln. Ein Sokrates, ein Jesus, obwohl der Eine sich an den Giftbecher, der Andere an's Kreuz gebracht, haben doch in Beziehung auf ihren Zweck nicht dumm gehandelt. Des Sokrates Methode, die sich etwas zu wissen Dünkenden durch Ironie zum Bewußtsein ihrer Unwissenheit zu bringen, war eine sehr kluge Methode, und eben so war Jesu Methode, das Volk durch Gleichnisse zu belehren, eine für seine Zeit und sein Publicum sehr kluge Methode. Auch Lessing's Nathan der Weise war ein kluger Weiser. Alle diese Weisen hatten nicht blos den objectiven Zweck des Lehrens der Wahrheit, sondern wählten mit Rücksicht auf ihre Zeit und ihr Publicum auch die klügsten Mittel zu diesem Zweck.

Richtiger, als der Weisheit die Klugheit, wäre es, ihr die Thorheit entgegenzusetzen. Denn zwischen Weisheit und Thorheit besteht ein wirklicher Gegensatz, aber nicht zwischen Weisheit und Klugheit. Der Thorheit ist die Weisheit entgegengesetzt durch die richtige Schätzung des Werthes der Güter. Der Thor zieht vergängliche Güter den ewigen, zieht Schein und Glanz dem Aechten und Wahren vor, erkauft Reichthum oder Ehre auf Kosten des ächten Lebensglücks und des wahren Wohls. In diesem Sinne spricht Schopenhauer in seinen „Aphorismen zur Lebensweisheit" von den Thoren dieser Welt, die den Scheingütern nachjagen und die nicht einsehen, daß das Erste und Wichtigste für das Lebensglück in Dem besteht, was Einer ist, das Zweite in Dem, was Einer hat, das Dritte und Letzte in Dem, was Einer vorstellt.*)

Die richtige Schätzung der Güter, durch die sich der Weise vom Thoren unterscheidet, ist eine nothwendige Folge seiner Erkenntniß der objectiven Bestimmung oder des immanenten Zwecks der Dinge. Eine weise Frau z. B. kann nicht Putz und zerstreuende Vergnügungen für ein höheres Gut halten, als das vom Dichter besungene häusliche Glück, weil sie die wahre Bestimmung des Weibes erkennt. Ein weiser Erzieher kann nicht Vielwissen seines Zöglings für ein höheres Gut halten, als ächte Geistesbildung, weil er die wahre Aufgabe der Erziehung erkennt. Ein weiser Regent kann nicht Eroberungen für ein höheres Gut halten, als die innere Entwicklung der Volkskräfte, weil er die wahre Bestimmung des Staates erkennt. Und so führt in allen Fällen die Weisheit die richtige Schätzung der Güter herbei.

So viel über die erste ethische Grundtugend, die Weisheit. Was die zweite, die Liebe, betrifft, so hat diese zwar mit aller anderartigen Liebe dies gemein, daß sie das Wohl des Geliebten will, unterscheidet sich aber von aller anderartigen durch die eigenthümliche Art des Wohls, das sie will, dadurch nämlich, daß es das aus der Uebereinstimmung des Gegenstandes mit seinem wahren Wesen, aus der Uebereinstimmung mit seiner objectiven Idee, seinem immanenten Zweck, seiner Naturbestimmung entspringende Wohl ist, was sie will. Mit-

---

*) Parerga und Paralipomena, Bd. I, Aphorismen zur Lebensweisheit, Kap. I bis IV.

leid mit jedem in naturwidrigem Zustande sich befindenden Wesen ist es, was diese Liebe charakterisirt; und nur in diesem Sinne kann ich Schopenhauer beistimmen, daß Mitleid das Motiv aller Handlungen von ächt ethischem Werth sei.*) Dieses ethische Mitleid ist, wie die Liebe, aus der es hervorgeht, kein **pathologischer** Affect. Dieses Mitleid scheut sich nicht da, wo es das wahre Wohl der Wesen erfordert, auch hart und rauh zu sein, zu züchtigen, zu strafen, Schmerz zuzufügen, gleich dem Arzte, der den Kranken, um ihn zu heilen, schneidet und brennt.

Als Grundtugenden müssen Weisheit und Liebe allen andern Tugenden zum Grunde liegen. Ohne Weisheit und Liebe ist auch in der That keine wahre Gerechtigkeit, keine wahre Mäßigkeit, keine wahre Tapferkeit möglich. Um Jedem das Seinige (Suum cuique) zukommen zu lassen, worin das Wesen der Gerechtigkeit besteht, muß man das Recht jedes Wesens kennen; dies kann man aber nicht kennen, ohne seine objective Naturbestimmung, seinen immanenten Zweck zu kennen, und ohne zu beurtheilen, wozu jetzt und hier, unter diesen gegebenen Umständen, die Naturbestimmung es berechtigt, also nicht ohne **Weisheit**. Zugleich aber muß man das erkannte Recht **wollen**; dies kann man aber nicht ohne **Liebe**. Also kann man gerecht nicht sein ohne Weisheit und Liebe. Von der Mäßigkeit und Tapferkeit, überhaupt von allen besondern Tugenden, läßt sich eben so nachweisen, daß sie der Grundtugenden, der Weisheit und Liebe, bedürfen.

Weisheit ist die theoretische, Liebe die praktische Grundtugend.

---

*) Vergl. Schopenhauer, Die beiden Grundprobleme der Ethik, §. 15 fg.

17. Theoretische und praktische Tugend.

Ich habe Weisheit die theoretische, Liebe die praktische Grundtugend genannt, habe also einen Unterschied zwischen theoretischer und praktischer Tugend gemacht. Dieselbe Eintheilung findet sich auch bei Aristoteles, nur mit dem Unterschiede, daß er die theoretischen Tugenden dianoetische und die praktischen ethische nennt. *)

Wie verhält es sich nun mit dieser Eintheilung? Darf in der Ethik von theoretischen oder dianoetischen Tugenden die Rede sein? Steht dies nicht in Widerspruch mit meiner frühern Auseinandersetzung, nach welcher der der ethischen Beurtheilung unterliegende Gegenstand der Wille und seine Manifestationen ist, die ethischen Prädicate gut und schlecht also nur dem Willen und seiner Aeußerungsweise zukommen? (S. Unterschied der sittlichen von der ästhetischen und wissenschaftlichen Beurtheilung.) Ist es demzufolge nicht eben so ungereimt, in der Ethik von Verstandestugenden (theoretischen, dianoetischen Tugenden) zu reden, als von Sinnentugenden, Augen- und Ohrentugenden?

In der That, wäre Weisheit so unabhängig vom Willen, wie physische Tugenden, so gehörte sie nicht in die Ethik. Aber so verhält es sich nicht. Dies läßt sich schon daraus erkennen, daß das Gegentheil der Weisheit, die Thorheit, kein rein theoretischer Fehler, kein reiner Verstandesfehler ist, sondern mit der Beschaffenheit des

---

*) ..... λέγομεν γὰρ αὐτῶν τὰς μὲν διανοητικάς, τὰς δὲ ἠθικάς· σοφίαν μὲν καὶ σύνεσιν καὶ φρόνησιν, διανοητικάς, ἐλευθεριότητα δὲ καὶ σωφροσύνην, ἠθικάς· λέγοντες γὰρ περὶ τοῦ ἤθους οὐ λέγομεν, ὅτι σοφὸς ἢ συνετός. ἀλλ' ὅτι πρᾶος ἢ σώφρων· ἐπαινοῦμεν δὲ καὶ τὸν σοφὸν κατὰ τὴν ἕξιν· τῶν ἕξεων δὲ τὰς ἐπαινετὰς ἀρετὰς λέγομεν. (Eth. Nicom. I, 13 ed. Zell.)

Willens zusammenhängt, aus verkehrter Willensrichtung entspringt.

Es giebt nämlich zweierlei Verstandesfunction: erstens rein theoretische, vom Willen völlig unabhängige und dem Einfluß des Willens entzogene, wie die Erkenntniß, daß jede Wirkung ihre Ursache hat, und die Beurtheilung einer bestimmten gegebenen Wirkung nach ihren Ursachen; zweitens praktische, d. h. auf das Handeln bezügliche, welche es mit Zwecken und den Mitteln zu ihrer Erreichung zu thun hat.

Letztere Art der Verstandesfunction ist vom Willen abhängig; denn die Richtung des Willens influirt auf die Zwecke, die wir für gut und erstrebenswerth halten. Der Wille tritt hier, um mit Schopenhauer zu reden, als Herr des Intellekts auf und macht seinen Primat geltend. Mancher würde Manches nicht für gut halten, wenn sein Wille ein anderer wäre.

Wie die Thorheit Folge eines verkehrten, unsittlichen Willens ist, so die Weisheit Folge eines rechtschaffenen, sittlichen Willens. Um weise zu sein, muß man einen auf das objectiv Gute gerichteten Willen haben; denn nur dieser setzt uns in den Stand, die Dinge im rechten Lichte zu sehen und die Güter nach ihrem wahren Werthe zu schätzen. Folgt der Wille hingegen egoistischen Neigungen und Antrieben, so verfälschen diese das Urtheil des Intellekts, spiegeln ihm als werthvoll und als ein hohes Gut vor, was werthlos und nichtig ist.

Insofern also die Weisheit bedingt ist durch die sittliche Güte des Willens — insofern gehört diese theoretische Tugend allerdings in das ethische Gebiet, ist eine sittliche Tugend. Aber eben nur solche, von der Beschaffenheit und Richtung des Willens abhängige theoretische Tugenden, wie die Weisheit, gehören in das ethische Gebiet. Reine, vom Willen völlig unabhängige Verstandestugenden, wie die des rein wissenschaftlichen Verstandes, die zur Erforschung der Ursachen und Gesetze der Erscheinungen geschickt machen, gehören nicht in die Ethik.

18. Formelle Tugenden.

Es giebt Tugenden, die eben so zum Bösen, als zum Guten tüchtig machen. Ob sie das Eine oder das Andere thun, hängt nicht von ihnen ab, sondern von der Beschaffenheit des Willens, von der Willensrichtung, der Gesinnung.

Solche Tugenden kann man formelle oder auch Hülfstugenden nennen. Denn der Ausdruck formell will hier nur besagen, daß diese Tugenden nicht zweckbestimmende sind, sondern nur Mitteltugenden, zur Ausführung schon anderweitig gesetzter Zwecke Hülfe leistend. Solche formelle Tugenden sind z. B. Fleiß, Energie, Beharrlichkeit, Consequenz, Selbstbeherrschung, Uebereinstimmung mit sich.

Es ist klar, daß erst der Zweck, dem diese Tugenden dienstbar gemacht werden, darüber entscheidet, ob ihnen sittlicher Werth zukommt, oder nicht. Wie Fleiß für den Gelehrten, und technische Geschicklichkeit für den Künstler nur Hülfstugenden sind, da durch sie allein das eigenthümliche Werk des Gelehrten und des Künstlers noch nicht zu Stande kommt, sondern nur unter Voraussetzung der specifisch wissenschaftlichen und künstlerischen Tugenden; so auch sind in ethischer Hinsicht alle oben genannten Tugenden nur formelle Tugenden, nur Hülfstugenden, da durch sie allein das ethische Werk, die Realisirung der objectiven Güte oder des wahren Wohls der Wesen, noch nicht zu Stande kommt, sondern nur unter Voraussetzung der specifisch ethischen Tugenden, der Weisheit und Liebe und aller Anwendungen derselben auf besondere Verhältnisse.

Die formellen Tugenden gleichen dem Messer, das sich

IV. Gut, Pflicht und Tugend.

eben sowohl heilsam, als verderbenbringend anwenden läßt, oder dem Feuer, das eben so wohlthätig als zerstörend wirken kann, oder der Sprache, die eben so der Wahrheit, als der Lüge dienen kann.

Es giebt Tugenden, die nicht zu den formellen zu gehören scheinen, die aber doch zu ihnen gehören. Eine solche Tugend ist z. B. die Gewissenhaftigkeit, denn diese besagt weiter nichts, als Uebereinstimmung des Handelnden mit seiner eigenen Richtschnur, der von ihm selbst anerkannten Norm des Handelns. Daraus folgt aber noch gar nicht, daß diese Norm an sich eine ethisch zu billigende sei. Gewissenhaft ist Jeder, der dem Ausspruch seines Gewissens folgt; daß dieser Ausspruch aber zu billigen sei, ist damit noch gar nicht gesagt. Der Ketzerrichter, der den Ketzer in majorem Dei gloriam zum Scheiterhaufen verurtheilt, handelt auch gewissenhaft. Aber Niemand wird deswegen sagen, daß er materiell tugendhaft handle. Der Ungerechteste kann in seiner Art so gewissenhaft handeln, wie der Gerechteste in der seinigen. Jede Richtschnur des Handelns, die der Handelnde als eine zu befolgende anerkennt, begründet sein Gewissen, und bei Uebereinstimmung mit derselben ist der Handelnde mit sich selbst zufrieden, beim Zuwiderhandeln gegen dieselbe mit sich unzufrieden. Nun kann aber die Richtschnur selbst eine aus Thorheit und Selbstsucht, statt aus Weisheit und Liebe hervorgegangene, also eine ethisch verwerfliche sein, z. B. die Richtschnur des Geizigen, nichts zu unterlassen, was seinen Schatz vermehren hilft; die Richtschnur des Fanatikers, keinen Glauben zu dulden, der von dem seinigen abweicht u. s. w. Der Geizige und der Fanatiker können so gut Gewissensbisse beim Zuwiderhandeln gegen ihre Richtschnur fühlen, wie der Freigebige und Tolerante beim Zuwiderhandeln gegen die ihrige.

Also ist Gewissenhaftigkeit nur eine formelle Tugend. Sie ist dasselbe, was Herbart „innere Freiheit" nennt, die er definirt als „Einstimmung zwischen dem Willen und der über ihn ergehenden Beurtheilung". Ueberhaupt sind unter Herbart's fünf sittlichen Willensverhältnissen zwei rein formelle: 1) die eben genannte „innere Freiheit"; 2) die „Vollkommenheit", d. i. die Fülle des Willens (Intension, Extension, Concentration).*)

Unter den Herbartianern ist der interessante Streit entstanden, ob diese formellen Tugenden schon an sich, d. h. ganz abgesehen von der Qualität des Willens, Billigung verdienen, oder erst, wenn sie sich mit einem auf das Gute gerichteten Willen verbinden. Allihn behauptet das Erstere, Hartenstein dagegen das Letztere.

Allihn polemisirt gegen Hartenstein, daß dieser die von der Qualität des Willens unabhängige Billigung der Quantität desselben, d. h. der Stärke, also die Billigung des starken und dagegen die Mißbilligung des schwachen als solchen, leugnet. Hartenstein sagt nämlich in seinen „Grundbegriffen der ethischen Wissenschaften" (S. 176 fg.), daß, wenn die Beurtheilung eines Willens nach blossen Quantitätsverhältnissen eine selbstständige Bedeutung haben sollte, diese Beurtheilung auch ihren selbstständigen Einfluß bei jeder Verbindung mit der Beurtheilung nach andern Ideen haben müßte. Es müßte sonach ein starkes, aber sonst schlechtes Wollen mehr gefallen, als ein eben so schlechtes, aber dabei schwaches Wollen, und ein schlechtes, aber schwaches Wollen müßte mehr mißfallen, als ein gleiches schlechtes, aber dabei starkes Wollen. Das sei jedoch keineswegs der Fall. Im Gegentheil mißfalle ein ungerechter Wille um so mehr, je stärker er sei, und mißfalle um so weniger, je schwächer er sei. Es gelte sonach die allgemeine Regel: „die Beurtheilung nach Größenbegriffen vermehrt Beifall und Mißfallen immer im direk-

---

*) Vergl. Herbart's sämmtl. Werke, Bd. I, §. 90 u. 91.

ten Verhältniß der Größe." Also der gerechte Wille gefalle um so mehr, je stärker er sei; der ungerechte mißfalle um so mehr, je stärker er sei, mißfalle um so weniger, je schwächer er sei. Sonach sei die Größe oder Stärke eines Wollens ein "*bloßer Coefficient, der, wie jeder Coefficient, nichts gilt, wenn sein Multiplicandus Null ist.*" (S. 179.)

Hiegegen wendet Allihn ein: "Sollte es wirklich der Fall sein, daß die Stärke eines schlechten Wollens nur einen Beitrag gebe zu seinem Tadel, dagegen die Schwäche eines schlechten Wollens seinen Tadel stets vermindere? Allerdings wird ein nach seiner qualitativen Beschaffenheit gutes Wollen um so entschiedener gefallen, je deutlicher die betreffenden Verhältnisse dabei hervortreten und je größer die Summe der wohlgefälligen Verhältnisse ist, in denen es sich darstellt. Dasselbe findet auch beim Mißfallen an einem bösen Willen statt. Sollte aber der Zuwachs eines Wollens an Intensität, Protension, Extensivität und Concentration in Vergleich zu einem andern schwächern als bloßer Coefficient gelten für die demselben sonst schon zukommende Werthschätzung, so müßte dieser Zuwachs in geradem Verhältnisse stehen zur Verdeutlichung und Vermehrung derjenigen wohlgefälligen oder mißfälligen Verhältnisse, auf denen das Lob oder der Tadel beruhte. Das ist aber nicht der Fall. Denn dann müßte durch die größere oder geringere Intensivität, Extension und Concentration der Activitäten eines Wollens in gleicher Weise das, was nach der sonstigen ästhetischen Beurtheilung an ihm gefällt, oder mißfällt, verstärkt oder vermehrt werden, und es könnte der Umstand nicht stattfinden, daß ein wegen seiner qualitativen Schlechtigkeit, z. B. der Unrechtlichkeit, entschieden getadeltes Wollen neben einem redlichen, aber schwachen Wollen Beifall gewinnt, und dieses neben jenem ein Tadel trifft. Daß dem so sei, dafür bieten gerade die gegenwärtigen Actionen der großen Politik in Europa die unverkennbarsten Beispiele dar, deren Beurtheilung in den politischen Blättern aller Parteien einen vielfältigen Ausdruck findet." *)

Mir scheint, daß dieser Streit einfach so zu entscheiden ist: Dingen, die ihren Werth erst erhalten durch die Anwendung, die von ihnen gemacht wird, läßt sich kein unabhängiger Werth beilegen. So wenig als dem Messer, dem Feuer, der Sprache ein unabhängiger Werth zukommt, so wenig den formellen Tugenden. Wir können diese zwar unabhängig von den Zwecken, mit denen sie sich verbinden, betrachten, aber nicht ethisch loben. Ein starker Wille ist so wenig an sich lobenswerth, wie ein scharf schneidendes Messer, ein hell loberndes Feuer, eine gewandte Rede. Alles kommt hier auf den Zweck an. Für den einen Zweck sind sie zu loben, für den andern zu tadeln.

Zu ethisch guten Zwecken angewendet, ist Energie des Willens, oder Consequenz, zu loben; zu schlechten Zwecken angewendet hingegen zu tadeln. Wenn wir beim Anblick eines redlichen, aber schwachen Wollens wünschen, dasselbe hätte die Energie der starken Bösewichter, so ist doch klar, daß wir hier nicht die Stärke des Willens als solche wünschen, sondern die Stärke des guten Willens. Eben dasselbe geht daraus hervor, daß wir beim Anblick eines bösen, aber energischen Willens wünschen, derselbe wendete seine Energie zu etwas Besserem an. Immer wird eine bestimmte Quantität nur in Beziehung auf eine bestimmte Qualität begehrt und nur in Verbindung mit dieser gelobt.

Die rein formellen Tugenden lassen sich also weder billigen, noch mißbilligen, weil Billigung und Mißbilligung nur in Beziehung auf einen bestimmten Zweck möglich ist (s. Elemente des ethischen Werthurtheils).

---

*) S. Allihn, Die Grundlehren der allgemeinen Ethik, S. 138 fg.

19. Trennbarkeit der Tugenden.

Wie die Frage nach der Lernbarkeit der Tugend, so läßt sich auch die nach der Trennbarkeit der Tugenden nur durch die Unterscheidung zwischen der Tugend als Gesinnung und der Tugend als Fertigkeit richtig beantworten.

Die Stoiker lehrten, daß, wo eine Tugend sich finde, da auch jede, eben so wo eine Schlechtigkeit, da auch alle, und wo die eine Tugend wirke, die Wirksamkeit der übrigen zugleich mit darin begriffen sei.*)

Das Wahre an der Sache ist dieses. Die zu einer Thätigkeit, wenn sie gut, d. h. ihrem Zweck entsprechend verrichtet werden soll, überhaupt erforderlichen Tugenden müssen alle beisammen sein, müssen vereint wirken; sonst kommt das Werk nicht vollkommen zu Stande. Wessen Auge z. B. nicht alle Qualitäten hat, die erforderlich sind, um gut zu sehen, der kann eben nicht gut sehen. Hat sein Auge nur die eine oder andere Tugend, so fällt sein Sehen auch mangelhaft aus. Eben so ist es mit geistigen Verrichtungen. Wer zum Denken, wer zur Wissenschaft, wer zur Kunst nicht alle überhaupt zu dieser Verrichtung zusammengehörigen Tugenden beisammen hat, der ist zur vollendeten Verrichtung dieser Thätigkeiten nicht fähig.

Folglich müssen auch zur sittlichen Thätigkeit alle überhaupt zu derselben erforderlichen Tugenden beisammen sein und vereint wirken, wenn dieselbe lückenlos zu Stande kommen soll.

Die einem Gebiete der Thätigkeit zugewandte Gesinnung nun umfaßt alle Tugenden, die zu dieser Thätig-

---

*) Τὰς ἀρετάς φησιν Χρύσιππος ἀντακολουθεῖν ἀλλήλαις, οὐ μόνον τῷ τὴν μίαν ἔχοντα πάσας ἔχειν, ἀλλὰ καὶ τῷ τὸν κατὰ μίαν ὁτιοῦν ἐνεργοῦντα κατὰ πάσας ἐνεργεῖν. (Plut. de Stoic. rep. 27.)

keit erforderlich sind. Der wissenschaftlich Gesinnte z. B. liebt nicht blos diese oder jene wissenschaftliche Tugend, etwa blos den Scharfsinn, oder blos den Tiefsinn, sondern er liebt sie alle. Mit der einen Tugend der Wissenschaftsliebe umfaßt er zugleich alle Tugenden, die zur Wissenschaft befähigen, der Gesinnung nach. Eben so umfaßt der künstlerisch Gesinnte mit der einen Tugend der Kunstliebe alle zur Kunst befähigenden Tugenden der Gesinnung nach. Er bevorzugt keine vor der andern, außer so weit, als es ihr eigener Rang fordert. Er strebt nach jeder ihrem Range gemäß.

Nun, und mit dem sittlich Gesinnten verhält es sich nicht anders. Mit der einen Liebe zum objectiv Guten umfaßt er alle zur Realisirung desselben erforderlichen Tugenden der Gesinnung nach, liebt jede gemäß ihrem Range und ihrer Wichtigkeit.

Der tugendhaft Gesinnte hat also in einer Tugend, in der Grundtugend der Liebe zu dem Werke seines Gebietes, alle Tugenden der Gesinnung nach. Es kann Einer nicht tugendhaft gesinnt sein und dabei nur diese oder jene Tugend, etwa nur die Gerechtigkeit, oder nur die Mäßigkeit, oder nur die Tapferkeit lieben und erstreben; sondern er muß sie alle lieben und erstreben.

Aber daraus folgt nicht, daß er sie auch alle schon in gleicher Fertigkeit umfasse. In der einen kann er vielmehr sehr weit vorgeschritten, in der andern noch weit zurück sein, in einer dritten kann es ihm noch ganz an Fertigkeit fehlen, in einer vierten kann er schon vollendeter Meister sein. Ein Maler kann es ja auch weit gebracht haben in der Zeichnung und noch sehr weit zurück sein im Colorit. Ein Gelehrter kann sehr fertig sein im Unterscheiden und Sondern, aber schwach im Verbinden und Zusammenfassen.

Denn die Tugend als Fertigkeit ist bedingt durch günstige Naturanlage und durch Uebung (s. Die Tugend als Gesinnung und die Tugend als Fertigkeit). Nicht aber zu jeder Verrichtung ist die Naturanlage gleich günstig, und nicht in jeder hat man es durch Uebung gleich weit gebracht.

Aristoteles schreibt nur den **physischen** Tugenden Trennbarkeit zu, nicht aber denjenigen, wegen deren Einer eigentlich, d. h. im ethischen Sinne gut genannt wird. *)

Der Grund der Trennbarkeit der blos natürlichen Tugenden ist dieser. Naturtugenden haben zu ihrer Kehrseite Naturfehler. Chacun a les défauts de ses vertus. Natürliche Stärke in der einen Eigenschaft ist gewöhnlich mit natürlicher Schwäche in der entgegengesetzten verbunden. So fehlt es dem von Natur Festen, Unbiegsamen an der nöthigen Fügsamkeit, dem von Natur Fügsamen an der nöthigen Festigkeit. Dem von Natur Phlegmatischen fehlt es an der nöthigen Lebhaftigkeit, dem von Natur Lebhaften an der nöthigen Gelassenheit u. s. w. Naturtugenden machen also einseitig; sie verleihen Stärke zu einem, machen aber schwach zu anderem.

Der ethisch Tugendhafte hingegen läßt solche Einseitigkeit nicht aufkommen. Er hilft vielmehr, stets das sittliche Ideal zur Richtschnur nehmend, der Natur, wo sie mangelhaft ist, vorsätzlich nach. Er befleißigt sich also der ihm von Natur noch fehlenden Tugenden, gerade wie ein Künstler, dem es mit der Kunst Ernst ist, zu seinen angeborenen, aber einseitigen und für den Kunstzweck nicht ausreichenden Stärken die noch fehlenden hinzu zu erwerben sucht.

Darum also sind die natürlichen (physischen) Tugenden trennbar, die ethischen aber nicht. Die natürlichen Tugenden sind verschieden bei verschiedenen Individuen; der Eine hat diese, der Andere jene Naturtugend. Hingegen streben

---

*) .... οὐ γὰρ ὁ αὐτὸς εὐφυέστατος πρὸς ἁπάσας· ὥστε τὴν μὲν ἤδη, τὴν δ' οὔπω εἰληφὼς ἔσται· τοῦτο γὰρ κατὰ μὲν τὰς φυσικὰς ἀρετὰς ἐνδέχεται· καθ' ἃς δὲ ἁπλῶς λέγεται ἀγαθός, οὐκ ἐνδέχεται. (Eth. Nicom. VI, 13 ed. Zell.)

die ethisch Tugendhaften nach allen zur Verwirklichung der sittlichen Aufgabe erforderlichen Tugenden, vereinigen alle der Gesinnung nach in sich.

Doch vereinigen sie alle eben zunächst nur der Gesinnung nach in sich. Um sie auch als Fertigkeiten zu vereinigen, dazu bedarf es der Uebung. Und da diese in der einen schon weiter gelangt sein kann, als in der andern, so findet auch innerhalb des ethischen Gebietes noch eine gewisse Trennbarkeit der Tugenden statt, der Tugenden nämlich als Fertigkeiten.

Das „In einer Tugend alle Tugenden", hat also nur in Bezug auf die Tugend als Gesinnung unbedingte Wahrheit, nicht aber auch in Bezug auf die Tugend als Fertigkeit. Der ethisch Tugendhafte hat, indem er den gemeinschaftlichen Feind aller Tugend, den Egoismus, überwunden, ihn innerlich nicht blos an einer, sondern an allen Stellen überwunden, aber äußerlich kann ihm dieser Feind noch an dieser oder jener Stelle zu schaffen machen.

Doch, obwohl die Tugenden als Fertigkeiten von einander trennbar sind, so läßt sich doch nicht leugnen, daß Fertigkeit in der einen die Fertigkeit in der andern unterstützt. Fertigkeit in der Gerechtigkeit z. B. setzt Fertigkeit in der Mäßigkeit, Sparsamkeit, Gelassenheit voraus. Denn der Unmäßige, der Verschwender, der Jähzornige kann nicht leicht gerecht handeln. Seine Fehler reißen ihn häufig zu Ungerechtigkeiten fort. Je weiter es Einer in der Ueberwindung der der Gerechtigkeit im Wege stehenden Affecte und Leidenschaften, also je weiter er es in der Tugend der Mäßigkeit, Versöhnlichkeit, Wirthschaftlichkeit gebracht hat, desto weiter wird er es auch in der Tugend der Gerechtigkeit bringen. Also besteht auch zwischen den Tugenden als Fertigkeiten ein gewisser Zusammenhang.

20. Das variable Element der Tugenden.

Jede Tugend ist zwar an sich, ihrem Wesen nach, stets sich gleichbleibend, denn die wesentlichen Merkmale einer jeden bleiben stets dieselben, keine Tugend verändert jemals ihren Charakter; aber daraus folgt nicht, daß eine jede sich stets und in allen Fällen auf dieselbe Weise äußern, in derselben Form bethätigen müsse. Die Aeußerungsweisen einer und derselben Tugend können vielmehr sehr variabel, können so verschieden sein, daß, wer eine Tugend nur in der einen Form kennt, sie in einer andern, weit abweichenden nicht wiedererkennt, z. B. die Aeußerungsweisen des Muthes. Wer ein Duell ablehnt, gilt Vielen für muthlos. Kann aber nicht die Ablehnung nur die Folge eines höhern Muthes sein, des Muthes nämlich, einer unvernünftigen, barbarischen Sitte zu widerstehen, obgleich man sich dadurch in den Verdacht der Feigheit bringt?

Die Variabilität in der Aeußerungsweise der Tugenden ist theils eine qualitative, theils eine quantitative. Das Wohlwollen äußert sich z. B. qualitativ verschieden, indem es je nach Verschiedenheit des Falles bald giebt, bald nimmt, bald anspornt und fördert, bald abschreckt und hemmt. Die Gerechtigkeit äußert sich qualitativ verschieden, indem sie in dem einen Falle belohnt, in dem andern bestraft. Die Tapferkeit äußert sich qualitativ verschieden, indem sie in dem einen Falle kämpft und Widerstand leistet, in dem andern gelassen duldet.

Quantitativ verschieden äußert sich die Mäßigkeit, indem sie je nach Alter, Geschlecht, Gesundheitszustand u. s. w. ein verschiedenes Maaß beobachtet. Auch die Sparsamkeit äußert sich quantitativ verschieden, je nach den Vermögensverhältnissen. Derselbe Aufwand, der für einen Wohlhabenden sparsam ist, wäre für einen Armen Verschwendung, für einen sehr Reichen Knickerei. Oder dieselbe

Summe, die auf den einen Gegenstand angewendet, sparsam ist, wäre auf einen andern, werthlosen angewendet, Verschwendung, auf einen sehr werthvollen Knickerei.

Das variable Element in der Aeußerungsweise der Tugenden ist stets im Auge zu behalten, wenn man in einem bestimmten Falle über die Tugendhaftigkeit eines Menschen richtig urtheilen will. Viele Verdammungsurtheile entspringen nur daher, daß wir die Tugend, die wir dem Beurtheilten absprechen, nur nicht bei ihm wiedererkennen, weil sie sich in einer von der gewohnten abweichenden Weise bei ihm äußert.

21. Vernunft und Tugend.

Nach Kant ist die Tugend eine Sache der praktischen Vernunft. Hingegen sagt Schopenhauer: „Hier (bei Kant) tritt die praktische Vernunft auf als Quell und Ursprung der unleugbar ethischen Bedeutsamkeit des menschlichen Handelns, so wie auch aller Tugend, alles Edelmuths und jedes erreichbaren Grades von Heiligkeit. Dieses Alles demnach käme aus bloßer Vernunft und erforderte nichts, als diese. Vernünftig handeln und tugendhaft, edel, heilig handeln wäre Eines und Dasselbe: und eigennützig, boshaft, lasterhaft handeln wäre blos unvernünftig handeln. Inzwischen haben alle Zeiten, alle Völker, alle Sprachen beides immer sehr unterschieden und gänzlich für zweierlei gehalten, wie auch noch bis auf den heutigen Tag alle Die thun, welche von der Sprache der neuern Schule nichts wissen, d. h. die ganze Welt mit Ausnahme eines kleinen Häufchens Deutscher Gelehrten: jene alle verstehen unter einem tugendhaften Wandel und einem vernünftigen Lebenslauf durchaus zwei ganz verschiedene Dinge.

IV. Gut, Pflicht und Tugend.

Daß der erhabene Urheber der christlichen Religion, dessen Lebenslauf uns als das Vorbild aller Tugend aufgestellt wird, der allervernünftigste Mensch gewesen wäre, würde man eine sehr unwürdige, wohl gar eine blasphemirende Redensart nennen, und fast eben so auch, wenn gesagt würde, daß seine Vorschriften nur die beste Anweisung zu einem ganz vernünftigen Leben enthielten. Ferner daß, wer diesen Vorschriften gemäß, statt an sich und seine zukünftigen Bedürfnisse zum voraus zu denken, allemal nur dem größern gegenwärtigen Mangel Anderer abhilft, ohne weitere Rücksicht; ja, seine ganze Habe den Armen schenkt, um dann, aller Hülfsmittel entblößt, hinzugehen, die Tugend, welche er selbst geübt, auch Andern zu predigen; dies verehrt Jeder mit Recht: wer aber wagt es als den Gipfel der Vernünftigkeit zu preisen? Und endlich, wer lobt es als eine überaus vernünftige That, daß Arnold von Winkelried, mit überschwänglichem Edelmuth, die feindlichen Speere zusammenfaßte, gegen seinen eigenen Leib, um seinen Landsleuten Sieg und Rettung zu verschaffen? — Hingegen, wenn wir einen Menschen sehen, der von Jugend an, mit seltener Ueberlegung darauf bedacht ist, sich die Mittel zu einem sorgenfreien Auskommen, zur Unterhaltung von Weib und Kindern, zu einem guten Namen bei den Leuten, zu äußerer Ehre und Auszeichnung zu verschaffen, und dabei sich nicht durch den Reiz gegenwärtiger Genüsse, oder den Kitzel dem Uebermuth der Mächtigen zu trotzen, oder den Wunsch erlittene Beleidigungen oder unverdiente Demüthigung zu rächen, oder die Anziehungskraft unnützer ästhetischer oder philosophischer Geistesbeschäftigung und Reisen nach sehenswerthen Ländern, — der sich durch alles Dieses und Dem Aehnliches nicht irre machen, noch verleiten läßt, jemals sein Ziel aus den Augen zu verlieren; sondern mit großer Consequenz einzig darauf hinarbeitet: wer wagt es zu leugnen, daß ein solcher Philister ganz außerordentlich vernünftig sei? sogar auch dann noch, wenn er sich einige nicht lobenswerthe, aber gefahrlose Mittel erlaubt hätte. Ja, noch mehr: wenn ein Bösewicht mit überlegter Verschmitztheit, nach einem wohldurchdachten Plane, sich zu Reichthümern, zu Ehren, ja zu Thronen und Kronen verhilft, dann mit der feinsten Arglist benachbarte Staaten umstrickt, sie einzeln überwältigt und nun zum Welteroberer wird, dabei sich nicht irre machen läßt durch irgend eine Rücksicht auf Recht, oder Menschlichkeit, sondern mit scharfer Consequenz Alles zertritt und zermalmt, was seinem Plane entgegensteht, ohne Mitleid Millionen in Unglück jeder Art, Millionen in Blut und Tod stürzt, jedoch seine Anhänger und Helfer königlich belohnt und jederzeit schützt, nichts jemals vergessend, und dann so sein Ziel erreicht: wer sieht nicht ein, daß ein solcher überaus vernünftig zu Werke gehen mußte, daß, wie zum Entwurf der Pläne ein gewaltiger Verstand, so zu ihrer Ausführung vollkommene Herrschaft der Vernunft, ja recht eigentlich **praktische Vernunft** erfodert war? — Oder sind etwan auch die Vorschriften, welche der kluge und consequente, überlegte und weitsehende Machiavelli dem Fürsten giebt, **unvernünftig?**"*)

Mir scheint, daß man, um über das Verhältniß der Vernunft zur Tugend in's Klare zu kommen, auf das von mir über **formelle Tugenden** Gesagte zurückzugehen hat. Die sogenannte „praktische Vernunft" ist auch eine Tugend, aber eine formelle, eine Hülfstugend (s. Formelle Tugenden). Als solche kann sie eben so gut dem Bösen, wie dem Guten dienen. Sie ist folglich, wenn auch nicht Quelle, doch ein nothwendiges und unentbehrliches Organ des ethisch tugendhaften Handelns. Denn der ethisch Tugendhafte setzt sich die Realisirung des objectiv Guten vor. Er handelt nicht, wie der blos

---

*) Welt als Wille und Vorstellung, 3. Auflage, Bd. I, S. 610 fg.

IV. Gut, Pflicht und Tugend.

natürlich Tugendhafte, aus momentaner Aufwallung des Temperaments oder Naturells, sondern er hat stets und überall den sittlichen Zweck im Auge, auf den er auch da gerichtet ist, wo die Naturanlagen ihn im Stiche lassen (s. Unterschied der natürlichen und sittlichen Tugend). Zu diesem vorsätzlichen, planvollen Handeln aber ist Vernunft nöthig, praktische Vernunft, d. h. Selbstbeherrschung, Selbstverleugnung, Consequenz, Besonnenheit.

In diesem Sinne erkennt auch sogar Schopenhauer die Nothwendigkeit der Vernunft für die Tugend an. Denn er sagt kurz nach der oben angeführten Stelle: „Für das Vermögen der Begriffe habe ich die Vernunft erklärt. Diese ganz eigene Klasse allgemeiner nicht anschaulicher, nur durch Worte symbolisirter und fixirter Vorstellungen ist es, die den Menschen vom Thiere unterscheidet und ihm die Herrschaft auf Erden giebt. Wenn das Thier der Sklave der Gegenwart ist, keine andern, als unmittelbar sinnliche Motive kennt und daher, wenn sie sich ihm darbieten, so nothwendig von ihnen gezogen oder abgestoßen wird, wie das Eisen vom Magnet; so ist dagegen im Menschen durch die Gabe der Vernunft die Besonnenheit aufgegangen. Diese läßt ihn, rückwärts- und vorwärtsblickend, sein Leben und den Lauf der Welt leicht im Ganzen übersehen, macht ihn unabhängig von der Gegenwart, läßt ihn überlegt, planmäßig und mit Bedacht zu Werke gehen, zum Bösen, wie zum Guten In fast allen Menschen hat die Vernunft eine beinahe ausschließlich praktische Richtung: wird nun aber auch diese verlassen, verliert das Denken die Herrschaft über das Handeln, wo es dann heißt: scio meliora, proboque, deteriora sequor, oder „le matin je fais des projets, et le soir je fais des sottises", läßt also der Mensch sein Handeln nicht durch sein Denken geleitet werden, sondern durch den Eindruck der Gegenwart, fast nach Weise des Thieres, so nennt man ihn unvernünftig (ohne dadurch ihm moralische Schlechtigkeit vorzuwerfen), obwohl es ihm eigentlich nicht an Vernunft, sondern an Anwendung derselben auf sein Handeln fehlt, und man gewissermaaßen sagen könnte, seine Vernunft sei lediglich theoretisch, nicht praktisch. Er kann dabei ein recht guter Mensch sein, wie Mancher, der keinen Unglücklichen sehen kann, ohne ihm zu helfen, selbst mit Aufopferungen, hingegen seine Schulden unbezahlt läßt. Der Ausübung großer Verbrechen ist ein solcher unvernünftiger Charakter gar nicht fähig, weil die dabei immer nöthige Planmäßigkeit, Verstellung und Selbstbeherrschung ihm unmöglich ist. Zu einem sehr hohen Grade von Tugend wird er es jedoch auch schwerlich bringen: denn, wenn er auch von Natur noch so sehr zum Guten geneigt ist; so können doch die einzelnen lasterhaften und boshaften Aufwallungen, denen jeder Mensch unterworfen ist, nicht ausbleiben, und müssen, wo nicht Vernunft sich praktisch erzeigend, ihnen unveränderliche Maximen und feste Vorsätze entgegenhält, zu Thaten werden."*)

Aehnlich äußert sich Schopenhauer in den „beiden Grundproblemen der Ethik" über den Werth der Vernunft für das sittliche Leben. Er sagt daselbst (2. Aufl., S. 214 fg.): „Obwohl Grundsätze und abstrakte Erkenntniß überhaupt keineswegs die Urquelle, oder erste Grundlage der Moralität sind; so sind sie doch zu einem moralischen Lebenswandel unentbehrlich, als das Behältniß, das Réservoir, in welchem die aus der Quelle aller Moralität, als welche nicht in jedem Augenblicke fließt, entsprungene Gesinnung aufbewahrt wird, um, wenn der Fall der Anwendung kommt, durch Ableitungskanäle dahin zu fließen. Es verhält sich also im Moralischen wie im Physiologischen, wo z. B. die Gallenblase, als Réservoir des Produkts der Leber, nothwendig ist, und in vielen ähnlichen Fällen.

---

*) Welt als Wille und Vorstellung, 3. Auflage, Bd. I, S. 614 fg.

Ohne fest gefaßte Grundsätze würden wir den antimoralischen Triebfedern, wenn sie durch äußere Eindrücke zu Affekten erregt sind, unwiderstehlich Preis gegeben seyn. Das Festhalten und Befolgen der Grundsätze, den ihnen entgegenwirkenden Motiven zum Trotz, ist **Selbstbeherrschung** Das **Thier** ist, da ihm die abstrakte oder Vernunft-Erkenntniß gänzlich fehlt, durchaus keiner Vorsätze, geschweige Grundsätze und mithin keiner **Selbstbeherrschung** fähig, sondern dem Eindruck und Affekt wehrlos hingegeben. Daher eben hat es keine bewußte **Moralität**; wiewohl die Species große Unterschiede der Bosheit und Güte des Charakters zeigen, und in den obersten Geschlechtern selbst die Individuen."

Vernunftlose Wesen, wie die Thiere, sind wohl **natürlicher (physischer) Tugenden** fähig, aber **ethischer Tugendhaftigkeit** nimmermehr, und hieran eben zeigt sich, daß Vernunft ein Requisit der ethischen Tugend ist. Einzelne, natürlich gute, wohlwollende Regungen bedürfen, um da zu sein und sich zu äußern, der Vernunft nicht; aber ein zusammenhängendes, consequentes und planmäßiges Tugendleben ist ohne Vernunft unmöglich.

---

22. Lust und Tugend.

Jede Befriedigung eines Triebes, jede Erreichung eines Zweckes erzeugt bei fühlenden Wesen Lust, das Gegentheil hingegen Unlust; es kommt dabei gar nicht darauf an, welcher Trieb befriedigt, welcher Zweck erreicht wird, ob ein guter und edler, oder ein verwerflicher und gemeiner.

Sogar die Befriedigung unnatürlicher, krankhafter Triebe erzeugt Lust. Beispiele solcher Lust kann man in unzähligen Berichten von Irrenärzten finden. Dr. J. Moreau, Arzt im Hospiz von Bicêtre, erzählt unter andern von einem an Wuthanfällen Leidenden: „De très-bonne heure M.*** parut enclin à l'irascibilité, aux emportements, à la violence. Il était chagrin, morose, d'humeur très difficile. Il paraissait affectionner beaucoup ses parents, son père, entre autres, et cependant, sur le plus léger motif, il se livrait envers eux à de déplorables excès. Plusieurs fois, dans une aveugle fureur, il s'est précipité sur ce dernier un couteau à la main, cherchant à l'en frapper et rougissant de colère de ne pouvoir l'atteindre, ou, comme il le disait lui-même, de ne pouvoir l'éventrer   Il ne se dissimulait point à lui-même l'extrême facilité avec laquelle il s'abandonnait à la fureur la plus aveugle. «Je cède, disait-il, à un entraînement auquel je suis bien convaincu que je ne saurais résister. Je l'ai tenté, au reste, sans jamais y réussir. Mes parents, les premiers, ont failli être victimes de mes emportements.» M.*** finit enfin par m'avouer avec franchise, mais sous les sceau du plus inviolable secret, qu'au moment de sa plus vive exaltation, il éprouvait un contentement intérieur, un bien-être physique et moral qu'il lui était impossible de définir." *)

Noch häufiger, als die Beispiele krankhafter, sind aber die Beispiele unsittlicher Lust. Jedem Neidischen, jedem Schadenfrohen gewährt fremdes Unglück, fremdes Leiden Lust, und welche Lust gewährt nicht befriedigte Rache?

Tugend ist also keine Bedingung der Lust. Um Lust zu fühlen, braucht man nicht tugendhaft zu sein, braucht überhaupt nicht zu der Gattung der sittlichen Wesen zu gehören;

---

*) S. La Psychologie morbide dans ses rapports avec la Philosophie de l'Histoire ou de l'influence des Névropathies sur le dynamisme intellectuel, par le Docteur J. Moreau (de Tours), médecin de l'Hospice de Bicêtre. Paris, librairie Victor Masson, 1859, pag. 345 fg.

denn auch die Thiere fühlen ja Lust. Die Lust erstreckt sich weiter, als die Tugend.

Doch gilt dies nur, wenn man unter Tugend die ethische Tugend versteht. Nimmt man hingegen das Wort Tugend in seinem allgemeinsten Sinne, wonach, wie Aristoteles sagt, die Tugend jedes Wesens oder jedes Organs eines Wesens sowohl es selbst zu einem vorzüglich guten macht, als auch es befähigt, sein eigenthümliches Werk gut zu verrichten (s. Wesen der Tugend im Allgemeinen und der ethischen Tugend im Besondern); so ist Tugend Bedingung der Lust; es giebt keine tugendhafte Function, die nicht bei fühlenden Wesen mit Lust verbunden wäre, und keine Lust, die nicht eine tugendhafte Function voraussetzte. Jede specifische Lust setzt in diesem Sinne eine ihr entsprechende Tugend voraus. Ein zu einer bestimmten Thätigkeit untaugliches, also im allgemeinen Sinne tugendloses Organ kann auch die Lust dieser Thätigkeit nicht empfinden.

Man nehme welche Art von Lust man wolle, so wird man immer finden, daß sie eine ihr entsprechende Art von Tugend voraussetzt. Sinnliche Lust setzt sinnliche Tugend, geistige Lust geistige Tugend, sittliche Lust sittliche Tugend voraus. Um die Lust des Sehens, Hörens, Athmens u. s. w. zu fühlen, muß man gute, also physisch tugendhafte Augen, Ohren, Lungen u. s. w. haben. Um die Lust des Denkens zu fühlen, muß man ein physisch tugendhaftes Gehirn haben. Um die Lust der Kunst und Wissenschaft zu fühlen, muß man künstlerische und wissenschaftliche Tugend besitzen. Und eben so, um ethische Lust zu fühlen, muß man ethische Tugend besitzen.

Je tüchtiger, also tugendhafter zu einer bestimmten Thätigkeit ein Wesen oder Organ ist, desto fähiger ist es der aus dieser Thätigkeit entspringenden Lust.

Man kann daher auch aus der vorhandenen Lust an einer bestimmten Thätigkeit auf die Tugend zu ihr schließen.

Selbst die Beispiele krankhafter und unsittlicher Lust bestätigen es, daß ohne entsprechende Tugend keine Lust zu Stande kommt. Rasende, die ihre Lust am Zerstören und Zertrümmern haben, besitzen auch die Tugend des Rasens. Mephistophelische Geister, die am Verneinen ihre Lust haben, besitzen auch die Tugend des Verneinens.

Demnach stellt sich das Verhältniß von Lust und Tugend so: Nicht jede Lust ist tugendhaft im ethischen Sinne; aber jede Lust setzt die ihr entsprechende Tugend voraus. Das Nichtübereinstimmen einer Lust mit ethischer Tugend ist nur ein Nichtübereinstimmen außerethischer Tugend mit ethischer.

---

23. Glückseligkeit und Tugend.

Unter Glückseligkeit verstehe ich mit Aristoteles einen vollkommen genügenden Zustand, einen Zustand, der nicht wieder, wie alle relativen Güter, nur um eines andern willen begehrt wird, sondern um dessen willen alle andern begehrt werden, also ein Gut von absolutem Werth. Ist nun die Tugend ein solches Gut?

Stellen wir uns einen Magen vor, der physisch tugendhaft zum Verdauen, eine Lunge, die physisch tugendhaft zum Athmen, Augen, die physisch tugendhaft zum Sehen, ein Gehirn, das physisch tugendhaft zum Denken organisirt ist; so werden die physischen Tugenden dieser Organe nicht physisch glücklich machen, wenn der Magen des entsprechenden Nahrungsstoffes, die Lunge der entsprechenden Luft, die Augen des entsprechenden Lichts, das Gehirn des entsprechenden Denkstoffes entbehren muß. Gerade je tugendhafter ein Organ zu einer bestimmten Verrichtung ist, desto schmerzlicher wird der Mangel der äussern Bedingungen zu derselben empfunden. Denn jede Verrichtung hat ja einen Zweck, ein Ziel, und die Erreichung des Zwecks hängt nicht von ihr allein ab, sondern auch von Bedingungen der Außenwelt, von dem Entgegenkommen desjenigen Stoffs und derjenigen Mittel, deren die Verrichtung zu ihrem Zweck bedarf.

Eben so nun, wie die physische Tugend für sich allein, ohne den entsprechenden Stoff und die entsprechenden Mittel der Außenwelt, auf die sie angewiesen ist, nicht physisch glücklich macht; eben so kann die ethische Tugend für sich allein, ohne den entsprechenden Stoff und die entsprechenden Mittel, auf die sie angewiesen ist, nicht ethisch glücklich machen. Vielmehr muß das ethische Wesen, je tugendhafter es ist, desto unglücklicher durch den Mangel der äussern Bedingungen zur Erreichung seines Zwecks werden.

Diejenigen, welche behaupten, die Tugend allein reiche hin, den Menschen glücklich zu machen, in der tugendhaften Thätigkeit als solcher liege schon ihr Lohn, auf den äussern Erfolg komme es gar nicht an, möchte ich doch fragen, ob ein Sokrates und ein Jesus nicht glücklicher gewesen wären, und nicht eine vollere Befriedigung genossen hätten, wenn sie, statt den Giftbecher zu leeren und an's Kreuz genagelt zu werden, den Saamen, den sie gesäet, hätten aufgehen sehen und der Früchte desselben theilhaftig geworden wären. Keine auf einen bestimmten Zweck gerichtete Thätigkeit kann sich selbst genügen, sondern jede findet ihre volle Genüge erst in der Erreichung ihres Zwecks, wenngleich die tugendhafte Thätigkeit schon als solche Lust verursacht. Der Gelehrte forscht ja, obgleich ihm das Forschen an sich Vergnügen macht, nicht blos, um zu forschen, sondern um die Wahrheit herauszubringen; der Künstler producirt, obgleich ihm das Produciren Vergnügen macht, nicht blos um zu produciren, sondern, um ein schönes Werk vollendet vor Augen zu stellen. Nun, und eben so handelt der ethisch Tugendhafte, obgleich ihm die Pflichterfüllung als solche Vergnügen macht, nicht blos, um zu handeln, sondern um die ethischen Güter zu realisiren. Wenn gesagt wird, der Tugendhafte thue seine Schuldigkeit ohne Rück=

sicht auf die Folgen, so ist dies zwar richtig; aber der Sinn davon ist doch nicht der, daß es ihm um keinen Erfolg seines pflichtgemäßen Handelns zu thun, daß es ihm gleichgültig sei, ob das Gute, das er zu realisiren bestrebt ist, zu Stande kommt, oder nicht, sondern nur dieser, daß es ihm nicht um sein persönliches Wohl dabei zu thun ist.

Demnach ist klar, daß die Behauptung, die Tugend allein reiche hin zur Glückseligkeit, nicht stichhaltig ist. Die Tugend ist nur die innere, subjective Bedingung zur Glückseligkeit, macht aber allein ohne die entsprechenden objectiven Bedingungen noch nicht glückselig. Denn, wie Aristoteles richtig sagt, die Glückseligkeit ist von allen Gütern das allein vollkommen genügende, ein Gut, das nicht wie alle andern Güter nur relativen Werth hat, nur um eines andern willen begehrt wird, sondern ein Gut von absolutem Werth, ein um seiner selbst willen begehrtes Gut.*)

Fragen wir nun aber, ob die Tugend dieses endzweckliche Gut sei, so müssen wir sagen: nein; die Tugend ist nichts Selbstgenugsames; sie weist auf die Pflichten, und die Pflichten auf die Güter hin (s. Gut, Pflicht und Tugend).

Selbst Aristoteles, obwohl die Glückseligkeit in ein von der dem Menschen als Menschen eigenthümlichen Tugend erfülltes Leben setzend, sieht doch ein, daß dieses allein den Menschen noch nicht vollkommen glücklich zu machen ver-

---

*) Τελειότερον λέγομεν τὸ καθ' αὑτὸ διωκτὸν τοῦ δι' ἕτερον· καὶ τὸ μηδέποτε δι' ἄλλο αἱρετὸν τῶν καὶ καθ' αὑτὰ καὶ διὰ τοῦθ' αἱρετῶν· καὶ ἁπλῶς δὴ τέλειον τὸ καθ' αὑτὸ αἱρετὸν ἀεί, καὶ μηδέποτε δι' ἄλλο. Τοιοῦτον δ' ἡ εὐδαιμονία μάλιστ' εἶναι δοκεῖ. ταύτην γὰρ αἱρούμεθα ἀεὶ δι' αὑτήν, καὶ οὐδέποτε δι' ἄλλο. Φαίνεται δὲ καὶ ἐκ τῆς αὐταρκείας τὸ αὐτὸ συμβαίνειν. τὸ γὰρ τέλειον ἀγαθὸν αὔταρκες εἶναι δοκεῖ ... τέλειον δή τι φαίνεται καὶ αὔταρκες ἡ εὐδαιμονία, τῶν πρακτῶν οὖσα τέλος. (Eth. Nicom. I, 7 ed. Zell.)

möge, sondern daß zum vollkommenen Glück außer der tugend=
haften Energie noch Reichthum, Freunde, politische Macht,
überhaupt äußere Mittel und Güter nöthig seien. *)

---

24. Grade der Tugend= und Lasterhaftigkeit.

Der Grad einer Kraft wird gemessen an dem Wider=
stande, den sie zu überwinden fähig ist. Eben so läßt
sich der Grad der Tugend= und Lasterhaftigkeit an dem
Widerstande messen, den beide zu überwinden fähig sind.
Für den Tugendhaften besteht der Widerstand, den er zu
überwinden hat, in den dem Guten, für den Lasterhaften
in den dem Bösen widerstrebenden Neigungen und Trieben
seines angeborenen Charakters.

Je mehr Einer von Natur zur Ungerechtigkeit, Un=
mäßigkeit, Feigheit inclinirt, desto tugendhafter ist er, wenn
er diesen Neigungen zum Trotz aus Liebe zum Guten ge=
recht, mäßig, tapfer ist. Je mehr Einen seine Naturnei=
gungen von einem Unrecht abziehen, desto lasterhafter ist er,
wenn er es um eines egoistischen Zweckes willen dennoch
begeht.

---

*) Ἄριστον ἄρα καὶ ἥδιστον ἡ εὐδαιμονία. Φαίνε-
ται δ' ὅμως καὶ τῶν ἐκτὸς ἀγαθῶν προςδεομένη, καθάπερ
εἴπομεν· ἀδύνατον γὰρ, ἢ οὐ ῥᾴδιον, τὰ καλὰ πράττειν,
ἀχορήγητον ὄντα. πολλὰ μὲν γὰρ πράττεται καθάπερ δι'
ὀργάνων καὶ διὰ φίλων καὶ πλούτου καὶ πολιτικῆς δυνά-
μεως. Ἐνίων δὲ τητώμενοι ῥυπαίνουσι τὸ μακάριον, οἷον
εὐγενείας, εὐτεκνίας, κάλλους· οὐ πάνυ γὰρ εὐδαιμονικὸς
ὁ τὴν ἰδέαν παναίσχης, ἢ δυςγενής, ἢ μονώτης καὶ ἄτεκ-
νος. ἔτι δ' ἴσως ἧττον, εἴ τῳ πάγκακοι παῖδες εἶεν ἢ φίλοι·
ἢ ἀγαθοὶ ὄντες τεθνᾶσι. Καθάπερ οὖν εἴπομεν, ἔοικε προς-
δεῖσθαι καὶ τῆς τοιαύτης εὐημερίας· ὅθεν εἰς ταὐτὸ τάτ-
τουσιν ἔνιοι τὴν εὐτυχίαν τῇ εὐδαιμονίᾳ· ἔνιοι δὲ τὴν ἀρε-
τήν. (Eth. Nic. I, 8 ed. Zell.)

Von zwei Wohlthätern, deren Einer reich ist und von seinem Ueberflusse giebt, der Andere arm ist und sich selbst beraubt, um den Bedürftigen zu geben, schreiben wir mit Recht dem Letztern einen größern Grad von Wohlwollen zu, als dem Erstern, wenn dieser auch zehnmal mehr giebt, als der Arme. — Von zwei Verzeihenden, deren Einer von Natur übelnehmerisch und rachsüchtig, der Andere dagegen zum Vergeben geneigt ist, schreiben wir dem Erstern einen größern Grad von Versöhnlichkeit zu, als dem Letztern, wenn dieser auch eine bei Weitem größere Beleidigung vergiebt, als der Erstere.

Von zwei Betrügern, deren Einer ohne Unterschied Jeden betrügt, von dem er Gewinn ziehen kann, der Andere aber nur Reiche und ihm Fernstehende, dagegen Arme und Nahestehende verschont, schreiben wir mit Recht dem Erstern einen größern Grad von Egoismus zu, als dem Letztern, u. s. w.

Die Stoiker leugneten alle Gradunterschiede im Sittlichen und ließen keinen andern Unterschied übrig, als den qualitativen zwischen Tugend und Laster.*) Chrysippos lehrte: „Wenn ein Wahres nicht mehr wahr ist, als das andere, und ein Falsches nicht mehr falsch, als ein anderes, so ist auch zwischen Betrug und Betrug, Sünde und Sünde, kein Unterschied. Und wer hundert Stadien von Kanobos entfernt ist, und wer nur ein Stadium, sind doch Beide auf gleiche Weise nicht in Kanobos; so auch sind der, welcher mehr und der, welcher weniger sündigt, doch Beide von dem Guten gleich fern." Uebereinstimmend mit dem

---

*) Ἀρέσκει δὲ αὐτοῖς μηδὲν μέσον εἶναι ἀρετῆς καὶ κακίας, τῶν Περιπατητικῶν μεταξὺ ἀρετῆς καὶ κακίας εἶναι λεγόντων τὴν προκοπήν· ὡς γὰρ δεῖν φασὶν ἢ ὀρθὸν εἶναι ξύλον ἢ στρεβλόν, οὕτως ἢ δίκαιον ἢ ἄδικον, οὔτε δὲ δικαιότερον οὔτε ἀδικώτερον, καὶ ἐπὶ τῶν ἄλλων ὁμοίως. (Diog. Laërt. VII, 127.)

IV. Gut, Pflicht und Tugend.

Christenthum hielten sie den Uebergang vom Bösen zum Guten für keinen gradweisen, sondern für einen plötzlichen, wie durch Wiedergeburt bewirkten.*)

Aber der qualitative Unterschied zwischen Tugend und Laster, dem zufolge von letzterm zu ersterer der Uebergang kein gradweiser ist, hindert gar nicht, innerhalb eines jeden von Beiden Gradunterschiede anzunehmen. Um bei dem Bilde des Chrysippos stehen zu bleiben, so ist freilich, wer nur ein Stadium von Kanobos entfernt ist, eben so wenig in Kanobos, als der hundert Stadien Entfernte; denn zwischen dem Drin- und Draußensein ist ein qualitativer Unterschied. Aber der nur ein Stadium von einer Stadt Entfernte ist doch offenbar der Stadt näher, als der hundert Stadien Entfernte. Eben so nun hat, wer vom sittlichen Ideal nur noch wenig entfernt ist, dasselbe zwar eben so wenig schon erreicht, als wer noch weit ab ist; aber ersterer ist doch der Erreichung desselben näher, als der andere.

Daraus also, daß zwischen Tugend und Laster ein qualitativer Unterschied ist, folgt nicht, was die Stoiker folgerten, daß alle Tugendhaften gleich tugendhaft, und alle Lasterhaften gleich lasterhaft sind. Dem abstracten Begriffe nach freilich sind alle gleich, gehören alle zu derselben Kategorie, alle Ungerechten haben das wesentliche Merkmal der Ungerechtigkeit und alle Gerechten das wesentliche Merkmal der Gerechtigkeit gemein. Aber in der Wirklichkeit ist das dem Begriffe nach Gleiche doch sehr verschieden; da giebt es sehr verschiedene Grade der Gerechtigkeit und Ungerechtigkeit, und der Eine hat es in ersterer, der Andere in letzterer weiter gebracht, als der Andere.

Schopenhauer sagt mit Recht: „Bei jeder ungerechten

---

*) Vergl. Brandis, Geschichte der Entwickelungen der griechischen Philosophie und ihrer Nachwirkungen im Römischen Reiche, zweite Hälfte, S. 144, und Neander, Vorlesungen über Geschichte der christlichen Ethik, S. 48 fg.

Handlung ist das Unrecht der Qualität nach das selbe, nämlich Verletzung eines Andern, es sei an seiner Person, seiner Freiheit, seinem Eigenthum, seiner Ehre. Aber der Quantität nach kann es sehr verschieden sein. Diese Verschiedenheit der Größe des Unrechts scheint von den Moralisten noch nicht gehörig untersucht zu sein, wird jedoch im wirklichen Leben überall anerkannt, indem die Größe des Tadels, den man darüber ergehen läßt, ihr entspricht. Gleichermaaßen verhält es sich mit der Gerechtigkeit der Handlungen. Um dies zu erläutern: z. B. wer, dem Hungertode nahe, ein Brot stiehlt, begeht ein Unrecht: aber wie klein ist seine Ungerechtigkeit gegen die eines Reichen, der auf irgend eine Weise einen Armen um sein letztes Eigenthum bringt. Der Reiche, welcher seinen Tagelöhner bezahlt, handelt gerecht: aber wie klein ist diese Gerechtigkeit gegen die eines Armen, der eine gefundene Goldbörse dem Reichen freiwillig zurückbringt. Das Maaß dieser so bedeutenden Verschiedenheit in der Quantität der Gerechtigkeit und Ungerechtigkeit (bei stets gleicher Qualität) ist aber kein directes und absolutes, wie das auf dem Maaßstabe, sondern ein mittelbares und relatives, wie das der Sinus und Tangenten. Ich stelle dazu folgende Formel auf: die Größe der Ungerechtigkeit meiner Handlung ist gleich der Größe des Uebels, welches ich einem Andern dadurch zufüge, dividirt durch die Größe des Vortheils, den ich selbst dadurch erlange: und die Größe der Gerechtigkeit meiner Handlung ist gleich der Größe des Vortheils, den mir die Verletzung eines Andern bringen würde, dividirt durch die Größe des Schadens, den er dadurch erleiden würde. — Nun aber giebt es, außerdem noch eine doppelte Ungerechtigkeit, die von jeder einfachen, sei diese noch so groß, specifisch verschieden ist, welches sich dadurch kund giebt, daß die Größe der Indignation des unbetheiligten Zeugen, welche stets der Größe der Ungerechtigkeit proportional ausfällt, bei der doppelten allein den höchsten Grad erreicht, und diese verabscheut als etwas Empörendes und Himmelschreiendes, als eine Unthat, ein ἄγος, bei welchem gleichsam die Götter ihr Antlitz verhüllen. Diese doppelte Ungerechtigkeit hat Statt, wo Jemand ausdrücklich die Verpflichtung übernommen hat, einen Andern in einer bestimmten Hinsicht zu schützen, folglich die Nichterfüllung dieser Verpflichtung schon Verletzung des Andern, mithin Unrecht wäre; er nun aber noch überdies jenen Andern, eben darin, wo er ihn schützen sollte, selbst angreift und verletzt. Dies ist z. B. der Fall, wo der bestellte Wächter, oder Geleitsmann, zum Mörder, der betraute Hüter zum Dieb wird, der Vormund die Mündel um ihr Eigenthum bringt, der Advokat prävaricirt, der Richter sich bestechen läßt, der um Rath Gebetene dem Frager absichtlich einen verderblichen Rath ertheilt; — welches Alles zusammen unter dem Begriff des Verraths gedacht wird, welcher der Abscheu der Welt ist: diesem gemäß setzt auch Dante die Verräther in den tiefuntersten Grund der Hölle, wo der Satan selbst sich aufhält." (Inf. XI, 61—66.)*)

Der Stoischen Leugnung aller Gradunterschiede im Ethischen steht überdies die Analogie in andern Gebieten entgegen. Im ästhetischen Gebiete giebt es, obwohl Schönheit und Häßlichkeit qualitativ verschieden sind, doch mehr und minder schöne, mehr und minder häßliche Gestalten; nicht alle Schönen sind gleich schön, und nicht alle Häßlichen gleich häßlich. Eben so giebt es im wissenschaftlichen Gebiete, obgleich Wahrheit und Irrthum qualitativ verschieden sind, doch mehr und minder wahre, mehr und minder irrige Lehren; nicht alle wahren sind gleich wahr und nicht alle irrigen gleich irrig. Und im sittlichen Gebiete sollte es anders sein? Da sollten alle

---

*) S. Arthur Schopenhauer, Die beiden Grundprobleme der Ethik, 2. Aufl., S. 219 fg.

guten Handlungen gleich gut, und alle schlechten gleich schlecht sein?

Die Stoiker haben ganz Recht, daß der Uebergang vom Bösen zum Guten eine gänzliche Sinnesänderung fordert. Aber da, wo diese Sinnesänderung eingetreten ist, ist doch alsdann noch ein Fortschritt, eine Besserung, eine Progression vom Unvollkommnern zum Vollkommnern möglich, weil mit der Sinnesänderung nicht sofort aller Widerstand des alten gegen den neuen Menschen beseitigt ist. Mit der Sinnesänderung ist erst die Tugend der Gesinnung nach gesetzt, aber noch nicht die Tugend auch als Fertigkeit (s. die Tugend als Gesinnung und als Fertigkeit). Daher hat Neander ganz Recht, die Stoiker zwar wegen ihrer Uebereinstimmung mit der christlichen Forderung der gänzlichen Sinnesänderung zu loben, aber auch zugleich den Tadel hinzuzufügen, daß sie den Standpunkt der Idee und den der Erscheinung nicht auseinander hielten. Er sagt nämlich: „Von dem idealen Standpunkt macht auch das Christenthum nur den Einen Gegensatz zwischen göttlichem und ungöttlichem Leben, Ausübung des Sittengesetzes in allen seinen Forderungen, oder Zwiespalt mit demselben, Liebe oder Selbstsucht als herrschendes Lebensprincip, welcher Unterschied sich auch in der Erscheinung darstellen möge; zwischen beiden liegt nichts in der Mitte. Es ist dies wichtig für die Selbstprüfung im Verhältniß zu den Anforderungen des Sittengesetzes, in aller Sünde, in der innern und äußern, in allen ihren Erscheinungen dasselbe Princip zu erkennen. Dies ist der sittliche Spiegel, den Christus in der Bergpredigt (Matth. 5, 28) der ethischen Selbstbetrachtung vorhält, wenn er alle noch so fernen Regungen des selbstischen Princips, wie die rohen Ausbrüche der selbstischen Begierden auf denselben Ursprung zurückführt. Danach sagt Jakobus (Jak. 2, 10), daß, wer nur Ein Gebot übertreten hat, der Uebertretung des ganzen Gesetzes schuldig sei. Und Johannes (1. Joh. 3, 15) setzt von diesem Standpunkte Jeden, der seinen Bruder haßt, in Eine Kategorie mit dem Mörder. Von diesem Standpunkte sagt er, daß, wer aus Gott geboren ist, nicht sündigt, ohne hier irgend einen Unterschied zu machen, weil alle Sünde auf gleiche Weise mit dem Wesen des göttlichen Lebens im Widerspruch steht. So muß vom Standpunkt der Idee aus, indem nur der Gegensatz des Princips in's Auge gefaßt wird, alles Böse sich als gleich darstellen. Dies muß zum Bewußtsein gebracht werden, damit die wahre Bedeutung der Gesinnung in Bezug auf das Gute und Böse erkannt werde.

„Aber andererseits muß, was der Stoicismus nicht thut, der Standpunkt der Idee und der Standpunkt der Erscheinung auseinander gehalten werden. Auch hier läßt das Christenthum das rechte Verhältniß des idealen Standpunktes zu dem der Erscheinung erkennen; es lehrt in der Erscheinung eine Mannigfaltigkeit der Stufen unterscheiden, je nachdem mehr oder weniger das göttliche Leben in seiner Entwicklung im Kampf mit der Sünde siegreich durchgedrungen ist, mehr oder weniger die Reactionen des ungöttlichen Princips hervortreten. So macht derselbe Johannes, welcher jenen unvermittelten Gegensatz von dem idealen Standpunkt aufstellt, doch einen Unterschied in der empirischen Beurtheilung der Sünde. Wie das Eine zur Strenge der Selbstprüfung erfordert wird, so das Andere zu der liebevoll gerechten Beurtheilung der verschiedenen Erscheinungsformen des sittlichen Lebens."*)

Es ist unzweifelhaft, daß wenngleich alle Tugendhaften der Gesinnung nach gleich sind, es doch in der Tugend als Fertigkeit Gradunterschiede giebt. Plutarch weist in seiner Abhandlung: „Wie man seine Fortschritte in der Tugend bemerken könne" nach, wie nicht blos die physischen, sondern auch die moralischen Fertigkeiten durch Uebung

---

*) S. Neander's Vorlesungen über Geschichte der christlichen Ethik, S. 49 fg.

wachsen und man den moralischen Fortschritt an der zunehmenden Herrschaft über die Leidenschaften messen könne. Er sagt nämlich: „Da es etwas Großes und Göttliches ist, von allen Leidenschaften gänzlich frei zu sein, der Fortschritt aber, wie wir behaupten, in der Abnahme und Beruhigung der Leidenschaften besteht: so muß man die Leidenschaften mit sich selbst und unter einander vergleichen, um dann den Unterschied zu bestimmen; mit sich selbst, in wie ferne wir jetzt in unsern Begierden, in Furcht wie in Zorn, ruhiger sind als zuvor, indem wir durch die Vernunft schnell das auflodernde Feuer derselben ersticken; unter einander, in wie ferne wir uns jetzt mehr schämen als fürchten, mehr einander nacheifern als beneiden, mehr den Ruhm als das Geld lieben und überhaupt wie die Tonkünstler lieber in der Dorischen als in der Lydischen Weise *) zu Viel thun, in wie ferne wir in unserer Lebensweise eher zu hart als zu weichlich sind, in unsern Handlungen eher langsam als voreilig, andere Reden und Menschen eher bewundern, als verachten. Denn wie bei einer Krankheit ein Uebergang auf die minder gefährlichen Theile des Körpers ein gutes Zeichen ist, so wird auch bei Denen, welche Fortschritte machen, das Laster erst in sanftere Leidenschaften sich verwandeln, und dann nach und nach erlöschen." **)

Giebt es nun aber Gradunterschiede im Sittlichen, so giebt es auch eine sittliche Besserung.

Mit dem Prädicat besser verhält es sich eigentlich, wie mit dem Prädicat gut; jenes ist eben so relativ, wie dieses. Denn so wie gut Etwas nur ist in Beziehung auf einen bestimmten Zweck (s. Gut und Güte), so auch besser.

---

*) D. h. lieber in der rauhern, als in der zartern.

**) S. Plutarch's Moralische Schriften, übersetzt von Bähr, 2. Bd., S. 217 ff.

IV. Gut, Pflicht und Tugend.

Vergleichen wir zwei Dinge, oder zwei Zustände, oder zwei Leistungen und nennen das eine besser, als das andere, so meinen wir damit, daß es dem Zweck oder Ideal, in Beziehung worauf wir sie mit einander vergleichen, näher kommt, entsprechender ist, mehr zur Realisirung desselben beiträgt, als das andere. Z. B. ein Instrument ist besser, als das andere, das heißt: es dient dem Zweck, zu welchem es verfertigt ist, besser, als das andere. Oder Einer spielt ein Instrument besser, als ein Anderer, das heißt: sein Spiel ist dem Ideal des Spiels entsprechender, als das des Andern.

Die Vergleichung könnte nicht stattfinden, wenn von den zwei Verglichenen nicht auch das Schlechtere noch eine dem Zweck oder Ideal, in Beziehung worauf wir sie vergleichen, entsprechende Beschaffenheit hätte. Denn hätte es gar keine von den wesentlichen Eigenschaften an sich, die der Zweck oder das Ideal fordert, so fiele es ganz außerhalb der Dinge, die in Beziehung auf diesen Zweck oder dieses Ideal überhaupt eine Vergleichung zulassen. Es wäre z. B. lächerlich, eine Uhr, die blos die äußere Form der Uhr ohne inneres Werk hätte, mit einer wirklichen Uhr zu vergleichen und jene eine schlechtere Uhr zu nennen, als diese. Das Schlechtere muß mit dem Bessern, um mit demselben verglichen werden zu können, immer noch dieselben wesentlichen Eigenschaften gemein haben. Der Unterschied des Schlechtern vom Bessern liegt nicht darin, daß in jenem die wesentlichen Eigenschaften der Sache gänzlich fehlen, sondern nur darin, daß sie in ihm dem Zweck oder Ideal nicht so entsprechend vorhanden sind, wie in dem Bessern. Von zwei Messern z. B., deren eines schlechter schneidet, als das andere, hat jenes immer noch die wesentlichen Eigenschaften des Messers, ist also kein Lichtenberg'sches Messer ohne Stiel und Klinge; es hat die wesentlichen Eigenschaften nur nicht in der dem Zweck entsprechenden Vollkommenheit, wie das bessere Messer.

Wenn nun von einem Subject gesagt wird: es

bessert sich, so gilt hier dasselbe, als wenn von zwei Dingen das eine besser genannt wird, als das andere. Auch hier nämlich haben die beiden verglichenen Zustände oder die beiden verglichenen Leistungen des sich bessernden Subjects dieselben wesentlichen Eigenschaften, gehören zu derselben Gattung. Ein Subject bessert sich z. B. in gesundheitlicher Hinsicht. Was heißt das anders, als daß sein jetziger Gesundheitszustand dem Ideal der Gesundheit entsprechender ist, als der vorangegangene? Wäre in dem vorangegangenen Zustand gar nichts von Gesundheit, so wäre es lächerlich, den jetzigen Zustand gesünder zu nennen. Wo der spätere Zustand eines Subjects gar nichts mehr mit dem frühern gemein hat, da kann wohl von Aenderung, aber nicht von Besserung die Rede sein.

Diesen Unterschied hat man festzuhalten, wenn man sich über die sittliche Besserung klar werden will. Sittlich sich bessern heißt nicht sittlich sich ändern, aus einem bösen ein guter, aus einem lasterhaften ein tugendhafter Mensch werden, sondern es heißt nur so viel, als in der Tugend fortschreiten, dem sittlichen Ideal vollendeter Tugendhaftigkeit näher kommen. Dabei ist aber immer die Tugendhaftigkeit schon vorausgesetzt.

V. Freiheit und Zurechnung.

1. Die Freiheit des Willens.

Bekanntlich wird die Freiheit des Willens zur Voraussetzung der Verantwortlichkeit gemacht. Gewöhnlich geschieht dies aber in einem Sinne, in welchem Freiheit dem Willen gar nicht zukommt. Ich will daher hier zunächst untersuchen, in welchem Sinne Freiheit dem Willen überhaupt zukommt. Alsdann wird es nicht schwer sein, zu bestimmen, in welchem Sinne sie die Voraussetzung der Verantwortlichkeit bildet. Es ist klar, daß, wenn man die Freiheit des Willens in einem Sinne zur Voraussetzung der Verantwortlichkeit macht, in welchem sie gar nicht existirt, man eine Fiction zur Voraussetzung der Verantwortlichkeit macht.

Das Prädicat frei hat verschiedene Bedeutungen. Wir nennen ein Wesen frei, wenn es Das kann, was es will. Wir nennen aber auch ein Wesen frei, wenn es sich selbst; d. h. mit seinem Willen zu Dem bestimmt, was es thut oder leidet.

Im erstern Sinne ist, um frei zu sein, Unabhängigkeit und Ungehemmtheit nöthig. Denn ein Wesen, welches abhängig oder welches gehemmt ist, ist, so weit als es dieses ist, unfrei; es kann, was es will, nur so weit, als

Dasjenige, wovon es abhängig oder wodurch es gehemmt ist, es zuläßt.

In diesem erstern Sinne ist kein endliches Wesen frei. Denn jedes ist theils abhängig, theils gehemmt.

Was zunächst die Abhängigkeit betrifft, so geht sie schon daraus hervor, daß jedes endliche Wesen auf Anderes bezogen ist, dessen es zur Befriedigung seines Bedürfnisses oder zur Realisirung seines Strebens bedarf. Welche Function man auch immer nennen möge, so ist sie abhängig von Bedingungen. Das Auge kann nicht sehen ohne Licht, die Lunge nicht athmen ohne Luft, der Geist nicht denken ohne Sinnesanschauung. Der wissenschaftlich Ungebildete meint, um seine Glieder, seine Hände oder Füße zu bewegen, brauche er weiter nichts, als sie bewegen zu wollen. Aber er irrt sich. Denn die willkürliche Bewegung ist, wie jede Function des Leibes, abhängig, und wenn Dasjenige, wovon sie abhängig ist, entweder fehlt, oder nur unvollkommen vorhanden ist, so hilft der bloße Wille, sich zu bewegen, nichts. Dieser Wille ist alsdann unfrei, in dem Sinne, daß er nicht kann, was er will, oder daß er es nur mangelhaft kann.*)

---

*) Nach Domrich sind zur willkürlichen Bewegung erforderlich: 1) contractile Muskelfasern; 2) erregende motorische Nerven; 3) ein vom Gehirn aus durch die Vorstellung der auszuführenden Bewegung erregter Strom in den motorischen Nerven. Fehlt eines dieser Elemente, oder thut seine Schuldigkeit nicht, so kommt keine willkürliche Bewegung zu Stande. Bei der Alltäglichkeit und weiten Verbreitung der willkürlichen Muskelbewegung, sagt Domrich, pflegt man das Wunderbare dieses Processes gewöhnlich zu übersehen. Man hält es für so natürlich, daß der Wille über die Bewegungen des Körpers nur zu gebieten braucht, damit sie dastehen, daß im Gegentheil für die meisten Menschen das Geheimniß dann beginnt, wenn sie in Folge pathologischer Veränderungen dieser Fähigkeit verlustig wurden. Erst ziemlich spät hat uns die empirische Naturforschung lehren müssen, daß die Existenz der thierischen Bewegung an das

V. Freiheit und Zurechnung.

Wenn Freiheit im Sinne der Unabhängigkeit keinem endlichen Wesen und keiner Function eines endlichen

---

Vorhandensein eines contractilen Gewebes und eines die Zusammenziehung desselben anregenden Nervenfadens geknüpft ist, und daß jene Erfahrung des Bewußtseins, willkürliche Muskelbewegungen veranlassen zu können, physiologisch darauf beruht, daß wir im Stande sind, durch innere Thätigkeiten einen Strom in den motorischen Nerven zu erregen, der alle Eigenschaften eines durch äußere Reize veranlaßten theilt. Diese innern Thätigkeiten sind eben Vorstellungen, Bewegungsvorstellungen, gedachte Bewegungen. Das Bewußtsein, d. h. die bewußte Vorstellung der Bewegung kennt dabei aber weder die motorischen Nerven, noch die zu bewegenden Muskeln, es giebt uns nur die Thatsache, daß wir uns willkürlich zu bewegen vermögen, von dem Vorhandensein der Muskeln und Nerven sagt es uns nichts. Deshalb sind wir auch nicht im Stande, unmittelbar zu wollen, daß dieser oder jener Muskel sich contrahire, da wir sein Vorhandensein gar nicht kennen. Wir singen willkürlich Töne von bestimmter Höhe, ohne überhaupt zu wissen, daß sich dabei Muskeln, und zwar mit größter Genauigkeit contrahiren müssen. In diesen Fällen ist es nicht die Vorstellung der einzelnen Bewegung, welche die letztere selbst veranlaßt, sondern die Vorstellung des Gesammtzweckes oder des Erfolges. Doch dieses allgemeine Wollen, dieses Wollen im Vorstellen, bildet als solches nur einen Theil unseres Willens. Damit dasselbe in wirkliche Bewegung übergehe, muß es zum Willensimpuls werden, d. h. es ist nothwendig, daß gewisse Gruppen bewegender Nerven in Anregung gesetzt, daß von dem Centralorgane aus ein Strom in ihnen erregt werde, welcher zu den Muskeln fortgeleitet, die Contraction derselben und die Lagenveränderung der Glieder hervorruft. Die Vorstellung der Bewegung ruft also die wirkliche Bewegung noch nicht hervor, sondern es muß, unabhängig von der gedachten Bewegung, den motorischen Nerven erst noch ein besonderer Impuls, ein Anstoß gegeben werden; es findet sich hier noch ein Mittelglied zwischen im Vorstellen gewollter und in Wirklichkeit ausgeführter Bewegung. Dieses Mittelglied findet sich auch in der Organisation. Wie so oft durch Krankheitsfälle die Physiologie bereichert wird, so sind wir auch hier vorzugsweise an sie verwiesen. Fast jedem beschäftigtern Arzte werden solche Kranke vorgekommen sein, bei denen, meist in Folge von Apoplexie (apoplexia cerebri sanguinea), die

Wesens zukommt, ja undenkbar ist, weil es ein Widerspruch ist, endlich, d. h. auf Anderes bezogen, durch Anderes bedingt, und dabei doch unabhängig zu sein; so läßt sich dagegen Freiheit im Sinne der Ungehemmtheit zwar denken, aber factisch dürfte sie nicht, oder doch nur sehr selten vorkommen. Denn die Wesen und Kräfte dieser Welt hemmen einander vielfach, und es giebt vielleicht kein einziges Wesen, keine einzige Kraft, keine einzige Function, die völlig ungehemmt ist, also vollständig und ohne Rest Das kann, was sie will. Daher eben entstehen die Uebel und Unvollkommenheiten dieser Welt. Aber so weit, als wirkliche Ungehemmtheit stattfindet, findet auch Freiheit statt, und in diesem Sinne kommt das Prädicat frei jedem Wesen, jeder Kraft, jeder Function zu, die ohne Hemmung kann, was sie will. In diesem Sinne giebt es nicht blos eine Freiheit des Willens, sondern auch eine Freiheit des Denkens, eine Freiheit des Fühlens, eine Freiheit der Phantasiethätigkeit, kurz jeder Thätigkeit, die man nennen möge.

Seien die Hemmungen äußere oder innere, seien es mittelbare oder unmittelbare, — immer wird ein Wesen,

---

willkürliche Bewegung einer oder beider Körperhälften aufgehoben wurde. Das intelligente Leben hat bei ihnen durchaus nicht gelitten, das Selbstbewußtsein ist vollkommen ungestört und der intelligente Wille ungeschwächt. Sie können wollen, aber sie können das Gewollte nicht in Bewegungen übersetzen und ausführen. Gleichwohl aber sind die Bewegungen der Glieder noch möglich, sie erfolgen auf anderweitige äußere oder innere Reize vollständig und in zweckmäßiger Verbindung. Das Wollen ist gesund, die Nerven sind gesund, allein der Willensimpuls, der Willensreiz kann sie nicht erreichen; die leitende und erregende Brücke zwischen vorgestellter Bewegung und den centralen Enden der motorischen Nerven ist abgebrochen. *)

*) S. Domrich, „Die psychischen Zustände, ihre organische Vermittelung und ihre Wirkung in Erzeugung körperlicher Krankheiten", in dem Capitel über thierische Bewegung. (Jena, Verlag von Friedrich Mauke, 1849.)

V. Freiheit und Zurechnung.

eine Kraft, eine Function in dem Grade frei, als die Hemmungen aufhören. Nur von seiner eigenen Natur kann kein Wesen, keine Function frei werden, sondern die Natur desselben vielmehr ist es, die von äußern oder innern Hemmungen frei wird. Das Denken kann nie von der Natur und den Gesetzen des Denkens frei werden, wohl aber kann seine natürliche und gesetzmäßige Thätigkeit von den sie hemmenden oder störenden Einflüssen frei werden. Eben so kann der Wille nie von Dem, was die eigenthümliche Natur des Wollens ausmacht, frei werden, wohl aber von Dem, was das Wollen hemmt.

Da die Kräfte des Menschen verschieden sind, so können die einen in ihm frei werden, während die andern gehemmt sind; ja gewöhnlich gereicht das Freiwerden der einen den andern zur Hemmung, das Herrschendwerden der einen hat das Zurücktreten der andern zur Folge. Schon im physischen Leben des Menschen findet dieses Zurücktreten der einen in Folge des Freiwerdens der andern statt. Im Schlafe z. B. herrscht das vegetative Leben des Organismus vor und das animalische und geistige tritt zurück, wird unfrei; im Wachen verhält es sich umgekehrt. Im ethischen Leben findet Aehnliches statt. In dem Maaße, als die sinnlichen, egoistischen Triebe frei werden, wird der sittliche Wille gehemmt; in dem Maaße, als dieser frei wird, treten jene zurück und können sich nicht mehr frei regen. Die Freiheit der einen Art des Lebens wird immer auf Kosten der Freiheit der andern Art erkauft. Freiwerden des theoretischen, contemplativen Lebens hat Hemmung des praktischen, und Freiwerden des praktischen hat Hemmung des theoretischen zur Folge. Im Mittelalter war der Glaube so frei, daß die Wissenschaft unfrei wurde; in der Gegenwart ist die Wissenschaft so frei geworden, daß der Glaube gebunden liegt.

In dem Sinne der Ungehemmtheit ist Freiheit die negative Bedingung jeder Thätigkeit, wenn sie gelingen, wenn sie ihr eigenthümliches Werk nicht blos verrichten, sondern auch gut verrichten soll. Die künstlerische Thätigkeit z. B. muß frei sein von allen kunstwidrigen Einflüssen, wenn sie gelingen soll, die wissenschaftliche von allen wissenschaftswidrigen, die politische von allen antipolitischen, und die moralische von allen antimoralischen. Wenn eine Nation oder eine Zeit es in der Kunst, oder in der Wissenschaft, oder in der Politik, oder im sittlichen Leben weiter bringt, als eine andere, so ist Freiheit von hemmenden, gegenwirkenden Einflüssen zwar nicht die einzige Ursache davon, aber doch eine stark mitwirkende.

So viel über die erste Bedeutung des Prädicates frei, wonach es so viel heißt, als können, was man will. Diese Art der Freiheit ist, wie gezeigt, den endlichen Wesen wegen ihrer Abhängigkeit und Gehemmtheit gar sehr geschmälert.

In der zweiten oben angegebenen Bedeutung heißt frei sein so viel als selbst wollen, was man thut oder leidet. In diesem Sinne ist jedes Wesen frei, welches sich selbst, mit seinem eigenen Willen, zu Dem bestimmt, was es thut, oder leidet, unfrei hingegen jedes, welches widerwillig oder gezwungen Das thut oder leidet, was es thut oder leidet. Das Gegentheil von frei lautet also hier: widerwillig, gezwungen. Will ich z. B. vorwärts und der Sturm treibt mich zurück, so ist diese Rückbewegung unfrei, weil gezwungen. Will ich wachen und schlafe vor Müdigkeit ein, so ist das Einschlafen unfrei, weil widerwillig. Will ich eine ernste Miene machen, muß aber über einen lächerlichen Anblick oder ein lächerliches Wort lachen, so ist dieses Lachen unfrei, weil widerwillig.

Es geht aus diesen Beispielen hervor, daß jeder Zwang, sei er ein äußerer oder innerer, sei die zwingende Macht eine äußere reale Gewalt, oder ein innerer Zustand, eine Empfindung, eine Vorstellung, die Freiheit aufhebt. Solche durch äußern oder innern Zwang hervorgerufene Handlungen werden auch dem Handelnden nicht zugerechnet. Man sagt in der gewöhnlichen Sprache: er

V. Freiheit und Zurechnung.

kann nicht dafür. Es sind auch eigentlich nicht Handlungen, sondern nur unfreiwillige, unwillkürliche Bewegungen und Thätigkeiten. Denn zum Handeln gehört Wille, Vorsatz. Reflexbewegungen sind keine Handlungen, weil sie unvorsätzlich geschehen.

Vergleichen wir nun die beiden Arten der Freiheit mit einander, so finden wir, daß die zweite, die Selbstbestimmung des Willens, stattfinden kann ohne die erste, ohne Unabhängigkeit und ohne Ungehemmtheit. Eine That kann eine freiwillige, selbstgewollte, ungezwungene sein, ohne darum unabhängig oder ungehemmt zu sein. Ein Forscher will z. B. die Wahrheit über einen Gegenstand ermitteln. Er ist hiezu nicht gezwungen, sondern bestimmt sich selbst, freiwillig dazu; aber er kann nicht, was er will, weil ihm die äußern Mittel, von denen die Wahrheitsermittlung abhängt, fehlen, oder weil er durch innere Zustände des Körpers gehemmt ist. Die Unfreiheit im Sinne der Abhängigkeit und Gehemmtheit macht hier die Freiheit im Sinne der Selbstbestimmung erfolglos. Man kann also zugleich frei und unfrei sein, frei im Wollen und unfrei im Thun und Ausführen.

Machen wir nun von allem Diesem die Anwendung auf das Ethische, so ist klar, daß Freiheit im Sinne der Unabhängigkeit dem sittlichen Willen nicht zukommt. Der sittliche Wille ist so gut wie jeder andere Wille von Bedingungen abhängig, ohne die er nicht kann, was er will. Wohlthaten so gut, als Uebelthaten kommen nur zu Stande, wenn die äußern Mittel und innern Kräfte, von denen ihre Ausführung abhängig ist, vorhanden sind. Der bloße Wille zum Guten nützt nichts, wenn die ausführenden Mittel und Organe fehlen, so wie der bloße Wille zu einer Bewegung nichts hilft, wenn die Bewegungsorgane gelähmt sind.

Wie nicht frei im Sinne der Unabhängigkeit, so ist

der sittliche Wille auch nicht frei im Sinne der Ungehemmtheit. Denn der gute sowohl, als der böse Wille unterliegt äußern und innern Hemmungen. So manche gewollte Wohl- und so manche gewollte Uebelthat bleibt unvollzogen oder wird schlecht vollzogen wegen der äußern oder innern Hemmungen.

Es bleibt somit für den ethischen Willen nur noch die Freiheit im Sinne der Selbstbestimmung übrig. Und in diesem Sinne kommt ihm Freiheit allerdings zu. Der gute Wille bestimmt sich selbst zu guten, pflichtgemäßen, der böse bestimmt sich selbst zu bösen, pflichtwidrigen Handlungen, keine äußere oder innere Macht zwingt ihn. Denn den Willen kann überhaupt Nichts zwingen.

In diesem Sinne allein auch kann Freiheit des Willens Bedingung der sittlichen Zurechnung sein, wenngleich sie nicht die einzige ist, sondern es, wie in dem Capitel über Gegenstand und Bedingungen der sittlichen Zurechnung gezeigt ist, noch eine zweite giebt. Die Handlungen, die ethisch zugerechnet werden sollen, müssen selbstgewollte, durch keinen äußern oder innern Zwang bewirkte, d. h. es müssen Handlungen, keine blos unwillkürliche Bewegungen sein. Aber Unabhängigkeit und Ungehemmtheit derselben ist zur Zurechnung nicht nöthig. Eine gute oder schlechte Handlung kann von sehr vielen Bedingungen abhängig gewesen, kann auch sehr gehemmt worden sein, ohne deshalb von der Zurechnung ausgeschlossen zu werden. Zur ethischen Zurechnung genügt, daß sie Ausfluß des sich selbst bestimmenden guten oder bösen Willens ist.

Aber mit der Freiheit in diesem Sinne sind nicht alle Ethiker zufrieden, sondern manche verlangen noch eine ganz besondere Freiheit, die Freiheit nämlich in dem Sinne des Vermögens, zu gleicher Zeit Entgegengesetztes wollen zu können. Wer z. B. das Gerechte will, der soll zur selben Zeit und ganz eben so gut das Ungerechte wollen können, oder umgekehrt, sonst halten sie ihn nicht für ethisch

V. Freiheit und Zurechnung.

frei und zurechnungsfähig. Bestimmen ihn Gründe, das Eine dem Andern vorzuziehen, und muß er folglich das Eine dem Andern vorziehen, so fehlt ihm nach dieser Ansicht die zur Zurechnungsfähigkeit erforderliche Freiheit; denn die hier postulirte Freiheit bedeutet nicht mehr blos Ungezwungenheit, sondern Unnothwendigkeit, Grundlosigkeit. Frei in diesem Sinne ist nur Der, dessen Wille sich nicht blos selbst bestimmt, sondern zu gleicher Zeit sich zu Entgegengesetztem bestimmen, also etwas Gewolltes auch nicht wollen, oder auch das Gegentheil davon wollen kann.

Für diese Freiheit des auch Nicht- oder auch Anderswollenkönnens beruft man sich auf die innere Erfahrung, auf das Gefühl, das Jedem sage, daß er sich in einem und demselben Moment zu Entgegengesetzten entschließen könne. Aber innerlich erfahren kann man nur wirkliche Zustände, nicht blos fingirte. Ich kann erfahren, daß ich jetzt und hier dieses will, z. B. einem Nothleidenden helfen, und daß ich dabei nicht gezwungen bin, sondern es frei von äußerm und innerm Zwang will; aber daß ich zu gleicher Zeit es auch nicht wollen oder Entgegengesetztes wollen kann, — diese blos gedachte Möglichkeit kann ich gar nicht erfahren, weil ich eben in jedem Zeitmoment nur dieses Eine, was ihn gerade ausfüllt, erfahren kann, nur das Wollen oder das Nichtwollen, nicht aber Beides zugleich. Die Freiheit im Sinne des Auchnicht- oder auch Anderswollenkönnens wird nicht gefühlt, sondern erschlossen und zwar durch einen sehr übereilten, unbesonnenen Schluß. Daraus nämlich, daß wir von zwei entgegengesetzten Möglichkeiten wählen können, welche wir wollen, also z. B. rechts gehen, wenn wir rechts wollen, links gehen, wenn wir links wollen, es also nur von unserm Willen abhängt, welches von zwei Entgegengesetzten wir wählen, hat man geschlossen, daß wir zu gleicher Zeit Entgegengesetztes wollen können, was doch aus jenem Wählenkönnen gar nicht folgt.

Diesen Trugschluß hat Schopenhauer sehr gut aufgedeckt. Er sagt nämlich: „So lange der Willensakt im Werden begriffen ist, heißt er Wunsch, wenn fertig, Entschluß; daß er aber dies sei, beweist dem Selbstbewußtseyn selbst erst die That: denn bis zu ihr ist er veränderlich. Und hier stehen wir schon gleich an der Hauptquelle jenes allerdings nicht zu leugnenden Scheines, vermöge dessen der Unbefangene (d. i. philosophisch Rohe) meint, daß ihm, in einem gegebenen Fall, entgegengesetzte Willensakte möglich wären, und dabei auf sein Selbstbewußtseyn pocht, welches, meint er, dies aussagte. Er verwechselt nämlich Wünschen mit Wollen. Wünschen kann er Entgegengesetztes, aber Wollen nur Eines davon: und welches Dieses sei, offenbart auch dem Selbstbewußtseyn allererst die That. Ueber die gesetzmäßige Nothwendigkeit aber, vermöge deren, von entgegengesetzten Wünschen, der eine und nicht der andere zum Willensakt und That wird, kann eben deshalb das Selbstbewußtseyn nichts enthalten, da es das Resultat so ganz a posteriori erfährt, nicht aber a priori weiß. Entgegengesetzte Wünsche mit ihren Motiven steigen vor ihm auf und nieder, abwechselnd und wiederholt: über jeden derselben sagt es aus, daß er zur That werden wird, wenn er zum Willensakt wird. Denn diese letztere, rein subjective Möglichkeit ist zwar zu jedem vorhanden und ist eben das «ich kann thun was ich will». Aber diese subjective Möglichkeit ist ganz hypothetisch: sie besagt blos: «wenn ich dies will, kann ich es thun». Allein die zum Wollen erforderliche Bestimmung liegt nicht darin; da das Selbstbewußtseyn blos das Wollen, nicht aber die zum Wollen bestimmenden Gründe enthält, welche im Bewußtseyn anderer Dinge, d. h. im Erkenntnißvermögen, liegen. Hingegen ist es die objective Möglichkeit, die den Ausschlag giebt: diese aber liegt außerhalb des Selbstbewußtseyns, in der Welt der Objecte, zu denen das Motiv und der Mensch als Object gehört, ist daher dem Selbstbewußtseyn fremd und gehört dem Bewußtsehn anderer Dinge an. Jene subjective Möglichkeit ist gleicher Art mit der, welche im Steine liegt, Funken zu geben, jedoch bedingt ist durch den Stahl, an welchem die objective Möglichkeit haftet."*)

Da es nun objectiv nicht möglich ist, Entgegengesetztes zu gleicher Zeit zu wollen, so kann auch Freiheit in diesem Sinne gar nicht Bedingung der ethischen Zurechnung sein. Diese Freiheit ist eine bloße Fiction, eine subjective Einbildung; und wäre daher die Zurechnung durch sie bedingt, so wäre sie durch eine Fiction bedingt. Der sittliche Entschluß ist in Wahrheit zwar frei von Zwang, aber nicht frei von Nothwendigkeit. Der Gerechte giebt Jedem zwar nicht gezwungen das Seine, aber nothwendig, aus innerer Nöthigung. Er kann nicht anders, er muß Jedem das Seinige geben. Es ist daher nur ein falscher Schluß von Abwesenheit des Zwanges auf Abwesenheit der Nothwendigkeit, wenn man meint, weil der Tugendhafte nicht gezwungen Gutes thut, so thue er es nicht nothwendig, sondern könnte es eben so gut auch unterlassen.

So klar nun Dieses aber auch ist, so giebt es doch in der Gegenwart noch immer Köpfe, welche an der Freiheit als einem grundlosen Belieben festhalten, nicht einsehend, daß ein völlig indifferenter Wille sich zu nichts Bestimmtem entschließen könnte, sondern Bestimmtes immer nur aus einem schon bestimmten Willen herauskommen kann. Zu diesen gehört auch J. H. v. Kirchmann, der in seinem Werke: „Die Philosophie des Wissens. Erster Band. Die Lehre vom Vorstellen" (Berlin, Verlag von Julius Springer, 1864) folgende Freiheitslehre aufstellt:

---

*) S. Die beiden Grundprobleme der Ethik, 2. Auflage, S. 17 fg.

S. 66: „Das Begehren ist entweder gebunden an ein Anderes, als seine Ursache, oder es ist frei, tritt ohne Abhängigkeit von solchem Andern ein. Dies letzte ist das grundlose Begehren, was zum Unterschied das freie Wollen genannt werden soll, während Begehren nur von dem gebundenen Begehren gebraucht werden wird."

S. 67: „Die Erfahrung lehrt, daß das Begehren im gesunden Zustande der Seele niemals eine Stärke gewinnen könne, welche der freie Wille nicht überbieten und überwinden könnte."

S. 68 wird vom Kampf des Begehrens mit dem freien Willen gesagt: „Da dieser (der freie Wille) in seinem Eintreten und in seiner Stärke von keinem Andern bedingt ist, so wäre auch jede Regel über seinen Eintritt oder über die Entscheidung ein Widerspruch. Nur so viel giebt die Selbstwahrnehmung, daß der freie Wille sich jederzeit erheben kann, und daß er jedes Begehren im Streit überbieten und damit unterdrücken kann."

S. 69: „Nur bei Festhaltung des Willens als völlig Bestimmungslosen erscheint die That solchen Willens als die eigene That des Willens oder des Ich's. Jede Bestimmung durch eine Ursache beschränkt dieses Mein der That. Eine Freiheit, die, wie in der Auffassung Hegel's, mit Nothwendigkeit handelt, wenn sie auch nur ihr eigenes Gesetz vollzieht, widerspricht der unabweisbaren Forderung, daß die That die meine sei; in dieser Freiheit Hegel's entwickelt sich auch der Baum, der auch nur nach seinem Gesetze wächst. Der Wille, der frei ist, darf nur wollen, weil er will, d. h. grundlos; einen Mittelweg giebt es nicht."

S. 69: „Der Entschluß bezeichnet dieses Eintreten des freien Willens, der in seiner Uebermacht jedes entgegenstehende Begehren unterdrückt. Der Sieg zwischen mehreren Begehren wird nicht als Entschluß bezeichnet, sondern als ein Nachgeben dem stärksten Motive. Im

V. Freiheit und Zurechnung.

Entschluß liegt das Wissen der Freiheit. Das Wählen ist eben so ein Zeichen der Freiheit. Der Kampf zwischen den treibenden Motiven allein ist kein Wählen; die Seele ist bei jenem Kampfe noch ohne freien Willen; erst dadurch, daß neben diesen der Nothwendigkeit unterliegenden Begehren noch eine grundlose Macht des Willens in der Seele enthalten ist, wird jener Kampf ein Wählen, d. i. ein Abwägen der Motive mit dem Wissen, daß jedes von dem freien Willen durchbrochen werden kann. Da der freie Wille jedes Begehren hemmen kann, so gilt deshalb auch die durch die Nothwendigkeit des Begehrens gewirkte That dennoch als frei."

Hier wird es deutlich genug gesagt, daß nur der völlig bestimmungslose, durch keine innere Nöthigung gebundene, über jedes Begehren (also auch über das sittliche) sich erheben könnende Wille der freie ist und daß nur die Thaten, die aus diesem Willen hervorgehen, zurechenbar sind. Der Tugendhafte also, der aus innerer Nöthigung das Gerechte will und gerecht handelt, ist nicht frei; er müßte über seinen tugendhaften Willen sich auch erheben und ihn unterdrücken können, um frei und zurechnungsfähig zu sein. Der wirklich Tugendhafte weist aber solche Zumuthung zurück; er fühlt, daß er nicht anders wollen und handeln kann, als er will und handelt, und fühlt sich dabei doch nicht unfrei und unzurechnungsfähig; er braucht also jene grund- und bestimmungslose Freiheit nicht.

Und was der wirklich Sittliche nicht braucht, das braucht auch die Theorie der Sittlichkeit nicht; auch sie kann jene Freiheit entbehren. Die Ethik braucht für den Tugendhaften so wenig die Freiheit, zu derselben Zeit, wo er das Gute will, es auch nicht wollen oder sein Gegentheil, das Böse, wollen zu können, als die Aesthetik für den Künstler die Freiheit braucht, zu derselben Zeit, wo er das Schöne concipirt, es auch nicht oder auch das Häßliche concipiren zu können, oder als die Logik für den

Denkenden die Freiheit braucht, zu derselben Zeit, wo er ein hölzernes Eisen für einen Widerspruch erkennt, es auch für keinen Widerspruch zu erkennen.

Die Wahlfreiheit, auf die sich v. Kirchmann als auf einen Beweis für die „grundlose Macht des Willens" beruft, ist durchaus kein Beweis derselben. Denn was besagt die Wahlfreiheit? Sie besagt weiter nichts, als daß wir unter mehreren Mitteln zu einem Zweck das eine vorziehen, das andere verwerfen können. Sie besagt aber nicht, daß wir eben so gut das eine, als das andere wählen können, daß keine innere Nöthigung, das eine dem andern vorzuziehen, stattfinde.

Wir haben z. B. Hunger und wollen essen. Es liegt uns ein Vorrath von verschiedenen Speisen vor, unter denen wir wählen können. Heißt das, daß es uns möglich ist, diejenige Speise, die wir vorziehen, in demselben Moment auch zu verwerfen, und diejenige, die wir verwerfen, in demselben Moment auch vorzuziehen? Gewiß nicht; sondern es heißt nur, daß es in unserer Macht steht, die eine vorzuziehen, die andere zu verwerfen. Welche wir aber vorziehen, das ist bedingt durch unsern individuellen Geschmack oder Appetit. Ein anderes Individuum mit anderm Geschmack oder Appetit zieht eine andere vor, — Beweis genug, daß hier bei der Wahl eine innere Nöthigung stattfindet. Der Eine findet sich genöthigt so, der Andere anders zu wählen. Es steht Keinem, der den Hunger stillen will, frei, das Essen auch zu unterlassen, und es steht Keinem frei, eine andere Speise zu wählen, als die, der er den Vorzug giebt. Wo ist also hier die gepriesene „grundlose Macht des Willens"? Sobald wir einen Zweck wollen, sind wir auch an die Mittel zu seiner Ausführung gebunden; und wenn mehrere verschiedene Mittel vorliegen, zwischen denen wir wählen können, so sind wir genöthigt, dasjenige vorzuziehen, welches uns am besten dem Zwecke zu entsprechen scheint.

Aber muß ich denn den Zweck wollen? Kann ich

V. Freiheit und Zurechnung.

nicht, auch wenn ich Hunger habe, mich entschließen, nicht zu essen? Kann ich nicht zwischen Stillung und Nichtstillung des Hungers wählen? Allerdings. Denn die Erfahrung lehrt, daß sich manche Menschen ausgehungert, sich freiwillig durch Hunger getödtet haben. Sie haben also zwischen Stillung und Nichtstillung des Hungers gewählt. Aber hier hat sich nur wiederholt, was bei jeder Wahl sich wiederholt. Sie haben einen Zweck gehabt, in Beziehung auf welchen sie zwischen Stillung und Nichtstillung des Hungers gewählt haben, nämlich den Zweck der Selbsttödtung, und durch diesen Zweck waren sie genöthigt, Dasjenige von beiden vorzuziehen, was demselben entsprach. Es stand ihnen also wieder nicht frei etwas Anderes zu wählen, als sie gewählt haben.

Wollte man hier fortfahren, zu fragen: Aber mußten sie denn den Zweck der Selbsttödtung fassen? Konnten sie nicht zwischen Selbsttödtung und Selbsterhaltung wählen und letzterer, trotz der Versuchung zum Selbstmord, den Vorzug geben? so würde ich erwidern: Allerdings konnten sie Dies; aber wieder nur in Beziehung auf einen andern Zweck, den sie damit erreichen wollten, z. B. den Zweck, die Ihrigen nicht zu betrüben, oder den Zweck, nicht gegen die Vorschriften der Religion, welche den Selbstmord verbietet, zu sündigen u. s. w.; und durch diesen andern Zweck waren sie wieder genöthigt, der Selbsterhaltung vor dem Selbstmord den Vorzug zu geben.

Kurz, wir kommen bei der Wahlfreiheit nirgends auf ein grundloses Belieben, sondern stoßen, wie weit wir in Aufhebung der den Willen bestimmenden Gründe auch gehen, zuletzt immer wieder auf einen Bestimmungsgrund, der den Willen nöthigt (ich sage nöthigt, nicht zwingt), Das zu wählen, was er wählt. Die Fähigkeit, sich von einem den Willen bestimmenden Zweck loszumachen — diese Fähigkeit findet nur statt, so lange noch ein anderer Zweck da ist, der den Willen stärker bewegt. Sind wir aber bei dem letzten Zweck, oder dem Endzweck angelangt, der den

Willen am stärksten bewegt, dann hat es mit der gepriesenen Freiheit ein Ende. Das, um dessen willen der Mensch alles Andere will, Das, was ihm das höchste Gut ist, darüber kann er sich nicht mehr erheben, davon kann er nicht mehr loskommen. Ist ihm also z. B. sinnliche Lust das höchste Gut, dann hat sein Wille keine Freiheit, den sinnlichen Schmerz der sinnlichen Lust vorzuziehen, sondern er muß Letztere vorziehen. Wenn er gegenwärtig sich einem bestimmten Schmerz unterwirft, um dafür zukünftig eine desto größere Lust zu genießen, so giebt er ja auch in dieser Wahl der Lust den Vorzug vor dem Schmerz; er zieht nur augenblicklich einen Schmerz einer Lust vor, aber nicht den Schmerz der Lust. Eben so, wenn ihm Tugend das höchste Gut ist, dann ist er nicht mehr frei, zwischen Tugend und Laster zu wählen, sondern er muß das Laster verwerfen. Sollte es ihm möglich sein, zwischen Tugend und Laster zu wählen, so könnte ihm Tugend nicht mehr das höchste Gut sein.

Ueberall erlangen wir die Freiheit, uns von einem bestimmten Wollen loszumachen, nur durch ein anderes bestimmtes Wollen. Dasjenige Wollen aber, das zuletzt all unser Wollen bestimmt, der Grundwille — davon können wir nicht wieder frei werden, darüber können wir uns nicht erheben. Die Wahlfreiheit hat hier ihre Gränze. —

Also Freiheit im Sinne des grundlosen Beliebens — diese unlogische Fiction kann keine Bedingung der sittlichen Zurechnung sein.

---

2. Gegenstand und Bedingungen der sittlichen Zurechnung.

Gegenstand der Zurechnung im Allgemeinen sind Handlungen, d. i. gewollte, beabsichtigte Acte. Alle unwillkürlichen, absichtslosen Bewegungen und Thätigkeiten, willenlos aufsteigende Gedanken, Gefühle und Begehrungen sind von der Zurechnung auszuschließen.

Als Verdienst oder als Schuld zugerechnet können aber nur solche Handlungen werden, die in Beziehung zu einer Pflicht stehen, durch die eine Pflicht entweder erfüllt oder verletzt wird. Handlungen, die in keiner Beziehung zu irgend einer Pflicht stehen, begründen weder ein Verdienst, noch eine Schuld.

Hieraus ergiebt sich, daß Gegenstand der sittlichen Zurechnung nur solche Handlungen sind, die in Beziehung zur sittlichen Pflicht stehen und durch welche eine sittliche Pflicht entweder erfüllt oder verletzt wird, also sittliche Pflichterfüllungen und Pflichtverletzungen. So weit daher, als sich das Gebiet der sittlichen Pflichten erstreckt, so weit erstreckt sich auch das Gebiet der sittlichen Zurechnung.

Da nun aber das Gebiet der sittlichen Pflichten, wie in den Capiteln über den Umfang der Sphäre der sittlichen Beurtheilung, über das sittlich Gleichgültige, und über das Object der sittlichen Pflichten gezeigt worden ist, ein sehr weites, vielumfassendes ist, so folgt, daß auch das Gebiet der sittlichen Zurechnung ein sehr umfassendes ist. Was nicht unmittelbar Gegenstand der sittlichen Zurechnung ist, wird es doch mittelbar, sobald sich nachweisen läßt, daß es mit einer Pflichterfüllung oder Pflichtverletzung zusammenhängt, Folge einer Pflichtmäßigkeit oder Pflichtwidrigkeit ist.

So fällt es z. B. zwar nicht unmittelbar unter die sittliche Zurechnung, schlecht zu verbauen, schlecht zu dichten, schlecht zu philosophiren; aber mittelbar kann alles dieses unter die sittliche Zurechnung fallen, wenn es Folge von Pflichtverletzungen ist, wenn die schlechte Verbauung Folge der Unmäßigkeit, das Schlechtdichten und Schlechtphilosophiren Folge der heuchlerischen Zeitdienerei ist (s. Umfang der

Sphäre der sittlichen Beurtheilung). Natürliche Schwächen und Fehler, sei es des Alters, des Geschlechts, oder Temperaments und Naturells, so wie auch unwillkürlich aufsteigende böse Gedanken, Gefühle und Begehrungen, fallen zwar nicht unmittelbar unter die sittliche Zurechnung, aber doch mittelbar, insofern als ihre zügellose Regung und Gährung Folge der vernachlässigten Gegenwirkung, also Folge der Verletzung der Pflicht der Selbstbeherrschung ist (s. Unterschied der physischen und ethischen Tugend, und: Das Gewissen, gegen Ende).

So viel über den Gegenstand der sittlichen Zurechnung. Was zweitens die Bedingungen derselben betrifft, so bestehen diese in einer zwiefachen Freiheit, nämlich in der Freiheit des Willens und in der intellectualen Freiheit.

Was zuerst die Willensfreiheit betrifft, so ist hier nicht jene, schon in dem Capitel über die Freiheit des Willens widerlegte Möglichkeit des auch Nichtwollens oder Anderswollens gemeint. Denn diese Freiheit ist, wie gezeigt worden, eine Fiction. Zur selben Zeit, wo wir Etwas nicht blos wünschen, sondern wirklich wollen, können wir nicht zugleich es nicht wollen, oder auch das Gegentheil wollen.

Sollte also Verdienst und Schuld von dieser Freiheit abhängen, so gäbe es kein Verdienst und keine Schuld. Verdienst und Schuld beruhen aber nicht auf dem auch Nicht- oder Anderswollen-Können, sondern auf dem Ungezwungensein oder, positiv ausgedrückt, auf der Selbstbestimmung des Willens. Jeder in freier Selbstbestimmung gefaßte Beschluß ist zwar, wie er auch ausfallen möge, ein nothwendiger, durch die Beschaffenheit des Willens und der auf ihn wirkenden Motive necessitirter. Er kann in jedem gegebenen Falle nicht anders ausfallen, als er ausfällt; weil selbst, wenn ihm eine Ueberlegung, eine Berathschlagung, eine Wahl vorhergegangen ist, das Resultat derselben, wie in dem Capitel über die Freiheit des Willens gezeigt worden, ein **nothwendiges** ist.

Aber diese Nothwendigkeit, als nicht in Widerspruch stehend mit der **Selbstbestimmung** des Willens, hebt die Zurechnung nicht auf.

Wenn das rohe, unwissenschaftliche Bewußtsein meint, nur solche Handlungen dürften zugerechnet werden, die der Handelnde, statt sie zu thun, auch hätte unterlassen können, so meint es eigentlich: nur solche Handlungen, die der Handelnde **freiwillig**, d. h. aus eigenem Entschlusse, ohne von Außen oder von Innen gezwungen zu sein, gethan hat. Weil es aber **Ungezwungenheit** mit **Unnothwendigkeit** verwechselt und nicht einsieht, daß eine Handlung frei im Sinne der Ungezwungenheit sein kann, ohne darum aufzuhören, nothwendig zu sein, darum fordert es für die Zurechenbarkeit der Handlungen Unnothwendigkeit.

In Wahrheit aber ist für die Zurechenbarkeit nur erforderlich, daß die Handlung eine wirkliche Handlung, d. h. ein gewollter, beabsichtigter, bezweckter, vorsätzlicher Act sei. Nur unwillkürliche, unfreiwillige Bewegungen, seien es von äußern Ursachen, oder von innern Reizen hervorgebracht, sind kein Gegenstand der Zurechnung. Unwillkürliches Fallen, Lachen, Weinen, Gähnen, Zittern, Zurückbeben, Auffahren u. s. w. werden nicht zugerechnet; denn es sind keine Handlungen, sondern nur unfreiwillige Bewegungen.

Selbst wenn eine Handlung zum Theil eine widerwillige ist, wie wenn Jemand durch die ihm angedrohte Todesstrafe zu einem Widerruf sich bewegen läßt, der eigentlich wider seinen Willen ist, so ist sie doch als Handlung, als freiwilliger Act, zuzurechnen. Denn der Handelnde hatte die Wahl zwischen Widerrufen und Nichtwiderrufen. Die angedrohte Todesstrafe war zwar für ihn Motiv zum Widerruf; aber Motive zwingen nicht, sondern bewegen den Willen nur unter Voraussetzung seiner Zustimmung. Wer aus Furcht vor dem Tode seine

Ueberzeugung verleugnet, thut dies doch nur, weil sein Wille so beschaffen ist, daß er das Leben dem unwandelbaren Bekenntniß seiner Ueberzeugung vorzieht. Wäre sein Wille ein anderer, so würde ihn die angedrohte Todesstrafe nicht zum Widerruf bewegen können. Obwohl also bei seiner Willensbeschaffenheit der Widerruf ein nothwendiger ist, so ist ihm derselbe doch als Schuld zuzurechnen, weil hier die Nöthigung nicht Zwang, sondern ein Bestimmtwerden durch den eigenen, frei wählenden Willen, die Handlung also eine freiwillige ist.*)

Auch Affecte heben die Zurechnung nicht auf, wenn die im Affect begangenen Handlungen wirkliche Handlungen, d. i. gewollte, beabsichtigte, bezweckte Acte, keine blos unfreiwillige Geberden oder Bewegungen sind. Unwillkürliches Zurückbeben oder Zurückfahren aus plötzlich erregtem Schreck ist nicht zuzurechnen, weil es keine Handlung ist; dagegen ist dem feigen Soldaten Flucht aus

---

*) Auch Aristoteles hält solche zum Theil widerwillige Handlungen nicht für unfreiwillige. Er sagt nämlich: "Ὅσα δὲ διὰ φόβον μειζόνων κακῶν πράττεται, ἢ διὰ καλόν τι· οἷον, εἰ τύραννος προςτάττοι αἰσχρόν τι πρᾶξαι, κύριος ὢν γονέων καὶ τέκνων· καὶ πράξαντος μὲν, σώζοιντο· μὴ πράξαντος δὲ ἀποθνήσκοιεν· ἀμφισβήτησιν ἔχει, πότερον ἀκούσιά ἐστιν, ἢ ἑκούσια. Τοιοῦτον δέ τι συμβαίνει καὶ περὶ τὰς ἐν τοῖς χειμῶσιν ἐκβολάς· ἁπλῶς μὲν γὰρ οὐδεὶς ἀποβάλλεται ἑκών· ἐπὶ σωτηρίᾳ δὲ αὐτοῦ καὶ τῶν λοιπῶν ἅπαντες οἱ νοῦν ἔχοντες. Μικταὶ μὲν οὖν εἰσιν αἱ τοιαῦται πράξεις· ἐοίκασι καὶ μᾶλλον ἑκουσίοις· αἱρεταὶ γάρ εἰσι τότε ὅτε πράττονται· τὸ δὲ τέλος τῆς πράξεως κατὰ τὸν καιρόν ἐστι. καὶ τὸ ἑκούσιον δὴ καὶ τὸ ἀκούσιον, ὅτε πράττει, λεκτέον· πράττει δὲ ἑκών· καὶ γὰρ ἡ ἀρχὴ τοῦ κινεῖν τὰ ὀργανικὰ μέρη, ἐν ταῖς τοιαύταις πράξεσιν ἐν αὐτῷ ἐστιν· ὧν δ' ἐν αὐτῷ ἡ ἀρχή, ἐπ' αὐτῷ καὶ τὸ πράττειν, καὶ μή· ἑκούσια δὴ τοιαῦτα, ἁπλῶς δ' ἴσως ἀκούσια· οὐδεὶς γὰρ ἂν ἕλοιτο καθ' αὑτὸ τῶν τοιούτων οὐδέν. (Aristot. Eth. Nicom. III, 1 ed. Zell.)

V. Freiheit und Zurechnung. 235

der Schlacht allerdings zuzurechnen, weil eine durchgeführte Flucht schon mehr ist, als ein blos unwillkürliches Zurückweichen. Eben so ist ein im Zorn ausgeübter Todschlag zuzurechnen, wenn er keine blos unwillkürliche Tödtung, sondern bezweckter Act ist. Es kann allerdings in manchen Fällen schwer sein, zu entscheiden, ob eine Handlung eine wirkliche Handlung, d. h. ein gewollter, beabsichtigter, bezweckter Act, oder eine blosse unwillkürliche Bewegung war; aber sobald erwiesen ist, dass es eine Handlung war, ist sie zuzurechnen. Auch Aristoteles rechnet die im Affect begangenen Handlungen nicht zu den unfreiwilligen Acten.*)

Wie Handlungen, so können auch Erfolge von Handlungen nur dann zugerechnet werden, wenn es gewollte, beabsichtigte, bezweckte Erfolge sind. Ungewollte Erfolge begründen, wären sie auch noch so nützlich, noch so wohlthätig, kein Verdienst, und wären sie auch noch so schädlich, noch so verderblich, keine Schuld. Wenn ich einen Mörder, der eben im Begriffe ist, Jemanden zu tödten, durch meine zufällige Dazwischenkunft verscheuche, und so Jenem das Leben gerettet wird, so kann ich mir diese Lebensrettung nicht zum Verdienst anrechnen. Eben so wenig könnte ich mir, wenn ich das Unglück hätte, Jemanden rein zufällig — also ohne dass Fahrlässigkeit oder Unvorsichtigkeit von meiner Seite dabei ins Spiel kommt — zu tödten, diese Tödtung zur Schuld anrechnen. Auch der Staat rechnet solche rein zufällige Erfolge nicht zu, belohnt die guten nicht und bestraft die schlimmen nicht.

Die erste Bedingung der Zurechnung ist also die Frei-

---

*) "Οντος δ' ἀκουσίου τοῦ βιαίου καὶ δι' ἄγνοιαν, τὸ ἑκούσιον δόξειεν ἂν εἶναι, οὗ ἡ ἀρχὴ ἐν αὐτῷ, εἰδότι τὰ καθ' ἕκαστα ἐν οἷς ἡ πρᾶξις. Ἴσως γὰρ οὐ καλῶς λέγεται τὸ ἀκούσια εἶναι τὰ διὰ θυμὸν ἢ δι' ἐπιθυμίαν. (Eth. Nicom. III, 1 ed. Zell.)

willigkeit, d. h. die Selbstbestimmung des Willens zur That. Diese Bedingung allein genügt aber noch nicht, sondern es muß noch eine zweite Bedingung intellectueller Art hinzukommen. Dies ist die Erkenntniß der Bedeutung der Handlung, die Erkenntniß ihrer Beziehung zur Pflicht. Denn jede Handlung wird als Schuld oder Verdienst nur in Beziehung zu einer bestimmten Pflicht zugerechnet, sei es in Beziehung zur juridischen Pflicht, oder in Beziehung zur moralischen Pflicht; sie erhält demgemäß in der Zurechnung ein bestimmtes Prädicat, wird als rechtlich oder rechtswidrig, als moralisch gut oder böse zugerechnet. Diese Beziehung muß daher von dem Handelnden erkannt werdn.

Wird die Pflicht, zu welcher die Handlung in Beziehung steht, und welche durch sie entweder erfüllt oder verletzt wird, von dem Handelnden nicht erkannt, so kann ihm auch die Handlung nicht in dieser Qualität, als dieser Pflicht entsprechend oder widersprechend, zugerechnet werden. Die Erkenntniß der Pflicht ist also für die Zurechnung eben so wesentlich, wie die Freiwilligkeit der Handlung. Es könnte immerhin Einer freiwillig gehandelt haben; — sobald er aber nicht gewußt hätte, was er thut, d. h. nicht, sobald er ohne Bewußtsein, sondern sobald er ohne Erkenntniß der Bedeutung seiner Handlung, ohne Erkenntniß ihrer Pflichtmäßigkeit oder Pflichtwidrigkeit gehandelt hätte, könnten wir dieselbe ihm nicht zum Verdienst oder zur Schuld anrechnen. Wir rechnen es z. B. einem Kinde nicht als Anstandsverletzung zu, wenn es in Gesellschaft sich das Röckchen aufhebt und das Nackte zeigt, weil das Kind die Beziehung dieser Handlung zur Anstandspflicht noch nicht kennt. Wäre hingegen das Kind schon in dem Alter, wo es einen Begriff von Anstandspflichten hat und das Unanständige der Handlung kennt, dann würden wir ihm diese mit Recht als eine Anstandsverletzung zurechnen.

V. Freiheit und Zurechnung.

Es geht hieraus hervor, daß zurechnungsfähig nur solche freiwillig handelnde Wesen sind:
1) in deren Bereich überhaupt die Pflichten fallen, in Beziehung auf welche die Zurechnung stattfindet;
2) die in einem Zustande sich befinden, in welchem sie die Beziehung ihrer Handlungen zu diesen Pflichten zu beurtheilen vermögen.

Thiere sind juridisch und moralisch unzurechnungsfähig, weil sie überhaupt nicht zu den Wesen gehören, die juridische und moralische Pflichten haben. Aber auch in der Wildheit aufgewachsene Naturmenschen, ferner Kinder, die noch keine Pflichtbegriffe haben, endlich sinnlos Berauschte und Wahnsinnige, die sich nicht in dem Zustande befinden, sich die Pflicht zum Bewußtsein zu bringen, sind juridisch und moralisch unzurechnungsfähig, weil sie Alle in ihrem Zustande nicht fähig sind, die Beziehung ihrer Handlungen zur juridischen und moralischen Pflicht zu erkennen.

Ueber die hier berührte **intellektuelle Freiheit** als Bedingung der Zurechnungsfähigkeit sagt Schopenhauer: „Der Intellekt, oder das Erkenntnißvermögen, ist das **Medium der Motive**, durch welche natürlich hindurch sie auf den Willen, welcher der eigentliche Kern des Menschen ist, wirken. Nur sofern dieses Medium der Motive sich in einem normalen Zustand befindet, seine Functionen regelrecht vollzieht und daher die Motive unverfälscht, wie sie in der realen Außenwelt vorliegen, dem Willen zur Wahl darstellt, kann dieser sich seiner Natur, d. h. dem individuellen Charakter des Menschen gemäß, entscheiden, also **ungehindert**, nach seinem selbsteigenen Wesen sich äußern: dann ist der Mensch **intellektuell frei**, d. h. seine Handlungen sind das reine Resultat der Reaktion seines Willens auf Motive, die in der Außenwelt ihm eben so wie allen Andern vorliegen. Demzufolge sind sie ihm alsdann moralisch und auch juridisch zuzurechnen.

„Diese intellektuelle Freiheit wird aufgehoben entweder dadurch, daß das Medium der Motive, das Erkenntnißvermögen, auf die Dauer oder nur vorübergehend, zerrüttet ist, oder dadurch, daß äußere Umstände, im einzelnen Fall, die Auffassung der Motive verfälschen. Ersteres ist der Fall im Wahnsinn, Delirium, Paroxysmus und Schlaftrunkenheit; letzteres bei einem entschiedenen und unverschuldeten Irrthum, z. B. wenn man Gift statt Arznei eingießt, oder den nächtlich eintretenden Diener für einen Räuber hält und erschießt, u. dgl. m. Denn in beiden Fällen sind die Motive verfälscht, weshalb der Wille sich nicht entscheiden kann, wie er unter den vorliegenden Umständen es würde, wenn der Intellekt sie ihm richtig überlieferte. Die unter solchen Umständen begangenen Verbrechen sind daher auch nicht gesetzlich strafbar ...... Eben so wenig sind dergleichen Thaten moralisch zuzurechnen. Denn sie sind kein Zug des Charakters des Menschen: er hat entweder etwas Anderes gethan, als er zu thun wähnte, oder war unfähig an Das zu denken, was ihn davon hätte abhalten sollen, d. h. die Gegenmotive zuzulassen. Es ist damit, wie wenn ein chemisch zu untersuchender Stoff der Einwirkung mehrerer Reagenzien ausgesetzt wird, damit man sehe, zu welchem er die stärkste Verwandtschaft hat: findet sich, nach gemachtem Experiment, daß, durch ein zufälliges Hinderniß, das eine Reagens gar nicht hat einwirken können; so ist das Experiment ungültig."*)

Mit Recht bemerkt Schopenhauer, daß in der Forderung der intellektuellen Freiheit als Bedingung der Zurechnungsfähigkeit die Voraussetzung liege, daß der Wille nicht frei (im Sinne des grundlosen Beliebens), sondern daß er durch Motive bestimmbar, lenkbar sei. Die Ge-

---

*) S. Die beiden Grundprobleme der Ethik, 2. Aufl., S. 98 fg.

setze, indem sie die in intellektueller Unfreiheit begangenen Verbrechen nicht strafen, gehen aus von der richtigen Voraussetzung, daß der Wille nicht unbestimmbar sei, in welchem Fall man ihn nicht lenken könnte; sondern daß er der Nöthigung durch Motive unterworfen sei: „demgemäß wollen sie allen etwanigen Motiven zu Verbrechen stärkere Gegenmotive, in den angedrohten Strafen, entgegenstellen, und ein Kriminalkodex ist nichts Anderes, als ein Verzeichniß von Gegenmotiven zu verbrecherischen Handlungen. Ergiebt sich aber, daß der Intellekt, durch den diese Gegenmotive zu wirken hatten, unfähig war, sie aufzunehmen und dem Willen vorzuhalten; so war ihre Wirkung unmöglich: sie waren für ihn nicht vorhanden. Es ist wie wenn man findet, daß einer der Fäden, die eine Maschine zu bewegen hatten, gerissen sei. Die Schuld geht daher in solchem Fall vom Willen auf den Intellekt über: dieser aber ist keiner Strafe unterworfen; sondern mit dem Willen allein haben es die Gesetze, wie die Moral zu thun. Er allein ist der eigentliche Mensch: der Intellekt ist bloß sein Organ, seine Fühlhörner nach Außen, d. i. das Medium der Wirkung auf ihn durch Motive." *)

Nach dieser Auseinandersetzung über die Bedingungen der Zurechnung im Allgemeinen läßt sich nun leicht bestimmen, was die sittliche Zurechnung begründet, welches die Bedingungen des sittlichen Verdienstes und der sittlichen Schuld sind.

Sittlich zuzurechnen sind nämlich nur solche in Beziehung zur sittlichen Pflicht stehende Handlungen, die 1) wirkliche Handlungen, freiwillige, selbstgewollte Acte sind; 2) solche, deren Beziehung zur sittlichen Pflicht vom Subject zur Zeit der Handlung erkannt wird.

---

*) S. Die beiden Grundprobleme der Ethik, 2. Aufl., S. 99 fg.

Die um ihrer erkannten sittlichen Pflichtmäßigkeit willen gewählten und um ihrer erkannten sittlichen Pflichtwidrigkeit willen verworfenen Handlungen begründen das sittliche Verdienst. Die trotz ihrer erkannten sittlichen Pflichtmäßigkeit verworfenen und trotz ihrer erkannten sittlichen Pflichtwidrigkeit gewählten Handlungen begründen die sittliche Schuld. Denn erstere sind ein Zeichen des sittlich guten, letztere ein Zeichen des sittlich schlechten Willens, und auf der Beschaffenheit des Willens allein beruht zuletzt alles Verdienst, wie alle Schuld.

Daß die Wahl, die der sittlich gute Wille trifft, eben so wie die, die der sittlich schlechte trifft, eine nothwendige ist, nicht anders ausfallen kann, als sie ausfällt, dies hebt, wie schon gesagt, die Zurechnung nicht auf; denn die Nothwendigkeit ist hier kein Zwang. Die erkannte Pflichtmäßigkeit einer Handlung wirkt zwar auf den Tugendhaften als Motiv, sie zu thun, und die erkannte Pflichtwidrigkeit als Motiv, sie zu unterlassen; aber Motive zwingen nicht, sondern necessitiren nur unter Voraussetzung eines für sie empfänglichen Willens; denn sonst müßte ja Jeder, der die Pflichtmäßigkeit einer Handlung erkennt, sie wollen und thun; der Lasterhafte aber unterläßt die pflichtmäßigen Handlungen, trotzdem daß er ihre Pflichtmäßigkeit erkennt, weil diese Erkenntniß nicht als Motiv auf seinen Willen wirkt, dieser vielmehr nur für egoistische Motive empfänglich ist.

Wie Mangel an intellektueller Freiheit, d. i. Mangel an Fähigkeit, zur Zeit der Handlung die sittliche Pflichtmäßigkeit oder Pflichtwidrigkeit derselben zu erkennen, so hebt auch mangelnde Anerkennung der sittlichen Pflichtmäßigkeit oder Pflichtwidrigkeit einer Handlung die moralische Zurechnung derselben auf. Es genügt nämlich, um mir eine Handlung als moralische Pflichterfüllung oder Pflichtverletzung zuzurechnen, nicht, daß Andere sie für pflichtgemäß oder pflichtwidrig halten, sondern ich selbst muß sie als solche anerkennen. Der Duellant z. B. muß

V. Freiheit und Zurechnung.

selbst von der sittlichen Pflichtwidrigkeit des Duells überzeugt sein, wenn ihm das Duelliren zur sittlichen Schuld angerechnet werden soll. Eben so muß der Selbstmörder selbst von der sittlichen Pflichtwidrigkeit des Selbstmordes überzeugt sein, wenn ihm die Selbstentleibung als sittliche Schuld zugerechnet werden soll (s. Das eigene und das fremde Gewissen).

Aber die Nichtanerkennung einer Pflicht als solcher kann Gegenstand der moralischen Zurechnung werden, wenn sie nämlich nicht rein intellektueller Art, sondern Folge des egoistischen Willens ist. Wenn die unsittliche Richtung des Willens Schuld ist, daß Einer eine sittliche Pflicht nicht als solche anerkennt, wenn sein Egoismus es z. B. nicht zuläßt, Toleranz gegen Andersgläubige für sittliche Pflicht, Verfolgung Andersgläubiger für sittlich pflichtwidrig zu halten; so kann in diesem Falle die Nichtanerkennung der Pflicht ihn nicht freisprechen. Das Pfaffenthum kann sich daher wegen seiner Verfolgung Andersgläubiger nicht mit Nichtanerkennung der Toleranz als einer sittlichen Pflicht rechtfertigen (vergl. das Capitel über das irrende und das vernünftelnde Gewissen). Es ist immer ein Unterschied zu machen zwischen rein intellektueller, willenloser, und vom Willen beeinflußter, interessirter Nichtanerkennung einer Pflicht als solcher.

Aber noch eine Frage bleibt zurück. Es ist im Vorigen alle Zurechnung auf den Willen zurückgeführt worden; der Wille ist für das eigentliche Subject, dem die Pflichterfüllung und Pflichtverletzung als Object zuzurechnen ist, erklärt worden, der gute Wille als der das Verdienst, der schlechte als der die Schuld Begründende. Kann denn aber der Einzelne für die Beschaffenheit seines Willens? Kann er dafür, daß er einen schlechten, oder guten Willen hat? Fällt nicht alles Verdienst, so wie alle Schuld zuletzt auf Den zurück, der ihm diesen so beschaffenen Willen gegeben hat?

Diese Frage setzt voraus, daß die Beschaffenheit des Willens des Einzelnen nichts Ursprüngliches, nicht das letzte Subject ist, auf das die Handlungen zurückzuführen, sondern daß hinter diesem noch ein anderes Subject steckt, dem es zuzurechnen, daß der Einzelne einen guten oder bösen Willen hat, heiße nun dieses dahinter steckende Subject Gott, oder Weltgeist, oder wie immer. Und allerdings, wenn sich nachweisen ließe, daß die Beschaffenheit des Willens des Einzelnen nichts Ursprüngliches, sondern Ausfluß einer höhern Macht sei, so würde alles Verdienst und alle Schuld zuletzt auf diese höhere Macht zurückfallen.

Aber die Beantwortung dieser Frage ist kein Gegenstand der Ethik mehr, sondern gehört in die Metaphysik. Die sich innerhalb ihrer Grenzen haltende Ethik braucht sich auf diese Frage nicht einzulassen. In der sich auf ihren Gegenstand beschränkenden Ethik bleibt der Satz wahr, daß des Handelnden Selbstbestimmung zur That, bei Erkenntniß ihrer Beziehung zur Pflicht, die Zurechnung begründe. Ob die Beschaffenheit seines Willens wiederum einem noch entfernteren Subject zuzurechnen sei, diese Frage geht die Ethik nichts an.

Anhang.

Anhangsweise sei hier in der Frage von der Zurechnung noch einer Gattung von Handlungen gedacht, die man darum von der Zurechnung hat ausschließen wollen, weil sie angeblich, obgleich von dem Thäter als pflichtwidrig erkannt und verabscheut, doch in Folge eines unwiderstehlichen Triebes geschehen müssen. Es sind dies die aus den sogenannten „krankhaften Trieben", dem Stehltriebe (Kleptomanie), dem Brandstiftungstriebe (Pyromanie), dem Wollusttriebe (Aidoiomanie), dem Vergiftungstriebe (Toxikomanie) u. s. w.

V. Freiheit und Zurechnung.

hervorgehenden Handlungen. Die Franzosen haben zu diesen Trieben noch einen Mord- und Selbstmordtrieb (monomanie homicide und suicide), und neuerdings hat ein Franzose sogar einen Kindermißhandlungstrieb (Misopädie) hinzu entdeckt. So nämlich nennt Herr Boileau de Castelnau „jene Form von Moralitäts-Erkrankungen, die sich dadurch charakterisirt, daß Eltern ihre eigenen Kinder mißhandeln und morden."*) Alle diese Triebe sollen den davon Ergriffenen unwiderstehlich zu Verbrechen fortreißen, so daß also z. B. der vom Brandstiftungstrieb Besessene nicht dafür kann, wenn er Feuer anlegt, der vom Stehltrieb Besessene nicht dafür, wenn er Alles einsteckt, der Vergiftungssüchtige nicht dafür, wenn er sein Vergnügen daran findet, zu vergiften u. s. w. Diese alle sollen nur unfreie Maschinen in der Hand des krankhaften Triebes sein, dem sie wider ihr besseres Wissen und Wollen nachgeben müssen. Dies ist im Wesentlichen die Lehre von den sogenannten „krankhaften Trieben."

Dr. Casper aber verwirft mit Recht diese ganze Lehre als ein französisches Kind, das die Deutschen adoptirt haben. Er findet in ihr eine oberflächliche Zergliederung der psychologischen Erscheinungen in den Einzelfällen. Man hat sich nämlich, sagt er, an das Object gehalten, statt das Subject ins Auge zu fassen. Das Object z. B. bei dem vom „Stehltrieb" Heimgesuchten ist die gestohlene Sache, das Subject der Dieb. Das Subject aber ist der Untersuchungsgegenstand. Zeigt dieser Beweise einer krankhaften geistigen Organisation, dann ist es für die Criminal-Psychologie völlig gleichgültig, zu welcher Art von ungesetzlichen Handlungen diese Organisation ihn hingerissen, oder in wie weit sie ihn verhindert hatte, eine derartige Hand-

---

*) S. Klinische Novellen zur gerichtlichen Medicin von Johann Ludwig Casper (Berlin 1863), S. 247.

lung zu unterlassen. Zeigt der Uebelthäter aber keine Zeichen einer geistigen Störung, dann ist das Object seiner angeschuldigten That wieder sehr gleichgültig für den Arzt, und nur für den Richter ist es zur Abmessung des Strafmaaßes wichtig zu unterscheiden, ob der Angeschuldigte in gesetzwidrig=selbstsüchtiger Absicht gestohlen, Feuer angelegt, gemißhandelt, getödtet hat u. s. w.

Dr. Casper unterscheidet „durch Krankheit potenzirte Triebe" von „krankhaften Trieben". Alle Naturtriebe, sagt er, können durch körperliche Momente zum Krankhaften gesteigert werden. Die Schwangere, die instinctmäßig zur Neutralisation ihrer übermäßigen Magensäure Kreide mit Gier ißt, leidet an einem krankhaftem Hunger, der Gehirn=, der Steinkranke häufig genug an einem bis zur Satyriasis, die mit pruritus pudendorum Behaftete bis zur Nymphomanie gesteigerten Geschlechtstriebe. Dies sind durch Krankheit potenzirte Triebe, nicht „krankhafte Triebe", denn das Krankhafte ist ihnen nicht immanent, es liegt außerhalb des Triebes. Diese durch Krankheit alienirten Triebe haben folglich mit den sogenannten krankhaften Trieben der Stehlsucht u. s. w. ganz und gar nichts gemein, und Alles, was man immer wieder zur Begründung der Annahme der letztern aus der Erfahrung und Analogie an den erstern entnommen hat, ist ohne allen Halt und Boden. „Diese berüchtigten krankhaften Triebe (instincts maladifs) sollen nun gleichfalls, wie Brüder der natürlichen, etwas Eingeborenes, Ursprüngliches sein, und wehe dem Unglücklichen, der einen solchen Trieb als Geburtsgeschenk mitgebracht hat, denn er ist prädestinirt zum Dieb, zum Mordmonomanen, zum Nothzüchtiger, zum Brandstifter, und sein einziger Trost in Betreff seiner äußern Existenz mag der sein, daß im vorkommenden Falle ihn die Strafe nicht treffen werde, weil das gerichtsärztliche Gutachten das schützende Schild des Unzurechnungsfähigkeit bedingenden, weil unwiderstehlichen krankhaften Triebes über ihn halten werde. Wie weit da=

V. Freiheit und Zurechnung.

mit der Gerechtigkeitspflege, das heißt mit andern Worten der bürgerlichen Gesellschaft, Genüge geschehen werde, das ist eine andere Frage. Und ob es überhaupt noch eines Strafgesetzbuches bedürfen werde, wenn die Psychiatrie und gerichtliche Psychonosologie fortfahren, die Lehre von den krankhaften Trieben weiter zu entwickeln, erscheint fast zweifelhaft."

Was die erwähnte französische Bereicherung der Lehre von den „krankhaften Trieben" durch die „Misopädie" betrifft, so sagt Casper treffend: „Einen größern Triumph hat die Lehre von den instincts maladifs bisher noch nicht gefeiert, und — ernsthaft gesprochen — ein schlagenderer Beweis, mit welcher unaussprechlichen Kritiklosigkeit die ganze Frage von den «krankhaften Trieben» bearbeitet, ist noch nicht geliefert worden. Man hat es noch nicht gewußt, daß in Berlin, Paris, London, Wien, in allen großen Städten, in denen ein zahlreiches Proletariat massenhaft haust, die «Misopädie» die verbreitetste Krankheit ist. Denn überall giebt es dort viele Tausende von unnatürlichen Müttern, die aus eingeborener Rohheit, aus den verschiedensten, verwerflichsten, selbstsüchtigen Beweggründen ihre Kinder, oft die Frucht unehelicher Zeugungen, die ihnen durch die Verhältnisse eine unerträgliche Last geworden, bald weil sie eine erstrebte anderweitige Verbindung erschweren, bald weil die Kinder sie verhindern, das Haus beliebig zu verlassen, bald weil sie die Kosten der Ernährung lieber für die Branntweinflasche aufsparen möchten, die, sage ich, ihre Kinder auf das Unnatürlichste mißhandeln, um sie möglichst unentdeckt und straflos zu beseitigen, oder unter Umständen kurzweg morden. Diese Tausende leiden an dem krankhaften Triebe der «Misopädie» .... Ich verkenne keineswegs und weiß es aus eigener langjähriger Beobachtung sehr wohl, daß wirkliche Geisteskranke zuweilen einen entschiedenen Hang zum Stehlen, zum Brandlegen, zu geschlechtlichen Ausschweifungen, zum Tödten haben. Aber überall ist in solchem Falle der Drang nicht die

Krankheit, sondern die Wirkung der Krankheit, die aus andern Merkmalen erkannt werden wird, und vom Gerichtsarzt nachgewiesen werden muß. Und dann sind derartige Fälle erklärlich genug, wenn man erwägt, daß gerade bei dem Geisteskranken, bei dem der freie Vernunftgebrauch aufgehört hat, die eingeborenen Tendenzen, Neigungen, Leidenschaften eben nicht mehr von Vernunft und Sittengesetz gezügelt werden und werden können, und emancipirt von Beiden zum Durchbruch kommen."*)

Diese vortreffliche Casper'sche Kritik reicht hin, um zu zeigen, was von den sogenannten „krankhaften Trieben" zu halten ist, und daß dieselben nicht eine besondere Rubrik der Zurechnungshindernisse bilden, sondern unter die allgemeine Kategorie der Geisteskrankheiten fallen, von welchen, als intellectuell unfrei machend, schon gesagt worden, daß sie die Zurechnung aufheben.

3. Bedingungen des sittlichen Vorsatzes.

Freiherr von Feuchtersleben führt in seiner „Diätetik der Seele" wiederholt aus, daß es nur auf den Vorsatz ankomme, um die hundert Bande, in denen sich die Seele gefesselt fühlt und in denen sie schmachtet, zu zerreißen. Ein einziger Entschluß reiche hin, um sich von allem Knechtenden zu befreien.

Das ist richtig. Aber die Hauptschwierigkeit ist diese: Wie gelangen wir zum Vorsatz, zum Entschluß? Steht es in unserer Macht, jeden Augenblick jeden beliebigen Vorsatz zu fassen; oder ist das Fassen von Vorsätzen von Bedingungen abhängig, die nicht jeden Augenblick in unserer Macht stehen?

Der Satz des Freiherrn v. Feuchtersleben lautet ge-

---

*) A. a. O.

V. Freiheit und Zurechnung.

rade so, als ob man einem Gefesselten sagte: Ein einziger Ruck reicht hin, die Fessel zu brechen. Ja aber, kann derselbe erwidern, wie erlange ich die Kraft zu diesem Ruck?

Die Erfahrung lehrt, daß es nicht in unserer Macht steht, jeden Augenblick jeden beliebigen Vorsatz zu fassen. Wir können z. B. nicht ohne Weiteres jetzt den Vorsatz fassen, uns aus dem Fenster zu stürzen, oder in's Wasser zu springen, oder uns eine Hand, einen Fuß abzuhauen, ein Auge auszustechen, einen Vorübergehenden zu ermorden u. s. w. Hinge es nur, wie die falschen Freiheitstheorien behaupten, von unserm Willen ab, jeden Augenblick jeden beliebigen Vorsatz zu fassen; woher denn die Erfahrung, daß wir zu gewissen Vorsätzen nie, zu andern nicht zu allen Zeiten und unter allen Umständen fähig sind? Geht hieraus nicht hervor, daß die Vorsätze ihre Bedingungen haben, von denen sie abhängen?

Welches sind nun aber diese Bedingungen? Daß die bloße Vorstellung der Pflicht nicht hinreicht, den Vorsatz zu ihrer Ausführung zu fassen, das lehrt die Erfahrung leider nur zu reichlich. Unzählige Menschen haben ein Bewußtsein ihrer Pflichten und stellen sie sich sogar in dem Augenblick, wo sie im Begriffe sind, dawider zu handeln, vor, aber dennoch kommt es bei ihnen zu keinem Vorsatz, das Pflichtmäßige zu thun, — Beweis genug, daß die bloße Vorstellung eines Auszuführenden noch nicht hinreicht, um den Vorsatz der Ausführung zu fassen. Ich kann recht gut wissen, daß ich zu einer schwierigen Arbeit oder einem gefahrvollen Kampfe, oder einer schmerzhaften Operation verpflichtet bin, und dennoch kommt es zu keinem Vorsatz der Arbeit, des Kampfes, der Operation.

Forschen wir in uns nach, was jeder Fassung eines Vorsatzes zu Grunde liegt und ohne was kein Vorsatz zu Stande kommt, so werden wir finden, daß es immer zuletzt ein Trieb ist, zu dessen Befriedigung die vorgesetzte Handlung direct oder indirect dient, und daß ohne einen solchen zu Grunde liegenden Trieb es zu keinem Vorsatz kommt. Wenn um bei den zuerst angeführten Beispielen stehen zu bleiben, wir des Vorsatzes nicht fähig sind, uns jetzt aus dem Fenster zu stürzen, oder uns ein Glied abzuhauen, oder einen Vorübergehenden zu ermorden, so ist klar, daß wir nur darum eines solchen Vorsatzes nicht fähig sind, weil in uns gegenwärtig kein Trieb vorhanden ist, dem eine solche gewaltsame Handlung zu seiner Befriedigung dringend nöthig wäre. Befinden wir uns jedoch in einer Stimmung oder Lage, wo ein Trieb vorhanden ist, der eine solche Handlung gebieterisch fordert, so ist der Vorsatz zu ihr sehr leicht und wird schnell gefaßt. Es ist daher auch schon in der Wirklichkeit vorgekommen, daß sich Menschen aus dem Fenster gestürzt, oder ein Glied abgehauen, oder einen Vorübergehenden ermordet haben.

Doch wir brauchen nicht solche grelle Beispiele, um zu beweisen, daß jeder Vorsatz durch einen zu Grunde liegenden Trieb bedingt ist und ohne diesen die bloße Vorstellung ausführbarer oder auszuführender Handlungen nicht zum Vorsatz ihrer Ausführung hilft; wir brauchen uns nur im gewöhnlichen Leben umzusehen und zu fragen, warum das eine Individuum zu Vorsätzen gelangt, deren das andere niemals fähig ist. Zwei haben z. B. auf derselben Schulbank gesessen, haben dieselbe Bildung und denselben Unterricht genossen. Es eröffnet sich Beiden dieselbe Aussicht auf eine glänzende Carrière, auf hohe Aemter und Ehrenstellen. Aber den Einen läßt die Vorstellung dieser ganz kalt, er thut nicht das Mindeste, sich um sie zu bewerben; er wählt ein ruhiges, einfaches, der Wissenschaft gewidmetes Leben. Der Andere wird bei dem leisesten Gedanken an die zu erreichenden Ehren entflammt, wälzt Tag und Nacht den Plan zu ihrer Erklimmung im Kopfe herum, und scheut keine Schwierigkeiten, oder keine noch so niedrigen und unwürdigen Mittel, um endlich zu den heißbegehrten Ehrenstellen zu gelangen. Warum war der Erstere der Vorsätze niemals fähig, die der Andere so schnell und leicht faßte? Warum war es dem Erstern unmöglich, vor Hoch=

V. Freiheit und Zurechnung.

gestellten zu kriechen, zu schmeicheln und zu heucheln, während dies dem Andern eine Kleinigkeit war? Weil Beide von entgegengesetzten Trieben beseelt waren.

Es wäre auch gar nicht einzusehen, woher das Leben der Individuen eine feste, bestimmte Richtung bekommen, und warum nicht Jeder bald diese, bald jene Richtung einschlagen sollte, wenn nicht bestimmte Triebe einem Jeden seine Richtung vorzeichneten. Der nackte, inhaltslose Wille kann dem Leben keine bestimmte Richtung geben. Der Wille erhebt nur Das zum Vorsatz, was den Trieben des Individuums entspricht.

Die Grundbedingung jedes Vorsatzes ist also ein Trieb, der für seine Befriedigung denselben fordert.

Aber es kann ein Trieb vorhanden sein, der einen bestimmten Vorsatz fordert, ohne daß es zu demselben kommt. Dies ist allemal dann der Fall, wenn dem Triebe, der zu einer Handlung drängt, andere mächtigere Triebe entgegenwirken, die zur Unterlassung der Handlung oder zu einer entgegengesetzten Handlung antreiben. So z. B. kann ein Trieb in mir sein, der dem Triebe, welcher die Unternehmung einer weiten Reise fordert, entgegenwirkt und mich bestimmt, zu Hause zu bleiben, sei es der Trieb, Geld zu sparen, oder Unbequemlichkeiten zu vermeiden, oder die Meinigen nicht zu verlassen u. s. w. Immer ist es der mächtigere Trieb, der darüber entscheidet, welche von zwei verschiedenen möglichen Handlungen zum Vorsatz erhoben wird. Die dem mächtigern Triebe entsprechende wird vorgesetzt; die dem schwächern Triebe entsprechende bleibt unvorgesetzt. Deshalb wechseln auch die Vorsätze, wie die Macht der Triebe wechselt.

Endlich drittens ist aber auch, damit es zum Vorsatz komme, noch eine Bedingung intellektueller Art erforderlich. Es muß nämlich mit dem Triebe, der zum Vorsatz einer Handlung antreibt, sich der Glaube verbinden, daß die Handlung auch ausführbar und ihr Zweck erreichbar sei. Ohne Hoffnung des Gelingens kommt es bei noch so starkem Triebe zu keinem Vorsatz. Soll ich z. B. den Vorsatz, mich von einem körperlichen Leiden durch eine Operation zu befreien, fassen, so muß ich glauben, daß die Operation gelingen und mein Zweck durch sie erreicht werden wird. Der bloße Trieb, mich von dem körperlichen Uebel zu befreien, sei er auch noch so mächtig, reicht nicht hin, mich zu dem Vorsatz der Operation zu bestimmen.

Also drei Bedingungen sind es, von denen das Fassen von Vorsätzen abhängt:
1) ein Trieb, der zu seiner Befriedigung unmittelbar oder mittelbar die vorzusetzende Handlung oder Unterlassung fordert.
2) Ueberwiegende Stärke dieses Triebes über die ihm entgegenwirkenden Triebe.
3) Hoffnung des Gelingens.

Wo entweder gar kein Trieb ist, dem eine vorzusetzende Handlung entspricht, oder wo mächtigere Triebe demselben entgegenwirken, oder endlich, wo Furcht des Mißlingens der Handlung und des Verfehlens ihres Zweckes ist, — da kommt es zu keinem Vorsatz.

Tiefe Blicke in den innern psychischen Hergang beim Fassen von Vorsätzen und namentlich in die dabei stattfindende Gemüthsbewegung hat Jessen in seiner Psychologie gethan. Jessen macht nämlich auf die Rolle aufmerksam, welche das Gemüth beim Fassen von Vorsätzen spielt. Wir können, sagt Jessen, zu der klarsten und deutlichsten Vorstellung von der Zweckmäßigkeit und Nothwendigkeit einer bestimmten Handlung gelangen, und doch haben wir deshalb noch nicht immer den Willen, sie auszuführen. Es muß erst noch etwas hinzukommen, oder ein Hinderniß beseitigt werden, ehe jener Gedanke in ein Wollen, die Vorstellung in einen Vorsatz übergeht. Ist der

Vorsatz entstanden, so erkennen wir, daß er nichts enthält, was nicht auch in der Vorstellung enthalten gewesen wäre; aber die Form, in welcher dieser identische Inhalt im Bewußtsein hervortritt, ist eine andere geworden.

Diese Formänderung findet Jessen in einer Umkehrung in der Richtung des Gedankens: in dem Vorsatz herrscht die Neigung vor, sich nach Außen zu bewegen, in der Vorstellung die Neigung zur Fortbewegung nach Innen; jene hat eine vorherrschend centrifugale, diese eine vorherrschend centripetale Richtung. Außerdem aber giebt sich auch ein Unterschied in der Empfindung kund; wir empfinden in der Regel den Vorsatz anders als die Vorstellung; sein Entstehen ist mit einem eigenthümlichen Gefühle verbunden, welches sich gewöhnlich auch auf das Herz reflectirt, und sobald ein gefaßter Vorsatz als solcher, d. h. nicht als eine bloße Vorstellung, sondern als Vorsatz im Bewußtsein reproducirt wird, erneuert sich auch dasselbe Gefühl, welches sein ursprüngliches Entstehen begleitete.

Diese Vereinigung oder Verschmelzung eines Gedankens mit einem Gefühle ist nach Jessen das Charakteristische des Vorsatzes, das ihn von der bloßen Vorstellung deutlich unterscheidet. Bei den gleichgültigen Handlungen fehlt dies begleitende Gefühl entweder ganz, oder es ist kaum merklich; die Vorsätze, welche ihrer Ausführung vorhergehen, entstehen ohne Schwierigkeiten auf der Stelle. Hingegen bei allen übrigen, nicht gleichgültigen Handlungen treten mehr oder weniger Schwierigkeiten dem Fassen des Vorsatzes und seiner Ausführung entgegen. Diese Schwierigkeiten entstehen theils aus andern Gedanken, welche die Folgen der Handlung bedenklich erscheinen lassen, theils aus widerstrebenden Gefühlen, wenn die Vollziehung der Handlung mit unsern Neigungen und Gewohnheiten in Widerspruch steht, wenn die Lust oder der Muth dazu fehlt. In allen diesen Fällen geht dem Fassen des Vorsatzes eine kürzere oder längere Wechselwirkung zwischen den Gedanken

und Gefühlen vorher, welche uns als ein Hin- und Her-
schwanken der Seelenthätigkeit erscheint und als solche bezeichnet wird. In demselben Augenblicke, in welchem nach
einem vorhergegangenen Schwanken oder nach längerer Erwägung der Vorsatz gefaßt wird, in demselben Augenblicke,
in welchem man zu sich selbst sagt: „ich will es", fühlt
man zugleich in sich eine merkliche Bewegung des Gemüthes, welche bei ernsten und wichtigen Vorsätzen als eine
mächtige Erschütterung desselben empfunden wird, und wenn
diese gleichzeitige Gemüthsbewegung nicht eintritt, hat man
auch keinen ernsten Vorsatz gefaßt und kann ihn nicht fassen. Man bemüht sich vergebens es zu thun, weil man
wohl die erforderliche Vorstellung in sich hervorrufen, aber
die erforderliche Theilnahme des Gemüthes nicht erwirken
kann. Wollen wir einen Andern zu irgend einem bestimmten Vorsatze bringen, so begnügen wir uns nicht blos damit, ihm die Sache vorzustellen und seinen Verstand zu
überzeugen, sondern wir suchen vorzugsweise auf sein Gemüth einzuwirken, weil wir wohl wissen, daß es darauf
hauptsächlich ankommt: Eltern, Lehrer und Prediger bemühen sich fast immer, auf diesem Wege gute Vorsätze bei
ihren Kindern, ihren Schülern und ihrer Gemeinde zu erwecken und zu befestigen. Je tiefer das Gemüth bei dem
Fassen des Vorsatzes ergriffen war, desto fester und kräftiger ist er; je weniger das Gemüth sich dabei betheiligte,
desto schwächer und vergänglicher. Ein unter heftiger Rührung gefaßter Entschluß kann für die ganze Lebenszeit des
Menschen fortbestehen. Nimmt das Gemüth gar keinen
Theil daran, so ist der Vorsatz nur scheinbar vorhanden,
der Mensch ist stehen geblieben bei der bloßen Vorstellung,
etwas thun zu wollen, und täuscht sich selbst, wenn er
einen fruchtbringenden Vorsatz gefaßt zu haben glaubt. In
demselben Maaße, in welchem der Mensch tiefer
und dauernder Gefühle fähig ist, ist auch sein
Wille kräftig und energisch; bei schwachen Ge-

müthern suchen wir ein energisches Wollen und feste Vorsätze vergebens.*)

Das hier Gesagte stimmt im Wesentlichen mit dem überein, was ich oben unter Nr. 1 und 2 als Grundbedingungen des Fassens von Vorsätzen aufgestellt habe, nur der Ausdruck ist bei Jessen ein anderer. Wenn Jessen sagt, um Vorsätze hervorzurufen, müsse man auf das Gemüth wirken, müsse dasselbe rühren und erschüttern, was heißt das anders, als man müsse einen Trieb zu der vorzusetzenden Handlung erwecken und diesen so steigern, daß er zuletzt alle entgegenwirkenden Triebe überwindet?

Nun, diese hier angegebenen Grundbedingungen des Vorsatzes im Allgemeinen sind auch die Grundbedingungen jedes moralischen Vorsatzes, nur daß hier der zum Vorsatz führende Trieb ein anderer ist als bei anderartigen Vorsätzen. Um sittliche Vorsätze zu fassen, ist nämlich erforderlich:

1) **ein auf das objectiv Gute gerichteter Trieb.**
2) **Ueberwiegen dieses Triebes über die entgegenwirkenden egoistischen Triebe.**
3) **Glaube an die Ausführbarkeit und das Gelingen des sittlich Vorzusetzenden.**

Es sei z. B. der sittliche Vorsatz zu fassen, eine uns zu pflichtwidrigen Handlungen fortreißende Leidenschaft zu bekämpfen und zu unterdrücken, so muß erstlich überhaupt ein Trieb zur Pflichterfüllung in uns sein, dieser Trieb muß zweitens stärker sein, als der entgegenwirkende, die Befriedigung der Leidenschaft fordernde Trieb, drittens müssen wir hoffen, daß es uns gelingen wird, der Leidenschaft Herr zu werden und so, ungehemmt durch sie, unsere Pflichten zu erfüllen.

---

*) S. Jessen, Versuch einer wissenschaftl. Begründung der Psychologie, S. 342—344.

Wie es zu sittlich guten Vorsätzen nicht kommt, wenn der Trieb zur Pflichterfüllung nicht stärker ist, als der Trieb zu egoistischer Befriedigung, so kommt es auch zu sittlich bösen, z. B. zu dem Vorsatz, ein Unrecht zu begehen, nicht, wenn nicht der egoistische Trieb stärker ist, als der sittliche. Wie dort erst die egoistischen, zum Bösen verlockenden Triebe aus dem Felde geschlagen werden müssen, wenn es zu sittlich guten Vorsätzen, so hier erst die edelen, zum Guten bewegenden Triebe, wenn es zu sittlich bösen Vorsätzen kommen soll. Und wie dort Glaube an das Gelingen des Guten, so muß hier Glaube an das Gelingen des Bösen vorhanden sein.

Was diese dritte Bedingung des Vorsatzes, den Glauben an das Gelingen betrifft, so hat sie schon Aristoteles hervorgehoben. Derselbe sagt nämlich, der Vorsatz gehe nie auf etwas Unmögliches. Wenigstens würde der, welcher behauptete, sich etwas Unmögliches vorgenommen zu haben, für einen Thoren gehalten werden. Das Wollen dagegen, d. h. das Wünschen, könne sehr wohl auf etwas Unmögliches gehen, man könne sich z. B. wünschen nicht zu sterben. Ferner, der Wunsch könne auf Sachen gehen, die man doch nie ausführen zu können glaubt; man könne sich z. B. wünschen, einen gewissen Schauspieler oder Athleten zu übertreffen, aber vorsetzen werde sich Niemand Etwas, als was er glaubt auch selbst ausführen zu können. Ueberhaupt erstrecke sich der Vorsatz nur auf Dinge, die in unserer Gewalt stehen.*)

---

*) Προαίρεσις μὲν γὰρ οὐκ ἔστι τῶν ἀδυνάτων· καὶ εἴ τις φαίη προαιρεῖσθαι, δοκοίη ἂν ἠλίθιος εἶναι· βούλησις δ' ἐστὶ τῶν ἀδυνάτων, οἷον ἀθανασίας. Καὶ ἡ μὲν βούλησίς ἐστι καὶ περὶ τὰ μηδαμῶς δι' αὐτὸν πραχθέντα ἄν· οἷον ὑποκριτήν τινα νικᾶν ἢ ἀθλητήν· προαιρεῖται δὲ τὰ τοιαῦτα οὐδείς, ἀλλ' ὅσα οἴεται ἂν γενέσθαι δι' αὐτοῦ ...... ὅλως ἔοικεν ἡ προαίρεσις περὶ τὰ ἐφ' ἡμῖν εἶναι. (Eth. Nicom. III, 2 ed. Zell.)

V. Freiheit und Zurechnung.

Diese dritte Bedingung des Vorsatzes ist nicht gering anzuschlagen. So mancher Vorsatz, der gefaßt werden sollte, unterbleibt nur, weil der Glaube an die Möglichkeit der Ausführung fehlt, und so mancher Vorsatz, der unterbleiben sollte, wird gefaßt, weil ein starker Glaube an die Ausführbarkeit vorhanden ist. Der Glaube stärkt und lähmt, je nachdem er hoffender oder fürchtender, das Gelingen oder Mißlingen in Aussicht stellender Glaube ist. Der stärkste Wille zu einer Handlung wird geknickt, wenn uns der Intellekt ihre Unmöglichkeit oder ihre Vergeblichkeit vorstellt; der schwächste wird gekräftigt, wenn der Intellekt uns ihre Leichtigkeit und ihr Gelingen vorspiegelt. In diesem Sinne thut der Glaube noch heut zu Tage Wunder.

Ich habe diese dritte Bedingung des Vorsatzes eine Bedingung intellektueller Art genannt. Doch spielt dabei das Selbstgefühl eine mächtige Rolle; denn es sind nicht immer rein objective Gründe, welche die Hoffnung des Gelingens oder die Furcht des Mißlingens hervorrufen, sondern sehr oft auch subjective, in dem Gefühl eigener Stärke oder Schwäche liegende. In der Jugend z. B. faßt man manchen Vorsatz, dessen man im Alter nicht mehr fähig ist. Warum? Etwa blos darum, weil in der Jugend der Intellekt noch nicht reif und erfahren genug ist, um die objectiven Schwierigkeiten des Vorgesetzten zu erkennen; im Alter hingegen der Intellekt diese Reife und Erfahrung erlangt hat? Dies auch. Aber dies nicht allein. Sondern der Jüngling fühlt sich weit kräftiger und lustiger zur Ueberwindung von Schwierigkeiten, als der Greis. Das eigene Stärke- und Schwächegefühl ist es, was dem Einen dieselbe Unternehmung leicht erscheinen läßt, dem Andern schwer; und dann erst, nachdem das Stärke- oder Schwächegefühl die Sache als leicht oder schwer vorgespiegelt hat, wirkt die Vorstellung der Leichtigkeit oder Schwierigkeit zurück auf den Willen und erleichtert oder erschwert das Fassen von Vorsätzen.

Hoffnung des Gelingens und Furcht des Mißlingens entspringen also aus verschiedenen Quellen. Subjectives Selbstgefühl und objectives Urtheil wirken darin zusammen, und oft giebt der subjective Factor den Ausschlag.

Daher die Erscheinung, daß es nichts hilft, einem Muthlosen, einem Verzagten, der vor einem Unternehmen zurückschreckt, die Leichtigkeit desselben auseinanderzusetzen. Der Muthlose glaubt aus innern Gründen nicht daran, es fehlt ihm die Hoffnung, die aus dem eigenen Kraftgefühl entspringt. Eben so hilft es nichts, einem Selbstvertrauenden, der in Begriff ist, sich in eine Gefahr zu stürzen, die Größe derselben auseinanderzusetzen. Der Selbstvertrauende läßt sich dadurch nicht abschrecken, weil ihm die Furcht, die aus dem eigenen Schwächegefühl entspringt, fehlt.

Nun, und im Moralischen verhält es sich nicht anders. Auch hier spielt der Muth und die Muthlosigkeit, entspringend aus dem Gefühl moralischer Stärke und moralischer Schwäche, eine große Rolle in Bezug auf das Fassen sittlicher Vorsätze. Stellen wir uns einen von einer Leidenschaft Geknechteten vor, der trotz des oft gefaßten Vorsatzes und des oft gemachten Versuchs, sie zu besiegen, ihr doch immer wieder von Neuem unterliegt, — muß ein Solcher nicht zuletzt allen Glauben, daß er der Leidenschaft Herr werden könne, verlieren und muß zuletzt jeden Vorsatz, sich von ihr zu befreien, aufgeben, so wie Einer, der trotz aller Versuche, sich aufrecht zu halten, immer wieder von Neuem fällt, zuletzt den Vorsatz aufgibt, sich aufrecht zu halten? Und entgegengesetzt, muß nicht Einer, dem es wiederholt gelungen ist, den Versuchungen zum Bösen zu widerstehen und der so seine moralische Stärke erfahren hat, einen Glauben fassen, der ihn ermuthigt, selbst den schwersten moralischen Prüfungen entgegenzugehen?

Der Glaube, der, je nachdem er hoffender oder fürch=

tender ist, stark oder schwach macht, ist also selbst schon eine Folge des vorhandenen Stärkegrades und wirkt nur auf denselben zurück.

Schließlich sei hier noch bemerkt, daß das theologische Dogma von der gänzlichen Verderbtheit der menschlichen Natur und ihrer gänzlichen Unfähigkeit zum Guten nicht geeignet ist, den Sünder zum Fassen sittlicher Vorsätze zu ermuthigen. Wenn dem Sünder die gänzliche Verderbtheit seiner Natur vorgehalten und dabei doch noch von ihm der sittliche Vorsatz, sich zu bekehren, gefordert wird, so kann es nichts Widersprechenderes geben. Es ist gerade so, wie wenn ein Arzt einem Kranken seine gänzliche Unheilbarkeit vordemonstrirte und dennoch von ihm forderte, eine Kur vorzunehmen, um gesund zu werden.

VI. Moral und Moralprincip.

1. Die doppelte Moral.

Giebt es eine doppelte Moral? Die Einen behaupten es, die Andern verneinen es. Die Einen sagen, die Genie's und die welthistorischen Helden seien nach einem andern Maaßstabe zu messen, als die gemeinen Menschen; in der Weltgeschichte gelte eine andere Moral, als im Privatleben. Die Andern verneinen dieses und behaupten, es gebe nur eine Moral für alle Kreise. Unrecht, Undank, Lüge, Treulosigkeit, Verrath, überhaupt alles Unsittliche bleibe gleich verwerflich, es möge von Großen in großen Dimensionen ausgeübt werden, oder von Kleinen in kleinen.

„In ethischer Hinsicht", sagt Schopenhauer, „bleibt es sich ganz gleich, ob die Gegenstände, um die sich die Handlung dreht, relativ betrachtet, Kleinigkeiten oder Wichtigkeiten, Bauerhöfe oder Königreiche sind. An sich sind alle Thaten blos leere Bilder, und allein die Gesinnung, welche zu ihnen leitet, giebt ihnen moralische Bedeutsamkeit. Diese aber kann wirklich ganz die selbe sein bei sehr verschiedener äußerer Erscheinung."*)

---

*) S. Welt als Wille und Vorstellung, I, §. 51, S. 291 der 3. Aufl. und I, §. 66, S. 436.

VI. Moral und Moralprincip.

Ich, von meinem Standpunkte aus, muß dieser Frage gegenüber sagen: Der moralische Maaßstab ist zwar immer und überall derselbe, nur einer für alle Kreise, sie mögen groß oder klein sein, denn immer und überall ist der sittliche Zweck und Endzweck derselbe (s. Der sittliche Zweck und Endzweck). Insofern giebt es also nur eine Moral, derzufolge alle dem sittlichen Zweck und Endzweck entsprechenden Handlungen gut zu nennen und zu billigen, alle ihm widersprechenden schlecht zu nennen und zu verwerfen sind, die Sache sei übrigens eine große oder kleine, eine weltumfassende oder winzige.

Aber der sittliche Zweck kann in verschiedenen Kreisen doch eine sehr verschiedene Handlungsweise fordern, kann in dem einen gestatten, was er in dem andern verbietet, kann in dem einen zur Pflicht machen, was er in dem andern als pflichtwidrig verwirft. In diesem Sinne also kann es eine doppelte Moral geben, eine andere für das öffentliche und eine andere für das Privatleben, eine andere für die Weltangelegenheiten und eine andere für die Privatangelegenheiten.

Die eine und selbe Moral ist es nämlich, die, indem sie eine Rangordnung der Güter und der Pflichten statuirt (s. Rangordnung der Güter und: Rangordnung der Pflichten), niedere Güter den höhern, also auch niedere Pflichten den höhern zu opfern fordert und die daher Handlungen, die in untergeordneter Sphäre unstatthaft wären, in höherer billigt.

Aus Garve's Abhandlung „über die Verbindung der Moral mit der Politik, als Anhang zum vierten Theil zu Cicero's Pflichten"*) geht zur Evidenz hervor, daß die Moral innerhalb ihrer selbst einen Unterschied zu machen hat zwischen politischen und Privatpflichten, weil es sich im politischen Leben um andere und höhere Güter han-

---

*) Breslau 1788.

delt, als im Privatverkehr. Garve beantwortet nämlich die Frage: „Inwiefern ist es möglich, die Moral des Privatlebens bei der Regierung der Staaten zu beobachten?" im Wesentlichen, wie folgt:

Es ist zwischen der Lage der Regenten und der Privatpersonen ein doppelter Unterschied: 1) Der Souverän eines Staates ist gegen den Souverän eines andern Staates im Stande der Natur, wo jeder nur sich selbst zu seinem Beschützer hat, und beide, wenn sie in Streit gerathen, nur sich selbst zu ihren Richtern haben. Der Privatmann hingegen steht mit einem andern in einer solchen Verbindung, vermöge welcher ihnen vor Beleidigungen ein höherer Schutz gewährt und ihnen zu ihren Streitigkeiten ein Richter angewiesen wird.

2) Der Souverän hat für die Erhaltung und das Wohl einer ganzen Gesellschaft zu sorgen, die ihm anvertraut ist: er ist Depositarius einer fremden Macht, Geschäftsträger eines ansehnlichen Körpers. Der Privatmann hingegen hat nur für das Wohl seiner selbst und der Seinigen, — eines einzigen oder weniger Menschen zu sorgen.

Aus diesem doppelten Unterschiede ergiebt sich nach Garve, daß die Handlungen der Großen, der Souveräne, nicht mit demselben Maaße zu messen sind, als die der Kleinen, der Privatleute; wie sie denn auch wirklich von der öffentlichen Meinung nicht mit demselben Maaße gemessen werden.

Was zunächst den ersten der beiden genannten Unterschiede betrifft, so rechnen wir z. B. Ehrlichkeit dem Privatmann zu keiner besondern Tugend an, denn er wird durch die bürgerlichen Gesetze dazu gezwungen, das Eigenthum seiner Mitbürger zu respectiren und wird für Betrug oder Diebstahl bestraft. Wenn hingegen mächtige Souveräne das Recht anderer, namentlich kleinerer und schwächerer Staaten respectiren und sich keinen Eingriff in dasselbe, keine Schmälerung desselben erlauben, obgleich sie die Macht dazu haben und es ungestraft thun könnten, so rechnen wir ihnen dies zur großen Tugend an und der Beiname des Gerechten, den man einem Herrscher giebt, ist ein ehrenvolles Prädicat in der Geschichte. Denn, was beim Privatmann eine Zwangspflicht ist, ist beim mächtigen Souverän eine Gewissenspflicht, deren Erfüllung Zeugniß ablegt von seiner Gerechtigkeitsliebe und seinem Wohlwollen. Es ist daher nicht ohne Grund, daß man bei den Großen und Mächtigen dieser Erde das als Tugend preist, wovon beim Privatmanne weiter kein Aufhebens gemacht wird. „Beim Privatmanne", sagt Garve, „hängt Ehrlichkeit gemeinhin von ganz andern Principien ab, als auf welche seine Tugend und sein wohlthätiges Bestreben zum Besten Anderer sich gründet. Jene kann ohne diese bestehen; daher ist es auch, wie Lessing sagt, für den gemeinen Bürger so verzweifelt wenig, wenn er nichts mehr als ehrlich ist. Ganz anders bei den Unabhängigen. Bei ihnen ist Beobachtung des Rechts die höchste und verehrungswürdigste Tugend; denn sie ist nur bei einer großen Einsicht, einem ausgebreiteten Wohlwollen und einem festen Muthe möglich."

Aus dem Unterschiede der Lage zwischen den unabhängigen Souveränen und den in der bürgerlichen Gesellschaft lebenden Privatleuten, daß jene im Naturstande, diese hingegen unter einer bestehenden Obrigkeit leben, geht auch Folgendes hervor. Die Privatbürger sind an positive Gesetze gebunden und müssen denselben gehorchen, sollten sie auch noch so sehr gegen das Naturrecht verstoßen. Die Unabhängigen dagegen wollen sich, mehr oder weniger, nur nach dem Naturrechte richten; die Rechtsgründe sollen aus der Beschaffenheit der Dinge hergenommen sein. Wenigstens machen die, welche es nicht sind, nicht den starken Eindruck, daß sie den Leidenschaften Fesseln anlegten. Dies hängt damit zusammen: Privatbürger haben sich ganz und gar dessen begeben, auf den ersten Grund aller Gerechtigkeit, den allgemeinen Nutzen zurückzugehen; sie haben sich verpflichtet, sich an die Gesetze als die letzte und oberste Entscheidung von dem, was Recht und Unrecht ist, zu halten. Die Staaten und ihre Beherrscher haben sich jenes Rechts nicht ohne Ausnahme begeben können. Besonders in den Fällen, wo die Fragen über das Eigenthum wirklich verwickelt sind, und wo die Verträge nicht deutliche Aussprüche thun, erlaubt ihnen Vernunft und Natur, nach ihrer eigenen Einsicht des allgemeinen Besten zu handeln.

Aus dem zweiten der von Garve hervorgehobenen Unterschiede, daß der Souverän im Namen einer ganzen Nation handelt, der Privatmann hingegen nur für sich oder für eine Familie, ergiebt sich ebenfalls eine bemerkenswerthe Verschiedenheit ihrer Pflichten. Das höchste erdenkliche Gesetz aller menschlichen Handlungen ist, zu thun, was dem Menschengeschlecht im Ganzen genommen am heilsamsten ist. Also eine zahlreiche Gesellschaft von Menschen hat einen Vorzug vor einem einzelnen Menschen; die Erhaltung von jener ist etwas wichtigeres als die Erhaltung von diesem, ihr Wohl ist ein größeres Stück von dem Gesammtwohl der Menschheit. Da nun der Souverän, der die vereinigte Macht einer solchen Gesellschaft als ihr Repräsentant in Händen hat, verpflichtet ist, für ihre Erhaltung und die Vermehrung ihres Wohlstandes zu sorgen, so hat er ohne Zweifel auch mehr Recht, einem so großen Zweck die Vortheile eines Dritten aufzuopfern, als der Privatmann seinem eigenen Interesse. „Wenn, sagt Garve, ein Fürst Verträge abgeschlossen hat, die er zur Zeit, als er sie einging, dem Staate nützlich glaubte, deren Folgen sich aber später unter veränderten Verhältnissen als gefährlich für den Staat erweisen; so ist in solchem Falle das Große und Wichtige, welches National-Angelegenheiten vor Privatgeschäften voraus haben, ein unbezweifelter Grund, warum ein aus Unklugheit oder aus Leidenschaften gegebenes Wort zurückgenommen werden darf, während der Privatmann die Strafe seines Unverstandes, der ihn zu einem in der Folge schädlichen Vertrage verleitet hat, mit

Recht dadurch tragen muß, daß er zur Erfüllung desselben gezwungen wird. Der Privatmann muß auch zuweilen dem Unglück Preis gegeben werden, welches veränderte und nicht vorauszusehende Umstände ihm bei Erfüllung eines in unverschuldeter Unwissenheit gethanen Versprechens zuziehen. Sein Wohl, sein Vermögen, selbst sein Dasein ist nicht etwas so Wichtiges, daß darüber der Heiligkeit der Verträge Eintrag geschehen sollte, die immer leidet, wenn viele Fälle vorkommen, wo dieselben gebrochen werden. Anders verhält es sich mit Nationen."

Daß die Unverbrüchlichkeit der Verträge unter Nationen nicht so weit gehen darf, daß diese selbst mit der Gefahr ihres gänzlichen Ruins einmal eingegangene Verpflichtungen zu erfüllen hätten; daß solcher moralischer Rigorismus dem Menschengeschlecht oft theuer zu stehen kommen würde; daß der Vortheil, den solche Treue verschaffte, das Elend nicht aufwiegen würde, das sie unter Millionen von Menschen anrichtete — das können eben nur solche abstracte Rigoristen in Abrede stellen, denen der Mensch um des Gesetzes, nicht das Gesetz um des Menschen willen da ist. Garve war kein solcher Rigorist. Er führt mehrere Beispiele von Fällen an, in denen Wort- und Vertragsbruch gerechtfertigt ist, an, unter andern folgendes:

„Ein Fürst versprach einem andern Beistand zu seiner künftigen Vertheidigung. Aber in dem Augenblick, da sein Verbündeter bedroht wird, ist er selbst in Gefahr, von einem andern Nachbar angegriffen zu werden. Eine Pest hat die Volksmenge seines Staates vermindert, Mißwachs hat die zu kriegerischen Unternehmungen nöthigen Vorräthe leer gemacht. Soll er noch sein armes, ermattetes, bedrohtes Volk anstrengen, um einem andern die Dienste zu leisten, welche es selbst braucht?"

Freilich kann der Grund, warum die politische Moral zuweilen erlaubt, was die Privatmoral verbietet — die Wichtigkeit einer Nation und ihres Wohlstandes — von manchen Souveränen zur Beschönigung ihrer Ungerechtigkeiten mißbraucht werden; aber der mit einem wahren Grundsatz getriebene Mißbrauch kann die Wahrheit dieses Grundsatzes nicht aufheben. Es kommt eben auf den richtigen Gebrauch und die richtige Anwendung an.

Es ist und bleibt einmal ein wahrer Satz, daß dem **physischen** Uebergewicht auch ein **moralisches** entspricht. „Das Uebergewicht großer Gesellschaften von Menschen über kleine", sagt Garve mit Recht, „ist nicht blos physisch, sondern auch moralisch. Nicht blos die Stärke derselben ist ungleich, sondern auch ihre Rechte sind es. Ein Mensch ist unverschämt, welcher sich einem ganzen Publiko vorzieht, gesetzt auch, daß dieses aus weit weniger bedeutenden Personen bestünde, als er ist. Und eine zahlreiche Nation muß bei der Collision ihrer Vortheile mit den Vortheilen kleiner Völkerschaften den Vorzug haben." Dieser Fall tritt besonders dann ein, wenn die große Nation gesittet, die kleine wild ist. Ein weitläufiges Reich kann durch eine Räuberhorde von einer Gränze bis zur andern beunruhigt werden. Es kann also wirklich das Wohl der Millionen, welche es bewohnen, dabei interessirt sein, daß diese tausend Menschen ausgerottet, vertrieben und unterjocht werden.

Es mag zwar in vielen Fällen schwierig sein zu entscheiden, was das Wohl einer großen Nation fordere — und sehr oft dient das „Staatswohl" nur als Vorwand für ungerechte Handlungen ehrgeiziger und eroberungssüchtiger Regenten; — aber der Satz bleibt demungeachtet wahr: „Wenn ganze Gesellschaften von Menschen Vorrechte vor einzelnen Menschen haben, so haben auch große Gesellschaften Vorrechte vor kleinen. Und hieraus folgt: Hat der Regent der erstern nur nicht unrichtig beurtheilt, was wahres Interesse seines Staates heißt, besonders was als Mittel zur Erhaltung desselben erforderlich ist; so kann ihm unmöglich die Befugniß abgesprochen werden, ein weit geringeres Interesse weit wenigerer Menschen, wenn diese auch von ihm unabhängig sind, seinen höhern Endzwecken

VI. Moral und Moralprincip.

unterzuordnen. Die Geschichte lehrt auch, daß größere Reiche immer von ihrem Uebergewicht über kleinere in gefährlichen Zeitpunkten Gebrauch gemacht haben; und dies wird von der Nachwelt nur dann als Unrecht getadelt, wenn die Staatsursachen nicht wichtig, die Gefahren nicht groß genug gewesen sind, um solche unregelmäßige Schritte zu rechtfertigen."

Dürfen aber schon die Lenker großer Staaten von den gewohnten Regeln, die in einem niedern Kreise unverbrüchliche Gültigkeit haben, abweichen, so dürfen dies noch mehr jene Heroen der Geschichte, welche sich das Wohl der ganzen Menschheit zum Ziele setzen. Ich kann hier wieder nur dem beistimmen, was Garve in dieser Beziehung sagt: Alle Regeln müssen der Absicht der Regel untergeordnet sein, und es ist also unstreitig wahr: „Alles ist Recht, was dem menschlichen Geschlecht im Ganzen ersprießlich ist." „Wer, setzt Garve hinzu, diesen großen Gesichtskreis übersehen kann und die Folgen seiner Handlungen so vollständig und so deutlich vor Augen hat, daß er nach eigener Einsicht mit Gewißheit beurtheilen kann, welche der ganzen vernünftigen Schöpfung in allen künftigen Zeitaltern mehr nützen als schaden werden: der braucht sich nach keinen allgemeinen Regeln zu richten, — und er kann diejenigen, welche uns Recht und Gewissen vorschreibt, übertreten, ohne weder ungerecht noch strafbar zu handeln."

Es ist zwar selten der Fall, daß ein Mensch auf einem so erhabenen Standpunkte steht. Aber, wenn irgend Einer berechtigt ist, die Regeln der bürgerlichen Moral zu übertreten und den höhern Grund der Regeln, das allgemeine Beste der Menschheit, unmittelbar zur Richtschnur der Handlungen zu nehmen, so sind es eben jene seltenen Heroen, jene Lenker und Leiter der Menschheit, jene Gesetzgeber und Reformatoren, welche die Menschheit auf eine höhere Stufe erheben. Diese der spießbürgerlichen Regel: „Ruhe ist die erste Bürgerpflicht", unterwerfen zu wollen, hieße die Menschheit zum ewigen Stillstand verdammen.

Je größer und höher die Pflichten sind, desto größer und höher sind auch die Rechte. Die Rechte der zur Leitung der Menschheit im Großen und Ganzen Berufenen stehen demnach hoch über denen der Privatleute. In diesem Sinne ist die Moral der Geschichte erhaben über die Moral des Privatlebens.

Die Angelegenheiten und Interessen des Privatmannes werden bei ihrer geringen Wichtigkeit überwogen von dem Interesse des Gesetzes selbst, d. h. von dem Nutzen, welchen die Gesellschaft davon hat, daß gegebene Gesetze beobachtet werden. Bei National- und Menschheitsangelegenheiten aber kann das Gegentheil eintreten. Hier kann das Interesse, um das es sich handelt, wichtiger sein, als die Beobachtung des bestehenden Gesetzes. Die Lenker der Nationen und der Menschheit dürfen also in solchen Fällen von den bestehenden Gesetzen abgehen, sich über die gewohnten Rechtsordnungen hinwegsetzen. Das strenge Recht geht nur auf Erhaltung des Zustandes und der Verhältnisse, die einmal da sind. Wenn also nie, auch in den großen Angelegenheiten der Völker und der Menschheit, von den hergebrachten Rechtsnormen abgegangen werden sollte, so müßte Alles ewig beim Alten bleiben, die Menschheit könnte zu keiner Zeit zum Bessern fortschreiten.

Aus allem Diesem ist zu ersehen, in welchem Sinne der Satz von der doppelten Moral, wonach es eine höhere Moral für die Weltangelegenheiten und eine niedere für den Privatverkehr giebt, Wahrheit hat. Streng genommen, ist damit nicht gesagt, daß es zweierlei moralischen Maaßstab giebt, daß in der Geschichte aus Unrecht Recht, aus Laster Tugend wird — denn Unrecht kann sich nie in Recht und Laster nie in Tugend verkehren —; sondern nur dieses, daß eine Handlungsweise, die im Privatleben pflichtwidrig wäre, im geschichtlichen und politischen Leben, in Bezug auf die hier zu realisirenden höhern Güter nothwendig und dadurch pflichtgemäß werden kann. Im Privatverkehr ist Unterwerfung unter die bestehenden Gesetze Pflicht, in der Geschichte kann Auflehnung gegen das Bestehende Pflicht werden. Hier haben wir also nicht zweierlei Moral, sondern eine und dieselbe Moral, die in der einen Sphäre erlaubt und gebietet, was sie in der andern verwirft und verbietet. Ist es ja auch nicht zweierlei Medicin, sondern eine und dieselbe Medicin, welche dem Kranken andere Vorschriften giebt, als dem Gesunden, und Letzterem gestattet, ja von ihm fordert, was sie Ersterem versagt und verbietet.

2. Moral und Metaphysik.

Setzt die Moral eine bestimmte Metaphysik, eine bestimmte Ansicht vom Weltganzen voraus, oder ist sie unabhängig davon, und kann eine und dieselbe Moral bei den verschiedensten Weltanschauungen bestehen? Die Einen erklären die Moral für unabhängig von der Metaphysik, die Andern für abhängig; und unter Letztern ist wieder Streit darüber, welche Metaphysik die nothwendige Voraussetzung der Moral bilde. Die Einen halten die theistische, nach welcher es einen persönlichen Gott, Freiheit des Willens und individuelle Unsterblichkeit giebt, für nothwendige Voraussetzung der Moral; die Andern hingegen behaupten, daß auch bei atheistischer und pantheistischer Weltanschauung Moral möglich sei.

Zu Denen, welche die Unabhängigkeit der Moral von der Metaphysik und folglich von teleologischer Kenntniß des Weltplans behaupten, gehört Herbart. Dieser schließt seine „Analytische Beleuchtung des Naturrechts und der Moral" mit einem Capitel „von der teleologischen Richtung der Moral", worin er auseinandersetzt, daß Kenntniß des Weltplans kein Erforderniß der Tugend- und Pflichtenlehre sei. „Was würde die Moral gewinnen, wenn wir den Weltplan wüßten? Die Moral ist theils Tugendlehre, theils Pflichtenlehre; die Frage kann also auf Gesinnungen und auf Handlungen bezogen werden.

„Letztere Beziehung liegt am nächsten. Denn die Handlungen treffen in die Zeitreihe des Plans. Niemand aber handelt, wo sein Handeln entweder als fruchtlos, oder als überflüssig im Voraus erkannt wird.

„Zum Handeln gehört das Voraussehen wahrscheinlicher Folgen, die ausbleiben würden, wofern das Handeln unterbliebe. So gern man sich einem großen Plan anschließt, zu welchem mitzuwirken möglich ist: so gewiß müssen die Folgen nahe genug liegen, um vermuthet zu werden; und von uns abhängen, damit wir nicht unthätige Zuschauer bleiben. Mit der Allmacht wird Niemand wetteifern.

„Deshalb überläßt man der Vorsehung, für die Gattung zu sorgen; aber man handelt im amtlichen und häuslichen Kreise.

„Anders verhält es sich mit den Gesinnungen. Der Muth der Tugend würde zu Boden gedrückt werden, wenn sie an eine Wahrscheinlichkeit stieße, der Weltplan sei ihr entgegen. Und hier müssen wir uns erinnern, daß es des Menschen Loos ist, weit mehr leidend zu beobachten, als thätig einzugreifen; besonders wenn wir über den Kreis hinausschauen, in welchem wir handeln können. Contemplation über die Gattung paßt für Zustände der Ruhe; aber die Ruhe wäre ein Leiden, wenn ihr der religiöse Glaube fehlte.

„Dieser Glaube verlangt jedoch keinen Weltplan zu wissen, in dem Sinne, als ob ein solcher erst müßte in bestimmten Umrissen vorgelegt werden, damit man sich entschließe auf ihn einzugehen. Man weiß ohnehin, daß man Zeit, Ort, Gelegenheit zum Handeln nicht wählen konnte; daher verlangt man schon nicht mehr bestimmt zu wissen, wie Eins in's Andere eingreife; es genügt, nur überhaupt das Zusammentreffen aller moralischen Wirksamkeit und eine Beschleunigung dessen, was überhaupt geschehen soll (deren Gegentheil die Verzögerung sein würde), annehmen zu dürfen.

„Aber wichtig ist es für den Glauben, die Menschheit nicht im Allgemeinen als versunken zu betrachten, sondern ihr ein beständiges Fortschreiten, von jeher, welches wenigstens die Rückschritte übertreffe, beilegen zu dürfen." *)

Herbart hält also für das sittliche Leben und Wirken nicht allen und jeden Glauben für überflüssig, sondern nur jenen in weite und dunkle Fernen hinausschweifenden Glauben, der sich anmaaßt, den Plan des Weltganzen nebst der Rolle, die das menschliche Handeln in demselben spielt, zu überschauen. Diesen anmaaßenden Glauben hält er sogar für verwerflich in praktischer Anwendung. „Selbst die an sich zulässige Meinung, das Leben und Handeln der Individuen könne doch einen verborgenen Zusammenhang mit dem Weltplan haben, wird verwerflich in praktischen Anwendungen. Nach verborgenen, ihm selbst bekannten Motiven kann der Mensch nicht handeln; vollends aber die Benutzung des Bösen zum Guten, die man in dieselbe Verborgenheit hinein deuten würde, gäbe Denen, welche in der Beförderung des Weltplans ihren Werth suchten, gleiche Ermunterung zum Bösen, wie zum Guten. Solche Folgen kommen heraus, wenn man in die praktischen Principien, welche für sich feststehen, die Teleologie einmengt, die als reine Contemplation, nicht aber als Erkenntnißprincip, bei der Naturforschung bleiben muß." **)

Mit Beziehung auf Cicero's Wort (Tusc. qu. I, 15): Sed inhaeret in mentibus quasi saeculorum quoddam

---

*) S. Herbart's Analytische Beleuchtung des Naturrechts und der Moral, §. 206.

**) Daselbst §. 208.

augurium futurorum: idque in maximis ingeniis, altissimisque animis et existit maxime, et apparet facillime. Quo quidem demto, quis esset tam amens, qui semper in laboribus et periculis viveret? — mit Beziehung hierauf sagt Herbart: „Und gewiß bleibt noch immer nach aller Zurückweisung grundloser Weltpläne, nicht blos das Bedürfniß, sondern auch die Befugniß, den Blick in eine unbestimmte Zukunft hinaus zu erweitern. Alles ladet dazu ein, was sich der Mensch als möglichen Erfolg seiner edlern Bestrebungen denken kann; Alles fordert dazu auf, was Andere, was der Staat, was die Menschheit Großes und Schönes zu Stande gebracht haben. Es kommt nur darauf an, daß man hier, wie in jeder andern Ueberlegung, festen Boden unter sich habe, und grillenhafte Mißdeutungen vermeide. Nicht klein soll der Mensch in seinen eigenen Augen erscheinen; nicht bedeutungslos sein Thun oder Lassen. Nur aus großen Erwartungen erfolgen große Anstrengungen; aber auch nur begründete Erwartungen vermögen auf lange Zeit und vollends bei wechselnden Umständen den Muth anhaltend zu tragen, und nach jeder nöthigen Erholung zu erneuern."

Herbart will keineswegs, indem er vor dem Einmischen überspannter Weltpläne in die Ethik warnt, die Gedanken und Sorgen der Menschen nur auf die nächste Gegenwart beschränkt wissen: „Vielmehr muß gerade gegen so kleinliche Sorgen die große Menge der Menschen noch mehr gewarnt werden, als man die ausgezeichnetern Köpfe gegen die Ueberspannung der Weltpläne zu warnen hat. Eine feste Gränze zwischen dem Zuviel und Zuwenig giebt es nicht; die Anpreisung einer richtigen Mitte wäre ein leeres Wort; wie weit aber aus gegebenen Thatsachen, im Interesse der praktischen Ideen, mit Wahrscheinlichkeit auf ein Künftiges kann geschlossen werden, so weit und nicht weiter muß der Gedanke und die Sorge wegen der Zukunft sich ausdehnen; alsdann wird danach die Energie des Han-

VI. Moral und Moralprincip.

delns, unter Voraussetzung der rechtlichen und sittlichen Gesinnung, sich von selbst bestimmen."*)

Meine Ansicht nun über die hier in Rede stehende Frage ist einfach folgende. Ob überhaupt eine bestimmte Ansicht vom Weltganzen, und welche, ein Postulat der Moral sei, das hängt davon ab, welchen Begriff der Sittlichkeit die Moral aufstellt. Setzt man, wie die theologische Moral thut, die Sittlichkeit in den „Gehorsam gegen die Gebote Gottes", oder in die „Verähnlichung mit Gott", oder in die „Verherrlichung Gottes", so versteht es sich von selbst, daß eine solche Moral die theistische Metaphysik zur Voraussetzung hat. Denn giebt es keinen Gott, so fällt auch die Pflicht des Gehorsams gegen ihn, oder der Verähnlichung mit ihm, oder seiner Verherrlichung weg.

Anders stellt sich die Sache, wenn die Moral eine rein philosophische ist. Der rein philosophischen Begriffe von der Sittlichkeit haben sich hauptsächlich zwei hervorgethan. Der eine setzt die Sittlichkeit in die subjective Moralität, die reine Gesinnung, der andere in die Verwirklichung der objectiven Güter. Nach jenem macht nicht das Was, sondern das Wie des Handelns, nicht der Inhalt, sondern die Form die Sittlichkeit aus. Das Was ist gleichgültig. Nach dem andern Begriffe ist es gerade um ein objectives Reich von Gütern, um vollkommene Zustände in allen Sphären des Menschenlebens zu thun. Die Familie, die bürgerliche Gemeinde, den Staat, die Kirche, die Kunst, die Wissenschaft ihrem Zweck gemäß zu organisiren, und diese verschiedenen Sphären in Einklang mit einander zu bringen, darin besteht hier hauptsächlich die Sittlichkeit.

Dort liegt der Accent auf der Tugendlehre, hier auf der Güterlehre.

Beide Ansichten sind einseitig. Denn die Tugenden

---

*) S. Herbart's Analytische Beleuchtung des Naturrechts und der Moral, §. 212.

weisen auf die Güter hin und die Güter bedürfen zu ihrer Realisirung der Tugenden und der Pflichterfüllungen (f. Tugend, Pflicht und Gut). Tugend, Pflicht und Gut bilden eine unzertrennliche Trias.

Aber stellen wir uns einmal auf den Standpunkt der beiden genannten einseitigen Auffassungen und fragen, ob ein metaphysischer Glaube, und welcher, für jede von beiden Postulat ist, so ergiebt sich Folgendes.

Auf dem Standpunkte der subjectivistischen, die Sittlichkeit lediglich in die Tugend, in die Güte und Reinheit des Willens setzenden Moral ist kein anderer Glaube Postulat, als der, daß die menschliche Natur dieser Güte und Reinheit fähig sei. Hier würde blos der moralische Skepticismus, der den Menschen keiner andern, als egoistischer Motive fähig hält und alle noch so tugendhaften und aufopfernden Handlungen auf Egoismus zurückführt, mit dem ethischen Ideal sittlicher Reinheit in Widerspruch gerathen. Hingegen der Glaube an Gott, Freiheit und Unsterblichkeit ist auf diesem Standpunkte gar nicht nöthig. Denn man braucht, um dem Menschen die Fähigkeit innerer Reinheit zuzutrauen, nicht anzunehmen, daß er diese Fähigkeit von einem persönlichen Gott, der ihn geschaffen, erhalten habe, sondern man kann dieselbe auch pantheistisch erklären, kann sie aus dem Weltwesen ableiten, welches in der menschlichen Gattung sich zur Stufe dieser Reinheit des Willens erhebt. Zweitens braucht man auch, um die Sittlichkeit in die Güte und Reinheit des Willens zu setzen, nicht anzunehmen, daß der Wille frei in dem Sinne sei, daß er zu gleicher Zeit Entgegengesetztes wollen kann; denn die reine Tugend behält ihren sittlichen Werth, auch wenn der tugendhafte Wille nicht das Gegentheil von Dem, was er will, wollen kann (f. Freiheit des Willens und: Gegenstand und Bedingungen der sittlichen Zurechnung). Drittens ist hier auch der Glaube an individuelle Unsterblichkeit kein Postulat; denn hier ist es ja nur um innere Reinheit des Willens zu thun, und wenn angenommen wird, daß diese schon während des Erdenlebens erreicht werden kann, dann bedarf es keiner Fortdauer nach dem Tode.

Die reine Gesinnung ist ja überhaupt nichts zeitlich Werdendes und Wachsendes, sondern mit einem Schlage da; nur die Tugend als Fertigkeit ist etwas Werdendes und Wachsendes. Die Tugend als Gesinnung ist entweder da oder nicht (vergl. die Tugend als Gesinnung und als Fertigkeit). Also ist für Die, welche die Sittlichkeit in die reine Gesinnung setzen, die Annahme eines Fortlebens, in welchem das hier Begonnene, aber unvollendet Gebliebene vollendet wird, nicht nöthig. Denn hier handelt es sich überhaupt nicht um ein Werk, welches der Fortsetzung bedarf, sondern um ein Princip, welches, wenn es da ist, ganz und mit Einem Male da ist. So wenig aber, als um der Fortentwicklung willen, so wenig braucht man auf diesem Standpunkte auch um künftigen Lohnes willen eine Fortdauer nach dem Tode; denn die reine Gesinnung begehrt keinen Lohn, sie hat ihren Lohn in sich selbst.

Auf dem zweiten Standpunkt, wo Realisirung der objectiven Güter, Verwirklichung vollendeter Zustände, Ausbau des Reiches des Guten in allen Sphären als Hauptaufgabe der Sittlichkeit betrachtet wird, ist ebenfalls der Glaube an Gott, Freiheit und Unsterblichkeit kein Postulat. Denn die auf diesem Standpunkte vorauszusetzende Möglichkeit jener Verwirklichung in der Geschichte läßt sich eben so gut bei pantheistischer Weltanschauung, als bei theistischer annehmen. Um zu glauben, daß das Gute realisirt werden kann, brauche ich nicht zu glauben, daß Gott die Dinge darauf angelegt hat, der sittlichen Thätigkeit des Menschen zu correspondiren, sondern kann diese Correspondenz aus der mit sich selbst übereinstimmenden Natur der Dinge ableiten, brauche auch zur Annahme fortschreitender Verwirklichung des Guten in der Geschichte

nicht an übernatürliche, göttliche Eingriffe, sondern nur
an die innere Macht der natürlichen Entwicklung zu glau=
ben; und um bei allen Widerwärtigkeiten im Streben nach
dem Guten auszuharren, brauche ich nicht zu glauben, daß
Gott die Macht des Bösen brechen wird, sondern brauche
nur an die eigene innere Ohnmacht des Bösen zu glau=
ben. — Die Freiheit (als Möglichkeit Entgegengesetz=
tes zu wollen) ist hier auch kein Postulat. Denn es ist
durchaus nicht einzusehen, warum ich, um nach den ob=
jectiven Gütern zu streben, des Glaubens bedürfen sollte,
daß ich gleichzeitig nach ihnen streben und auch nicht nach
ihnen streben kann. Endlich ist auch der Glaube an indi=
viduelle Unsterblichkeit hier kein Postulat. Denn auf dem
Standpunkte, von dem hier die Rede ist, handelt es sich
zwar um die vollendete Realisirung des objectiv Guten,
aber nicht darum, daß der Einzelne diese Vollendung
herbeiführe. Der Einzelne betrachtet sich hier vielmehr
nur als Mitarbeiter an dem großen Werke, welches, wenn
er abgeht, Andere fortsetzen. Er begnügt sich an dem
Theile des Guten, den er während seines Lebens schaf=
fen geholfen und genossen hat. Die Hoffnung, daß das
Werk nach seinem Tode fortgesetzt werden, und was
daran zu seiner Zeit noch mangelhaft war, corrigirt wer=
den wird, genügt ihm. Für sich fordert er nichts. Er
freut sich schon im Voraus der bessern Zukunft, welche die
nachkommenden Geschlechter genießen werden. Seine Stim=
mung ist ganz objectiv, er lebt im Ganzen, lebt also
auch in diesem fort.

So ist also, welchen Begriff von der Sittlichkeit man
auch haben möge, nur der Glaube ein nothwendiges Po=
stulat, daß Das, was man für das höchste Gut und für
das Ziel des sittlichen Strebens hält, erreichbar, daß
diesem Ziele die Natur des Menschen und die Natur
der Dinge nicht zuwider sei. Der Glaube aber, daß
beide von einem persönlichen Gott auf jenes Ziel angelegt

seien; der Glaube ferner, daß der Wille gleichzeitig nach jenem Ziele streben und auch nicht danach streben könne; der Glaube endlich, daß das Individuum nach dem Tode fortlebe — dieser dreifache Glaube ist für den ethischen Zweck entbehrlich.

Es wäre auch schlimm, wenn ohne diesen dreifachen Glauben keine Moral möglich wäre; denn dann müßten Alle, deren Denken es ihnen unmöglich macht, an einen persönlichen, extramundanen Gott, an eine Freiheit des Willens, Das, was er will, zugleich auch nicht oder auch das Gegentheil davon wollen zu können, endlich an die individuelle Unsterblichkeit zu glauben, der Moral unfähig sein, folglich in unserer Zeit die Mehrzahl der Gebildeten und Denkenden.

3. Das Moralprincip.

Unter dem Moralprincip versteht man bekanntlich den obersten, allgemeinsten Grundsatz der Moral, aus welchem sich alle Pflichten und Tugenden ableiten oder auf den sie sich zurückführen lassen. „Das Princip oder der oberste Grundsatz einer Ethik ist der kürzeste und bündigste Ausdruck für die Handlungsweise, die sie vorschreibt, oder, wenn sie keine imperative Form hätte, die Handlungsweise, welcher sie eigentlichen moralischen Werth zuerkennt. Es ist mithin ihre durch einen Satz ausgedrückte Anweisung zur Tugend überhaupt, also das ὅ,τι der Tugend."*)

Kant betrachtet es als Haupterforderniß des Moralprincips, daß es ein rein formales, objectloses sei, weil nur bei einem objectlosen Gesetz die Autonomie des Willens gewahrt wird, nur ein objectloses Gesetz sich zu

---

*) Schopenhauer, Die beiden Grundprobleme der Ethik, 2. Aufl., S. 136.

einem allgemeingültigen qualificirt, endlich nur ein objectloses diejenige Verständlichkeit für Jedermann hat, die das Sittengesetz haben soll.

Gleich im ersten Lehrsatze der Kritik der praktischen Vernunft, §. 2, sagt er: „Alle praktischen Principien, die ein **Object** (Materie) des Begehrungsvermögens, als Bestimmungsgrund des Willens, voraussetzen, sind insgesammt empirisch und können keine praktischen Gesetze abgeben."*) Kant erklärt es für den veranlassenden Grund aller Verirrungen der Philosophen in Ansehung des obersten Princips der Moral, daß sie „einen Gegenstand des Willens aufsuchten, um ihn zur Materie und dem Grunde eines Gesetzes zu machen (welches alsdann nicht unmittelbar, sondern vermittelst jenes an das Gefühl der Lust oder Unlust gebrachten Gegenstandes, der Bestimmungsgrund des Willens seyn sollte, anstatt daß sie zuerst nach einem Gesetze hätten forschen sollen, das a priori und unmittelbar den Willen und diesem gemäß allererst den Gegenstand bestimmte). Nun mochten sie diesen Gegenstand der Lust, der den obersten Begriff des Guten abgeben sollte, in die Glückseligkeit, in die Vollkommenheit, in's moralische Gesetz, oder in den Willen Gottes setzen, so war ihr Grundsatz allemal Heteronomie, sie mußten unvermeidlich auf empirische Bedingungen zu einem moralischen Gesetze stoßen: weil sie ihren Gegenstand, als unmittelbaren Bestimmungsgrund des Willens, nur nach seinem unmittelbaren Verhalten zum Gefühl, welches allemal empirisch ist, gut oder böse nennen konnten. Nur ein formales Gesetz, d. i. ein solches, welches der Vernunft nichts weiter als die Form ihrer allgemeinen Gesetzgebung zur obersten Bedingung der Maximen vorschreibt, kann a priori ein Bestimmungsgrund der prak-

---

*) S. Lehrsatz I der Kritik der praktischen Vernunft, Ausg. von Rosenkranz, S. 128.

tischen Vernunft seyn. Die Alten verriethen indessen diesen Fehler dadurch unverhohlen, daß sie ihre moralische Untersuchung gänzlich auf die Bestimmung des Begriffs vom höchsten Gut, mithin eines Gegenstandes setzten, welchen sie nachher zum Bestimmungsgrunde des Willens im moralischen Gesetze zu machen gedachten: ein Object, welches weit hinterher, wenn das moralische Gesetz allererst für sich bewährt und als unmittelbarer Bestimmungsgrund gerechtfertigt ist, dem nunmehr seiner Form nach a priori bestimmten Willen als Gegenstand vorgestellt werden kann, welches wir in der Dialektik der reinen praktischen Vernunft uns unterfangen wollen. Die Neueren, bei denen die Frage über das höchste Gut außer Gebrauch gekommen, zum wenigsten nur Nebensache geworden zu seyn scheint, verstecken obigen Fehler (wie in vielen andern Fällen) hinter unbestimmten Worten, indessen, daß man ihn gleichwohl aus ihren Systemen hervorblicken sieht, da er alsdann allenthalben Heteronomie der praktischen Vernunft verräth, daraus nimmermehr ein a priori allgemein gebietendes moralisches Gesetz entspringen kann." *)

Die Gründe, weshalb Kant nur ein gegenstandloses, rein formelles Gesetz für geeignet zum Moralprincip hielt, sind, wie zum Theil schon aus dem hier Angeführten, zum Theil aber auch noch aus andern Stellen hervorgeht, diese, daß nur ein gegenstandloses, nicht empirisches Gesetz sich zum allgemeinen qualificire, nur ein gegenstandloses vor Heteronomie bewahre, nur ein gegenstandloses endlich die nöthige Faßlichkeit für Jedermann habe. Ich führe zum Belege hiefür nur noch folgende Stellen an: „Ein vernünftiges Wesen kann sich seine subjectiv-praktischen Principien, d. i. Maximen, entweder gar nicht zugleich als allgemeine Gesetze denken, oder es muß annehmen, daß die

---

*) S. Kritik der praktischen Vernunft, der Analytik zweites Hauptstück, von dem Begriffe eines Gegenstandes der reinen praktischen Vernunft, in der Ausgabe von Rosenkranz, S. 184 fg.

bloße Form derselben, nach der jene sich zur allgemeinen Gesetzgebung schicke, sie für sich allein zum praktischen Gesetze mache." Und hiezu die Anmerkung: „Welche Form in der Maxime sich zur allgemeinen Gesetzgebung schicke, welche nicht, das kann der gemeinste Verstand ohne Unterweisung unterscheiden. Ich habe z. B. es mir zur Maxime gemacht, mein Vermögen durch alle sichern Mittel zu vergrößern. Jetzt ist ein Depositum in meinen Händen, dessen Eigenthümer verstorben ist und keine Handschrift darüber zurückgelassen hat. Natürlicherweise ist dies der Fall meiner Maxime. Jetzt will ich nur wissen, ob jene Maxime auch als allgemeines praktisches Gesetz gelten könne. Ich wende jene also auf gegenwärtigen Fall an und frage, ob sie wohl die Form eines Gesetzes annehmen, mithin ich wohl durch meine Maxime zugleich ein solches Gesetz geben könnte: daß Jedermann ein Depositum ableugnen dürfe, dessen Niederlegung ihm Niemand beweisen kann. Ich werde sofort gewahr, daß ein solches Princip, als Gesetz, sich selbst vernichten würde, weil es machen würde, daß es gar kein Depositum gäbe. Ein praktisches Gesetz, das ich dafür erkenne, muß sich zur allgemeinen Gesetzgebung qualificiren; dies ist ein identischer Satz und also für sich klar. Sage ich nun, mein Wille steht unter einem praktischen Gesetze, so kann ich nicht meine Neigung (z. B. im gegenwärtigen Falle meine Habsucht) als den zu einem allgemeinen praktischen Gesetze schicklichen Bestimmungsgrund desselben anführen: denn diese, weit gefehlt, daß sie zu einer allgemeinen Gesetzgebung tauglich seyn sollte, so muß sie vielmehr in der Form eines allgemeinen Gesetzes sich selbst aufreiben." *)

Ferner: „Die Autonomie des Willens ist das alleinige Princip aller moralischen Gesetze und der ihnen ge-

---

*) S. Kritik der prakt. Vernunft, §. 4, Lehrsatz III, nebst Anmerkung, in der Ausg. von Rosenkranz, S. 136 fg.

mäßen Pflichten: alle Heteronomie der Willkühr gründet dagegen nicht allein gar keine Verbindlichkeit, sondern ist vielmehr dem Princip derselben und der Sittlichkeit des Willens entgegen. In der Unabhängigkeit nämlich von aller Materie des Gesetzes (nämlich einem begehrten Objecte) und zugleich doch Bestimmung der Willkühr durch die bloße allgemeine gesetzgebende Form, deren eine Maxime fähig seyn muß, besteht das alleinige Princip der Sittlichkeit. Jene Unabhängigkeit aber ist Freiheit im negativen, diese eigene Gesetzgebung aber der reinen, und als solche praktischen Vernunft, ist Freiheit im positiven Verstande. Also drückt das moralische Gesetz nichts anderes aus, als die Autonomie der reinen praktischen Vernunft, d. i. der Freiheit, und diese ist selbst die formale Bedingung aller Maximen, unter der sie allein mit dem obersten praktischen Gesetze zusammenstimmen können. Wenn daher die Materie des Wollens, welche nichts anderes, als das Object einer Begierde seyn kann, die mit dem Gesetz verbunden wird, in das praktische Gesetz als Bedingung der Möglichkeit desselben hineinkommt, so wird daraus Heteronomie der Willkühr, nämlich Abhängigkeit vom Naturgesetze, irgend einem Antriebe oder Neigung zu folgen, und der Wille giebt sich nicht selbst das Gesetz, sondern nur die Vorschrift zur vernünftigen Befolgung pathologischer Gesetze; die Maxime aber, die auf solche Weise niemals die allgemein-gesetzgebende Form in sich enthalten kann, stiftet auf diese Weise nicht allein keine Verbindlichkeit, sondern ist selbst dem Princip einer reinen praktischen Vernunft, hiemit also auch der sittlichen Gesinnung entgegen, wenn gleich die Handlung, die daraus entspringt, gesetzmäßig seyn sollte." *)

Endlich, die Gemeinfaßlichkeit betreffend, sagt Kant:

---

*) S. Kritik der prakt. Vernunft, §. 8, Lehrsatz IV, Ausg. von Rosenkranz, S. 145.

„Was nach dem Princip der Autonomie der Willkühr zu thun sey, ist für den gemeinsten Verstand ganz leicht und ohne Bedenken einzusehen; was unter der Voraussetzung der Heteronomie derselben zu thun sey, schwer, und erfordert Weltkenntniß, d. i. was Pflicht sey, bietet sich Jedermann von selbst dar; was aber wahren, dauerhaften Vortheil bringe, ist allemal, wenn dieser auf das ganze Daseyn erstreckt werden soll, in undurchbringliches Dunkel eingehüllt, und erfordert viel Klugheit, um die praktisch darauf gestimmte Regel durch geschickte Ausnahmen auch nur auf erträgliche Art den Zwecken des Lebens anzupassen. Gleichwohl gebietet das sittliche Gesetz Jedermann, und zwar die pünktlichste Befolgung. Es muß also zu der Beurtheilung dessen, was nach ihm zu thun sey, nicht so schwer seyn, daß nicht der gemeinste und ungeübteste Verstand selbst ohne Weltklugheit damit umzugehen wüßte." *)

„Was ich zu thun habe, damit mein Wollen sittlich gut sey, dazu brauche ich gar keine weit ausholende Scharfsinnigkeit. Unerfahren in Ansehung des Weltlaufs, unfähig auf alle sich ereignenden Vorfälle desselben gefaßt zu seyn, frage ich mich nur: kannst Du auch wollen, daß Deine Maxime ein allgemeines Gesetz werde? wo nicht, so ist sie verwerflich   So sind wir denn in der moralischen Erkenntniß der gemeinen Menschenvernunft bis zu ihrem Princip gelangt, welches sie sich zwar freilich nicht so in einer allgemeinen Form abgesondert denkt, aber doch jederzeit wirklich vor Augen hat und zum Richtmaaße ihrer Beurtheilung braucht. Es wäre hier leicht zu zeigen, wie sie, mit diesem Compasse in der Hand, in allen vorkommenden Fällen sehr gut Bescheid wisse, zu unterscheiden, was gut, was böse, pflichtmäßig oder pflichtwidrig sey, wenn man, ohne sie im Mindesten etwas Neues zu lehren,

---

*) Kritik der prakt. Vernunft, Anmerk. II. zu §. 8, Lehrsatz IV, Ausg. von Rosenkranz, S. 149.

VI. Moral und Moralprincip.

sie nur, wie Sokrates that, auf ihr eigenes Princip aufmerksam macht, und daß es also keiner Wissenschaft und Philosophie bedürfe, um zu wissen, was man zu thun habe, um ehrlich und gut, ja sogar um weise und tugendhaft zu seyn. Das ließe sich wohl auch schon zum Voraus vermuthen, daß die Kenntniß dessen, was zu thun, mithin auch zu wissen jedem Menschen obliegt, auch jedes, selbst des gemeinsten Menschen Sache seyn werde."*)

Kant glaubte also, wie aus allem Angeführten hervorgeht, daß Allgemeingültigkeit, ferner Reinheit von heteronomischen Bestimmungen, endlich Gemeinfaßlichkeit nur einem völlig formalen, keinen Gegenstand (Materie) als Zweck des Willens aufstellenden Moralprincip zukomme, und hielt sein eigenes für ein solches. Aber sein Moralprincip: „Handle so, daß die Maxime Deines Willens jederzeit zugleich als Princip einer allgemeinen Gesetzgebung gelten könne"**), führt sofort auf eine Materie, einen Gegenstand, einen Zweck des Willens, wie die von ihm selbst angeführten Beispiele beweisen.***)

Alle diese Beispiele nämlich von Handlungen nach Maximen, von denen der Handelnde nicht wollen kann, daß sie als allgemeines Gesetz gelten, sind Beispiele von Handlungen aus Egoismus, aus Selbstsucht, und der Grund, weshalb der Handelnde nicht wollen kann, daß Alle eben so handeln, ist kein anderer, als der Nachtheil, der daraus für ihn selbst, so wie für die menschliche Gesellschaft entspringen würde, z. B. der Nachtheil, der aus

---

*) Grundlegung zur Metaphysik der Sitten, erster Abschnitt, Ausg. von Rosenkranz, S. 24 fg.
**) S. §. 7 der Kritik der prakt. Vernunft, Ausgabe von Rosenkranz, S. 141.
***) Vergl. die vier Beispiele, die Kant in der Grundlegung zur Metaphysik der Sitten, im 2. Abschnitt, Ausg. von Rosenkranz, S. 48 fg. anführt, und das oben bereits angeführte Beispiel vom Depositum.

Lügenhaftigkeit, aus Unehrlichkeit, aus Versprechungen, von denen man zum Voraus weiß, daß man sie nicht wird halten können, aus Lieblosigkeit u. s. w. hervorgehen würde. Kant's Sittengesetz, scheinbar so formal, hat also einen sehr greifbaren, realen Inhalt oder Gegenstand als Zweck des Willens. Es lautet nämlich eigentlich so: Handle nach Maximen, die, allgemein befolgt, das Gemeinwohl befördern, d. h. nach Maximen, die nicht blos dein Wohl auf Kosten des Wohles Anderer, sondern die, indem sie das Gemeinwohl befördern, eben damit auch dein eigenes befördern. Das Gemeinwohl ist also der Gegenstand (die Materie) des Kant'schen Moralprincips.

Das Gemeinwohl aber aus diesem egoistischen Motive befördern, daß ich selbst mich am besten dabei stehe, ist Heteronomie. Kant will zwar die zur allgemeinen Gesetzgebung untauglichen Maximen verworfen wissen, „nicht um eines Dir oder auch Andern daraus bevorstehenden Nachtheils willen, sondern weil sie nicht als Princip in eine mögliche allgemeine Gesetzgebung passen können"*); allein aus den von ihm selbst angegebenen Gründen, warum Lügen, falsche Versprechungen, Lieblosigkeit u. s. w. nicht in eine allgemeine Gesetzgebung passen, geht hervor, daß er doch nur den daraus entspringenden Nachtheil für den Handelnden, also heteronomische Gründe im Auge hatte. Deshalb konnte ihm auch Schopenhauer mit Recht vorwerfen, daß sein Moralprincip auf Egoismus beruhe. Schopenhauer sagt nämlich: „Sehen wir darüber hinweg, daß es ein sonderbares Verfahren ist, Dem, der angenommenermaaßen ein Gesetz für sein Thun und Lassen sucht, den Bescheid zu ertheilen, er solle gar erst eins für das Thun und Lassen aller möglichen vernünftigen Wesen suchen; und bleiben wir bei der Thatsache stehen, daß jene von Kant aufgestellte Grundregel offen-

---

*) S. Grundlegung zur Metaphysik der Sitten, Ausg. von Rosenkranz, S. 24.

bar noch nicht das Moralprincip selbst ist, sondern erst eine heuristische Regel dazu, d. h. eine Anweisung, wo es zu suchen sei; also gleichsam zwar noch nicht baares Geld, aber eine sichere Anweisung. Wer nun ist es eigentlich, der diese realisiren soll? Die Wahrheit gleich herauszusagen: ein hier sehr unerwarteter Zahlmeister: — Niemand anders als der Egoismus . . . . . . Die in Kant's oberster Regel enthaltene Anweisung zur Auffindung des eigentlichen Moralprincips beruht nämlich auf der stillschweigenden Voraussetzung, daß ich nur Das wollen kann, wobei ich mich am besten stehe. Da ich nun, bei der Feststellung einer allgemein zu befolgenden Maxime, nothwendig mich nicht blos als den alle Mal aktiven, sondern auch als den eventualiter und zu Zeiten passiven Theil betrachten muß; so entscheidet, von diesem Standpunkte aus, mein Egoismus sich für Gerechtigkeit und Menschenliebe: nicht weil er sie zu üben, sondern weil er sie zu erfahren Lust hat, und im Sinne jenes Geizhalses, der, nach angehörter Predigt über Wohlthätigkeit, ausruft:

„Wie gründlich ausgeführt, wie schön! —
— Fast möcht' ich betteln gehn."

Schopenhauer belegt Dies mit Stellen aus Kant's Werken und fährt dann fort: „Also ist hier so deutlich, wie nur immer möglich, ausgesprochen, daß die moralische Verpflichtung ganz und gar auf Reciprocität beruhe, folglich schlechthin egoistisch ist und vom Egoismus ihre Auslegung erhält, als welcher, unter der Bedingung der Reciprocität, sich klüglich zu einem Kompromiß versteht. Zur Begründung des Princips des Staatsvereins wäre das tauglich, aber nicht zu der des Moralprincips.*)

Kant bedachte nicht, daß die Eigenschaft einer Ma-

---

*) S. Die beiden Grundprobleme der Ethik, 2. Auflage, S. 155—157.

rime, sich zum allgemeinen Gesetz zu eignen, dieselbe nur dann zu einer sittlichen stempeln kann, wenn der Zweck, auf den die Maxime zielt, ein sittlich guter ist. In jeder Gesellschaft, jedem Stande, jedem Kreise eignet sich diejenige Maxime zu einem allgemeinen Gesetz, die dem Zweck dieser Gesellschaft, dieses Standes, dieses Kreises entspricht. Darum ist aber der Zweck noch nicht immer ein sittlich guter. Für den Zweck der Hierarchen z. B. eignet sich die Maxime, die Gläubigen im blinden Glauben zu erhalten, folglich das Licht der Aufklärung sorgfältig von ihnen abzusperren, zum allgemeinen Gesetz; ist aber darum solche Maxime schon eine sittliche?

Welche Maxime sich in der sittlichen Sphäre zum allgemeinen Gesetz eigne, das kann nur durch den Zweck dieser Sphäre bestimmt werden. Dieser Zweck ist die objective Güte oder das wahre Wohl der Wesen (s. Der sittliche Zweck und Endzweck). Demgemäß würde die Maxime, die sich in der sittlichen Sphäre zum allgemeinen Gesetz des Handelns eignet, in einen imperativischen Satz gefaßt, lauten: Handle so, daß Du durch deine Handlungen die objective Güte oder das wahre Wohl der Wesen bezweckest und beförderst; oder, nicht imperativisch ausgedrückt: Bezweckung und Beförderung der objectiven Güte oder des wahren Wohls der Wesen ist der Charakter der sittlich guten Handlungen, durch den sie sich als solche von anderartigen unterscheiben.

Darin allein auch kann die wahre Autonomie im sittlichen Gebiete bestehen, daß nichts Anderes den Willen bestimme, als der sittliche Zweck. Nicht die Lust, wie Kant meinte, bringt Heteronomie in das sittliche Handeln und verunreinigt es, sondern die Lust an etwas Anderem, als an dem sittlichen Zweck, der objectiven Güte oder dem wahren Wohle der Wesen. Nur wer Gutes thut um diesseitigen oder jenseitigen persönlichen Nutzens oder Vergnügens willen, handelt sittlich heteronomisch: wer es aber aus Lust und

Liebe zum Guten selbst thut, handelt sittlich autonomisch. Ober bestimmen etwa den Künstler als Künstler heteronomische Motive, wenn er das Schöne aus Lust am Schönen producirt? oder bestimmen den wissenschaftlichen Forscher als solchen heteronomische Motive, wenn er die Wahrheit aus Lust an der Wahrheit erforscht und mittheilt? — Nun, eben so wenig bestimmen den Tugendhaften als solchen heteronomische Motive, wenn er das Gute aus Lust und Liebe zum Guten vollbringt.

Heteronomie ist in allen Gebieten nur das Bestimmtwerden durch fremdartige, außerhalb des Zwecks derselben liegende Motive, wie wenn z. B. der Künstler und der Gelehrte nur, um Ruhm, oder Reichthum zu erlangen, produciren. Das Bestimmtwerden hingegen durch den dem Gebiete selbst eigenthümlichen Zweck ist Autonomie.

Darum involvirt Kant's nachgewiesenermaßen auf Reciprocität, also auf Egoismus hinauslaufendes Moralprincip Heteronomie; hingegen ist das von mir oben aufgestellte ein autonomisches.

Was endlich drittens die von Kant für das Moralprincip geforderte Gemeinfaßlichkeit betrifft, wonach „das Sittengesetz zu der Beurtheilung dessen, was nach ihm zu thun sey, nicht so schwer seyn muß, daß nicht der gemeinste und ungeübteste Verstand selbst ohne Weltklugheit damit umzugehen wüßte"*), so ist Folgendes zu bedenken: Gemeinfaßlichkeit ist nur ein Haupterforderniß der Volksmoral, nicht aber der wissenschaftlichen. Eine Sittenlehre für das Volk müßte allerdings, wenn sie dem Volke einen obersten Grundsatz geben will, aus welchem es ungezwungen, ohne Schwierigkeiten alle Pflichten und Tugenden ableiten kann, diesen Grundsatz in einem Ausdruck geben, der allgemeinverständlich ist. Das von mir aufgestellte Moral-

---

*) Kritik der prakt. Vernunft, Anmerk. II zu §. 8, Ausg. von Rosenkranz, S. 150.

princip: Bezwecke und befördere die objective Güte oder das wahre Wohl der Wesen, würde sich demnach für die Volksmoral nicht empfehlen. Das populärste Moralprincip, weit populärer noch, als Kant's: „Handle so, daß Du wollen kannst, daß Deine Maxime ein allgemeines Gesetz werde", wird immer der bekannte Satz bleiben, von dem der Kant'sche nur eine andere Version ist: „Was du nicht willst, daß dir die Leute thun, das thue ihnen auch nicht." Schade nur, daß dieser Satz an demselben Mangel leidet, wie der Kant'sche, daß er nämlich auf Reciprocität, also auf Egoismus hinausläuft, und daß er, wie Schopenhauer sagt, nur die Rechts= und nicht die Liebespflichten enthält.*) Schopenhauer stellt als den einfachsten und reinsten Ausdruck der von allen Moralsystemen einstimmig geforderten Handlungsweise den Satz auf: Neminem laede, imo omnes, quantum potes, juva. „Dieser Satz", sagt er, „ist und bleibt der wahre, reine Inhalt aller Moral."**) Diesem Satze, deutsch wiedergegeben, wird gewiß Niemand Gemeinfaßlichkeit absprechen: „Verletze Niemanden, sondern hilf einem Jeden, so viel Du kannst!" Diesen Satz versteht auch der gemeinste Mann. Aber lassen sich aus ihm wirklich alle Pflichten ableiten? und gesetzt auch, dies wäre der Fall, setzt dieser so verständliche Satz schon in den Stand, in jedem concreten Fall ohne Schwierigkeit zu beurtheilen, was zu thun oder zu unterlassen sei?

Giebt es nicht auch Pflichten gegen die Thiere, gegen die Pflanzen, ja selbst Pflichten in Bezug auf die Behandlung lebloser Wesen und künstlicher, von Menschenhand gemachter Werke, und lassen sich diese Pflichten ungezwungen aus dem angeführten Satze ableiten? — Müßte der

---

*) S. Die beiden Grundprobleme der Ethik, 2. Auflage, S. 158.

**) Daselbst.

Satz also nicht so erweitert werden, daß er alle Wesen und Dinge, in Bezug auf welche es Pflichten giebt, umfaßte?

Gesetzt nun aber auch, er wäre so erweitert, würde er alsdann wirklich leisten, was Kant fordert, daß auch der gemeinste und ungeübteste Verstand in jedem einzelnen Falle ohne Schwierigkeit beurtheilen könnte, was nach ihm zu thun sei? Ich bezweifle dies sehr. Denn eine allgemeine Regel mag noch so faßlich lauten, so bleibt zwischen ihr und ihrer richtigen Anwendung immer noch eine Kluft, die nur durch Urtheilskraft (judicium) — bekanntlich eine seltene Gabe — ausgefüllt werden kann (s. Unzulänglichkeit der Ethik als Wissenschaft für das Leben). Ein allgemeiner Satz kann sehr verständlich sein und uns doch im einzelnen Falle im Stich lassen. Denn das Leben ist viel zu concret, jeder einzelne Fall vereinigt viel zu viel individuelle Bestimmungen in sich, als daß man aus einem abstract allgemeinen Satze ohne Weiteres ableiten könnte, was in jedem einzelnen Falle zu thun oder zu unterlassen sei. Jener gemeinverständliche Satz: Verletze Niemand, sondern hilf Jedem nach Kräften, läßt immer noch zu fragen übrig, worin in jedem einzelnen Falle die pflichtwidrige Verletzung, und worin die pflichtgemäße Hülfe besteht. Nur der Verstand (das judicium) kann in jedem einzelnen Falle entscheiden, welche zu vermeidende Verletzung oder welche zu leistende Hülfe hier vorliegt.

Die Gemeinverständlichkeit des Moralprincips überhebt also noch nicht in den einzelnen Fällen des Lebens, namentlich in den schwierigen und verwickelten, wo verschiedene Pflichten in Collision mit einander gerathen, des Nachdenkens, der Ueberlegung, der Ausmittelung, was hier zu thun oder zu unterlassen sei. Eine solche Klarheit, wie Kant sie sich dachte, daß sie nicht blos der abstracten Regel innewohnt, sondern ihr Licht auch auf die concreten Fälle des Lebens ausgießt, also nicht blos zeigt, was im Allgemeinen, sondern auch was in jedem besondern

Falle zu thun oder zu unterlassen ist, — hat kein Moralprincip und kann keines haben. Denn eine Regel kann niemals ihre richtige Anwendung mitgeben. Zu dieser letztern gehört eine besondere Gabe. Gemeinfaßlichkeit der Regel schützt also nicht vor falscher Anwendung derselben in der Praxis.

Aber auch abgesehen hievon, so ist, wie schon gesagt, Gemeinfaßlichkeit nur ein Erforderniß der Volksmoral, der Sittenlehre für das Volk, nicht der wissenschaftlichen. Die wissenschaftliche Moral hat ihre Schuldigkeit gethan, wenn sie als Moralprincip einen Satz aufgestellt hat, der so umfassend ist, daß sich wirklich aus ihm alle Pflichten und Tugenden ungezwungen ableiten oder auf ihn zurückführen lassen. Diesen Satz auch dem Laien verständlich zu machen, ist nicht mehr Aufgabe der Wissenschaft als solcher, sondern des Volksunterrichts.

Die auf das sittliche Leben wirkenden Einflüsse.

I. Allgemeines über die auf die Sittlichkeit wirkenden Einflüsse.

1. Relativität der auf die Sittlichkeit wirkenden Einflüsse.

Es ist eine im physischen und psychischen Leben sich wiederholende Erfahrung, daß Gleiches Gleiches hervorbringt. Das Warme macht warm, das Kalte kalt. Das Helle erhellt, das Dunkle verdunkelt. Das Heitere erheitert, das Traurige stimmt traurig. Klare Gedanken klären auf, verworrene verwirren. Liebe erweckt Liebe, Haß erweckt Haß u. s. w.

Will man also eine bestimmte Wirkung hervorbringen, so kann man es nur durch das ihr Gleiche, Homogene. Durch Anwendung des Entgegengesetzten wird man sie nicht erreichen. Will man z. B. einen Zornigen besänftigen, also Sanftmuth hervorbringen, so wird man es wahrlich nicht durch Zorn, sondern nur durch Sanftmuth erreichen. Will man einen Traurigen erheitern, so wird man es nicht durch traurige Vorstellungen, sondern nur durch heitere erreichen. Will man aufklären, so wird man es nicht durch confuse, sondern nur durch klare Gedanken und Worte erreichen, u. s. w.

Es heißt hier also: Similia similibus. Darin aber, daß Gleiches durch Gleiches hervorgebracht wird, liegt zugleich, daß Entgegengesetztes nur durch Entgegengesetztes bekämpft werden kann, also contraria contrariis. Unvernunft wird nur durch Vernunft, Irrthum nur durch Wahrheit, Verwirrung nur durch Klarheit, Haß nur durch Liebe, Zorn nur durch Sanftmuth mit Erfolg bekämpft.

Sollte sich es nun im Ethischen nicht eben so verhalten, sollte nicht auch hier Gleiches nur durch Gleiches hervorgebracht und Entgegengesetztes nur durch Entgegengesetztes bekämpft werden können? Lehrt nicht die Erfahrung, daß durch tugendhafte Einwirkung Tugend, durch lasterhafte Laster, also Gleiches durch Gleiches hervorgebracht wird, so wie, daß Laster nur durch Tugend, also Entgegengesetztes nur durch Entgegengesetztes bekämpft werden kann?

Dennoch, so wahr dieses auch ist, und so gültig in Bezug auf das ethische Leben nicht minder, als in Bezug auf das physische und intellectuelle die beiden Sätze sind: Gleiches wird durch Gleiches hervorgebracht und Entgegengesetztes wird durch Entgegengesetztes bekämpft, so ist doch Folgendes festzuhalten.

Wie ein Thätiges auf ein Leidendes wirkt und was es in diesem hervorbringt, das hängt nicht blos von der Natur des Thätigen, sondern auch von der des Leidenden ab. Das Einwirkende strebt zwar das Aufnehmende sich gleich zu machen; ob es ihm aber auch wirklich gelingt, das hängt von der Empfänglichkeit des Aufnehmenden für das Einwirkende ab. Wir finden daher, daß in der Wirklichkeit ein und derselbe Einfluß auf Verschiedene ganz verschieden wirkt. Schon die sinnlichen, auf Gesicht, Gehör, Geschmack u. s. w. wirkenden Eindrücke wirken ganz anders auf Kranke, als auf Gesunde. Dem Einen ist ein Eindruck angenehm, der dem Andern schmerzlich ist. Der Eine kann Zugluft nicht vertragen und meidet sie ängstlich; der Andere sucht sie begierig auf und fühlt sich wohl in ihr. Der Eine wird durch einen Anblick in Affekt versetzt, der den

Andern kalt läßt. Kinder und Weiber erschrecken vor Erscheinungen, vor denen der Mann Stand hält. Ein krankhaftes, reizbares Gemüth fühlt sich durch ein Wort verletzt, das auf ein gesundes keinen beunruhigenden Eindruck macht. Wenn oben als Beispiel dafür, daß Gleiches Gleiches hervorbringt, angeführt wurde, daß das Heitere erheitert, das Traurige traurig stimmt, so bieten sich auch hiefür Ausnahmen dar. Ein tief Trauernder wird wahrlich nicht durch eine Posse heiter, noch ein ausgelassen Lustiger durch eine Tragödie traurig gestimmt werden; denn es ist in Beiden keine Empfänglichkeit für das Einwirkende vorhanden. Aber nur, wo diese vorhanden ist, bringt Gleiches Gleiches hervor.

Im sittlichen Gebiete ist es nicht anders. Auch hier bringt Gleiches nur unter der Bedingung der Empfänglichkeit Gleiches hervor. Auch hier wirken die Eindrücke nicht auf Alle gleich, sondern verschieden nach der Natur des Aufnehmenden. Den Einen z. B. bessert Strafe und Leiden, den Andern bösert sie. Kein Einfluß wirkt hier unbedingt, sondern jeder nur bedingt. Ob ein Einfluß überhaupt ein guter oder schlechter sei, das hängt ja nicht blos von seiner eigenen Beschaffenheit, sondern auch von der Beschaffenheit Dessen, worauf er wirkt, ab. Ein und derselbe Einfluß kann auf den Einen sittlich fördernd, auf den Andern hemmend wirken. Denn die Ursachen wirken verschieden, je nach der verschiedenen Beschaffenheit Dessen, worauf sie wirken.

Es lassen sich daher nicht absolute, ausnahmslose Gesetze aufstellen, Dies müsse diesen Einfluß auf das sittliche Leben haben, Jenes jenen; sondern nur bedingte: Wenn das Subject, auf Das sittlich gewirkt wird, so beschaffen ist, oder auf dieser Stufe der Entwicklung steht, dann muß dieser Einfluß so wirken; wenn es aber anders beschaffen ist und auf einer andern Stufe steht, dann anders. So hat z. B. der Satz: „Böse Beispiele verderben gute Sitten", nur relative Wahrheit, gilt nur unter

Voraussetzung einer bestimmten ethischen Beschaffenheit des Subjects, auf das die bösen Beispiele wirken. Wie mit dem Einfluß der Beispiele, so verhält es sich aber auch mit jedem Einfluß auf das sittliche Leben. Was immer man auch nennen möge, das Einfluß auf das sittliche Verhalten des Menschen hat, Gesundheitszustand, Vermögensverhältnisse, Temperament und Naturell, Affecte und Leidenschaften, Alters- und Geschlechtscharakter, Nationaleigenthümlichkeiten, Sitten, Gesetze, Religion, u. s. w. — alles Dieses wirkt nicht unbedingt, sondern nur bedingungsweise, nur unter Voraussetzung solcher oder solcher Beschaffenheit des beeinflußten Subjects, auf eine bestimmte Weise. Auf das Kind z. B. und auf die Menschheit in ihrer Kindheit hat Autorität einen mächtigen Einfluß. Die Autorität der Eltern und Lehrer, die Autorität der Gesetzgeber und Religionsstifter bestimmt das sittliche Verhalten. Mögen die Regeln und Vorschriften derselben gute oder schlechte, vernünftige oder unvernünftige, barbarische oder humane sein, — sie werden auf dem kindlichen Standpunkte des Autoritätsglaubens respectirt. Diesen Einfluß kann auf einer reifern Entwicklungsstufe, wo der Einzelne oder ein Volk zur Selbstständigkeit des Willens und Selbstständigkeit des Urtheils gelangt ist, Autorität nicht mehr haben. Heutzutage z. B. hat selbst die Bibel, das „Wort Gottes", nur noch bedingte Autorität. —

Spinoza glaubte auf geometrische Weise (more geometrico) beweisen zu können, welche Wirkungen die Affecte im Menschen hervorbringen müßten, und das dritte Buch seiner Ethik beschäftigt sich hauptsächlich damit, diese Wirkungen darzulegen, also zu zeigen, wie Liebe, Haß, Neid, Zorn u. s. w. nothwendig wirken müssen. Da heißt es z. B., wer die Zerstörung des gehaßten Gegenstandes sich vorstellt, müsse sich freuen.*) Es ist nun zwar richtig,

---

*) Qui id, quod odio habet, destrui imaginatur, laetabitur. Eth. III, prop. 20.

daß jeder Affect seine bestimmte Wirkung hat und diese nicht mit der eines andern vertauschen kann. Liebe kann nicht die Gefühle und Begierden erwecken, die Haß erweckt. Aber daraus folgt nicht, daß die Affecte in jedem Individuum dieselbe Wirkung auf den Willen haben und Jeden zu denselben Handlungen bestimmen müßten. Hier kommt es vielmehr ganz auf die Beschaffenheit des Willens des Subjects an. Den Einen wird Haß zur Verletzung und Vernichtung des Gehaßten treiben, der Andere wird dem Gehaßten mit Großmuth begegnen. Die Wirkung der Affecte ist also in sittlicher Hinsicht eine relative. Es kann sich Keiner, den Affecte zu Verbrechen treiben, mit Spinoza entschuldigen und sagen: Dieser Affect müsse nothwendig diese, jener jene Wirkung haben; denn obwohl jeder Affect allerdings seine bestimmte, aus seiner Natur fließende Wirkung auf das Gefühl hat, z. B. Haß immer Freude über die Zerstörung des Gehaßten, Liebe immer Trauer über die Zerstörung des Geliebten zur Folge hat, so ist doch der Mensch nicht ganz und gar in der Gewalt des Gefühls, so daß sein Wille dem Gefühl nichts entgegensetzen könnte, sondern sich durch dasselbe unausbleiblich zu Handlungen bestimmen lassen müßte. Nur der der unmittelbaren Wirkung der Affecte sich ohne Widerstand Hingebende geräth in ihre Gewalt, nicht aber der Sichselbstbeherrschende. Also ist der Einfluß der Affecte auf das sittliche Verhalten ein relativer. Es läßt sich kein allgemeines unbedingtes Gesetz aufstellen, daß ein Affect unter allen Umständen zu diesen oder jenen Entschlüssen oder Handlungen führen müsse.

Und das Selbe gilt von allen auf das sittliche Leben wirkenden Einflüssen. Sie alle wirken nicht unbedingt, sondern nur bedingt. Es giebt Nichts in der Welt, was absolut ver- oder absolut entsittlichend wirken müßte, sondern Alles nur unter bestimmten Voraussetzungen, unter bestimmten Bedingungen.

Wir sehen daher auch im Leben, wie verschieden auf Verschiedene ein und derselbe Einfluß in sittlicher Beziehung wirkt. Den Einen macht Lob und Ruhm demüthig, den Andern aufgeblasen und hochmüthig. Den Einen erhebt und veredelt Armuth, den Andern bepravirt und demoralisirt sie. Den Einen entmuthigt Erfolglosigkeit, den Andern spornt sie zu verdoppelter Anstrengung an.

So entgegengesetzt, wie Tugend und Laster sind, so entgegengesetzt muß auch ein und derselbe Einfluß auf den Tugendhaften und Lasterhaften wirken. Dem Tugendhaften muß Alles zur Förderung der Tugend, dem Lasterhaften Alles zur Förderung des Lasters gereichen.

Es lassen sich daher auch nicht allgemeine, für Alle gültige Moralvorschriften geben, so wenig als allgemeine diätetische Vorschriften. Der Kranke hat andere diätetische Vorschriften zu beobachten, als der Gesunde, und eben so der Tugendhafte andere moralische als der Lasterhafte. Die moralischen Enthaltsamkeitsvorschriften z. B. sind für den Tugendhaften beleidigend; er braucht sie nicht. Wer für die Verlockungen des Geldes, oder der Ehre, oder der Wollust entweder gar nicht oder nicht so stark empfänglich ist, um sich durch sie vom Pfade der Gerechtigkeit, Mäßigkeit, u. s. w. abwenden zu lassen, für Den hat die Vorschrift, jene Verlockungen zu meiden, keine Gültigkeit.

Wenn zu einer bestimmten Zeit, oder unter einem bestimmten Volke, gewisse Reize für die Tugend besonders gefährlich sind, so sind dieser Zeit und diesem Volke gegenüber die Sittenlehrer im Rechte, das Fliehen jener Reize vorzuschreiben. Aber solche für eine gewisse Zeit oder ein gewisses Volk gültige Sittenregeln zu allgemeinen, für alle Zeiten und Völker gültigen zu erheben — wäre nur eine Verkennung der Relativität der auf die Sittlichkeit wirkenden Einflüsse. Manche Moralvorschriften, deren das Kind bedarf, werden für den Erwachsenen überflüssig, und

I. Allgemeines über d. auf d. Sittlichkeit wirkenden Einflüsse. 297

eben so manche, deren die Menschheit in ihrer Kindheit bedurfte, für die reife und mündige Menschheit.

---

2. Grundunterschied der auf die Sittlichkeit wirkenden Einflüsse.

Ich habe die formelle von der materiellen Sittlichkeit oder die Sittlichkeit des Willens von der Sittlichkeit der That unterschieden (vergl. Formelle und materielle Sittlichkeit).

Diesem Unterschiede gemäß zerfallen auch die auf das sittliche Leben wirkenden Einflüsse in die auf die materielle Sittlichkeit oder die Legalität, und die auf die formelle Sittlichkeit oder die Moralität wirkenden.

Die Legalität kann Vieles befördern, was darum noch nicht auch die Moralität fördert. Erziehung, Beispiel, Sitten, Gesetze, Religionen bestimmen Unzählige zu einem rechtschaffenen Lebenswandel und zu guten Werken, ohne daß darum der Wille derselben ein moralischer, das Gerechte und Gute bezweckender wird. Streben nach persönlicher Wohlfahrt, nach Ehre und Beifall im Diesseits, oder nach Lohn im Jenseits, kurz alle nur erdenklichen egoistischen Triebfedern können die Legalität befördern, wenn eben der Zustand der Gesellschaft ein solcher ist, daß in ihr nur bei rechtschaffenem Lebenswandel und bei Ausübung guter Werke das erstrebte persönliche Wohl und Glück zu erreichen ist.

Wie sehr die Religionen durch Egoismus die Legalität befördern, indem sie an die Pflichterfüllung jenseitigen Lohn, an die Pflichtverletzung jenseitige Strafe knüpfen, ist bekannt. Aber nicht blos Religionen, sondern auch philosophische Systeme, die, wie das Epikureische, das irdische Lebensglück von der Tugend abhängig machen, weil nur bei tugendhaftem Leben die möglichst größte Summe von

Lust erreichbar ist, befördern im Grunde nur durch Egoismus Legalität. Ob es Glück im Jenseits, oder Glück im Diesseits ist, was man durch rechtschaffenen Lebenswandel und gute Werke zu erreichen sucht, das macht ja keinen wesentlichen Unterschied. Immer ist hier das tugendhafte Leben und pflichtgemäße Handeln nur Mittel zu einem egoistischen Zweck. Diese Systeme stehen also mit jenen Religionen auf gleicher Stufe; sie befördern lediglich die Legalität, aber nicht die Moralität.

Doch die Beförderung der Legalität ist nicht gering zu achten. Für den Einzelnen, so wie für ganze Völker kommt es auf früheren Stufen der Entwicklung zunächst nur darauf an, sie aus der rohen Selbstsucht heraus erst zu einem äußerlich gesitteten, rechtlichen und pflichtgemäßen Leben zu führen, sie aus dem ungezügelten, von Affecten und Leidenschaften beherrschten Naturzustand heraus in den Zustand der Vernunft und Gesittung überzuleiten, und daher sind für diese Stufe die auf Egoismus gegründeten religiösen und philosophischen Systeme nicht zu verachten. Mit der Legalität muß der Einzelne und die Menschheit anfangen, ehe sie zur Moralität sich erheben können. Mögen daher immerhin rigoristische Moralisten die aus himmlischer oder irdischer Lohnsucht geübten Tugenden glänzende Laster nennen, diese glänzenden Laster sind vom geschichtlichen Standpunkt aus als nothwendige Durchgangsstufe zu erkennen. Ohne glänzende Laster ist noch kein Mensch zur ächten Tugend durchgedrungen. „Die schmeichelnden Aussichten, die man dem Jünglinge eröffnet, die Ehre, der Wohlstand, die man ihm vorspiegelt, was sind sie mehr, als Mittel, ihn zum Manne zu erziehen, der auch dann, wenn diese Aussichten der Ehre und des Wohlstandes wegfallen, seine Pflicht zu thun vermögend sei?" *)

---

*) S. Lessing's Erziehung des Menschengeschlechts, §. 83.

Zum Manne, wie hier Lessing sagt, der auch dann, wenn die Aussichten der Ehre und des Wohlstandes wegfallen, seine Pflicht zu thun bereit ist, also zur eigentlichen Moralität, erzieht nur Eines: die dem Egoismus entgegengesetzte Erkenntnißweise, jene höhere Auffassung der Welt und des Lebens, die den Einzelnen befähigt, aus sich herauszugehen, sich mit dem Ganzen zu identificiren und das fremde Wohl und Wehe als sein eigenes zu fühlen. Schopenhauer nennt diese Erkenntnißweise die Durchschauung des principii individuationis, das heißt zu Deutsch das Sichwiedererkennen im Andern.

Der Egoist lebt blos in sich, hält jedes andere Wesen für ein von Grund aus von ihm verschiedenes, für ein Nicht-Ich, ein Fremdes, er hat sein Sein nur in seinem Selbst, und alle Wesen außer ihm sind ihm nur Mittel für seine persönlichen Lebenszwecke. Dagegen führt der Tugendhafte ein erweitertes Dasein, er lebt in und mit dem Ganzen, erkennt in Allem, was lebt, sich wieder und macht dessen Wohl und Wehe zu seinem eigenen. „Jede ganz lautere Wohlthat", sagt Schopenhauer mit Recht, „jede völlig und wahrhaft uneigennützige Hülfe, welche, als solche, ausschließlich die Noth des Andern zum Motiv hat, ist, wenn wir bis auf den letzten Grund forschen, eigentlich eine mysteriöse Handlung, eine praktische Mystik, so fern sie zuletzt aus der selben Erkenntniß, die das Wesen aller eigentlichen Mystik ausmacht, entspringt und auf keine andere Weise mit Wahrheit erklärbar ist. Denn daß Einer auch nur ein Almosen gebe, ohne dabei auf die entfernteste Weise etwas Anderes zu bezwecken, als daß der Mangel, welcher den Andern drückt, gemindert werde, ist nur möglich, sofern er erkennt, daß er selbst es ist, was ihn jetzt unter jener traurigen Gestalt erscheint, also daß er sein eigenes Wesen an sich in der fremden Erscheinung wiedererkenne.

„Wer für sein Vaterland in den Tod geht, ist von der Täuschung frei geworden, welche das Dasehn auf die eigene Person beschränkt: er dehnt sein eigenes Wesen auf seine Landsleute aus, in denen er fortlebt, ja, auf die kommenden Geschlechter derselben, für welche er wirkt; — wobei er den Tod betrachtet, wie das Winken der Augen, welches das Sehen nicht unterbricht.

„Der, dem alle Andern stets Nicht=Ich waren, ja, der im Grunde allein seine eigene Person für wahrhaft real hielt, die Andern hingegen eigentlich nur als Phantome ansah, denen er blos eine relative Existenz, sofern sie Mittel zu seinen Zwecken seyn, oder diesen entgegenstehen konnten, zuerkannte, so daß ein unermeßlicher Unterschied, eine tiefe Kluft zwischen seiner Person und allem jenen Nicht=Ich blieb, der also ausschließlich in dieser eigenen Person existirte, dieser sieht, im Tode, mit seinem Selbst auch alle Realität und die ganze Welt untergehen. Hingegen Der, welcher in allen Andern, ja in Allem, was Leben hat, sein eigenes Wesen, sich selbst erblickte, dessen Daseyn daher mit dem Daseyn alles Lebenden zusammenfloß, der verliert durch den Tod nur einen kleinen Theil seines Daseyns: er besteht fort in allen Andern, in welchen er ja sein Wesen und sein Selbst stets erkannt und geliebt hat, und die Täuschung verschwindet, welche sein Bewußtseyn von dem der Uebrigen trennte." *)

Alles daher, was die hier beschriebene mystische Erkenntnißweise fördert, fördert eo ipso auch die Moralität, die reine, uneigennützige Pflichterfüllung und Hingebung für fremdes Wohl.

Da nun Religionen und Philosophien, welche die Verwandtschaft aller Wesen zum Bewußtsein bringen, jene mystische Erkenntniß fördern, so fördern solche Religionen und Philosophien auch die Moralität. Während, wie schon gesagt, die das tugendhafte Leben blos zur Bedingung des

---

*) Schopenhauer, Die beiden Grundprobleme der Ethik. 2. Aufl., S. 272 fg.

persönlichen, sei es irdischen oder himmlischen Wohls machenden, also auf Egoismus bauenden religiösen und philosophischen Systeme nur die Legalität befördern, so befördern dagegen die mystischen, welche die tiefe Einheit aller Wesen zum Bewußtsein bringen, die Moralität.

Nächst diesen Systemen befördert aber auch die eigene innere Erfahrung von der tiefen Befriedigung, welche jede uneigennützige Hingebung für fremdes Wohl, und dagegen der Reue und Gewissenspein, welche ungerechte und lieblose Handlungen zurücklassen, die Moralität.

Man kann daher sagen: Was die Moralität fördert, setzt dieselbe schon in gewissem Grade voraus. Denn die hier beschriebene mystische Erkenntniß und innere Erfahrung setzt schon einen reinen, selbstsuchtlosen, von den Banden des Egoismus frei gewordenen Willen voraus. Denn nur da, wo dieser vorhanden ist, wird jene mystische Erkenntniß und jene innere Erfahrung möglich. Dem Egoisten ist weder die eine, noch die andere möglich.

Es liegt hier also eigentlich nur eine Rückwirkung vor. Der selbstsuchtlose Sinn setzt den Menschen in den Stand, sich im Andern wiederzuerkennen und das fremde Wohl und Wehe als sein eigenes zu erfahren. Und diese Erkenntniß und Erfahrung wirkt dann wieder zurück auf jenen Sinn, stärkt und befestigt ihn.

II. Besondere Arten von Einflüssen.

A. Physische und psychische.

1. Körperliche Zustände.

Es ist hier keineswegs meine Absicht, dem Materialismus das Wort zu reden und zu beweisen, daß der Mensch ist, was er „ißt". Nur der Einfluß des physischen Befindens auf das moralische Verhalten soll hier hervorgehoben werden. Diesen Einfluß kann man zugeben, ohne, gleich dem Materialismus, das Moralische ganz und gar zu einem Product des Physischen zu machen. Man kann zugeben, daß gewisse körperliche Zustände zu Verbrechen disponiren, andere zum Wohlthun, ohne darum Uebel- und Wohlthaten lediglich auf Rechnung jener Zustände zu setzen. Denn wenn gesagt wird, daß Etwas von Einfluß auf eine Sache ist, so ist damit nicht gesagt, daß die Sache ganz und gar ein Product davon ist. Jeder Einfluß ist entweder ein fördernder oder hemmender. Gefördert oder gehemmt kann aber nur Etwas werden, was schon unabhängig von dem Fördernden oder Hemmenden da ist. Also auch die Sittlichkeit wird von den sie fördernden oder hemmenden Körperzuständen nicht gemacht, sondern eben nur beeinflußt.

So es verstehend, wird man es nicht lächerlich finden, wenn ich die Tugend in Beziehung bringe zum Magen, zu den Genitalien, zum Herzen. Denn was nicht in einem unmittelbaren Zusammenhange steht, das kann doch einen mittelbaren haben, und dieser kann sehr einflußreich sein. In der Welt als einem zusammenhängenden Ganzen ist auf mittelbare Weise das Höchste an das Niedrigste, das Geistigste an das Materiellste geknüpft. Das Philosophiren z. B., die höchste Geistesthätigkeit des Menschen, ist abhängig von der Luft, abhängig von Speise und Trank; denn in unathembarer Luft und bei hungrigem oder überfülltem Magen läßt sich nicht gut philosophiren.

Eben so nun verhält es sich auch mit dem sittlichen, mit dem zur Tugend und Pflicht in Beziehung stehenden Leben. Es wäre lächerlich, zu behaupten, daß ein Unterleibsleidender nicht tugendhaft sein und nicht seine moralischen Pflichten erfüllen könne; aber lächerlich ist es keineswegs, zu sagen, daß es bei gewissen Unterleibsleiden weit schwerer wird, der Tugend und Pflicht zu gehorchen, als bei gesundem Unterleib. Die Erfahrung zeigt, zu welchen Grillen, welchen üblen Launen, welchen Gemüthsverstimmungen gewisse krankhafte Zustände führen, und welchen Kampf es kostet, durch diese Grillen, Launen und Verstimmungen sich nicht zu Pflichtverletzungen, nicht zu Härte, Ungerechtigkeit oder gar Grausamkeit fortreißen zu lassen.

Jessen, der in seiner Psychologie kein Materialist ist, erkennt doch den bedeutenden Einfluß des Physischen auf das Moralische an und hebt ihn hervor. Er sagt unter andern: „Gewiß ist es, daß die sinnlichen und leiblichen Gefühle auf unsere Moralität und Gewissenhaftigkeit einen sehr bedeutenden Einfluß haben, und daß es schwer ist, diesem Einfluß zu widerstehen. Die moralischen Gefühle eines Hungrigen sind ganz anders, als die des Gesättigten. Störungen der Verdauung, Ueberladung des Magens, Uebelkeit, Anhäufung des Blutes im Unterleibe, Leberkrankheiten u. s. w. können einen sehr störenden Einfluß ausüben auf die Gewissenhaftigkeit und Religiosität des Menschen; es ist z. B. eine allgemein bekannte Thatsache, daß die Seekrank=

heit den Menschen gegen alle höhern Interessen in hohem Maaße gleichgültig macht und eine Abstumpfung des moralischen und religiösen Gefühles zur Folge hat. Dasselbe beobachten wir in zahlreichen Fällen von Gemüthskrankheit, wo entweder das krankhafte Vorherrschen eines Gefühles (eine fixe Idee des Gemüthes) das Entstehen anderer Gefühle verhindert, oder eine Steigerung und ein häufiger Wechsel derselben (Verwirrung des Gemüthes) eine Unterdrückung aller höhern Gefühle zur Folge hat."*)

Bekannt ist ferner die Wechselwirkung zwischen dem Gemüthe und den Geschlechtsorganen. Mit dem Eintreten der Pubertät wird das Gemüth des Menschen ein ganz anderes, und während seines ganzen Lebens haben die geschlechtlichen Functionen auf seine Gemüthsstimmung den bedeutendsten Einfluß. Zur Zeit der Menstruation ist die Gemüthsstimmung der Frauen in der Regel verändert, Einige sind alsdann reizbar, empfindlich, heftig, jähzornig, Andere mürrisch und verdrießlich, noch Andere traurig und niedergeschlagen. Störungen und Unterbrückung der Menstruation sind oft die Ursachen von Gemüthskrankheit, und wenn diese aus andern Ursachen entsteht, zieht sie sehr häufig Störungen der Menstruation nach sich.**) — Nach Domrich ist Hang zur Grausamkeit, zur Lust an den Qualen und Martern Anderer, häufig die Folge geschlechtlicher Ausschweifungen: „In der Liebe sinnliche Naturen sind selten grausam, werden es aber häufig genug in Folge übermäßiger Befriedigung, indem mit Aufhören der somatischen Liebe auch der letzte Faden der psychischen zerreißt. In geringerm Grade findet sich dies auch bei dem normalen Ablaufe des menschlichen Lebens, wie der Gemüthscharakter der Greise zeigt, die häufig das natürliche Wohlwollen verlieren, zum stärksten Egoismus neigen, für Anderer Freud

---

*) Jessen, Versuch einer wissenschaftlichen Begründung der Psychologie, S. 280 fg.

**) S. Jessen, Psychologie, S. 324 fg.

und Leid absterben und selbst hart und grausam werden." Domrich erinnert ferner an jene „blasirten, empfindungslosen und erschöpften Wollüstlinge, welche die blutgierigsten Tyrannen und grausamsten Revolutionsmänner aller Zeiten geworden sind. Wie der somatische Trieb nur noch durch raffinirte und widernatürliche Erregung gestachelt und befriedigt werden kann, so tauchen in der psychischen Sphäre die unheimlichsten Gelüste auf und wird die Lust nicht, wie es natürlich ist, durch das entsprechende Gefühl Anderer erregt, sondern durch das entgegengesetzte des Schmerzes. Es gehören hieher ferner auch die bösen Gewohnheiten mancher Kinder zu der Zeit, wo sie in die Pubertätsentwicklung eintreten: die Lust an dem Martern der Thiere und an dem Zerstören, sowie die diesem Alter eigenthümlichen Aeußerungen der Schadenfreude, vielleicht auch der nicht selten, besonders bei Mädchen beobachtete Hang zum Anlegen von Feuer. Endlich beobachtet man einen ähnlichen Zerstörungstrieb, bösartig und raffinirt, nicht selten bei Epileptikern, namentlich auch bei Irren. In manchen Fällen ist dies der habituelle Zustand solcher armen Kranken, welche selbst noch im Todeskampfe Alles, was sie umgiebt, mit tückischer Wuth begeifern."*)

Nicht minder, als von den Zuständen der Digestionsund der Geschlechtsorgane wird das Gemüth auch von denen des Herzens und von der Bewegung und Beschaffenheit des Blutes afficirt. Lebhaft geröthetes Blut, blühende und geröthete Wangen, pflegen mit einem heitern, sanguinischen Temperament; dunkles Blut, erdfahle und gelbliche Gesichtsfarbe mit einem düstern, melancholischen Temperamente verbunden zu sein. Lungenschwindsüchtige, bei denen durch krankhaft gesteigerte Thätigkeit der Lungen die Oxydation des Blutes rascher von Statten geht, pflegen in

---

*) S. Domrich, Die psychischen Zustände, ihre organische Vermittelung und ihre Wirkung in Erzeugung körperlicher Krankheiten, S. 222 fg.

einer relativ heitern Gemüthsstimmung zu beharren und selbst bei herannahendem Tode die Hoffnung der Genesung nicht zu verlieren. Bei sogenannten Stockungen im Pfortadersysteme oder plethora abdominalis, wo die Venosität des Blutes überwiegt, finden wir immer eine trübe und schwermüthige Stimmung, Muthlosigkeit und Niedergeschlagenheit, und wenn der Schwindsüchtige bei der größten Erschöpfung noch Kräfte zu besitzen glaubt, so wähnt der Hypochondrist seiner Kräfte beraubt zu sein und verzweifelt vielleicht bei geringfügigem Leiden an der Möglichkeit seiner Besserung und Wiederherstellung. *)

Die Bangigkeit und innere Angst, an welcher Herzkranke leiden, ist nach Domrich eben so quälend, als die bittersten Gefühle eines bösen Gewissens oder der am Herzen nagenden Reue; „die Depression und Unruhe, die fortwährende heimliche Furcht und Verzagtheit, die Brenngefühle, welche aus dem Scorbiculum gegen Kopf und Gesicht aufsteigen, das Gefühl von Druck, Beklemmung und Herzensangst erzeugen trübe Gemüthsstimmungen und Vorstellungen von begangenen Verbrechen, von drohender Schande, einzuleitenden Untersuchungen, endlich Lebensüberdruß und Selbstmord. Die Handlungen solcher Kranker sind durchaus motivirt, wie im gesunden Leben, die Vorstellungen aber und Gefühle, aus denen sie hervorgehen, krankhaft. Daher nimmt die Sprache Unruhe des Herzens und Unruhe des Gemüthes und Gewissens als identisch und bezeichnet mit einem guten und schlechten Herzen die Gesinnung. Das gewöhnliche Leben betrachtet das Herz als Quelle der sittlichen Thätigkeit, während es umgekehrt nur der große Dulder unserer affectvollen Zustände ist." **) „Nicht ohne Grund, sagt Domrich an einer andern Stelle, hat die Sprache aller Völker den Sitz des

---

*) S. Jessen, Psychologie, S. 324.
**) Domrich, Die psychischen Zustände u. s. w., S. 195.

Gewissens in das Herz verlegt. Die unruhigen Bewegungen dieses Organs, welche gewisse ethische Vorstellungen begleiten, sind so constant und klopfen so vernehmlich an die Brust, daß der Mensch darin die Stimme des moralischen Gewissens zu hören glaubt. Auf der andern Seite veranlassen manche Herzaffectionen ohne allen vorliegenden moralischen Grund eine solche Gemüthsunruhe und Bangigkeit des Gewissens, daß die Folter der dadurch veranlaßten Gefühle nicht minder qualvoll ist. Es giebt eben kein Gefühl der Angst ohne Alteration dieses somatischen Apparats. Menschen, welche gewissermaßen an moralischer Hyperästhesie leiden und bei dem kleinsten Versehen große Gewissensangst empfinden, erhalten diese Disposition sehr häufig durch Herzkrankheiten." *)

Einige interessante Beispiele der hier erwähnten moralischen Hyperästhesie habe ich in John Reid's „Versuchen über hypochondrische und andere Nervenleiden" **) in dem Capitel über „Gewissensbisse" gefunden. „Keine Leiden der Einbildungskraft, sagt derselbe, sind so schwer zu heilen, als die, welche mit der Furcht der Schuld verbunden sind. Ich werde nie einen Kranken vergessen, der bei dem Eintritte des Arztes zu ihm sagte: Sie können mir nicht helfen, kein Arzt vermag ein unruhiges Gewissen zu heilen. Das Uebel hatte hier in der That zu tiefe Wurzel geschlagen, um durch Arznei ausgerottet werden zu können. Der Unglückliche tödtete sich selbst einige Tage darauf in einem Anfalle von Raserei." Weiter sagt dann John Reid: „Diejenigen, welche am wenigsten Ursache haben, sich selbst anzuklagen, fühlen oft die Gewissensbisse am Schärfsten. Im Allgemeinen steht der Grad dieser Art des feinen Gefühls, welches in der That zuweilen selbst zu einem eigensinnigen oder, wie man es nennen

---

*) Domrich, Die psychischen Zustände u. s. w., S. 324.

**) Aus dem Englischen übersetzt mit Anmerkungen und Zusätzen von D. A. Haindorf, Essen und Duisburg 1819.

kann, zu einem nervenschwachen (nervous) Zartgefühl steigen kann, im Verhältniß zu der Reinheit des Charakters eines Menschen. Diesem nach sind die besten Menschen nicht selten im Stande, sich selbst zu der Classe der schlechtesten zu zählen. Keine Krankheitssymptome sind so schwer zu heilen, als die Irrthümer einer hypochondrischen Demuth. Hieraus entstehen abergläubige Vorwürfe, die man sich selbst macht; der Mangel der gewöhnlichen Milde eines Menschen gegen seinen eigenen Charakter; eine gänzliche Blindheit gegen seine guten Eigenschaften, und eine vorurtheilsvolle und irrige Uebertreibung des Bösen, was dem Menschen eigen ist." Als Beleg dafür erzählt John Reid mehrere Beispiele. Er kannte unter andern einen Mann, der, obgleich er sich im Leben durch die thätigsten und erfolgreichsten Bemühungen für seine Mitbrüder auszeichnete, doch durch einen Kleinmuth bekümmert wurde, dessen Bürde darin bestand, daß er glaubte, stets ein nutzloses Glied der Gesellschaft gewesen zu sein, so daß die Talente, die ihm gegeben wären, in seiner Hand nichts hervorgebracht hätten. Durch den Einfluß dieser Einbildung bezeigte er Schrecken und Schaam bei der Aussicht eine Verwaltung niederlegen zu müssen, deren Pflichten er, wie er glaubte, so unredlich erfüllt habe. — Sonderbar ist auch die Geschichte des von der herrschenden Kirche abweichenden (dissenting) Predigers Brown, der sich einbildete, daß der Allmächtige ihn seiner unsterblichen Seele beraubt habe, weil er einem Straßenräuber zufällig das Leben nahm, obgleich dies im Widerstande gegen eine gedrohte Gewaltthätigkeit und zum Schutze seiner eigenen Person geschah. Es war ihm gelungen, den Elenden auf die Erde zu werfen, und er bemerkte, während er auf ihm kniete, daß sein zu Boden geworfener Feind todt sei. Dieser unerwartete Umstand machte einen so heftigen Eindruck auf sein Nervensystem, daß ihn die Vorstellung dieses, obgleich unwillkürlichen Mordes überwältigte, und er glaubte nachher stets, dieses eingebildeten Verbrechens wegen zu einer der furchtbarsten Strafen, die einem menschlichen Wesen auferlegt werden können, verurtheilt zu sein.

Die angeführten Beispiele werden genügen, um den mächtigen Einfluß körperlicher Zustände auf den sittlichen Zustand zu zeigen und es zum Bewußtsein zu bringen, welch ein Feind der Tugend Krankheit ist. Oft hat man einen Menschen, um ihn auf den Pfad der Pflicht und Tugend zurückzubringen, erst gesund zu machen, erst die aus seinem leiblichen Zustande entspringenden Hemmungen des tugendhaften und pflichtgemäßen Verhaltens zu beseitigen; und die Moral darf es daher nicht verschmähen, sich mit der Medicin zu associiren. Mit dem blossen kategorischen Imperativ, mit dem idealistischen: Du sollst! bessert man keinen Sünder, dem so reale Mächte, wie leibliche Verstimmungen und Krankheiten zum Sünder machen; so wenig als man einem darniederliegenden Gelähmten durch den blossen Befehl, aufzustehen, die Kraft dazu giebt. Hier ist vielmehr eine materielle Cur nöthig. Wer eine Sache fördern will, hat vor Allem ihre Hindernisse aus dem Wege zu räumen, und aus krankhaften körperlichen Zuständen entspringen, wie gezeigt, mächtige Hindernisse für das pflichtgemäße und tugendhafte Verhalten.

Wenn es also wahr ist, daß sittlicher Lebenswandel nöthig ist, um sich gesund zu erhalten, so ist es doch auch nicht minder wahr, daß Gesundheit nöthig ist, um sich im sittlichen Wandel zu erhalten.

---

2. Angeborener Charakter.

Kant spricht in seiner Anthropologie von der zwiefachen Bedeutung des Wortes Charakter, der zufolge Charakter haben entweder bedeutet diesen oder jenen (physischen) Charakter, oder schlechthin Charakter, d. h. einen moralischen Charakter haben. „Das erste ist das

Unterscheidungszeichen des Menschen als eines sinnlichen, oder Naturwesens; das zweite desselben als eines vernünftigen, mit Freiheit begabten Wesens. Der Mann von Grundsätzen, von dem man sicher weiß, wessen man sich, nicht etwa von seinem Instinct, sondern von seinem Willen zu versehen hat, hat einen Charakter." Zu dem Charakter im ersteren Sinne rechnet Kant Naturell und Temperament, den Charakter im zweiten Sinne nennt er Denkungsart. Naturell und Temperament zeigen nach ihm an, was sich aus dem Menschen machen läßt, der moralische Charakter hingegen, was er aus sich selbst zu machen bereit ist. *)

Mir scheint dies auf die Schopenhauer'sche Eintheilung des Charakters in den angeborenen und erworbenen hinauszukommen. Was Kant den moralischen Charakter nennt, ist eigentlich nur der erworbene Charakter, denn er versteht darunter nur „diejenige Eigenschaft des Willens, nach welcher das Subject sich selbst an bestimmte praktische Principien bindet, die es sich durch seine eigene Vernunft unabänderlich vorgeschrieben hat", und fügt ausdrücklich hinzu: „Ob nun zwar diese Grundsätze auch bisweilen falsch und fehlerhaft sein dürften, so hat doch das Formelle des Wollens überhaupt, nach festen Grundsätzen zu handeln (nicht wie in einem Mückenschwarm bald hierhin, bald dahin abzuspringen), etwas Schätzbares und Bewunderungswürdiges in sich, wie es denn auch etwas Seltenes ist." **)

Also nur das Formelle des Wollens nach festen Grundsätzen, das Nichtschwärmen wie die Mücken, oder das Nichtirrlichterliren, wie es Schopenhauer nennt ***),

---

*) S. Kant's Anthropologie §. 88 (in der Gesammtausgabe der Kant'schen Werke von Rosenkranz und Schubert, VII, 2. Abth., S. 213).
**) Daselbst S. 222.
***) S. Welt als Wille und Vorstellung, I, §. 55.

bildet hier den Gegensatz zum natürlichen (physischen) Charakter. Dieses Formelle aber kann eben so bei materiell schlechtem, als gutem Willen stattfinden; die größten Verbrecher können diesen formellen Charakter eben so gut an den Tag legen, wie die größten Tugendhelden. Folglich hat dieser „moralische Charakter" nur die Bedeutung des erworbenen.

Ich spreche nun hier nicht von dem erworbenen, sondern von dem angeborenen, ererbten Charakter, also vom Naturell und Temperament. Daß es eine Verschiedenheit des angeborenen Charakters giebt, das leugnen zwar Diejenigen, welche meinen, alle Individuen seien von Natur einander gleich, kommen als tabula rasa auf die Welt und erhalten erst im Laufe des Lebens, durch Erziehung, Umgebung, Lebensweise und Schicksale ihren unterschiedenen Charakter. Aber diese Ansicht hat eben so die Vernunft, wie die Erfahrung gegen sich. Die Vernunft zwingt anzunehmen, daß den verschiedenen Erfolgen, welche die gleiche Erziehung und Lebensweise bei verschiedenen Individuen hat, eine Verschiedenheit des angeborenen Charakters zum Grunde liegt. Die Erfahrung lehrt, daß die Charaktereigenthümlichkeiten der Väter sich auf die Söhne fortpflanzen. Nicht mit Unrecht singt Horaz (Carm. lib. IV, 4, 29—32):

> Fortes creantur fortibus et bonis;
> Est in juvencis, est in equis, patrum
>   Virtus: neque imbellem
>   Progenerant aquilae columbam.

Plutarch sagt sehr wahr, daß, wenn auch der angeborene böse Charakter nicht immer gleich zum Ausbruch komme, man daraus nicht schließen dürfe, daß er überhaupt nicht vorhanden sei:

„Die Jungen von Bären, Wölfen und Affen lassen sogleich das angeborene Naturell erkennen, das durch nichts verhüllt oder verdeckt wird; die Natur des Menschen aber stürzt sich in Gewohnheiten, Meinungen und Gesetze, sie verbirgt das Schlechte und ahmt oftmals das Gute nach, so daß sie entweder den angeborenen Flecken des Lasters gänzlich vertilgt, oder eine Zeit lang unter dem Deckmantel der List sich vor uns versteckt, zumal da wir jede Uebelthat der Bosheit kaum dann erst bemerken, wenn wir gleichsam davon getroffen und geschlagen sind, oder vielmehr überhaupt in der Meinung stehen, der Mensch werde dann erst ungerecht, wenn er das Unrecht begehe, dann wollüstig, wenn er ausschweife, und unmännlich, wenn er fliehe; gerade wie wenn Jemand, einfältig genug, glauben könnte, daß der Skorpion den Stachel erst dann erhalte, wenn er sticht, und die Viper das Gift, wenn sie beißt. Denn jeder Bösewicht wird nicht dann erst geboren, wenn er sich als solchen zeigt, sondern er hat von Anfang an die Bosheit in sich, und macht nur davon Gebrauch, wenn er dazu Gelegenheit und Macht findet, wie der Dieb vom Stehlen und der Herrschsüchtige von der Unterbrückung." *)

Unter den Neuern hat besonders Schopenhauer die Erblichkeit der Eigenschaften stark betont und ihr ein besonderes Capitel in der „Welt als Wille und Vorstellung" gewidmet. Er erklärt in diesem Capitel die intellektuellen Eigenschaften als Erbtheil von der Mutter, dagegen die moralischen als Erbtheil vom Vater. Möge man nun dieser Theorie beistimmen oder nicht, jedenfalls sind doch die Beweise, die Schopenhauer für die Erblichkeit des Charakters aus der Geschichte beibringt, beachtenswerth. „Sehr beachtenswerth, sagt Schopenhauer, ist der Stammbaum des Nero, welchen Suetonius (Cap. 4 et 5), in moralischer Absicht, der Schilderung dieses Ungeheuers voransetzt: schon im Großvater nämlich und noch stärker im Vater zeigen sich alle die entsetzlichen Eigenschaften, welche ihre völlige Ent-

---

*) S. Plutarch, „Ueber den späten Vollzug der göttlichen Strafe", Cap. 20, nach der Uebersetzung von Bähr.

wicklung erst im Nero erhalten konnten, theils weil sein hoher Standplatz ihnen freiern Spielraum gestattete, theils weil er noch dazu die unvernünftige Mänade Agrippina zur Mutter hatte, welche ihm keinen Intellekt verleihen konnte, die Leidenschaften zu zügeln. — Hingegen war Kimon der Sohn des Miltiades, und Hannibal des Hamilkars, und die Scipionen bilden eine ganze Familie von Helden und edeln Vertheidigern des Vaterlandes. — Aber des Papstes Alexander VI. Sohn war sein scheußliches Ebenbild Cäsar Borgia. — Der tückische, ungerechte, zumal durch die grausame Folterung und Hinrichtung der Tempelherrn bekannte Philipp IV. von Frankreich hatte zur Tochter Isabella, Gemahlin Eduard's II. von England, welche gegen diesen feindlich auftrat, ihn gefangen nahm und, nachdem er die Abdankungsakte unterschrieben hatte, ihn im Gefängniß, da der Versuch ihn durch Mißhandlungen zu tödten erfolglos blieb, auf eine schauderhafte Weise umbringen ließ. — Der blutdürstige Tyrann und Defensor fidei Heinrich VIII. von England hatte zur Tochter erster Ehe die durch Bigotterie und Grausamkeit gleich ausgezeichnete Königin Maria, welche durch ihre zahlreichen Ketzerverbrennungen sich die Bezeichnung bloody Mary erworben hat. Seine Tochter zweiter Ehe, Elisabeth, hatte von ihrer Mutter, Anna Bullen, einen ausgezeichneten Verstand überkommen, welcher die Bigotterie nicht zuließ und den väterlichen Charakter in ihr zügelte, jedoch nicht aufhob; so daß er immer noch gelegentlich durchschimmerte und in dem grausamen Verfahren gegen die Maria von Schottland deutlich hervortrat." — Endlich führt Schopenhauer noch einen Fall aus der neuesten Zeit an, den die Zeitungen berichteten. Im October 1836 wurde in Ungarn ein Graf Belecznai zum Tode verurtheilt, weil er einen Beamten ermordet und seine eigenen Verwandten schwer verwundet hatte: sein älterer Bruder war früher als Vatermörder hingerichtet worden, und sein Vater ebenfalls ein Mörder gewesen. Ein Jahr später hat der jüngste Bruder jenes Grafen auf eben der Straße, wo dieser den Beamten ermordet hatte, auf den Fiskalagenten seiner Güter ein Pistol abgeschossen, jedoch ihn verfehlt. „Die Annalen der Kriminalistik werden gewiß manche ähnliche Stammbäume aufzuweisen haben. Vorzüglich erblich ist der Hang zum Selbstmord." *)

Für die Erblichkeit des Charakters bringt auch das treffliche Buch von der „Kindheit des Menschen"**) in einem besondern Capitel: „Von der Erblichkeit" Beweise bei. Nachdem Dr. Heyfelder im Allgemeinen darauf hingewiesen, daß, wie die körperlichen, so auch die geistigen Eigenschaften durch die Zeugung von den Eltern auf die Kinder übertragen werden, und daß die geistige Aehnlichkeit sich durchaus nicht blos auf Beispiel und Nachahmung, Erziehung und Gewöhnung reduciren lasse, indem sie auch da beobachtet werde, wo Kinder fern von ihren Eltern aufwuchsen oder dieselben schon zur Zeit ihrer Geburt verloren, fährt er alsdann fort: „Es gehört zu den interessantesten Gegenständen psychologischer Untersuchung, zu beobachten, wie sich die Begabung der Eltern oft bis in die feinsten Nuancen bei den Kindern wiederfinden läßt. Selten geschieht, daß ein phlegmatisches Paar andere als phlegmatische, ein sanguinisches Paar andere als sanguinische Kinder erzeugt. In Regentenfamilien, in alten Geschlechtern ist es historisch nachweisbar, wie ein Familiencharakter der Strenge, der Milde, der Energie, der Weichlichkeit durch sie hindurchgeht, selbst wenn die einzelnen Glieder derselben unter verschiedenen Umständen, zu verschiedenen Zeiten lebten. So waren die Welfen ein kampf- und zornesmuthiges Geschlecht, die Stuarts eine Reihe

---

*) S. Schopenhauer, „Die Welt als Wille und Vorstellung", Bd. II, Cap. 43.

**) Die Kindheit des Menschen. Ein Beitrag zur Anthropologie und Psychologie von Dr. Oskar Heyfelder. Zweite Aufl. Erlangen 1858. Verlag von Ferdinand Enke.

von weichlichen, üppigen, wenn auch geistig begabten und nicht unedlen Männern und Frauen, die schwedischen Königsmark eine stets hervorragende, stets abenteuernde Familie in ihren männlichen und weiblichen Gliedern. Eines der eclatantesten Beispiele sind die Eber der Ardennen.*) Bei ihnen hat sich in fünf und mehr Generationen und in verschiedenen Seitenlinien und Nebensprößlingen Wildheit, Rohheit, Schlachtenmuth und Grausamkeit erhalten und auf's Drastischeste zur Erscheinung gebracht."

Wie die allgemeine Begabung, wie einzelne Talente und Gaben, so gehen nach Dr. Heyfelder auch Leidenschaften, Tugenden und Laster der Eltern als Anlagen auf die Kinder über, Ordnungsliebe, Wohlthätigkeitssinn, Sparsamkeit, Geiz, Freigebigkeit, Prunksucht, Verschwendung, Neigung zum Lügen, Hang zur Ausschweifung; — das beweise die Geschichte, wie die tägliche Erfahrung.

Sogar erworbene Eigenschaften der Eltern erben auf die Kinder fort. Bei Jagdhunden, dressirten Vögeln, Hunden, Pferden und andern Thieren ist es bekannt; eben so gehen erfahrungsgemäß Eigenschaften, welche die Eltern sehr ausgebildet, die sie sich in hohem Grade erworben hatten, als erbliche Anlagen auf die Kinder über. Gleich den somatischen und psychischen, erben solcherweise auch moralische Anomalien fort.

Die Depravation, welche die Folge des Heirathens unter Blutsverwandten ist, erklärt sich nach Dr. Heyfelder daraus, daß diese Heirathen die krankhafte und schlimme Disposition der Eltern unter den Kindern steigern, indem sie dieselbe doppelt zusammenführen. In den Nachkommen naher Blutsverwandter trifft möglicherweise das nämliche vorher noch ganz unbedeutende Abnorme zweimal

---

*) Levin Schücking, Geneanomische Briefe. Frankfurt am Main 1855. S. 87—93.

zusammen und wird dadurch zu seiner doppelten Stärke gesteigert. —

Die Erblichkeit des Charakters nun vorausgesetzt, so frägt es sich, von welchem Einfluß der ererbte Charakter auf das sittliche Verhalten ist. Da läßt sich nun nicht leugnen, daß dieser Einfluß ein sehr mächtiger ist. Es wäre zwar falsch, anzunehmen, daß der Mensch ganz und gar in der Gewalt des angeborenen, ererbten Charakters sei, gar keine Macht über denselben habe, gar keine Freiheit von demselben erlangen könne, denn dann könnte von Ethik überhaupt nicht mehr die Rede sein, so wenig als bei den Thieren von Ethik die Rede ist, sondern es bliebe nur Physik übrig. Aber auch schon bei den Thieren, wenigstens bei den höhern, wäre es falsch, ihren angeborenen, ererbten Charakter wie ein Unüberwindliches zu betrachten, von dem sie in keiner Weise frei werden können. Die Zähmung und Dressur beweist, daß auch bei Thieren schon eine Art Beherrschung des angeborenen Charakters, eine Ueberwindung desselben durch einen erworbenen Charakter möglich ist. Um wie viel möglicher ist diese Ueberwindung beim Menschen! Vernunft und sittlicher Wille im Verein mit vernünftiger und sittlicher Askese vermögen die Untugenden des angeborenen Charakters zu überwinden.

Aber dennoch bleibt der Einfluß des Angeborenen ein mächtiger. Denn alles Angeborene, als unmittelbar und von selbst sich äußernd, kommt erstlich allem Erworbenen, Natur kommt aller Cultur zuvor und formt schon das Individuum, ehe noch Erziehung und Bildung es in die Hand nehmen. Die angeborenen Eigenschaften bestimmen den Grad der Empfänglichkeit für die durch Erziehung und Bildung an den Menschen gebrachten Einflüsse. Daher die verschiedene Empfänglichkeit für die gleichen Einflüsse bei verschiedenen Individuen und die verschiedenen Resultate der gleichen Erziehung und Bildung bei Verschiedenen. Das Angeborene ist immer entscheidend für die Wirkung des von Außen an den Menschen Gebrachten.

II. Besondere Arten von Einflüssen.

Zweitens, der angeborene Charakter kommt nicht blos dem anerzogenen zuvor und macht das Recht der Priorität geltend, sondern vermöge seiner Constanz und Unveränderlichkeit, welche Eigenschaft besonders Schopenhauer hervorgehoben hat*), zieht er sich auch durch das ganze Leben hindurch, blickt überall unter dem erworbenen Charakter hervor, wie der natürliche Bau des Körpers durch jede Verkleidung und Verhüllung hindurchleuchtet, oder wie bei Thieren durch jede Dressur ihre ursprüngliche Natur durchschlägt.

Naturam expellas furca, tamen usque recurret.

Der angeborene Charakter macht daher dem Individuum sein Leben lang zu schaffen; der alte Adam bereitet immer wieder dem Menschen Schwierigkeiten. Daher wird oft die beste sittliche Erziehung mit einem Schlage durch den angeborenen Charakter über den Haufen geworfen; die gebiegenste sittliche Cultur wird durch lasterhafte Natur unwirksam.

Andererseits ist aber auch nicht zu übersehen, daß, wie die angeborenen Untugenden die Erfüllung der sittlichen Aufgabe bedeutend erschweren, eben so auch die angeborenen Tugenden sie bedeutend erleichtern. So wie dem von Natur Genußsüchtigen, Jähzornigen, Habgierigen die Erfüllung der Pflichten der Mäßigkeit, Gelassenheit, Gerechtigkeit durch seinen angeborenen Charakter erschwert wird, so wird sie dem von Natur Genügsamen, Sanftmüthigen, Wohlwollenden durch den seinigen erleichtert. Doch ist hier nicht zu vergessen, was in dem Capitel über die natürlichen und sittlichen Tugenden auseinandergesetzt worden ist, daß die natürlichen Tugenden, als unmittelbar und ohne Unterschied, oder wie Aristoteles sagt, ohne Verstand (ἄνευ νοῦ)

---

*) S. Die beiden Grundprobleme der Ethik, 2. Auflage, S. 50 fg.

sich äußernd, für sich allein noch nicht ausreichen zur Erfüllung der sittlichen Aufgabe. Obwohl sie also da, wo sie zufällig hinpassen, die Pflichterfüllung begünstigen, so sind sie doch andererseits derselben in Fällen, wo sie nicht hingehören, zuwider. Die natürliche Gutmüthigkeit z. B. ist in Fällen, wo es gilt, streng und unnachgiebig zu sein, ein Hinderniß der Pflichterfüllung.

Und so wie Naturtugenden zu Fehlern werden, wenn sie da sich äußern, wo sie nicht hingehören, so können Naturfehler zum Guten dienen, wenn sie da sich äußern, wo sie hingehören.

Es läßt sich also von den Fehlern des Naturells nicht sagen, daß sie blos erschwerend, noch auch von den Tugenden desselben, daß sie blos erleichternd für die Pflichterfüllung wirken, sondern die Fehler können unter Umständen auch erleichternd, und die Tugenden auch erschwerend wirken.

Was von den Tugenden und Fehlern des Naturells, das gilt auch von denen des Temperaments. Jessen theilt die Temperamente im Allgemeinen in das leicht- und in das schwerbewegliche, und im Besondern in die leicht oder schwer zu den beprimirenden und excitirenden Affecten disponirenden ein. „In den verschiedenen Gemüthern, sagt Jessen, entstehen die Affecte mehr oder weniger leicht oder schwer, und der Eine ist zu dieser, der Andere zu jener Art von Erregung besonders disponirt. Dieser geräth über jede Kleinigkeit in Zorn, Jenen kann man auf keine Weise zornig machen; der Eine kennt keine Furcht, der Andere fürchtet sich vor Allem; der Eine geräth jeden Augenblick außer sich vor Freude, der Andere weiß kaum, was Freude heißt, und wird fast von Allem schmerzlich berührt. Auf diese Verschiedenheit des menschlichen Gemüthes ist, wie mir scheint, die natürliche Verschiedenheit des Temperaments zurückzuführen, wovon in den Lehrbüchern der Psychologie so viel die Rede ist, und worüber man sich nicht recht einig werden kann. Herkömmlich werden seit den ältesten Zeiten vier Temperamente unterschieden, das sanguinische, cholerische, melancholische und phlegmatische, und nach der Galenischen Humoralpathologie brachte man diese vier Temperamente mit den vier Elementen und den, der Voraussetzung nach damit correspondirenden vier Cardinalsäften des menschlichen Körpers in Zusammenhang, so daß bei dem sanguinischen Temperamente das Blut, bei dem cholerischen die gelbe Galle, bei dem melancholischen die schwarze Galle, bei dem phlegmatischen der Schleim im Körper vorwalten sollte. An diese vier Cardinalsäfte und ihre Wirkungen glaubt freilich Niemand mehr, aber auf jene vier Temperamente kommt man immer wieder zurück, ohne sich über ihre eigentliche Bedeutung und ihren wesentlichen Unterschied verständigen zu können.

„Wenn man überhaupt auf die Feststellung der verschiedenen Temperamente einen Werth legt, so muß man, wie mich dünkt, zwei Gattungen und vier Arten unterscheiden, welche letztere in jeder Gattung vorkommen können. Die beiden Gattungen sind das leicht bewegliche reizbare oder irritable, und das schwer bewegliche träge oder phlegmatische Temperament. Bei Beiden ist eine vorherrschende Neigung zu einem besondern Affecte nicht nothwendig; wer ein reizbares Gemüth besitzt, kann bisweilen durch geringfügige Veranlassungen eben so leicht in Freude, als in Leid, in Zorn oder in Furcht versetzt werden. In den meisten Fällen wird das Gemüth aber nicht in allen Richtungen gleich leicht oder schwer afficirt, sondern vorzugsweise nur in einer oder in zwei Richtungen. Hieraus entstehen dann die vier Arten des Temperaments: das fröhliche oder sanguinische Temperament, das leidende oder melancholische, das zornige oder cholerische, und das ängstliche oder furchtsame. Von jener alten Eintheilung der Temperamente weicht diese darin ab, daß das phlegmatische Temperament als eine besondere Gattung dem irritablen Temperamente gegenübergestellt, und das ängstliche Temperament als eine besondere Art hinzugefügt wird. Nach der herkömmlichen Eintheilung wird Letzteres zu dem melancholischen Temperamente gerechnet, Leiden und Furcht, Schwermuth und Angst sind aber ganz verschiedenartige Elemente."*)

Nehmen wir nun diese neue Eintheilung der Temperamente an und forschen nach dem Einfluß des Temperaments auf das sittliche Verhalten, so wäre es ganz falsch, der einen Temperamentsart vor der andern in sittlicher Hinsicht den Vorzug zu geben und etwa das Phlegma der Tugend günstiger zu halten, als die Irritabilität oder umgekehrt. Vielmehr können diese beiden Gattungen und die vier Arten der Temperamente das tugendhafte und pflichtgemäße Verhalten eben so unterstützen, als erschweren; es kommt lediglich darauf an, welche Art der Erregbarkeit, ob die Leicht- oder Schwererregbarkeit, und welche Affectsdisposition in jedem einzelnen Falle sittlich gefordert ist. Z. B. dem Unrecht, der Bosheit, der Lüge und Heuchelei gegenüber wäre das Phlegma ein Hinderniß, das irritable Temperament dagegen eine Stütze der Pflichterfüllung; dagegen wäre dieses wiederum hinderlich und das Phlegma förderlich, wo es gilt, geduldig und gelassen zu ertragen. Im fröhlichen Kreise, wo es gilt, die Pflicht heiterer Geselligkeit zu erfüllen, wäre Melancholie ein Hinderniß, sanguinisches Temperament dagegen förderlich; im traurigen Kreise dagegen, wo Schwermuth sich ziemt, wäre sanguinisches Temperament ein Hinderniß, melancholisches dagegen förderlich. Auch nach der alten Eintheilung der Temperamente läßt sich sagen: Zu dem einen Geschäfte taugt der Phlegmatikus, zu dem andern der Cholerikus besser, zu der einen Si-

---

*) Jessen, Versuch einer wissenschaftlichen Begründung der Psychologie, S. 301 fg.

tuation der Sanguinikus, zu der andern der Melancho=
likus besser.

Es gilt also von den Temperamenten, was von den
angeborenen Eigenschaften überhaupt gilt, daß sie die Er=
füllung der sittlichen Forderung eben so erschweren, als
erleichtern können. Treffen sie mit dem sittlich Geforder=
ten zufällig zusammen, so unterstützen und befördern sie die
Pflichterfüllung. In allen entgegengesetzten Fällen hingegen
müssen sie erst unterdrückt, muß ihnen erst durch sittlichen
Vorsatz und sittlichen Widerstand entgegengewirkt werden,
wenn es zur Pflichterfüllung kommen soll. Der Sanguini=
kus sowohl, als der Melancholikus, der Cholerikus sowohl,
als der Phlegmatikus fallen häufig in Pflichtverletzungen,
weil sie sich dem Zuge des Temperaments überlassen.

---

3. Lebensalter.

Eine treffliche Charakteristik der drei Lebensperioden
der Jugend, der Mannheit und des Alters hat Aristote=
les in seiner Rhetorik gegeben. Er sagt: In der Jugend=
periode ist man seinem Wesen nach begehrlich und in der
Verfassung, daß man vollführt, was man begehrt. Und
unter den sinnlichen Begehrungen hängt man am Meisten
der Geschlechtslust nach und ist unmäßig darin. Man ist
aber in den Begehrungen veränderlich und leicht überdrüssig,
begehrt heftig und läßt schnell wieder nach. Denn die
Wünsche sind hitzig ohne Tiefe, wie der Kranken Durst
und Hunger. Man ist aufgelegt und schnell zum Zorne
und giebt sich dem heftigen Eindruck hin. Ja, man ist
schwach gegen den Zorn; denn vermöge des Ehrtriebes kann
man's nicht ertragen, gering behandelt zu werden, sondern
empört sich, wenn man mißhandelt zu sein glaubt. Ferner
wünscht man sich Ehre und mehr noch Sieg; denn die

Jugend wünscht Erhebung, und das ist der Sieg. An Beidem hängt man mehr, als am Gelde; an diesem am Wenigsten, weil man das Bedürfniß noch nicht kennen gelernt hat. Auch ist die Jugend nicht bösartig, sondern gutmüthig, weil sie noch nicht viel Schlechtigkeit gesehen hat; dazu leichtgläubig, weil sie noch nicht oft getäuscht worden ist. Ferner hoffnungsreich; denn wie der Trunkene, so ist die Jugend durch natürliche Kraft heißen Blutes; auch darum, weil ihr noch nicht viel mißlungen ist. Sie lebt meist in Hoffnung; denn die Hoffnung geht auf die Zukunft, dagegen die Erinnerung auf das Vergangene. Für die Jugend aber ist die Zukunft groß und die Vergangenheit klein; denn am Morgen des Lebens findet man nichts zur Erinnerung und Alles zu hoffen. Ferner ist sie leicht zu täuschen, aus dem angegebenen Grunde; denn sie hofft leicht. Auch ist sie muthiger; denn sie ist reizbar und hoffnungsvoll; das Eine macht furchtlos und das Andere zuversichtlich. Denn im Zorne fürchtet man nie, und eine gute Hoffnung ist zuversichtweckend. Ferner ist sie geschämig; denn sie denkt sich noch nichts außer dem Kreise Liegendes als löblich, und ist nur durch's Gesetz gebildet. Ferner ist sie hochstrebend; denn das Leben hat sie noch nicht gedemüthigt. Ferner will sie lieber das Löbliche als das Nützliche vornehmen; denn sie lebt mehr nach dem Gemüthe, als nach Ueberlegung; und die Ueberlegung geht auf's Nützliche, wie die Tugend auf das Löbliche. Ferner ist sie geneigter zur Freundschaft und Kameradschaft, als die andern Lebensperioden, weil sie sich des Zusammenlebens freut und noch Nichts nach dem Nutzen beurtheilt, und so auch nicht die Freunde. Alle ihre Fehler laufen auf das Zuviel und Zusehr hinaus; denn all ihr Vornehmen ist übertrieben: ihre Liebe wie ihr Haß und so alles Andere ist übertrieben. So auch meint sie Alles zu wissen, und ist rechthaberisch. Ihre Mißhandlungen sind die des Uebermuthes und nicht der Bosheit. Sie ist ferner mitleidig, weil sie Jeden für tugendhaft und für besser hält;

denn sie beurtheilt den Nebenmenschen nach dem Maaßstabe ihrer Unschuld, weswegen sie meint, es widerfahre dem Andern Unrecht. Ferner liebt sie das Lachen und eben darum den Spaß; denn Spaßhaftigkeit ist Hohn in gebildeter Form. So ist das Wesen der Jugend.

Das Wesen der Alten, abwärts Gewendeten, besteht nach Aristoteles meistens gerade im Gegentheile des Obigen. Denn weil sie viele Jahre gelebt, öftere Täuschung erfahren und selbst gefehlt haben, und weil es mit der Mehrzahl der Dinge schlecht geht, so geben sie nirgends Gewißheit und handeln immer viel weniger, als nothtut. Sie glauben nur und wissen nicht, und in ihrer Unentschiedenheit fügen sie immer ein Vielleicht, ein Etwa bei; und drücken Alles in dieser Art, Nichts mit Bestimmtheit aus. Ferner sind sie böse; denn das heißt böse sein, wenn man Alles von der schlimmern Seite ansieht. Ferner argwöhnisch aus Mißtrauen und mißtrauisch aus Erfahrung. Auch lieben und hassen sie nicht stark, aus diesen Gründen, sondern nach des Bias Anweisung lieben sie, wie wenn der Haß, und hassen sie, wie wenn die Liebe nachkommen sollte. Ferner sind sie kleinmüthig, weil das Leben sie gedemüthigt hat; denn sie verlangen nichts Grosses, nichts Ueberflüssiges, sondern was zum Leben dient. Ferner karg; denn die Habe ist ein Bedürfniß; auch wissen sie aus Erfahrung, wie schwer das Erwerben und wie leicht das Verlieren ist. Sie sind muthlos und hegen jede Befürchtung; denn ihr Zustand ist dem der Jugend entgegengesetzt: sie sind erkaltet und jene sind heiß. So hat das Alter der Muthlosigkeit den Weg gebahnt; denn die Furcht ist eine Art Frost. Ferner hängen sie am Leben, vornämlich wenn's zu Ende geht, weil die Begehrung das Entfernte sucht und sie am Meisten begehren, was ihnen abgeht. Ferner sind sie selbstsüchtiger, als nöthig ist; denn auch Das ist Kleinmuth. Ferner leben sie für's Nutzbare, nicht für's Löbliche, mehr als nöthig ist; weil sie selbstisch sind; denn das Nutzbare ist ein Gut für uns, das Löbliche aber nur an sich. Ferner sind sie mehr schamlos, als geschämig; denn weil sie für das Löbliche und das Nutzbare nicht gleichmäßig besorgt sind, achten sie nicht auf den Schein. Ferner nicht zum Hoffen aufgelegt, aus Erfahrung; denn mit den meisten Dingen geht es schlecht, und also nimmt das Meiste einen übeln Ausgang; dazu kommt noch ihre Furchtsamkeit. Ferner leben sie mehr in der Erinnerung, als in der Hoffnung; denn was von ihrem Leben übrig bleibt, ist klein, und des Vorübergegangenen Viel, und die Hoffnung geht auf die Zukunft, dagegen die Erinnerung auf die Vergangenheit. Das ist auch der Grund ihrer Schwatzhaftigkeit; denn ihr Gespräch ist immerfort das Vergangene, weil die Rückerinnerung ihnen Freude macht. Ihre Aufwallungen sind zwar leidenschaftlich, aber kraftlos. Die Sinnlichkeit hat sie theils verlassen, theils ist sie kraftlos. Darum sind sie nicht sinnlich und nicht beschäftigt mit der Sinnlichkeit, sondern mit dem Gewinne. Ferner leben sie mehr nach Ueberlegung, als nach dem Gemüthe; denn die Ueberlegung geht auf's Nützliche; dagegen das Gemüth auf's Edle. Ferner, wo sie mißhandeln, thun sie es aus Bosheit, nicht aus Uebermuth. Zum Mitleid geneigt sind auch Greise, aber nicht aus dem gleichen Grunde, wie die Jünglinge; denn Diese sind's aus Mitgefühl, und Jene aus Schwäche. Denn sie denken sich jede Art schlimmer Erfahrung als nahe. Daher sind sie klagelustig, nicht zum Lachen aufgelegt; denn dieser Neigung ist die zum Klagen entgegengesetzt.

Endlich die **Männer** stehen in ihrer Eigenthümlichkeit nach Aristoteles zwischen der Jugend und dem Greisenalter mitten inne, indem sie das Uebermaaß auf beiden Seiten abthun, indem sie also weder in der Zuversicht gar weit gehen, was Keckheit wäre, noch allzuweit in der Furcht, sondern auf beiden Seiten das Rechte treffen. So auch trauen und mißtrauen sie nicht Jedem, sondern urtheilen mehr nach der Wahrheit. Sie leben ferner nicht allein

II. Besondere Arten von Einflüssen.

für's Löbliche, und so auch nicht für's Nützliche, sondern für Beides; eben so auch nicht für's Sparen, und wiederum nicht für das Schwelgen, sondern für Das, was eben recht ist. Auf gleiche Art verhält sich's mit der Leidenschaft und der Sinnlichkeit. Ferner sind sie nüchtern in Verbindung mit Muth und muthig mit Nüchternheit; denn bei Jünglingen und Greisen ist das gesondert, indem die Jugend muthig und zügellos, das Alter nüchtern und furchtsam ist. Kurz das Gute, was zwischen Jugend und Alter getheilt ist, haben sie vereinigt; und wo Beide zu viel oder zu wenig haben, hat der Mann das mitten inne Liegende und Rechte. *)

Zu dieser im Wesentlichen bisher noch unübertroffenen Charakteristik des Jugend-, Mannes- und Greisenalters noch eine Charakteristik der Kindheit als eines besondern Lebensalters hinzuzufügen, ist hier nicht nöthig, da die wesentlichen Züge in dem Bilde, das Aristoteles von der Jugend entwirft, wie Begehrlichkeit, leichte Erregbarkeit und Schwäche dem Affecte gegenüber, Veränderlichkeit, Leichtgläubigkeit, Muthwille u. s. w., das Kind mit umfassen — nur daß alles Dieses beim Kinde, wegen des engern Kreises, in dem sich das Kind bewegt, und wegen seines noch unreifern Intellekts, sich auf andere Objecte bezieht, als beim Jüngling. Die Gegenstände des Affects und der Begierde, der Freude und Hoffnung, der Liebe und des Zornes, der Leichtgläubigkeit und des Muthwillens, der Wiß- und Ehrbegierde, sind beim Kinde andere, als beim Jüngling, bei jenem sinnlicherer, bei diesem geistigerer Art; aber im Wesentlichen haben Kindheit und Jünglingsalter die von Aristoteles der Jugend zugeschriebenen Eigenthümlichkeiten gemein und wir können daher beide unter der Kategorie der Jugend zusammenfassen.

---

*) Vergl. Aristoteles, Rhetorik, Zweites Buch, Cap. 12—14, nach der Uebersetzung von Karl Ludwig Roth.

Vergleichen wir nun die verschiedenen Lebensperioden in sittlicher Hinsicht, so bilden den schroffsten Gegensatz Jugend und Greisenalter. Die Jugend hat vor dem Alter den Vorzug der Empfänglichkeit für äußere Einwirkungen und Beispiele, folglich auch der Bildsamkeit durch sittlich gute Einwirkungen und Beispiele; das Alter vor der Jugend den Vorzug der Festigkeit und folglich auch der Unverführbarkeit durch corrumpirende Einwirkungen und Beispiele voraus. Die Jugend ist, wie intellectuell, so auch sittlich am bildsamsten. Zwar bringt schon das Kind seinen angeborenen Charakter, sein bestimmtes Naturell und Temperament mit auf die Welt, aber den Fehlern desselben, als noch nicht entwickelten und noch nicht, wie im Alter, durch lange Uebung und Gewohnheit fest und zur Fertigkeit gewordenen, läßt sich noch durch ethische Erziehung und Gewöhnung entgegenwirken. Aus dem Kinde und Jüngling läßt sich noch was machen; der Greis hingegen ist fertig, und daher ist nichts mehr an ihm zu ändern, nichts zu bessern. Wird also auf den jungen Menschen durch Erziehung und Beispiel sittlich gut eingewirkt, so ist die Jugend der Tugend förderlich. Andererseits befördert aber auch die große Empfänglichkeit und Bildsamkeit der Jugend, wenn durch Erziehung und Beispiel demoralisirend auf sie eingewirkt wird, eben so das Laster; während die Starrheit des Alters, wie einerseits für moralisch heilsame Einwirkungen, so auch andererseits für verführerische und verderbliche unempfindlich macht. Beide entgegengesetzte Lebensalter haben also in sittlicher Hinsicht sowohl ihre Vortheile, als ihre Nachtheile. Der Jugend gereicht die Bildsamkeit den guten Einwirkungen gegenüber zum Vortheil, den schlimmen gegenüber zum Schaden; dem Alter gereicht die Unbildsamkeit den schlimmen Einwirkungen gegenüber zum Vortheil, den guten gegenüber zum Schaden.

Der Mangel an Erfahrung und Selbstkenntniß, die Unreife des Urtheils und die Unfertigkeit des Charakters, wodurch sich die Jugend charakterisirt, sind große Gefahren für die Sittlichkeit. Der Nachahmungstrieb des Kindes und die Ehrbegierde des Jünglings wirken sittlich nachtheilig, wenn das Kind lasterhafte Beispiele nachzuahmen bekommt und der Ehrgeiz des Jünglings auf falsche Ideale gelenkt wird. Wie mancher Jüngling ist schon, sich selbst und die Welt nicht kennend, im Jagen nach einem falschen Ideale zu Grunde gegangen. Die vorherrschende Empfänglichkeit für Phantasieideale, für verführerische Bilder von eingebildeten Heldenthum und Größe, gereicht dem Jüngling zum Verderben. Es fehlt dem Enthusiasmus des Jünglings an der nöthigen Besonnenheit.

Das Alter ist nun zwar durch seine Erfahrung, durch seine Vernunft und Besinnung vor diesen Verirrungen der Jugend geschützt, aber dafür fehlt's ihm wiederum an Enthusiasmus, an Begeisterung, an Schwung. Der Idealismus der Jugend hat hier einem nüchternen Realismus Platz gemacht, die Genialität der Jugend hat sich in Philisterthum verwandelt. Die Alten verstehen die Jungen nicht mehr, wollen von ihren erhabenen Ideen und Plänen nichts wissen, preisen nur die gute alte Zeit und werden so ungerecht und intolerant gegen die fortschreitende Generation. In ihrer Stabilität und ihrem Conservatismus wollen sie Alles nur nach dem Veralteten und Abgelebten modeln. Die im Leben erfahrenen Enttäuschungen und die mit der Geschlechtslust und mit der sonstigen Genußfähigkeit entschwundenen Freuden machen die Greise mißtrauisch, grämlich und hartherzig; während die Jugend, noch voll von Hoffnung, voll von Kraft- und Lustgefühl theilnehmend und wohlwollend gestimmt ist. Helvetius sagt sehr wahr: Si la jeunesse, lors qu'on ne s'oppose point à ses passions, est ordinairement plus humaine et plus généreuse, que la vieillesse, c'est que les malheurs et les infirmités ne l'ont point encore endurcie.*)

---

*) De l'esprit, disc. III, ch. 12.

Für die sittlich geforderte Vermeidung der beiden Extreme der Begeisterung ohne Besonnenheit und der Besonnenheit ohne Begeisterung, deren eines die Jugend, das andere das Alter charakterisirt, ist das Mannesalter das günstigste. Dieses befähigt, den Idealismus der Jugend mit dem Realismus des Alters zu verbinden, Klugheit oder Sinn für's Nützliche mit Enthusiasmus oder Sinn für das Große und Löbliche zu paaren, und in sofern hat also Aristoteles Recht, dem Mannesalter den Vorzug vor der Jugend und dem Greisenalter zu geben. Doch in der Wirklichkeit findet sich die genannte Verbindung der beiden Extreme nur bei wenigen Männern. Die Einen sind noch unbesonnene Schwärmer und unreife, unpraktische Idealisten, wie Jünglinge, verkennen sich und die Welt, begehen daher Thorheiten über Thorheiten, jagen falschen Zielen nach und stiften Unheil. Die Andern sind eingefleischte Philister, nüchtern, nur auf's Nützliche bedacht, ohne allen Schwung und alle Begeisterung wie Greise.

---

4. Geschlechtseigenthümlichkeiten.

Burdach weist, nachdem er die Geschlechtseigenthümlichkeiten des Mannes und des Weibes in organischer Hinsicht mit einander verglichen und gezeigt hat, daß im weiblichen Organismus die Beziehung zur Fortpflanzung, zur Erhaltung der Gattung, im männlichen die Individualität und deren Erhaltung vorherrschend ist, ferner daß im weiblichen Organismus das innerliche Leben, Bilden und Erhalten, im männlichen dagegen das Schaffen und Wirken im Aeußern sich vorwaltend ausspricht, einen diesem entsprechenden Unterschied zwischen Mann und Weib auch in psychischer Hinsicht nach: „Auch im Seelenleben, sagt er, zeigt sich die Geschlechtsverschiedenheit zunächst in

Hinsicht auf die Gattung und auf die Individualität. Der ganze Sinn des Weibes ist auf Familien- und Geschlechtsverhältniß gerichtet, und die Pflichterfüllung in diesen Beziehungen macht allein seinen Werth aus. In der Liebe giebt sich das Weib ganz hin, und macht sie zum Zielpunkte seines Lebens, während der Mann seine Selbstständigkeit dabei behauptet und anderweitige Zwecke verfolgt. So vereint es nicht nur die Glieder der Familie, sondern ist auch überhaupt mehr zur Sympathie gestimmt, und mit einem vorherrschenden allgemeinen Wohlwollen verbindet sich auch ein höherer Grad von religiöser Gesinnung. Da die Individualität hier weniger hervortritt, so sind auch die Frauen im Ganzen genommen natürlicher und einander verhältnißmäßig mehr ähnlich: es kommen bei ihnen keine solchen Extreme und keine so bedeutende Verschiedenheiten sowohl in der körperlichen Bildung, als auch in den Seelenkräften vor, wie unter den Männern.

„Im Vergleich mit dem Manne zeigt das Weib mehr Empfänglichkeit und Innerlichkeit, als Selbstthätigkeit und umfangsreiche Wirksamkeit. Das Gemüth ist bei ihm überwiegend über die Geisteskraft. Es hat mehr Sinn für Einzelheiten, für das Besondere, leicht zu Umfassende, und ermangelt des Talents für Abstraction. So kommt ihm vorzugsweise der gesunde Verstand zu, der, ohne sich der Gründe bewußt zu werden, die Dinge in ihrem natürlichen Zusammenhange erkennt, durch kein Grübeln irre geleitet richtig urtheilt, und ohne Zweifel und Schwanken den rechten Weg mit Sicherheit verfolgt. Während es mit Leichtigkeit und Gewandtheit im Leben, wie auch in Kunst und Wissenschaft sich bewegt, geht ihm schöpferische Selbstthätigkeit, Originalität und Genialität ab. Die Religion ist ihm mehr Gegenstand des Gefühls, als der Forschung. So ruht auch seine Sittlichkeit mehr im natürlichen Gefühle, und bei solcher Harmonie in sich verlangt es auch mehr Uebereinstimmung der äußern Erscheinung mit dem innern Wesen, liebt mehr die Form, namentlich die leichten, zierlichen, anmuthigen. Es strebt daher weniger nach Anerkennung von Kraft und Verdienst, als von Liebenswürdigkeit, in welcher das Geistige unter gefälligen Formen sich äußert. Dem Manne kommen die mehr activen, dem Weibe die mehr passiven Eigenschaften und Tugenden zu, so daß das Verhältniß beider Geschlechter in den Gegensätzen von Schaffen und Erhalten, von Erwerbslust und Sparsamkeit, von Mäßigung und Genügsamkeit, von Gerechtigkeit und Nachsicht, von Festigkeit und Fügsamkeit, von Muth und Ergebung, von Standhaftigkeit und Geduld u. s. w. sich ausspricht." *)

Aus dieser treffenden Charakteristik geht hervor, daß jedes der beiden Geschlechter von Natur zu besondern Tugenden und Fehlern inclinirt. Das weibliche Geschlecht, weil von der Natur mehr für die Zwecke des Gattungslebens bestimmt und mit seinem Sinn und Interesse in die Angelegenheiten desselben aufgehend, ist zwar sehr stark in allen diesen Naturzweck betreffenden Tugenden, aber diese Stärke zieht, gemäß dem „chacun a les défauts de ses vertus", andererseits auch wieder Schwächen nach sich, die leicht zum Hinderniß sittlicher Pflichterfüllung werden. Leichtsinn, Falschheit, Putz- und Gefallsucht, Eifersucht, Neid und Schmähsucht sind ja bekannte Fehler der Frauen. „Weil, sagt Schopenhauer, im Grunde die Weiber ganz allein zur Propagation des Geschlechts da sind und ihre Bestimmung hierin aufgeht; so leben sie durchweg mehr in der Gattung, als in den Individuen, nehmen es in ihren Herzen ernstlicher mit den Angelegenheiten der Gattung, als mit den individuellen. Dies giebt ihrem ganzen Wesen und Treiben einen gewissen Leichtsinn und überhaupt eine von der des Mannes von Grund aus

---

*) Burdach, Der Mensch nach den verschiedenen Seiten seiner Natur, §. 426 u. 427.

verschiedene Richtung, aus welcher die so häufige und fast normale Uneinigkeit in der Ehe erwächst." Ferner: „Zwischen Männern ist von Natur blos Gleichgültigkeit; aber zwischen Weibern ist schon von Natur Feindschaft. Es kommt wohl daher, daß das odium figulinum, welches bei Männern sich auf ihre jedesmalige Gilde beschränkt, bei Weibern das ganze Geschlecht umfaßt; da sie Alle nur Ein Gewerbe haben. Schon beim Begegnen auf der Straße sehen sie einander an, wie Guelfen und Ghibellinen. Auch treten zwei Weiber bei erster Bekanntschaft einander sichtbarlich mit mehr Gezwungenheit und Verstellung entgegen, als zwei Männer in gleichem Fall. Daher kommt auch das Komplimentiren zwischen zwei Weibern viel lächerlicher heraus, als zwischen Männern. Ferner, während der Mann, selbst zu dem tief unter ihm Stehenden, doch in der Regel, immer noch mit einer gewissen Rücksicht und Humanität redet, ist es unleidlich anzusehen, wie stolz und schnöde meistentheils ein vornehmes Weib sich gegen ein niederes (nicht in seinem Dienste stehendes) gebärdet, wenn es mit ihm spricht. Es mag daher kommen, daß bei Weibern aller Unterschied des Ranges viel prekärer ist, als bei uns, und viel schneller sich ändern und aufheben kann; weil, während bei uns hundert Dinge auf die Waagschale kommen, bei ihnen nur Eins entscheidet, nämlich welchem Manne sie gefallen haben; wie auch daher, daß sie, wegen der Einseitigkeit ihres Berufes, einander viel näher stehen, als die Männer, weshalb sie die Standesunterschiede hervorzuheben suchen."*) „Die Eitelkeit der Weiber, selbst wenn sie nicht größer, als die der Männer seyn sollte, hat das Schlimme, daß sie sich ganz auf materielle Dinge wirft, nämlich auf ihre persönliche Schönheit und nächstdem auf Flitter, Staat und Pracht. Daher auch die So-

---

*) Arthur Schopenhauer, Parerga u. Paralipomena. Zweite Auflage, §. 380 fg.

cietät so recht ihr Element ist. Dies macht sie, zumal bei ihrer geringen Vernunft, zur Verschwendung geneigt: weshalb schon ein Alter sagt: Γυνη το συνολον εστι δαπανηρον φυσει."*)

Aehnliche, aus dem Geschlechtscharakter der Frauen entspringende Fehler, wie hier Schopenhauer, hat übrigens auch schon Kant in seiner Anthropologie hervorgehoben, wenngleich mit andern und minder scharfen Worten, so wie mit dem Bemühen, in dem Naturzwecke des weiblichen Geschlechts einen Rechtfertigungsgrund für diese Fehler und Schwächen zu finden. So sagt er z. B. über die Neigung der Frauen, mit ihrer Gunst gegen Männer auf Freiheit und dabei zugleich auf Eroberung dieses ganzen Geschlechts Anspruch zu machen: „Diese Neigung, ob sie zwar unter dem Namen der Coquetterie in üblem Rufe steht, ist doch nicht ohne einen wirklichen Grund zur Rechtfertigung. Denn eine junge Frau ist doch immer in Gefahr, Wittwe zu werden, und das macht, daß sie ihre Reize über alle, den Glücksumständen nach ehefähige Männer ausbreitet, damit, wenn jener Fall sich ereignete, es ihr nicht an Bewerbern fehlen möge."

Daß das weibliche Geschlecht mit sich selbst in beständiger Fehde, dagegen mit dem andern Geschlecht in recht gutem Vernehmen ist, dieses charakteristische Merkmal betrachtet Kant als „blosse natürliche Folge des Wetteifers, Eine der Andern in der Gunst und Ergebenheit der Männer den Vortheil abzugewinnen. Da dann die Neigung zu herrschen das wirkliche Ziel, das öffentliche Vergnügen aber, als durch welches der Spielraum ihrer Reize erweitert wird, nur das Mittel ist, jener Neigung Effekt zu verschaffen." Alsdann fährt er fort: „Man kann nur dadurch, daß man, nicht was wir uns zum Zweck ma-

---

*) Arthur Schopenhauer, Parerga u. Paralipomena. Zweite Auflage, §. 384.

chen, sondern was Zweck der Natur bei Einrichtung der Weiblichkeit war, als Princip braucht, zu der Charakteristik dieses Geschlechts gelangen, und da dieser Zweck, selbst vermittelst der Thorheit der Menschen, doch der Naturabsicht nach, Weisheit seyn muß, so werden diese ihre muthmaaßlichen Zwecke auch das Princip derselben anzugeben dienen können, welches nicht von unserer Wahl, sondern von einer höhern Absicht mit dem menschlichen Geschlecht abhängt. Sie sind 1) die Erhaltung der Art; 2) die Cultur der Gesellschaft und Verfeinerung derselben durch die Weiblichkeit." *)

Man kann nun zwar zugeben, daß die Natur mittelst der weiblichen Schwächen ihre Absicht erreicht; aber dadurch wird die Wahrheit nicht aufgehoben, daß eben diese der „Erhaltung der Art und der Verfeinerung der Gesellschaft" förderlichen Schwächen in ethischer Hinsicht, in Beziehung auf sittliche Pflichterfüllung, oft nachtheilig wirken. Der Naturzweck trifft eben nicht immer mit dem sittlichen Zweck zusammen. Der weibliche Naturcharakter wirkt, wie jeder Naturcharakter, blind und rücksichtslos, auch da, wo er nicht hingehört (s. Unterschied der natürlichen und sittlichen Tugend). Die weiblichen Schwächen, weil natürlich sich äußernd, bringen sich überall mit hin und äußern sich auch da, wo es Aufgabe ist, ihnen im Interesse der sittlichen Pflicht entgegenzuwirken, sie einzuschränken, durch Vernunft zu zügeln. Aus demselben Grunde wirken auch die von Natur gutartigen Eigenschaften des weiblichen Geschlechts oft sittlich fehlerhaft; z. B. die natürliche Disposition desselben zum Mitleid. Aus der überwiegenden Empfänglichkeit der Weiber für reale, gegenwärtige, anschauliche Motive leitet es Schopenhauer her, daß sie die Männer in der Tugend des Mitleids, der Menschenliebe übertreffen.

---

*) S. Kant's Anthropologie, Vom Charakter des Geschlechts. (Sämmtl. Werke in der Ausgabe von Rosenkranz und Schubert, VII, 2. Abtheil., S. 236 fg.)

Aber eben diese überwiegende Empfänglichkeit für anschauliche Motive hat einen Mangel an Empfänglichkeit für vernünftige, abstracte Motive, für Grundsätze, zur Folge, und daher fehlt es den Weibern an der Tugend der Gerechtigkeit, während wiederum die Männer in dieser excelliren. „Das Festhalten und Befolgen der Grundsätze, den ihnen entgegenwirkenden Motiven zum Trotz, ist Selbstbeherrschung. Hier liegt auch die Ursache, warum die Weiber, als welche, wegen der Schwäche ihrer Vernunft, allgemeine Grundsätze zu verstehen, festzuhalten und zur Richtschnur zu nehmen, weit weniger als die Männer fähig sind, in der Tugend der Gerechtigkeit, also auch Redlichkeit und Gewissenhaftigkeit, diesen in der Regel nachstehen; daher Ungerechtigkeit und Falschheit ihre häufigsten Laster sind und Lügen ihr eigentliches Element: hingegen übertreffen sie die Männer in der Tugend der Menschenliebe: denn zu dieser ist der Anlaß meistens anschaulich und redet daher unmittelbar zum Mitleid, für welches die Weiber entschieden leichter empfänglich sind. Aber nur das Anschauliche, Gegenwärtige, unmittelbar Reale hat wahre Existenz für sie: das nur mittelst der Begriffe erkennbare Entfernte, Abwesende, Vergangene, Zukünftige ist ihnen nicht wohl faßlich. Also ist auch hier Kompensation: Gerechtigkeit ist mehr die männliche, Menschenliebe mehr die weibliche Tugend. Der Gedanke, Weibern das Richteramt verwalten zu sehen, erregt Lachen; aber die barmherzigen Schwestern übertreffen sogar die barmherzigen Brüder."*)

Mitleid ohne Gerechtigkeit ist aber sittlich eben so fehlerhaft, wie Gerechtigkeit ohne Mitleid. Die Frauen handeln oft aus lauter Rührung und Mitleid ungerecht, die Männer aus lauter Gerechtigkeit hartherzig. Der

---

*) Schopenhauer, Die beiden Grundprobleme der Ethik. Zweite Auflage. §. 17, S. 215. Vergl. dazu Parerga und Paralipomena, 2. Aufl., II, §. 379.

II. Besondere Arten von Einflüssen. 335

Naturcharakter, einseitig und uneingeschränkt, unergänzt durch die fehlenden Eigenschaften wirkend, führt zu sittlichen Verstößen und Pflichtverletzungen. Mütter widersetzen sich z. B. häufig aus natürlicher Zärtlichkeit der strengen Bestrafung der Kinder, Väter gehen umgekehrt oft in der Bestrafung zu weit, werden hart und grausam.

Von dem Grundgegensatz zwischen dem männlichen und weiblichen Geschlechtscharakter, der Festigkeit und Fügsamkeit, der Härte und Weichheit, gilt daher dasselbe, was oben von den entgegengesetzten Temperamentscharakteren gesagt worden ist. Sowohl das leicht-, als das schwerbewegliche (irritable und phlegmatische) Temperament können häufig mit dem sittlich Geforderten zusammentreffen, und erleichtern in solchen Fällen das tugendhafte und pflichtgemäße Verhalten; aber dann ist dies nur zufällig. Eben so häufig treten Fälle ein, wo sie der Pflichterfüllung hinderlich sind, dieselbe hemmen und erschweren. In diesen Fällen ist ihnen also durch sittlichen Vorsatz entgegenzuwirken. Ganz dasselbe gilt auch von dem Geschlechtsgegensatz. In vielen Fällen treffen sowohl die männlichen, als die weiblichen Geschlechtseigenthümlichkeiten mit dem sittlich Geforderten zusammen und erleichtern die Pflichterfüllung, in vielen Fällen wirken sie aber auch conträr und bedürfen der Correctur, ohne welche sie sittlich fehlerhaft wirken.

Auch gilt von den entgegengesetzten Geschlechtscharakteren dasselbe, was von den entgegengesetzten Lebensaltern. So wie die Eigenthümlichkeiten der Jugend und des Alters nicht auszurotten, sondern nur einzuschränken und zu ergänzen sind, wie der Jüngling, um seine sittliche Aufgabe zu erfüllen, nicht den Jünglingscharakter abzulegen, sondern nur von dem erfahrenen und besonnenen Alter Lehre anzunehmen, und der Greis nicht den Greisencharakter abzulegen, sondern nur an der Frische und Begeisterung der Jugend sich zu erwärmen und zu verjüngen hat; so sind auch die Geschlechtseigenthümlichkeiten des Mannes und des Weibes nicht zu verwischen; — denn ein Weib, das nicht die Eigenthümlichkeiten des Weibes mehr hätte, wäre kein rechtes Weib, und ein Mann ohne die Eigenthümlichkeiten des Mannes kein rechter Mann —; sondern beide sind nur durch einander zu ergänzen. Das Weib hat von dem Manne Festigkeit anzunehmen, und der Mann vom Weibe Fügsamkeit. Daher eben wirkt die Ehe, in der die Geschlechtseinseitigkeiten täglich und stündlich Gelegenheit haben, sich durch einander zu corrigiren und zu ergänzen, versittlichend. Im ehelosen Leben verfestigen und vereinseitigen sich leicht die Eigenthümlichkeiten jedes Geschlechts und arten aus. „Der Begriff der Menschheit stellt sich in verschiedenen einander ergänzenden Richtungen durch die Geschlechter dar, und wird nur durch die Gemeinsamkeit derselben vollständig verwirklicht. Jedes Geschlecht hat seine eigenthümlichen Vorzüge, und besitzt gewisse Kräfte in höherem Grade, ohne daß diese dem andern ganz fehlen. Wenn die Geschlechtlichkeit einseitig wird und ihre Gränzen überschreitet, so artet sie in Härte und Schwachheit, Starrheit und Weichlichkeit, Tyrannei und Willenlosigkeit, Hochmuth und Eitelkeit, Sonderlingslust und Nachahmungssucht u. s. w. aus. Jedes Geschlecht soll seinen Charakter nach dem Begriffe der Menschheit in den rechten Schranken erhalten, aber ihn behaupten, nicht neutralisiren: wie das weibische Wesen am Manne als Ziererei, Tändelei und fade Sentimentalität erscheint, so tritt das männische Wesen am Weibe als Schamlosigkeit, geistige Hoffart, Unglauben und Ideenschwindel auf; Beides aber sind Zwittergestalten, merkwürdige Exemplare für eine Sammlung von Seltenheiten, welche das Absonderliche schätzt, sei es auch noch so widerlich."*)

---

*) Burdach, Der Mensch nach den verschiedenen Seiten seiner Natur, §. 428.

5. Erziehung.

Die Erziehung kann aus dem Menschen nichts machen, wozu er nicht von Natur eine Anlage hat. Sie kann keinen klug machen, der keine Anlage zur Klugheit, und keinen gut, der keine Anlage zur Güte hat. Eben so wenig kann sie auch Einen dumm und schlecht machen, der nicht schon zu beidem die Anlage hat. Denn überhaupt können äußere Einflüsse in ein Wesen Nichts hineinbringen, wofür seine Natur keine Receptivität hat.

Es wäre daher eine starke Illusion, zu meinen, die Erziehung könne aus jedem beliebigen Individuum jedes Beliebige machen, sie könne z. B. aus einem und demselben Individuum nach Belieben einen Einfaltspinsel oder ein Genie, einen Bösewicht oder einen Heiligen machen. Diejenigen, welche die Seele des neugeborenen Kindes für eine tabula rasa halten, alle angeborenen Geistes- und Charakterunterschiede leugnen, alle Individuen von Natur für gleich begabt und alle Unterschiede derselben nur für Ergebniß der Erziehung, des Unterrichts, des Beispiels, überhaupt der äußern Einflüsse ansehen, sind in einem groben Irrthum befangen. Sie schlagen den Einfluß der Erziehung viel zu hoch an.

Erkennt man angeborene Geistes- und Charakterunterschiede an, so wird man zwar den Einfluß der Erziehung auf die Geistes- und Charakterbildung der Individuen nicht leugnen, wird ihn aber bedeutend herabsetzen, wird ihn als abhängig erkennen von den angeborenen Anlagen des Geistes und Willens, wird sich also nicht der Täuschung hingeben, durch Erziehung aus jedem Beliebigen jedes Beliebige machen zu können.

Schopenhauer, der für die Entwicklung des Menschen das Hauptgewicht auf das Angeborene legt, erklärt nur den Geist (Intellekt) für bildungs- und entwicklungsfähig, den Willen hingegen für unveränderlich; demgemäß schränkt er auch den Einfluß der Erziehung auf die bloße Geistesbildung ein. In der „Welt als Wille und Vorstellung" lehrt er: „Der durchgreifende Unterschied zwischen den geistigen und den moralischen Eigenschaften giebt sich auch dadurch zu erkennen, daß der Intellekt höchst bedeutende Veränderungen durch die Zeit erleidet, während der Wille und Charakter von dieser unberührt bleibt." Er führt diesen Satz näher aus und kommt dann zu dem Resultat: „Aus allen diesen Betrachtungen wird es dem tiefern Blicke unverkennbar, daß, während der Intellekt eine lange Reihe allmäliger Entwicklungen zu durchlaufen hat, dann aber, wie alles Physische, dem Verfall entgegengeht, der Wille hieran keinen Theil nimmt, als nur sofern er Anfangs mit der Unvollkommenheit seines Werkzeuges, des Intellekts, und zuletzt wieder mit dessen Abgenutztheit zu kämpfen hat, selbst aber als ein Fertiges auftritt und unverändert bleibt, den Gesetzen der Zeit und des Werdens und Vergehens in ihr nicht unterworfen. Hiedurch also giebt er sich als das Metaphysische, nicht selbst der Erscheinungswelt Angehörige zu erkennen."*) In den „beiden Grundproblemen der Ethik" lehrt Schopenhauer, nachdem er gezeigt, daß der Charakter des Menschen 1) individuell, in Jedem ein anderer, 2) daß er empirisch ist, d. h. durch Erfahrung allein kennen gelernt wird, — er lehrt alsdann:

„3) Der Charakter des Menschen ist konstant: er bleibt der selbe, das ganze Leben hindurch. Unter der veränderlichen Hülle seiner Jahre, seiner Verhältnisse, selbst seiner Kenntnisse und Ansichten, steckt, wie ein Krebs in seiner Schaale, der identische und eigentliche Mensch ganz unveränderlich und immer der selbe. Bloß in der Richtung und dem Stoff erfährt sein Charakter die scheinbaren Mo=

---

*) S. Welt als Wille und Vorstellung, II, Cap. 19, Nr. 8.

dificationen, welche Folge der Verschiedenheit der Lebensalter und ihrer Bedürfnisse sind. Der Mensch ändert sich nie: wie er in einem Falle gehandelt hat, so wird er, unter völlig gleichen Umständen (zu denen jedoch auch die richtige Kenntniß dieser Umstände gehört) stets wieder handeln." Schopenhauer belegt dieses durch Beispiele aus der Erfahrung und sagt dann: "Auf der selben Wahrheit beruht es, daß ein Mensch, selbst bei der deutlichsten Erkenntniß, ja, Verabscheuung seiner moralischen Fehler und Gebrechen, ja, beim aufrichtigsten Vorsatz der Besserung, doch eigentlich sich nicht bessert, sondern trotz ernsten Vorsätzen und redlichem Versprechen, sich, bei erneuerter Gelegenheit, doch wieder auf denselben Pfaden wie zuvor, zu seiner eigenen Ueberraschung, betreffen läßt. Bloß seine Erkenntniß läßt sich berichtigen; daher er zu der Einsicht gelangen kann, daß diese oder jene Mittel, die er früher anwandte, nicht zu seinem Zwecke führen, oder mehr Nachtheil als Gewinn bringen: dann ändert er die Mittel, nicht die Zwecke ..... Ueberhaupt liegt allein in der Erkenntniß die Sphäre und der Bereich aller Besserung und Veredelung. Der Charakter ist unveränderlich, die Motive wirken mit Nothwendigkeit: aber sie haben durch die Erkenntniß hindurchzugehen, als welche das Medium der Motive ist. Diese aber ist der mannigfaltigsten Erweiterung, der immerwährenden Berichtigung in unzähligen Graden fähig; dahin arbeitet alle Erziehung. Die Ausbildung der Vernunft, durch Kenntnisse und Einsichten jeder Art, ist dadurch moralisch wichtig, daß sie Motiven, für welche ohne sie der Mensch verschlossen bliebe, den Zugang öffnet. So lange er diese nicht verstehen konnte, waren sie für seinen Willen nicht vorhanden. Daher kann, unter gleichen äußern Umständen, die Lage eines Menschen das zweite Mal doch in der That eine ganz andere seyn, als das erste: wenn er nämlich erst in der Zwischenzeit fähig geworden ist, jene Umstände richtig und vollständig zu begreifen; wodurch jetzt Motive auf ihn wirken, denen er früher unzugänglich war. Weiter aber, als auf die Berichtigung der Erkenntniß, erstreckt sich keine moralische Einwirkung, und das Unternehmen, die Charakterfehler eines Menschen durch Reden und Moralisiren aufheben und so seinen Charakter selbst, seine eigentliche Moralität, umschaffen zu wollen, ist ganz gleich dem Vorhaben, Blei durch äußere Einwirkung in Gold zu verwandeln, oder eine Eiche durch sorgfältige Pflege dahin zu bringen, daß sie Aprikosen trüge." *)

Die angeborenen und unveränderlichen Unterschiede der Charaktere bestehen nach Schopenhauer in dem verschiedenen Verhältnisse, in welchem bei verschiedenen Individuen die drei ethischen Grundtriebfedern des Menschen, Egoismus, Bosheit, Mitleid, vorhanden sind, welches Verhältniß in Jedem ein anderes ist. „Dieser unglaublich großen, angeborenen und ursprünglichen Verschiedenheit gemäß, regen Jeden nur die Motive vorwaltend an, für welche er überwiegende Empfänglichkeit hat; so wie der eine Körper nur auf Säuren, der andere nur auf Alkalien reagirt: und wie Dieses, so ist auch Jenes nicht zu ändern. Die menschenfreundlichen Motive, welche für den guten Charakter so mächtige Antriebe sind, vermögen als solche nichts über Den, der allein für egoistische Motive empfänglich ist. Will man nun Diesen dennoch zu menschenfreundlichen Handlungen bringen, so kann es nur geschehen durch die Vorspiegelung, daß die Milderung der fremden Leiden mittelbar, auf irgend einem Wege, zu seinem eigenen Vortheil gereicht (wie denn auch die meisten Sittenlehren eigentlich verschiedenartige Versuche in diesem Sinne sind). Dadurch wird aber sein Wille blos irre geleitet, nicht gebessert. Zu wirklicher Besserung wäre erfordert, daß man die ganze Art seiner Empfänglichkeit für Motive umwan-

---

*) S. Die beiden Grundprobleme der Ethik, 2. Aufl., S. 48—52.

delte, also z. B. machte, daß dem Einen fremdes Leiden als solches nicht mehr gleichgültig, dem Andern die Verursachung desselben nicht mehr Genuß wäre, oder einem Dritten nicht jede, selbst die geringste Vermehrung des eigenen Wohlseyns alle Motive anderer Art weit überwöge und unwirksam machte. Dies aber ist viel gewisser unmöglich, als daß man Blei in Gold umwandeln könnte. Denn es würde erfordern, daß man dem Menschen gleichsam das Herz im Leibe umkehrte, sein tief Innerstes umschüfe. Hingegen ist Alles, was man zu thun vermag, daß man den Kopf aufhellt, die Einsicht berichtigt, den Menschen zu einer richtigern Auffassung des objectiv Vorhandenen, der wahren Verhältnisse des Lebens bringt. Hieburch aber wird nichts weiter erreicht, als daß die Beschaffenheit seines Willens sich konsequenter, deutlicher und entschiedener an den Tag legt, sich unverfälscht ausspricht. Durch Motive läßt sich Legalität erzwingen, nicht Moralität: man kann das Handeln umgestalten, nicht aber das eigentliche Wollen, welchem allein moralischer Werth zusteht. Man kann nicht das Ziel verändern, dem der Wille zustrebt, sondern nur den Weg, den er dahin einschlägt. Belehrung kann die Wahl der Mittel ändern, nicht aber die der letzten allgemeinen Zwecke: diese setzt jeder Wille sich, seiner ursprünglichen Natur gemäß. Man kann dem Egoisten zeigen, daß er durch Aufgeben kleiner Vortheile größere erlangen wird; dem Boshaften, daß die Verursachung fremder Leiden größere auf ihn selbst bringen wird. Aber den Egoismus selbst, die Bosheit selbst wird man Keinem ausreden, so wenig, wie der Katze ihre Neigung zum Mausen." *)

Ich stimme nun zwar Schopenhauer bei, daß der angeborene, empirische Charakter unveränderlich, und

---

*) S. Die beiden Grundprobleme der Ethik. Zweite Abhandlung, §. 20.

daß vermöge des angeborenen Charakters der Eine überwiegend für diese, der Andere für jene Art von Motiven empfänglich ist. Aber der angeborene Charakter, durch den sich die Individuen ins Unendliche unterscheiden, ist mir nicht der ganze Mensch, sondern jenseits desselben erhebt sich erst der eigentlich sittliche, der ethischen und nicht blos physischen Tugend fähige Mensch (s. Unterschied der natürlichen und sittlichen Tugend); und dieser sittliche Mensch ist in Jedem derselbe, weil sonst, wie bei Thieren, von Ethik überhaupt nicht die Rede sein könnte, sondern nur Physik übrig bliebe (s. Angeborener Charakter.)

Wäre der angeborene, empirische Charakter das Letzte, Entscheidende im Menschen, dann könnte von einer eigentlich sittlichen Natur des Menschen, durch die er sich vom Thiere unterscheidet und über die thierische Gattung erhebt, gar nicht die Rede sein. Der Mensch stünde auf der Stufe der Thiere, und so wenig, als die Katze das Mausen lassen kann, so wenig könnte z. B. ein vermöge seines angeborenen Charakters rachsüchtiger Mensch die Rache lassen. Es ist nun zwar richtig, daß ein rachsüchtiger Mensch, so lange als die Rachsucht in ihm dominirt, die Rache nicht lassen und dem Feinde nicht vergeben kann; aber muß denn in einem von Natur rachsüchtigen Menschen ewig und immer die Rachsucht dominiren? Giebt es Nichts in ihm, was ihn über den angeborenen Naturcharakter erheben, ist keine sittliche Anlage in ihm, die ihn von demselben frei machen kann? Und ist diese sittliche Anlage nicht in Allen die gleiche?

Dieses vorausgesetzt, kann ich der Schopenhauer'schen Ansicht, daß der angeborene Charakter unabänderlich das Ziel feststellt, welchem Jeder zustreben muß, und daß Erkenntniß nur den Weg zu diesem Ziele berichtigen, folglich nur das Handeln, aber nicht die Gesinnung umändern, nur Legalität, nicht Moralität bewirken kann, — ich kann dieser Ansicht nur bedingungs-

II. Besondere Arten von Einflüssen.

weise beistimmen, kann die Unveränderlichkeit des Zieles, welchem Jeder vermöge seines angeborenen Charakters zustreben muß, nur unter der Bedingung, daß der angeborene Charakter das Dominirende bleibt, gelten lassen. Hört der angeborene Charakter aber auf, zu herrschen, und tritt an die Stelle seiner Herrschaft die des sittlichen Willens, so ändert sich auch das Ziel, dem der Mensch zustrebt, und die Sinnesänderung ist da, an die Stelle der auf dem Standpunkte des blos natürlichen Menschen allein erreichbaren Legalität tritt die Moralität. Schopenhauer selbst hält ja den angeborenen Charakter nicht für ein Fatum, dem Keiner entrinnen kann, sondern nimmt in Dem, was er die Durchschauung des principii individuationis nennt, eine Erkenntniß höherer Art an, die von dem Egoismus des angeborenen Charakters erlöst, also an die Stelle der blossen Legalität Moralität setzt.

Aber eine andere Frage freilich, als die, ob dem Menschen überhaupt mehr als blosse Legalität erreichbar ist, ist die, ob die Erziehung, mit deren Einfluß wir uns hier beschäftigen, mehr kann, als Legalität befördern, ob sie auch Moralität bewirken kann. Dies nun muß ich in Abrede stellen. Das Kind ist jener höhern Erkenntnißweise noch nicht fähig, mit welcher die Sinnesänderung, die Wiedergeburt eintritt. Im Kinde herrscht noch viel zu sehr der angeborene, natürliche Charakter, und das Kind ist noch viel zu sehr nur für egoistische Motive, für Lohn und Strafe empfänglich, als daß hier schon von Moralität die Rede sein könnte. Die Erziehung kann die Fehler und Untugenden des angeborenen Charakters durch strenge Askese, durch Tugend-Uebungen und Gewöhnungen, unschädlich machen, kann durch Belohnung und Bestrafung pflichtgemäßes, legales Verhalten herbeiführen, aber die Gesinnung ändern kann sie nicht; denn das Kind kann höhere, edlere, reinere Motive noch nicht fassen. Es wäre daher sehr verkehrt, das Kind zu seiner Pflicht etwa durch das Kant'-

sche Motiv der Achtung vor dem Gesetz u. dgl. bewegen zu wollen. Solche abstracte Motive liegen dem nur für sinnliche, anschauliche, handgreifliche und fühlbare Motive empfänglichen und darin dem Thiere noch näher stehenden Kinde viel zu fern, um auf es wirken zu können. Von seinen Unarten, seinem Eigensinn, seiner Gier, seiner Rachsucht, seiner Bosheit kann man das Kind nicht heilen durch Vorstellungen und Predigten über die Pflicht, sondern nur durch sinnliche und gemüthliche Motive, und zwar im frühesten Kindesalter durch sinnliche Strafe, im spätern durch Wirkung auf das Ehrgefühl. Dem Kinde fehlt es vornehmlich noch an Vernunft, an Selbstbeherrschung, an Widerstandsvermögen gegen augenblickliche Aufwallungen, Begierden und Reize. Das Kind ist, wie das Thier, vom gegenwärtigen Eindruck abhängig. Glaubt man nun etwa, diesem unvernünftigen Wesen durch Vorlesungen über die Würde des Menschen die fehlende Vernunft, oder durch Betrachtungen über die Schönheit der Tugend die fehlende Tugend beibringen zu können? Nein, das Kind kann von der Sinnlichkeit nur durch die Sinnlichkeit curirt werden, nur durch Schmerz verursachende Strafen von verbotenen Genüssen oder Handlungen abgeschreckt, nur durch Lust verursachende Belohnungen zu unangenehmen Selbstüberwindungen und schmerzlichen Entsagungen bewogen werden.

Es ist daher ganz falsch, wenn Kant verlangt, die moralische Cultur solle sich gründen auf Maximen, nicht auf Disciplin. „Diese verhindert die Unarten, jene bildet die Denkungsart. Man muß dahin sehen, daß das Kind sich gewöhne, nach Maximen, und nicht nach gewissen Triebfedern zu handeln. Durch Disciplin bleibt nur eine Angewohnheit übrig, die doch auch mit den Jahren verlöscht. Nach Maximen soll das Kind handeln lernen, deren Billigkeit es selbst einsieht." „Die Maximen müssen aus dem Menschen selbst entstehen. Wenn man Moralität gründen will, so muß man nicht strafen. Moralität ist etwas so Heiliges und Erhabenes, daß man sie nicht wegwerfen und mit Disciplin in einen Rang setzen darf. Die erste Bemühung bei der moralischen Erziehung ist, einen Charakter zu gründen. Der Charakter besteht in der Fertigkeit, nach Maximen zu handeln."*) Kant sieht selbst ein, „daß dies bei jungen Kindern schwer zu bewirken, und die moralische Bildung daher auch die meisten Einsichten von Seiten der Eltern und Lehrer erfordere." Ja, an einem spätern Orte sagt er sogar: „Der Gehorsam des angehenden Jünglings ist unterschieden von dem Gehorsam des Kindes. Er besteht in der Unterwerfung unter die Regel der Pflicht. Aus Pflicht etwas thun, heißt: der Vernunft gehorchen. Kindern etwas von Pflicht zu sagen ist vergebliche Arbeit. Zuletzt sehen sie dieselbe als etwas an, auf dessen Uebertretung die Ruthe folgt. Das Kind könnte durch bloße Instincte geleitet werden, sobald es aber erwächst, muß der Begriff der Pflicht dazutreten. Auch die Scham muß nicht gebraucht werden bei Kindern, sondern erst in den Jünglingsjahren. Sie kann nämlich nur dann erst stattfinden, wenn der Ehrbegriff bereits Wurzel gefaßt hat."**)

Entschiedener, als hier Kant, hat Justus Möser die Nothwendigkeit ausgesprochen, jedem Alter die Motive, die es fassen kann, anzupassen, auf die Kinder also durch anschauliche, sinnlich anlockende oder abschreckende Motive, nicht aber durch abstracte Begriffe von Pflicht zu wirken, wenn die Erziehung wirksam sein soll. Er sagt in dem „Schreiben einer Mutter an einen philosophischen Kinderlehrer": „Mit einem Worte, ich mag Ihr ganzes Geschwätz von

---

*) S. Kant's Bemerkungen über Pädagogik im 9. Theile der Rosenkranz'schen Gesammtausgabe der Kant'schen Werke, S. 415 fg.

**) Daselbst, S. 419.

der Erziehung meiner Kinder nicht mehr hören. Die Gründe für die Tugend sind gut, und meine Mädgen sollen sie auch fassen. Aber die Erfahrung lehrt mich, nicht alles auf Gründe und Erkenntniß der Pflichten ankommen zu lassen. Die Natur hat uns Empfindungen und Leidenschaften gegeben, welche sowohl bei kleinen, als grossen Kindern zu nutzen sind; und ich sehe gar nicht ein, warum ich meine Mädgen nicht eben so gut durch ein: Was werden die Leute davon sagen? als durch Vorhaltung ihrer Pflichten zum Guten leiten soll. Wenn wir aufrichtig reden wollen: so müssen wir gestehen, daß bei jedem Menschen die Empfindung der Ehre am stärksten unter allen würke, und daß die Ehre eine ehrliche Frau zu seyn und dafür gehalten zu werden, mehr gutes thue, als die Pflicht es zu sein."

Möser mißbilligt die große Mühe, die man sich giebt, den Kindern von allem deutliche Begriffe zu geben. „Ein deutlicher Begriff kömmt mir gerade so vor, wie eine Habersuppe, worin man Wasser und Grütze, Butter und Salz völlig von einander unterscheiden kann. Aber ein dunkler Begriff ist wie ein Pudding von Miß Samson, worin die Masse vortrefflich schmeckt, ohnerachtet man nur eine kleine Vermuthung von allen einzelnen Ingredienzen bekömmt. Jene würket Ekel, und dieser gleitet oft mit so vieler Wollust herunter, daß die Vorstellungen des Leibarztes nichts dagegen vermögen. Die ganze philosophische Moral scheinet mir eine solche Habersuppe zu seyn, und es nimmt mich gar nicht Wunder, daß Menschen, die blos durch deutliche Begriffe geführt werden, bei jedem Pudding gegen ihre Ueberzeugung handeln.

„Einer unserer grossen Philosophen hat das Uebergewicht der dunklen Begriffe über die deutlichen auf einen solchen Pudding gegründet; und da es unwidersprechlich ist, daß eine größere Summe von Ingredienzen mächtiger würkt, als wenigere, und daß jene nothwendig minder deutlich geschmeckt werden können, als diese: so sehe ich nicht ein, warum man bei Erziehung der Kinder blos die Habermoral gebrauchen solle."

Sogar Unwahrheiten und Uebertreibungen, wie z. B. Vorspiegelungen von Gefahren, den Kindern gegenüber anzuwenden, um sie recht wirksam von gewissen Handlungen abzuschrecken und zu andern anzulocken, mißbilligt Möser nicht. „Dieses heißt jedem Alter seine Gründe, die es fassen kann, anpassen, und das moralische Spielzeug oder die Wiegenmährgen da gebrauchen, wo es vergeblich seyn würde von Pflichten, deren Verbindlichkeit ein Kind nie mit der gehörigen Stärke fühlt, zu reden ..... Alles was Sie mir von dem Unterricht des Verstandes und der Besserung des Willens sagen, verwerfe ich nicht, nur müssen Sie den letzten nicht blos vom ersten abhängen lassen. Besuchen Sie alle Hausmütter auf dem Lande und bemerken die Art, wie sie ihre Kinder erziehen. Keine einzige unter ihnen wird sich geradezu darum bemühen ihren Kindern einen Begriff von der Moralität freyer Handlungen zu geben. Jede wird nach einem praktischen Gefühl die Hauptleidenschaft ihres Kindes zu seiner Besserung gebrauchen, und ihm blos den unmittelbaren Schaden vormahlen, den es von einer bösen Handlung hat. Diesen Weg hat sie die treue Erfahrung gelehrt; der unmittelbare Schade, sollte er auch in einer guten Züchtigung bestehen, würket näher und schärfer, als der entfernte, der durch Schlüsse herbey geholt wird .... Die Leidenschaft, diese edle Gabe Gottes, führet sicherer, als die aufgeklärteste Vernunft; und Leidenschaften geben Fertigkeiten, welche zur Zeit der Versuchung treuer aushalten, als das Urtheil, das nach Gründen gefället werden soll."*)

---

*) S. Justus Möser's Patriotische Phantasien. Zweiter Theil, S. 306 fg. (Berlin 1778.)

Möser hat ganz Recht. Die moralische Erziehung ist erfolglos, wenn sie nicht diejenige Art von Motiven anwendet, für welche das kindliche Alter am empfänglichsten ist. Freilich wird auf diese Weise nur Legalität gegründet. Aber die Legalität ist eine nothwendige Durchgangsstufe zur Moralität (s. Grundunterschied der auf die Sittlichkeit wirkenden Einflüsse). Erst müssen tugendhafte Fertigkeiten erworben werden, ehe der Mensch die Tugend lieben lernen kann. Erst muß er das Rechte und Gute um des Lohnes oder um der Ehre willen thun, ehe er es aus Lust und Liebe dazu thun kann.

Die Erziehung der Menschheit im Großen und Ganzen geht denselben Weg. Erst gründen Religionen und Gesetze unter den Völkern Legalität. Später erheben sich dieselben von der Legalität zur Moralität.

6. Gewohnheit.

Schopenhauer identificirt die Gewohnheit mit dem in der Natur herrschenden Gesetz der Trägheit, findet in der Gewohnheit nur auf einer höhern Stufe Das wieder, was in der materiellen Welt die Trägheit ist: „Die wirkliche Macht der Gewohnheit beruht eigentlich auf der Trägheit, welche dem Intellekt und dem Willen die Arbeit, Schwierigkeit, auch die Gefahr einer frischen Wahl ersparen will und daher uns heute thun läßt, was wir schon gestern und hundert Mal gethan haben und wovon wir wissen, daß es zu seinem Zwecke führt. Die Wahrheit dieser Sache liegt aber tiefer: denn sie ist im eigentlicheren Sinne zu verstehen, als es, auf den ersten Blick, scheint. Was nämlich für die Körper, sofern sie bloß durch mechanische Ursachen bewegt werden, die Kraft der Träg-

II. Besondere Arten von Einflüssen.

heit ist; eben Das ist für die Körper, welche durch Motive bewegt werden, die Macht der Gewohnheit. Die Handlungen, welche wir aus bloßer Gewohnheit vollziehen, geschehen eigentlich ohne individuelles, einzelnes, eigens für diesen Fall wirkendes Motiv; daher wir dabei eigentlich auch nicht an sie denken. Bloß die ersten Exemplare jeder zur Gewohnheit gewordenen Handlung haben ein Motiv gehabt, dessen sekundäre Nachwirkung die jetzige Gewohnheit ist, welche hinreicht, damit jene auch ferner vor sich gehe; gerade so, wie ein durch Stoß bewegter Körper keines neuen Stoßes mehr bedarf, um seine Bewegung fortzusetzen, sondern, sobald sie nur durch nichts gehemmt wird, in alle Ewigkeit sich fortbewegt. Das Selbe gilt von Thieren, indem ihre Dressur eine erzwungene Gewohnheit ist. Das Pferd zieht, gelassen, seinen Karren immer weiter, ohne getrieben zu werden: diese Bewegung ist immer noch die Wirkung der Peitschenhiebe, durch die es Anfangs getrieben wurde, welche sich als Gewohnheit perpetuirt, nach dem Gesetze der Trägheit. — Dies Alles ist wirklich mehr, als bloßes Gleichniß: es ist schon Identität der Sache, nämlich des Willens, auf sehr weit verschiedenen Stufen seiner Objectivation, welchen gemäß nun das selbe Bewegungsgesetz sich eben so verschieden gestaltet."*)

Die hier von Schopenhauer behauptete Identität der Gewohnheit mit der Trägheit in der Natur wird durch Das bestätigt, was Jessen in seiner Psychologie über das Haften der Eindrücke als eine allgemeine Eigenschaft, die nicht blos der Seele, sondern auch den Naturkörpern zukomme, sagt: „Das Gedächtniß ist keine abstracte Eigenschaft der Seele, sondern eine allgemeine Eigenschaft der

---

*) Schopenhauer, Parerga und Paralipomena, II, §. 317 der 2. Auflage.

Nerven. In gewissem Sinne kann man sogar leblosen Dingen ein Gedächtniß zuschreiben, in so ferne gemachte Eindrücke in ihnen haften und Spuren zurücklassen. Bei luftförmigen oder flüssigen Körpern ist dies nicht der Fall, wohl aber bei allen festen Körpern mehr oder weniger. Es beruht darauf z. B. das Einspielen von musikalischen Instrumenten, und die größere Reinheit und Leichtigkeit, womit alle Töne auf gut eingespielten Instrumenten reproducirt werden. Ist eine Flöte falsch eingeblasen, so ist es unmöglich, ganz reine Töne auf derselben hervorzubringen; ist ein bestimmter Ton immer auf eine ungewöhnliche Weise gegriffen worden, so kann man ihn manchmal nachher nur auf diese, nicht auf die sonst gewöhnliche Weise erzeugen. Die Atome des Holzes reproduciren die gewohnten Schwingungen, und was das Holz vermag, das vermögen die Nerven in einem viel höhern Grade. Auf eine für uns unerklärliche Weise haftet in den Nerven jeder gemachte Eindruck; die Lebensgeister lassen, wie die Alten sagen, auf jedem Wege, den sie im Gehirn und in den Nerven durchlaufen, ihre Spuren zurück; je öfter und stärker sich dieselben Eindrücke wiederholen, desto tiefer werden die zurückbleibenden Spuren, desto gebahntere Wege finden die nachfolgenden vor und desto leichter entstehen dieselben Bewegungen von Neuem. Auf dieser Eigenschaft der Nerven beruht die Macht der Gewohnheit und das Erwerben von Fertigkeiten durch Uebung. Alle associrten Bewegungen reproduciren sich mit desto größerer Leichtigkeit, Sicherheit und Fertigkeit, je öfter sie sich wiederholt haben, und auch in den Ideenassociationen reproducirt sich mit einander, was durch Zeit und Ort und Gewohnheit mit einander verbunden war. Ohne jene Eigenschaft der Nerven, die man ihr Gedächtniß nennen kann, würden wir es in keiner Sache zur Fertigkeit bringen, ohne sie würde es keine ausübenden Künstler, keine Maler und Bildhauer, keine Virtuosen und Equilibristen geben, ja wir würden kaum gehen und laufen,

II. Besondere Arten von Einflüssen.

springen und klettern lernen, geschweige denn sprechen, lesen, schreiben und rechnen." *)

Die Leichtigkeit, mit der sich gewohnte und zur Fertigkeit gewordene Thätigkeiten ausführen, ist hiermit zum Theil schon erklärt; sie findet ihre weitere Erklärung noch in Dem, was Jessen an einer andern Stelle sagt: „Wenn man Lesen und Clavier spielen lernt, so wird das Lernen zuerst durch die Thätigkeit des Verstandes und durch ein bewußtes Wollen vermittelt. Man muß sich eine deutliche Vorstellung von den einzelnen Buchstaben, Wörtern und Noten erwerben, und sie mit den zum Sprechen oder Spielen erforderlichen Bewegungen in Verbindung bringen. Man muß, wenn man eine Note sieht, erst überlegen, welche Note es ist, und dann wieder, wo der entsprechende Ton auf dem Instrumente zu finden sei. Hat man eine gewisse Fertigkeit erreicht, so übernimmt das Rückenmark die Function des Verstandes und wir können vorlesen oder Clavier spielen, ohne daran zu denken. Fast Jeder, der oft vorliest oder spielt, wird die Erfahrung gemacht haben, daß er das Eine oder das Andere bisweilen ungestört fortgesetzt, während er an andere Dinge denkt, und dabei so sehr in andere Gedanken vertieft sein kann, daß er gar nicht bemerkt, und weiß, was er gelesen oder gespielt hat. Was in dem einen Falle durch die lebendige Thätigkeit des Gehirns vermittelt wird, geschieht in dem andern Falle blos durch die lebendige Thätigkeit des Rückenmarkes. Der ganze Proceß ist in beiden Fällen derselbe, in beiden Fällen werden dieselben Ideen gebildet und ausgeführt, in beiden Fällen liegt wesentlich dieselbe denkende Geistesthätigkeit zum Grunde; der Unterschied liegt nur darin, daß in dem einen Falle mit Bewußtsein geschieht, was in dem andern ohne Bewußtsein vollzogen wird; in dem letztern Falle bleibt die

---

*) Jessen, Versuch einer wissenschaftlichen Begründung der Psychologie, S. 478 fg.

Thätigkeit auf die untere Sphäre des geistigen Wirkens beschränkt (Rückenmark und Nerven, Anschauung und instinctartiges Thun), im erstern nimmt auch die höhere Sphäre des Verstandes daran Theil (Gehirn und Rückenmark, Urtheil und Willkühr)."*)

Dieser Gegensatz nun aber zwischen zur Gewohnheit und dadurch zur Fertigkeit gewordenen und ungewohnten, unfertigen Thätigkeiten, demzufolge die erstern sich leicht und unwillkürlich (automatisch) vollziehen, die letztern hingegen nur mühsam, nur mittelst stets erneuerten Vorsatzes und Ueberwindung der entgegenstehenden Schwierigkeiten zu Stande kommen, erklärt Manches. Er erklärt unter anderm die paradoxe Erscheinung, daß Unzählige in unangenehmen, widrigen, drückenden Lagen ausharren, ohne das Geringste zu ihrer Abhülfe zu thun, obgleich es doch ein allgemeines Gesetz bei fühlenden Wesen ist, das Unangenehme zu fliehen und das Angenehme zu suchen. Woher dieser Widerspruch? Wie kommt es, daß Unzählige unter äußerm und innerm Druck fortleben, obgleich sie bei einiger Anstrengung sich davon befreien könnten? Hat etwa der natürliche Trieb, das Angenehme zu suchen, das Unangenehme zu fliehen, hier seine Wirksamkeit verloren? Keineswegs. Vielmehr gerade das Fliehen des Unangenehmen ist es, was hier Unzählige in widrigen Zuständen verharren läßt. Denn zur Abstellung derselben wäre Kraftanstrengung, Herausgehen aus der Gewohnheit, Ueberwindung von Schwierigkeiten und Selbstüberwindung erforderlich. Alles dieses aber ist dem Menschen weit unangenehmer, als ihm gewohnte Beschwerden sind. Daher das passive Verbleiben und Ausharren in widrigen Zuständen, in drückenden Verhältnissen. So wie die Gewohnheit die Thätigkeiten, die anfangs schwierig sind, leicht und zuletzt zur Spielerei macht, so macht

---

*) S. Jessen, Versuch einer wissenschaftlichen Begründung der Psychologie, S. 402.

sie auch die Leiden, die anfangs unerträglich sind, erträglich und läßt sie zuletzt gar nicht mehr empfinden. Die Gewohnheit wirkt also in Bezug auf das Empfinden und Fühlen abstumpfend. Wie lebhaft empfinden und fühlen wir Alles in der Kindheit, und wie stumpf sind wir dagegen im Alter. Eben so verhält es sich auch mit der Menschheit im Ganzen. Wie wirkte doch die Natur auf die Menschheit in ihrer Kindheit ganz anders, als sie jetzt wirkt. Uns sind die Wunder der Natur so alltäglich geworden, daß wir sie nicht mehr beachten. Das Ungewöhnlichste, Unerhörteste macht überhaupt keinen Eindruck mehr, sobald es zum Alltäglichen geworden.

Aus allem Gesagten ist nun aber leicht zu entnehmen, von welchem bedeutenden Einfluß die Gewohnheit auch auf das sittliche Leben ist. Sind pflichtwidrige Gesinnungen und Handlungsweisen erst zur Gewohnheit geworden, hat man sich einmal an Unmäßigkeit, Ungerechtigkeit, Lügenhaftigkeit, und was für Laster es immer seien, gewöhnt, so ist es schwer, davon wieder loszukommen. Denn alles Gewohnheitsmäßige vollzieht sich, wie gezeigt, automatisch, das Ungewohnte, Ungeübte hingegen erfordert Vorsatz, Kraftanstrengung, Selbstüberwindung. Es kann daher Einer das Lasterhafte seines gewohnten Lebenswandels noch so gut einsehen und noch so starke Vorwürfe im Gewissen sich darüber machen, er fährt doch in dem ihm zur Gewohnheit Gewordenen fort.

Lasterhaften Gewohnheiten und Fertigkeiten gegenüber giebt es daher kein anderes Mittel, als die entgegengesetzten Fertigkeiten durch Askese herbeizuführen. Der bloße tugendhafte Vorsatz reicht hier nicht aus; denn eine Gewohnheit kann nur durch die entgegengesetzte Gewohnheit ausgerottet werden.

Zwar könnte es nach Kant's „Macht des Gemüths, durch den bloßen Vorsatz seiner krankhaften Gefühle Meister zu sein" scheinen, daß, wie den krankhaften Gefühlen gegenüber, so auch den lasterhaften Gewohnheiten gegenüber der bloße Vorsatz ausreiche. Aber genauer besehen, hat auch Kant den bloßen Vorsatz nicht ausreichend gefunden, sondern hat außer demselben eine Gewöhnung, eine Uebung, eine Askese für nöthig gehalten. Der Vorsatz soll nach ihm nur den Impuls zu Uebungen, welche geeignet sind, den krankhaften Gefühlen entgegenzuwirken, geben. Er empfiehlt z. B. gegen Hypochondrie die Abwendung der Aufmerksamkeit von den eingebildeten Uebeln, Uebergehen zur Tagesordnung, Richtung auf die Geschäfte, mit denen man zu thun hat. Er sagt ausdrücklich: „Von dem, der mit dieser Krankheit (der Hypochondrie) behaftet, und so lange er es ist, kann man nicht verlangen, er solle seiner krankhaften Gefühle durch den bloßen Vorsatz Meister werden. Denn wenn er dieses könnte, so wäre er nicht hypochondrisch." *)

Nun, und eben so wenig darf man von einem gewohnheitsmäßigen Säufer, Spieler, Verschwender, Lügner und Betrüger erwarten, er werde seines Lasters durch den bloßen Vorsatz Meister werden; sondern, so wie gegen krankhafte Gefühle, so muß sich auch gegen lasterhafte Gewohnheiten mit dem Vorsatz ihrer Ueberwindung eine entsprechende Uebung und Gewöhnung verbinden, um dieselben zu bemeistern. So wie Einer, der sich eine krumme Haltung angewöhnt hat, nicht durch bloßen Vorsatz mit Einem Male eine grade bekommt, so wird auch Einer, der sich sittlich krumm gewöhnt hat, nicht plötzlich sittlich grade. Schon Aristoteles wies auf die Unfreiheit hin, die man sich durch oft wiederholte Handlungen einer Art, durch welche sich eine Fertigkeit in dieser Art bildet, zuzieht und derzufolge, wenn Einer einmal auf diese Weise einen unredlichen Charakter bekommen hat, er durch seinen bloßen

---

*) S. Kant's sämmtl. Werke, Ausgabe von Rosenkranz u. Schubert, X, 369.

II. Besondere Arten von Einflüssen.

Willen, tugendhaft zu sein, diesen Charakter nicht mehr ablegen und ein rechtschaffener Mann werden kann, so wie Der, welcher einen Stein aus der Hand geworfen hat, ihn nicht mehr zurückziehen kann; aber in seiner Gewalt stand es, ihn zu werfen.*)

Herbart stimmt hierin dem Aristoteles bei und rühmt es, daß er die Rückwirkung erwog, welche das Handeln des Menschen auf ihn selbst hat. „Fertigkeiten erzeugen sich aus Uebungen. Absichtlich übt man Geschicklichkeiten; eben so absichtlich soll man Handlungen vermeiden, aus denen ein Zustand hervorgehen würde, in welchem man das Schlechte nicht mehr vermeiden könnte. Wer einmal den Stein geworfen hat, der freilich vermag nicht mehr, ihn zurückzuhalten; aber an ihm lag es, daß er warf."**)

Wie gewohntes Thun über ungewohntes den Sieg davonträgt, so auch gewohntes Leiden über ungewohntes, mag nun Das, was man zu leiden gewohnt ist, unangenehm oder angenehm sein. Es ist schon darauf hingewiesen worden, daß Unzählige in widrigen, drückenden Lagen ausharren, blos weil ihnen die ungewohnte Anstrengung, dieselben zu beseitigen, schwerer, saurer wird, als das Ertragen des gewohnten widrigen Zustandes. Eben dieses aber führt zu vielen pflichtwidrigen Unterlassungen. Der Krank-

---

*) Οὐ μὴν ἐάν γε βούληται, ἄδικος ὢν παύσεται καὶ ἔσται δίκαιος. οὐδὲ γὰρ ὁ νοσῶν ὑγιής· καὶ εἰ οὕτως ἔτυχεν, ἑκὼν νοσεῖ, ἀκρατῶς βιοτεύων καὶ ἀπειθῶν τοῖς ἰατροῖς. τότε μὲν οὖν ἐξῆν αὐτῷ μὴ νοσεῖν· προεμένῳ δὲ οὐκ ἔτι· ὥσπερ οὐδ' ἀφέντι λίθον, ἔτι αὐτὸν δυνατὸν ἀναλαβεῖν· ἀλλ' ὅμως ἐπ' αὐτῷ τὸ βαλεῖν καὶ ῥῖψαι. ἡ γὰρ ἀρχὴ ἐπ' αὐτῷ· οὕτω δὲ καὶ τῷ ἀδίκῳ καὶ τῷ ἀκολάστῳ ἐξαρχῆς μὲν ἐξῆν τοιούτοις μὴ γενέσθαι· διὸ ἑκόντες εἰσί· γενομένοις δὲ οὐκέτι ἔξεστι μὴ εἶναι. (Eth. Nic. III, 5 ed. Zell.)

**) S. Herbart's Briefe über die Freiheit des menschlichen Willens, 3. Brief.

heit, der Armuth, der Knechtschaft, der Unwissenheit und allen solchen Uebeln soll man nach Kräften entgegenwirken, soll sie abstellen. Gewohnheit aber macht, daß Einzelne und ganze Völker sich diese Zustände lieber gefallen lassen, als daß sie Hand und Fuß zu ihrer Abstellung regen. Daher die Langsamkeit und Schwierigkeit der Fortschritte des Menschengeschlechts.

Sind die Zustände hingegen, an die man gewöhnt ist, angenehme, so führt hier die Gewohnheit leicht zu pflichtwidrigem Thun. Dies zeigt sich besonders bei plötzlich eintretendem Glückswechsel, der die Reichen, Mächtigen, Hochgestellten trifft. Ein an das Wohlleben Gewöhnter wird, wenn ihm die Mittel zum Wohlleben durch plötzlichen Glückswechsel entzogen werden, sich dieselben lieber auf unredliche Weise zu verschaffen suchen, um nur die süße Gewohnheit des Wohllebens fortsetzen zu können, als den dornenvollen Pfad der Entsagung betreten. Ein an unbeschränkte Herrschaft gewöhnter Despot wird, wenn das Volk sich erhebt, um seine Macht einzuschränken, lieber dieselbe durch blutige Maßregeln aufrecht zu halten suchen, als sie beschränken lassen. Und zu welchen Ränken und Intriguen greifen nicht hochgestellte Günstlinge, um sich in der gewohnten Gunst zu erhalten?

So demoralisirend wirkt die Gewohnheit, indem sie es dem Menschen erschwert, aus den gewohnten unangenehmen oder angenehmen Zuständen herauszugehen. Dort führt sie zu pflichtwidrigen Unterlassungen, hier zu pflichtwidrigen Handlungen.

In anderer Weise demoralisirend wirkt sie umgekehrt dadurch, daß sie zum Herausgehen aus dem Gewohnten treibt. Dies thut sie mittelbar durch die Langeweile, die sie erregt. Die gewohnten Eindrücke machen nämlich keinen Eindruck mehr, denn die Gewohnheit wirkt abstumpfend. Nun ist aber der Mensch ein von Natur erregungsbedürftiges Wesen. Die Langeweile flieht er nicht minder, als die Anstrengung. Daher die Sucht nach Abwechslung, nach Veränderung, nach Novitäten. Diese Sucht führt, sobald die gewohnte Lebensweise, die gewohnte Gesellschaft, die gewohnten Genüsse langweilig geworden sind, zu Unnatürlichkeiten, zu Extravaganzen, zu raffinirten, erkünstelten Genüssen. Es werden alsdann starke Reize aufgesucht, und Verderbniß der Gesundheit, Verderbniß des Geschmacks, Verderbniß der Sitten ist die Folge davon. Auffallende, ungeheuerliche Moden, schauerliche Romane und haarsträubende Schauspiele, verrückte Zukunftsmusiken u. s. w. kommen an die Tagesordnung.

In Bezug auf diese Quelle der Verderbniß sagt Helvetius sehr wahr: L'ennui est, dans l'univers, un ressort plus général et plus puissant qu'on ne l'imagine. Nous voudrions, que l'intervalle nécessaire qui sépare les plaisirs vifs, toujours attachés à la satisfaction des besoins physiques, fût rempli par quelques-unes de ces sensations qui sont toujours agréables lorsqu'elles ne sont pas douloureuses. Nous souhaiterions donc, par des impressions toujours nouvelles, être à chaque instant avertis de notre existence, parce que chacun de ces avertissements est pour nous un plaisir. C'est ce besoin d'être remué, et l'espèce d'inquiétude que produit dans l'ame l'absence d'impression, qui contient, en partie, le principe de l'inconstance et de la perfectibilité de l'esprit humain; et qui, le forçant à s'agiter en tous sens, doit, après la révolution d'une infinité des siècles, inventer, perfectionner les arts et les sciences, et enfin amener la décadence du goût.

En effet, si les impressions nous sont d'autant plus agréables qu'elles sont plus vives, et si la durée d'une impression en émousse la vivacité, nous devons donc être avides de ces impressions neuves, qui produisent dans notre ame le plaisir de la surprise; les artistes, jaloux de nous plaire et d'exciter en nous ces sortes d'impressions, doivent donc, après avoir en partie épuisé les combinaisons du beau, y substituer le singulier que nous préférons au beau, parce qu'il fait sur nous une impression plus neuve et par conséquent plus vive. Voilà, dans les nations policées, la cause de la décadence du goût.

Pour connoître encore mieux tout ce que peut sur nous la haine de l'ennui, et quelle est quelquefois l'activité de ce principe, qu'on jette sur les hommes un oeil observateur; et l'on sentira que c'est la crainte de l'ennui qui fait agir et penser la plupart d'entr'eux; que c'est pour s'arracher à l'ennui, qu'au risque de recevoir des impressions trop fortes, et par conséquent désagréables, les hommes recherchent avec le plus grand empressement tout ce qui peut les remuer fortement; que c'est ce désir qui fait courir le peuple à la grève et les gens du monde au théâtre; que c'est ce même motif, qui, dans une dévotion triste et jusque dans les excercices austères de la pénitence, fait souvent chercher aux vieilles femmes un remède à l'ennui: car Dieu, qui par toutes sortes de moyens, cherche à ramener le pécheur à lui, se sert ordinairement, avec elles, de celui de l'ennui. *)

7. Affecte und Leidenschaften.

Selbst Diejenigen, welche die Affecte und Leidenschaften so definiren, daß schon aus der Definition ihr nachtheiliger Einfluß auf die Sittlichkeit hervorgeht, können doch nicht umhin, auch wieder ihre Nothwendigkeit und die in ihnen sich kundgebende Weisheit

---

*) Helvetius, De l'Esprit, discours III, chap. 5.

II. Besondere Arten von Einflüssen.

der Natur anzuerkennen. So z. B. Kant. Er definirt den Affect als „Ueberraschung durch Empfindung, wodurch die Fassung des Gemüths (animus sui compos) aufgehoben wird. Der Affect ist also übereilt, d. i. er wächst geschwinde zu einem Grade des Gefühls, der die Ueberlegung unmöglich macht (ist unbesonnen)." Die Leidenschaft definirt Kant so: „Die Neigung, durch welche die Vernunft verhindert wird, sie, in Ansehung einer gewissen Wahl, mit der Summe aller Neigungen zu vergleichen, ist die Leidenschaft (passio animi)." Den Affect mit der Leidenschaft vergleichend, sagt er: „Der Affect wirkt wie ein Wasser, das den Damm durchbricht; die Leidenschaft wie ein Strom, der sich in seinem Bette immer tiefer eingräbt. Der Affect wirkt auf die Gesundheit wie ein Schlagfluß; die Leidenschaft wie eine Schwindsucht oder Abzehrung. Er ist wie ein Rausch, den man ausschläft, obgleich Kopfweh darauf folgt; die Leidenschaft aber wie eine Krankheit aus verschlucktem Gift oder Verkrüppelung anzusehen, die einen innern oder äußern Seelenarzt bedarf, der doch mehrentheils keine radical, sondern fast immer nur palliativ heilende Mittel zu verschreiben weiß." Kant's Ideal ist „die Affectlosigkeit, ohne Verminderung der Stärke der Triebfedern zum Handeln"; diese nennt er „das Phlegma im guten Verstande, eine Eigenschaft des wackern Mannes (animi strenui), sich durch jener ihre Stärke nicht aus der ruhigen Ueberlegung bringen zu lassen."*)

Dennoch fügt er, nachdem er gesagt hat: „Das Princip der Apathie, daß nämlich der Weise niemals im Affect, selbst nicht in dem des Mitleids mit den Uebeln seines besten Freundes sein müsse, ist ein ganz richtiger und erhabener moralischer Grundsatz der stoischen Schule, denn der Affect macht (mehr oder weniger) blind", hinzu:

---

*) S. Kant's Anthropologie, §. 73 und §. 79 (Kant's sämmtl. Werke, Ausgabe von Rosenkranz und Schubert, VII, 2. Abtheil., S. 171 und 189).

„Daß gleichwohl die Natur in uns die Anlage dazu eingepflanzt hat, war Weisheit der Natur, um provisorisch, ehe die Vernunft noch zu der gehörigen Stärke gelangt ist, den Zügel zu führen, nämlich den moralischen Triebfedern zum Guten noch die des pathologischen (sinnlichen) Anreizes, als einstweiliges Surrogat der Vernunft, zur Belebung beizufügen." *)

Während hier Kant die Affecte nur als ein einstweiliges Surrogat der Tugend betrachtet, so betrachtet sie dagegen Jessen als eine mächtige und unentbehrliche Stütze derselben. „Teleologisch, sagt Jessen, könnte man behaupten, daß die Weisheit des Schöpfers gerade deshalb die Affecte und Leidenschaften dem menschlichen Gemüthe eingepflanzt und ihnen eine so grosse antreibende und hemmende Macht über den Menschen gegeben habe, weil das Denken allein zu beharrlichem und energischem Thun oder zu schleuniger Vermeidung drohender Gefahr nicht hinreichen würde, wenn es nicht in jenen eine so mächtige Stütze fände. Der Mensch soll sich allerdings nicht ganz von ihnen beherrschen lassen, sondern er soll und kann sie beherrschen durch Vernunft und Gewissen; aber er soll sie auch nicht aus sich verbannen, sondern sie benutzen für die Zwecke seines Daseins, d. h. zur Selbsterhaltung und Vervollkommnung, und zur Erfüllung aller besondern und individuellen vernünftigen Lebenszwecke. Wäre der Mensch für Freude und Leid nicht empfänglich, so würde das ganze Leben wenig Werth behalten; er würde alsdann auch der Mitfreude und des Mitleidens beraubt, und das Band zerrissen sein, was die ganze Menschheit an einander knüpft. Aber auch des Zornes und der Furcht kann der Mensch nicht entbehren. Die Furcht bereitet ihn durch Hemmung und Zurückziehen der Thätigkeit vor zu nachfolgendem raschem Entfliehen; der

---

*) S. Kant's Anthropologie, §. 74 (Kant's sämmtl. Werke, Ausgabe von Rosenkranz und Schubert, VII, 2. Abth., S. 173).

Zorn steigert seine Kraft zur Ueberwindung des Widerstandes. Ueberlegung und Urtheil würden den Menschen von vielen Gefahren, von vielem Uebel, von vielfacher Verlockung zum Bösen nicht zurückhalten, wenn die Furcht vor den Folgen nicht zu Hülfe käme, und wenig grosse Thaten würden vollbracht, wenig Selbstüberwindung ausgeübt werden, wenn der Zorn das geistige Wollen nicht unterstützte. So wie irgend eine Schwierigkeit oder irgend ein Hinderniß, besonders ein unerwartetes, dem eigenen Wollen entgegentritt, gleich regt sich das Gefühl des Zornes, steigert das Selbstgefühl, erhöht den Muth und das Vertrauen zu der eigenen Kraft, so daß der Mensch mit viel größerer Energie und Ausdauer an's Werk geht und die größten Schwierigkeiten zu überwinden vermag. Insbesondere kann der Zorn auch die Selbstvervollkommnung wesentlich fördern; denn wenn unser Vorsatz, die an uns wahrgenommenen Mängel und Fehler zu bekämpfen, nicht zu ihrer Beseitigung hinreicht, dann setzt der Unwille über die eigene Schwäche uns oft allein in den Stand, den Sieg über sie davonzutragen. Nicht minder bedeutend ist der wohlthätige Einfluß dieser Leidenschaften: unendlich Vieles würde der Mensch weder erreichen, noch leisten, wenn nicht der Ehrgeiz ihn dazu triebe, und gäbe es keine Neugier, so würde es auch keine Begierde zum Wissen geben, und die Wissenschaften würden nur sehr langsame Fortschritte machen."*)

Die Wahrheit des hier Gesagten ist diese, daß der Mensch, wenn er reiner Intellekt (Kant'sche Vernunft) und nicht Wille wäre, die Zwecke des Lebens, also auch die moralischen, nicht erfüllen könnte. Um im Leben auszuharren, um die Mühseligkeiten und Beschwerden desselben zu übernehmen, die Schwierigkeiten und Gefahren desselben

---

*) Jessen, Versuch einer wissenschaftlichen Begründung der Psychologie, S. 308—310.

zu überwinden, dazu gehört Interesse am Leben, oder, wie Schopenhauer es nennt, „Wille zum Leben". Eben so, um im Streben nach einem besondern Lebensziele auszuharren und die Schwierigkeiten und Gefahren desselben zu überwinden, dazu gehört Interesse an diesem Lebensziele oder Wille zu demselben. Wo aber Interesse, wo Wille ist, da stellen sich von selbst auch Affecte und Leidenschaften ein. Die Affecte und Leidenschaften, in die uns eine Sache versetzt, sind ja nur eine nothwendige Folge des Interesses an derselben, des Willens zu ihr. Die Forderung der Affect- und Leidenschaftlosigkeit wäre daher identisch mit der der Willenlosigkeit. Um sich über eine Sache weder zu freuen, noch zu betrüben, um weder in Liebe, noch in Haß gegen sie zu gerathen, weder von Zorn zu entbrennen, noch von Furcht ergriffen zu werden, müßte Einem die Sache völlig gleichgültig sein.

Also kann auch das sittliche, tugendhafte Streben nicht frei von Affect und Leidenschaft bleiben. Der Tugendhafte muß auf seiner Bahn eben so nothwendig in Liebe und Haß, in Zorn und Furcht, in Freude und Leid versetzt werden, wie der Egoist auf der seinigen. Nur der Gegenstand, der den Tugendhaften in diese Affecte versetzt, ist ein anderer, als der, welcher den Egoisten in sie versetzt.

Aber, höre ich hier fragen, kann man denn nicht Etwas beharrlich wollen und alle sich entgegenstellenden Schwierigkeiten mit Energie überwinden, ohne in Affect zu gerathen? Giebt es nicht solche Kant'sche „glückliche Naturen", die affect- und leidenschaftlos und dabei doch „ohne Verminderung der Stärke der Triebfedern zum Handeln" nach einem Ziele streben?

Ich erwidere hierauf: Die Affect- und Leidenschaftlosigkeit dieser „glücklichen Naturen" ist nur eine scheinbare. Sie verbinden nur mit dem Affect und der Leidenschaft Vernunft, Selbstbeherrschung; aber ohne Affect und Leidenschaft sind auch sie nicht, weil sie nicht ohne Willen, ohne Interesse sind. Auch sie müssen

II. Besondere Arten von Einflüssen. 363

durch das ihrem wesentlichen Zwecke Günstige in Freude, durch das ihm Widrige in Trauer, durch das ihn Hemmende in Zorn, durch das ihn Gefährdende in Furcht versetzt werden.

Der Affect und die Leidenschaft kann bei Individuen von verschiedenem Temperament verschiedene Grade haben; der Eine kann leichter, der Andere schwerer in Affect und Leidenschaft zu versetzen sein. Aber ohne Affect und Leidenschaft ist kein wollendes und fühlendes Wesen, also auch das sittlich wollende und fühlende Wesen nicht.

Affect- und Leidenschaftlosigkeit ist aber auch gar nicht sittliche Aufgabe. Es handelt sich in moralischer Hinsicht nicht um Apathie, sondern um das rechte Pathos, um das Pathos für das Gute und die Antipathie gegen das Böse. Nicht also auszurotten ist die Fähigkeit, in Affect und Leidenschaft zu gerathen, sondern auf den rechten Gegenstand zu lenken. Den Menschen Liebe und Haß, Zorn und Furcht nehmen, hieße ihnen auch Liebe zum Guten und Haß gegen das Böse, Zorn über Schlechtigkeit, Furcht vor sittlich Gefährdendem nehmen. Und eben so den Menschen leidenschaftliches Suchen und Fliehen nehmen, hieße ihnen auch das leidenschaftliche Suchen des Guten und Fliehen des Bösen nehmen. Oder glaubt man etwa, daß die grossen Erlöser und Erretter der Menschheit Das zu leisten im Stande gewesen wären, was sie geleistet haben, wenn sie Kant'sche apathische Naturen gewesen wären? Wäre Jesus etwa der Erlöser der Menschheit von tödtendem Buchstabenglauben, von knechtendem Satzungswesen und heuchlerischer Wortheiligkeit geworden, wenn er, anstatt sein affectvolles „Wehe!" über die „Heuchler, die der Wittwen Häuser fressen" u. s. w. ergehen zu lassen, und anstatt den Wechslern im Tempel die Tische umzustoßen, eine kalte, apathische Vorlesung über das Wesen der wahren Frömmigkeit gehalten hätte? Oder wäre Luther der Reformator geworden, der er geworden, wenn er, anstatt die 95 Theses an die Schloßkirche zu Wittenberg anzuschlagen, und anstatt die päpstliche Bannbulle vor dem Elsterthore zu verbrennen, sich begnügt hätte, gelehrte Vorträge über das Papstthum und den Ablaßkram zu halten?

Also nicht das in Affect und Leidenschaft Gerathen als solches ist es, was der Tugend zuwider ist, sondern das in Affect und Leidenschaft Gerathen für andere Interessen, als die sittlichen. Der egoistische Inhalt des Affects und der Leidenschaft ist es, der beide sittlich verwerflich macht; sittlicher Inhalt dagegen rechtfertigt beide. Oder wäre es etwa auch sittlich verwerflich, über „des Mächtigen Druck, des Stolzen Mißhandlungen, des Rechtes Aufschub, den Uebermuth der Aemter und die Schmach, die Unwerth schweigendem Verdienst erweist", in Zorn und Entrüstung zu gerathen?

Ist es ein egoistisches Interesse, das uns in Freude oder Trauer, in Zorn oder Furcht, Liebe oder Haß, Schaam oder Reue versetzt, so ist der Affect moralisch zu mißbilligen; ist es hingegen ein sittliches Interesse, so ist der Affect moralisch zu billigen. Der Betrüger z. B., der sich freut, daß ihm ein Betrug gelungen, oder betrübt, daß er ihm mißlungen ist, fühlt unmoralische Freude und Trauer; der Wahrheitsfreund dagegen, der über den Sieg der Wahrheit jubelt, oder über die Herrschaft der Lüge trauert, fühlt sittliche Freude und Trauer. Der Hab- oder Herrschsüchtige, der sich schämt, noch nicht so viel Reichthum zusammengescharrt, oder noch nicht so viel Macht erobert zu haben, wie Andere, hegt unmoralische Schaam; und seine Reue darüber, daß er sich diesen oder jenen Vortheil hat entgehen lassen, ist eine unsittliche Reue. Dagegen der Volks- und Menschenfreund, der sich schämt, noch nichts zum Wohle der Gesellschaft beigetragen zu haben, fühlt tugendhafte Schaam, und der Gerechtgesinnte, der es bereut, ein Unrecht begangen zu haben, fühlt tugendhafte Reue. Mit den Leidenschaften verhält es sich eben so; auch sie sind, je nach dem Zweck, auf den sie gerichtet sind, sittliche oder unsittliche. Die Leidenschaft des ehrgeizigen und herrschsüchtigen Welteroberers, der das Lebensglück von Millionen zertritt, ist eine lasterhafte, die Leidenschaft dagegen des sich für das Wohl seines Volkes oder der Menschheit Opfernden ist eine tugendhafte.

Also kommt es für die Sittlichkeit nicht auf die Affect- und Leidenschaftlosigkeit an, sondern auf die Beschaffenheit des Willens, der dem Affect und der Leidenschaft zum Grunde liegt. Erst die lasterhafte Willensrichtung macht den Affect und die Leidenschaft für die Sittlichkeit gefährlich.

Nächst dem Inhalt ist nun aber bei den Affecten und Leidenschaften auch ihre Form in Betracht zu ziehen. Wenn schon es dem Inhalte nach tugendhafte Affecte und Leidenschaften giebt, so entsteht doch die Frage, ob Affect und Leidenschaft nicht ihrer Form nach sittlich nachtheilig sind.

Der Form nach sind die Affecte theils erregende (excitirende), theils abspannende (deprimirende).*) Diese alte Eintheilung der Affecte nach ihrer Wirkung findet sich auch noch in den neuesten Psychologien wieder. Jessen theilt zwar die Affecte zuerst in die subjectiven der Freude und des Leides, und die objectiven des Zornes und der Furcht. In allen Affecten ist nach ihm das Gemüth nach beiden Richtungen thätig, allein in den subjectiven Affecten ist die Beziehung auf sich selbst die vorherrschende, in den objectiven Affecten die Beziehung auf Anderes. „Freude und Leid haben einen nicht unbedeutenden Einfluß auf das Verhalten gegen die Außenwelt, allein die Hauptsache ist dabei, daß der Mensch selbst sich angenehm oder unangenehm afficirt fühlt; werden diese Affecte nicht empfunden, so existiren sie gar nicht: ein Leiden, welches der Leidende nicht empfindet, ist für ihn nicht vorhanden. Zorn und Furcht werden zwar ebenfalls empfunden, aber sie verschwinden nicht,

---

*) Vergl. Kant's Anthropologie, §. 75.

wenn sie auch nicht empfunden werden. Der Mensch kann in hohem Grade zornig sein, ohne selbst zu fühlen, daß er es ist. Dagegen zeigen sich Zorn und Furcht stets in dem Verhalten des Menschen. Bei den subjectiven Affecten ist die Empfindung, bei den objectiven Affecten die Aeußerung derselben die Hauptsache."

Alsdann aber kommt Jessen doch auch wieder auf die alte Eintheilung der Affecte in exaltirende und deprimirende zurück. „Ein anderer Unterschied, welchen die Affecte darbieten, besteht darin, daß sie auf die gesammte Seelenthätigkeit fördernd oder zurückhaltend, anregend oder hemmend einwirken. Alle angenehmen Gefühle wirken anregend, alle unangenehmen hemmend ein, und man kann jene deshalb positive, diese negative nennen. Was von allen angenehmen und unangenehmen Gefühlen gilt, muß natürlich auch gelten für die subjectiven Affecte, Freude und Leid; allein auch in den Affecten des Zornes und der Furcht finden wir dasselbe Verhältniß und denselben Gegensatz. Es giebt demnach zwei positive oder anregende Affecte, die subjectiv anregende Freude und der objectiv anregende Zorn, und zwei negative oder hemmende Affecte, das subjectiv hemmende Leid und die objectiv hemmende Furcht . . . . . . Die Freude bewirkt ein lebhafteres Zuströmen der Ideen und eine grosse Geneigtheit, dieselben auszusprechen und Andern mitzutheilen: der Fröhliche sucht die Gesellschaft, und der Mensch kann sich kaum recht freuen über irgend etwas, wenn er allein ist. Die Freude bewirkt ferner eine raschere Circulation des Blutes, Wärme und Turgescenz der Haut, Röthung der Wangen: sie macht die Ideen oder Lebensgeister oder die electrischen Strömungen rascher in den Nerven circuliren, sie erhöht die Leichtigkeit und Beweglichkeit der Glieder; sie steigert das Gefühl der Kraft und fördert in jeder Beziehung die Thätigkeit; sie befördert sogar die Verdauung, die natürlichen Ausleerungen und die Blutbereitung. Der Zorn hat ähnliche, nur theils stärkere, theils stürmischere und unregelmäßigere Wirkungen.

Er ruft heftige und ungestüme Bewegungen des Herzens hervor und einen starken Andrang des Blutes zum Kopfe; er bewirkt eine grosse Spannung und unwillkürliche, fast krampfhafte Bewegungen der Muskeln, Ballen der Faust, Runzeln der Stirn, Knirschen mit den Zähnen, Zittern der Glieder, und zugleich ist das Gefühl der eigenen Kraft so gesteigert, daß der Zornige jeden Widerstand überwinden zu können glaubt, und auch den überlegensten, ihm entgegenstehenden Kräften Trotz bietet.

„Ganz entgegengesetzter Art sind die Wirkungen der negativen Affecte. Der Leidende sucht die Einsamkeit und vermeidet die menschliche Gesellschaft. Es entsteht in ihm keine Fülle und Mannigfaltigkeit von Ideen, sondern dieselben auf das eigene Leiden sich beziehenden Gedanken drängen sich ihm stets von Neuem auf in großer Einförmigkeit, und er liebt es, sie in sich zu wiederholen und darüber zu brüten. Die Blutcirculation wird unterdrückt oder unregelmäßig, der Puls langsam, oder beschleunigt und klein, die Extremitäten sind oft kalt, das Gesicht blaß und eingefallen. Alle Bewegungen geschehen langsamer, schwerfälliger und träger, das Gefühl der Kraft ist vermindert, und der Leidende fühlt sich oft unfähig zu jeder Arbeit. Auch die Verdauung, die natürlichen Ausleerungen, das Athmen und die Blutbereitung werden gestört. Verwandt sind die Wirkungen der Furcht, und sie treten, wie die des Zornes, plötzlicher und unregelmäßiger hervor; insbesondere wird die Furcht häufig begleitet von Kälte und Blässe, von Anhäufung des Blutes im Herzen und in den Lungen, von Zittern der Glieder, Unschlüssigkeit, innerlicher und äußerlicher Unruhe und von Unsicherheit der Bewegungen.

„Vergleichen wir diese verschiedenen Wirkungen mit einander, so ergiebt sich, daß die positiven Affecte der Freude und des Zornes alle Bewegungen beschleunigen, die Thätigkeit fördern und ihr die Richtung nach außen geben, während die negativen Affecte des Leidens und der Furcht die Bewegungen hemmen, die Thätigkeit zurückhalten und sie nach innen richten: man könnte sie daher auch als active und passive Affecte bezeichnen .... Die positiven Affecte scheinen im Allgemeinen expandirend, die negativen contrahirend zu wirken, analog der Wärme und Kälte, und wie das Thermometer in der Wärme steigt, in der Kälte sinkt, so nennt man auch das Hinaus- und Hineindrängen der Affecte eine Erhebung oder Senkung, eine Steigerung oder Niederschlagung der Gefühle, eine Exaltation oder Depression des Gemüthes; oder man vergleicht die Gefühle mit den Tönen einer höher oder niedriger gestimmten Saite und unterscheidet eine Spannung oder Erschlaffung, Ueberspannung oder Abspannung derselben, eine Hinaufstimmung und Herabstimmung oder Verstimmung des Gemüthes." *)

Was die Leidenschaften betrifft, so verhalten sich diese nach Jessen zu den Affecten, wie centrifugale zu centripetalen Bewegungen; beide stehen in Wechselwirkung mit einander, erregen einander gegenseitig und gehen in einander über. Der Affect ruft eine Leidenschaft hervor, und diese einen Zustand von Affect. Freude und Leid erwecken Verlangen oder Abscheu, Triebe, die aus einer leidenschaftlichen Vorliebe für etwas, oder einem leidenschaftlichen Widerwillen gegen etwas hervorgehen. Der Zorn erweckt die Rachsucht, eine Leidenschaft, welche sich nach außen geltend zu machen sucht, dazu drängt und treibt, die erlittene Beleidigung zu rächen. Die Furcht erweckt ein so leidenschaftliches Verlangen, sich der wirklichen oder vermeintlichen Gefahr zu entziehen, daß dies eine Interesse die ganze Seele beherrscht, so daß der von Furcht und Angst Ge-

---

*) S. Jessen, Versuch einer wissenschaftlichen Begründung der Psychologie, S. 296—300.

triebene, um der Gefahr zu entrinnen, vielleicht einer größern Gefahr entgegeneilt und blindlings in sein Verderben rennt. Auf der andern Seite disponirt jede Leidenschaft zu stärkerer Erregung des Gemüthes, und durch Alles, was mit einer vorhandenen Leidenschaft in Beziehung steht, wird das Gemüth ungewöhnlich afficirt, z. B. bei dem Verliebten durch den Anblick des Gegenstandes seiner Liebe, bei dem Trunksüchtigen durch den Anblick geistiger Getränke, bei dem leidenschaftlichen Tänzer durch das Hören einer Tanzmusik, bei dem Geizigen und Habsüchtigen durch den Anblick des Geldes, oder die Aussicht auf Gewinn u. s. w.*)

Schließlich ist noch auf den bedeutenden Einfluß aufmerksam zu machen, den die Affecte und Leidenschaften auf die Intelligenz haben. Der exaltirte oder deprimirte Gemüthszustand erzeugt durch seine Herrschaft über die Intelligenz, über die im Bewußtsein entstehenden Vorstellungen, leicht Verwirrung der Gedanken oder fixen Wahn. Jeder heftige und plötzlich eintretende Affect, sei es Freude oder Leid, Zorn oder Furcht, Angst und Schrecken, hat eine vorübergehende Verwirrung der Ideen zur Folge, welche ihrer kurzen Dauer halber oft nicht beachtet wird, bei sehr heftigen Affecten aber so deutlich hervortritt und so lange dauert, daß sie nicht unbemerkt bleiben kann. Auch in ihren geringern Graden erzeugen die Affecte stets verwandte fröhliche, traurige, zornige, oder ängstliche Vorstellungen, denen der Geist auch bei deutlicher Anerkennung ihres Ursprungs schwer widersteht. Die Leidenschaften dagegen üben nur indirect und vermittelst der von ihnen erzeugten Affecte eine solche Wirkung auf die Geistesthätigkeit aus.**)

---

*) S. Jessen, Versuch einer wissenschaftlichen Begründung der Psychologie, S. 303 fg.
**) Daselbst S. 306 fg.

Es scheint nun, daß bei aller Verschiedenheit des Inhalts der Affecte und Leidenschaften, d. h. des Gegenstandes, durch den sie erregt werden, doch die im Vorigen dargestellte Form derselben, d. i. die theils exaltirende, theils deprimirende und die den Vorstellungskreis beherrschende, die Ideen mit ihrer hellen oder düstern Farbe tingirende und vorübergehend verwirrende Wirkung dieselbe ist. Mögen die Affecte und Leidenschaften durch egoistische oder sittliche Interessen erweckt sein, mögen sie sich auf selbstsüchtige oder gemeinnützige Zwecke beziehen; immer wirken sie doch der Form nach auf dieselbe Weise, entweder exaltirend oder deprimirend, und die Vorstellungen färbend und verwirrend. Diese Wirkung ist aber der Erfüllung der sittlichen Aufgabe, welche Weisheit fordert, hinderlich. Es hilft nichts, wie Jessen thut, den Affecten und Leidenschaften im sittlichen Gebiete höhere Namen zu geben, als in der Sphäre des Selbstgefühls, die Exaltation Erhebung, die Depression Vernichtung, die Freude Zufriedenheit oder Seligkeit, das Leid Unzufriedenheit oder Unseligkeit, den Muth Zuversicht und die Angst Hoffnungslosigkeit oder Reue zu nennen, und für das Wort Leidenschaft das Wort Enthusiasmus zu setzen. Das formelle Wesen bleibt trotzdem, wie auch Jessen einsieht und zugesteht, bei den sittlichen Affecten und Leidenschaften dasselbe, wie bei den egoistischen.*) Die sittlichen Affecte und Leidenschaften machen als Affecte und Leidenschaften eben so unfähig, die rechten Mittel zum Zwecke zu ergreifen, wie die egoistischen. Sie berauben der Klugheit und Besonnenheit. Nicht blos der sinnlich Verliebte begeht häufig Thorheiten, sondern auch der ethische Schwärmer, der Tugendenthusiast. „Der Enthusiasmus hat auch das mit der Leidenschaft gemein, daß

---

*) Vergl. „Ueber das moralische Gefühl oder Gewissen" in Jessen's Psychologie, S. 310—315.

er der Herrschaft und Leitung der Vernunft bedarf, indem er, sich selbst überlassen, leicht auf Abwege geräth, und namentlich durch einseitige Uebertreibung eben so nachtheilige Folgen herbeiführen kann, wie er, gehörig geleitet und in Schranken gehalten, dem Wohle des Einzelnen und dem Gemeinwohle nützlich und förderlich ist."*) Nicht blos der egoistisch Zornige läßt sich leicht zu Gewaltacten fortreißen, sondern auch der sittlich Entrüstete. Nicht blos der von selbstsüchtigem Gram Deprimirte versinkt leicht in Thatlosigkeit, sondern auch der von sittlicher Reue Niedergebeugte. Wie der sinnliche Affect und die sinnliche Leidenschaft die richtige Schätzung der Dinge aufhebt, das Begehrte schöner und vollkommner, das Verabscheute häßlicher und fehlerhafter erscheinen läßt, als es an sich ist, so auch leicht der sittliche Affect und die sittliche Leidenschaft. Wie dort die Exaltation zu übereilten Entschlüssen und Handlungen fortreißt, die Depression hingegen den Muth und die Thatkraft lähmt, so auch hier.

Kurz, wir stehen hier vor einer Antinomie. Einerseits, wie ich gezeigt habe, sind Affect und Leidenschaft für ein kräftiges sittliches Leben, für energische Tugendübung und Pflichterfüllung, für beharrliches Erstreben des sittlich Begehrens- und Bekämpfen des sittlich Verabscheuenswerthen nöthig. Andererseits aber, wie ich ebenfalls gezeigt habe, macht der Affect und die Leidenschaft blind, raubt die zur richtigen Schätzung und Abwägung der Dinge, zur Wahl der rechten Mittel und Wege nöthige Besinnung, macht also in dieser Hinsicht zur Erfüllung der sittlichen Aufgabe ungeschickt.

Wie ist nun diese Antinomie zu lösen? Wie ist es anzufangen, das sittlich Gute mit Affect und Leidenschaft zu erstreben, und dabei doch gelassen und kaltblütig genug

---

*) Jessen, S. 315.

zu bleiben, um die Dinge im rechten Lichte zu sehen und nicht in der Exaltation oder Depression zu viel oder zu wenig zu thun? Wie ist die Hitze des Affects mit der Kälte der Vernunft zu vereinigen? Ein Erzieher soll z. B. seinen Zögling für eine Pflichtverletzung auf frischer That nachdrücklich, also mit Affect strafen. Läßt er erst den Zorn, die Entrüstung verrauchen, so thut die Strafe keine Wirkung mehr. „Ein Vater, ein Schulmeister können nicht strafen, wenn sie die Abbitte anzuhören auch nur die Geduld haben."*) Andererseits aber, wenn er im Zorn straft, wird die Strafe leicht ungerecht und wirkt nachtheilig, erregt im Gestraften Haß. Wie hat er es also anzufangen, um im Zorn und doch nicht zornig zu strafen? Straft er im Affect, so wird die Strafe leicht zu hart. Straft er dagegen affectlos, so thut die Strafe keine Wirkung, ist nicht nachdrücklich genug. Und so in allen ähnlichen Fällen. Der Affect hebt entweder die Besonnenheit, oder die Besonnenheit den Affect auf, und doch ist Beides nöthig.

Diese Antinomie wäre unlösbar, wenn wirklich Affect und Leidenschaft mit Vernunft und Besonnenheit unvereinbar wäre, wenn durchaus Eines das Andere aufheben müßte. Aber dies scheint mir nicht der Fall zu sein, wenigstens nicht bei sittlichen Affecten und Leidenschaften. Der ethisch (nicht blos physisch) Tugendhafte vereinigt in sich die beiden Grundtugenden Weisheit und Liebe. Da sein Wille in allen Verhältnissen und unter allen Umständen auf das objectiv Gute gerichtet ist, da es nicht selbstsüchtige Zwecke sind, die er verfolgt, so ist er auch stets bestrebt, sich im Affect und in der Leidenschaft für das sittlich Gute so weit zu mäßigen, daß er die nöthige Besinnung behält, um die Dinge richtig und allseitig

---

*) Kant's Anthropologie, §. 73.

aufzufassen und im Handeln nicht zu viel oder zu wenig zu thun. Der ethisch Tugendhafte wird also zwar z. B. beim Anblick der Lüge und Scheinheiligkeit, wie Jesus, in sittliche Entrüstung gerathen, aber sein Zorn, als ein heiliger und kein gemeiner, wird zugleich mit der Entrüstung eine gewisse Ruhe und Würde verbinden, wird ihn nicht zu einem gemeinen Wütherich machen. Und wie in der Exaltation, so wird der Tugendhafte auch in der Depression, z. B. der Reue, sich fassen und Maaß halten.

Man vergegenwärtige sich nur einmal die verschiedene Stimmung und das verschiedene Verhalten des Gerechten und des Rachsüchtigen. Der Gerechte bleibt nicht gleichgültig bei erlittenen Beleidigungen und Verletzungen, sondern er geräth so gut, wie der Rachsüchtige, in Affect. Aber während der Rachsüchtige außer sich geräth vor Zorn und in der Bestrafung des Beleidigers weit über das rechte Maaß hinausgeht, bleibt der Gerechte bei sich und ist zufrieden, wenn nur dem Rechte durch die der Größe des Vergehens angemessene Strafe Genüge geschieht. Jener hat ein subjectives, dieser ein objectives Interesse.

Aus diesem Beispiel geht hervor, daß so wie der Ursprung des tugendhaften und des selbstsüchtigen Affects ein verschiedener ist, so auch ihre Wirkung eine verschiedene ist. In beiden findet zwar ein subjectives Ergriffensein statt; aber da der Zweck, auf den der Wille gerichtet ist, in beiden ein grundverschiedener ist, so ist auch die Handlungsweise, zu der der Affect treibt, eine grundverschiedene. Der gemeine, selbstsüchtige Affect verwirrt und verdunkelt den Intellect, verfälscht das Urtheil, macht also zu objectiver Auffassung und Schätzung der Sache unfähig, und daher dann der Mangel an Fassung, die Maaßlosigkeit in der Freude, wie im Schmerz, das Außersichgerathen im Zorn, wie in der Furcht. Der tugendhafte Affect dagegen, als aus Interesse für das objectiv Gute entsprungen, hindert nicht die ruhige objective Auffassung der Sache und treibt daher nicht zu jenen Extravaganzen, zu welchen die selbstsüchtige Exaltation oder Depression treibt.

---

8. Antecedentien und Consequenzen.

Unter Antecedentien versteht man bekanntlich den vorangegangenen Lebenswandel und die durch ihn erworbenen Gewohnheiten und Fertigkeiten, kurz die Vergangenheit des Handelnden. Diese nun ist von bestimmendem Einfluß auf die Zukunft. Denn, wie in der Natur, so giebt es auch in der sittlichen Welt ein Gesetz der Fortwirkung. „Das eben ist der Fluch der bösen That, daß sie, fortzeugend, immer Böses muß gebären." Mit Recht forscht man daher bei einem Verbrecher nach seinen Antecedentien; man setzt stillschweigend voraus, daß er Das, was er geworden, nicht auf ein Mal geworden ist. Die Erfahrung lehrt, daß Mancher mit kleinen Vergehungen angefangen und als großer Verbrecher auf dem Schaffot geendigt hat. Ein Unrecht zieht das andere, eine Lüge die andere nach sich, denn um das erste Unrecht, die erste Lüge aufrecht zu halten, muß man ein zweites Unrecht begehen, eine zweite Lüge sagen. So werden aus Dieben Mörder, aus Lügnern Meineidige. Ein Despot muß, um sich zu erhalten, von Unterdrückung zu Blutvergießen und zu grausamen Martern seiner Gegner fortschreiten, u. s. w.

Die vorangegangenen Handlungen machen also den Menschen unfrei für die folgenden. Mancher möchte gern zurück, aber er kann nicht mehr, er hat sich durch die vorangegangenen Handlungen der Freiheit beraubt.

Es ist daher in sittlicher Hinsicht von großer Wichtigkeit, wie man seine Laufbahn begonnen, welche Richtung man eingeschlagen hat. Wie dem Lasterhaften das

Gesetz der Fortwirkung zum Verderben gereicht, so dem Tugendhaften zum Heile. Denn auch Dieser kann nicht mehr zurück, so wenig, als Jener. Auf halbem Wege kann hier Keiner stehen bleiben. Der Gerechte muß sein begonnenes Werk zu Ende führen, wie der Böse‑ wicht und Uebelthäter. Wer A gesagt hat, muß auch B sagen. Ein Jesus muß am Kreuze sterben, die Pha‑ risäer müssen ihn kreuzigen, jeder gemäß seinen Antece‑ dentien.

Doch ist wohl zu beachten, daß, so wie alle empiri‑ schen Gesetze nur von bedingter, relativer Gültigkeit sind, so auch dieses. Es ist nämlich bei der hier angenomme‑ nen Fortwirkung vorausgesetzt, daß das Grundprincip des Handelnden das selbe bleibt.

Nur unter dieser Voraussetzung machen die Antece‑ dentien unfrei für die Zukunft. Aendert sich dagegen das Grundprincip, wendet sich der Wille, so fällt die freiheit‑ raubende Macht der Antecedentien dahin. Und der Wille kann sich wenden, der Schauder vor den Consequenzen selbst kann ihn zur Umkehr bringen. Schon Mancher, der mit Bösem begonnen hatte, ist, vor den Consequenzen des Begonnenen zurückschreckend, umgekehrt und hat den Pfad der Tugend betreten; und eben so hat auch schon umgekehrt Man‑ cher, der mit Gutem begonnen, Kehrt gemacht, die gute Sache feige im Stich lassend. Die Consequenzen haben schon Manchen zum Bruch mit der Vergangen‑ heit gebracht.

Aber so wie die Antecedentien die vorher beschriebene Wirkung, unfrei für die Zukunft zu machen, nur haben können, wenn das Grundprincip des Wollens das selbe bleibt, so können die Consequenzen die jetzt beschriebene Wirkung, zum Bruch mit der Vergangenheit zu bringen, nur haben, wenn das Grundprincip sich ändert.

Also ist sowohl die Wirkung der Antecedentien, als die der Consequenzen eine bedingte, und es läßt sich kein unbedingtes, ausnahmsloses Gesetz über ihre Wirkung aufstellen. Es kommt hier Alles auf die Beschaffenheit des Willens an. Der Eine schreitet von Verbrechen zu Verbrechen fort, der Andere kehrt, um nicht zum Verbrecher werden zu müssen, bei Zeiten um. Es bestätigt sich also auch hier wieder die Relativität der auf das sittliche Verhalten wirkenden Einflüsse (s. Relativität der auf die Sittlichkeit wirkenden Einflüsse).

B. Sociale und politische Einflüsse.

1. Natur- und Culturzustand.

Wenn man Rousseau's, von der Akademie zu Dijon gekrönte Preisabhandlung: Si le rétablissement des Sciences et des Arts a contribué à épurer ou à corrompre les mœurs, liest, so kann man sich des Gedankens nicht erwehren, daß ein Poet unfähig ist, wissenschaftliche Fragen zu lösen. Rousseau entwirft ein poetisches Bild vom Naturzustand, ähnlich dem Bilde des goldenen Zeitalters bei den alten Dichtern. Ein völlig entgegengesetztes Bild entwirft er dem gegenüber vom Culturzustand; und nun ist natürlich die Frage zu Gunsten des ersteren entschieden.

Aber zur Lösung einer wissenschaftlichen Frage reichen Phantasiebilder nicht aus, sondern hier bedarf es einerseits genauer Kenntniß des Gegenstandes und seiner factischen Beschaffenheit, andererseits scharfer Begriffsbestimmungen, um den Gegenstand richtig zu beurtheilen. Die Poesie scheint daher für wissenschaftliche Fragen nicht förderlich zu sein; sie scheint dadurch, daß sie den Dingen eine Schönheit oder Häßlichkeit andichtet, die sie an sich nicht haben, unfähig zur Lösung wissenschaftlicher Probleme zu machen. Dennoch würde man irren, wenn man Poesie und wissenschaftliche Wahrheit für unverträglich hielte. Nur jene subjective Poesie, die aus der Stimmung und Richtung des dichtenden Subjects heraus den Dingen eine Schönheit oder Häßlichkeit andichtet, die sie factisch nicht haben, ist mit der wissenschaftlichen Wahrheit unverträglich; sie liefert ein Bild nicht sowohl der Dinge, als des Dichters. Aber die ächte objective Poesie, welche das wahre Wesen der Dinge in poetischer Form zur Anschauung bringt, unterscheidet sich nicht dem Inhalt, sondern nur der Form nach von der Wissenschaft. Der objective Dichter wird, wenn er den Natur= und Culturzustand einander gegenübergestellt, nicht beiden Züge leihen, welche die Wissenschaft desavouiren muß, sondern er wird die von der Wissenschaft erkannten und in abstracto dargestellten wesentlichen Merkmale beider in concreten Bildern zur Anschauung bringen.

Wie stellt sich nun für die Wissenschaft der Naturzustand dar? — „Das äußere Leben der Naturvölker, sagt Waitz, läßt keine gemeinsame Schilderung zu, denn es gestaltet sich, wie wir in Folge ihrer durchgängigen Abhängigkeit von ihrer besondern Naturumgebung erwarten müssen, sehr verschieden. Einige derselben sind Jäger, andere Fischer, wieder andere sind Wurzelgräber und Beerensammler oder treiben diese Beschäftigungen abwechselnd, wie es die Jahreszeit mit sich bringt. Kleidung, Wohnung, Hausgeräth und Waffen richten sich dabei eben so wie die Kunstfertigkeiten, die sie erwerben, ganz nach der besondern Lebensweise. Dagegen zeigt sich fast in Allem, was das innere Leben betrifft, bei ihnen eine merkwürdige Gleichförmigkeit in allen Gegenden der Erde. Oft hat man weit größere Verschiedenheiten der Culturstufen bei uncultivirten Völkern angenommen, als der Wirklichkeit entspricht, man hat feste Unterschiede unter ihnen machen zu müssen geglaubt, die entweder gar nicht nachweisbar oder doch sehr unerheblich sind, und eine nothwendige Entwickelung dieser Stufen und der ihnen zukommenden nationalen Charaktereigenschaften aus einander nachweisen wollen, wo von einem Fortschritte kaum die Rede sein kann.

„Der Charakter der Individuen pflegt bei Natur=

II. Besondere Arten von Einflüssen.

völkern weit gleichmäßiger und im Ganzen minder fest und bestimmt ausgeprägt zu sein, als bei Culturvölkern. An Selbstbeherrschung fehlt es allgemein in hohem Grade, Sorglosigkeit um die Zukunft, Leidenschaftlichkeit und Unmäßigkeit neben Unstetigkeit und Unzuverläßigkeit, Faulheit zur Arbeit neben Fleiß und Ausdauer für die Gegenstände des unmittelbaren Interesses, den Putz namentlich eingeschlossen, sind Charakterzüge, die uns überall immer wieder in gleicher Weise begegnen. Es wird genügen, sie nur durch Weniges zu erläutern.

„Völlerei, Trunksucht und geschlechtliche Ausschweifungen sind die am weitesten verbreiteten Laster. Nächst den wilden Festlichkeiten und Gelagen ist es aber hauptsächlich die Jagd, bei welcher sich die ganze wüste Leidenschaftlichkeit entfaltet. Der Jäger geräth, besonders massenhafter Beute gegenüber, wie der Soldat im heißen Kampfe, in eine grenzenlose Wuth, er mordet mit Lust und verwüstet das Wild meist in völlig unnützer Weise, verzehrt davon nur das Beste und oft dieses kaum, wenn es im Ueberfluß sich darbietet: daher brauchen Jägervölker ein ganz unverhältnißmäßig großes Areal und gerathen trotzdem oft in Noth, weil ihnen Schonung der Jagdthiere eben so fremd ist, als sparsames Haushalten mit Vorräthen überhaupt. Der hundertste Theil des von den Zulus erlegten Wildes, bemerkt Delegorgue (I, 430), würde zu seinem und seiner Begleiter Unterhalt mehr als hinreichend gewesen sein. Die Noth wird um so häufiger und bitterer, weil die Sorglosigkeit um die Zukunft trotz des oft gelittenen Mangels so groß ist, daß keine Lebensmittel aufgespeichert werden. Es giebt Völker, die alljährlich von Hungersnoth heimgesucht werden, und doch weder Vorräthe sammeln, noch Nutzpflanzen zu ziehen versuchen. Charakteristisch für jene Sorglosigkeit und für die durchaus sinnliche Natur dieser Menschen, die sich nur von dem unmittelbar Gegenwärtigen jedesmal bestimmen läßt, ist namentlich, was

Labat*) von den Caraiben erzählt, daß sie nämlich am Morgen ihre Hängematte leichter und billiger verkaufen als gegen Abend, und daß man, um ihre Zustimmung zu einem Kaufe zu erhalten, das Geld in einer langen Linie vor ihnen ausbreiten und dann das Gekaufte, sobald sie einverstanden sind, möglichst schnell ihnen aus den Augen bringen muß. Die ungeheure Faulheit und der unbegrenzte Leichtsinn, vermöge deren die Naturvölker in so hohem Grade abgeneigt sind, irgend etwas zur Verbesserung ihrer meist wahrhaft elenden materiellen Lage zu thun, treten so überwiegend an ihnen hervor, daß man sie häufig geradezu für unfähig zu Allem erklärt hat, was Fleiß und Ausdauer erfordert. Wie unrichtig dies ist, geht namentlich aus der bewundernswerthen Geduld hervor, mit welcher sie sich den Arbeiten hingeben, für deren Erfolge sie sich lebhaft interessiren: mit den elendesten Werkzeugen mühen sie sich Wochen und Monate lang ab, um ihren Bedürfnissen an Hausrath und Kleidung zu entsprechen ..... Nicht eigentlich bösartig und verrätherisch, werden sie doch leicht unzuverlässig, treulos, hinterlistig, namentlich wo sie im Gefühle der eigenen Ueberlegenheit sich sicher wissen, und sie werden es nicht gerade aus ränkevollem Eigennutz und planmäßiger Habsucht, sondern in Folge der momentan aufkeimenden allgemeinen Begehrlichkeit, die sie plötzlich befällt und unwiderstehlich zu jeder That fortreißt, die zum gewünschten Ziele zu führen verspricht. Daß diese Auffassung die richtige ist, geht namentlich aus den nicht allzu seltenen Beispielen hervor, in denen es gelungen ist, selbst drohende Räuber und Mörder oder ganze Gesellschaften, die gefährliche Pläne schmiedeten, zu zerstreuen, auf andere Gedanken zu bringen und sogar zu Freunden zu machen, indem man ihre Aufmerksamkeit durch eine

---

*) Nouv. voy. aux isles de l'Am., 1724, I, 2. 18.

unterhaltende Erzählung oder ein vorgemachtes Kunststück ganz in Anspruch nahm. Wenn Dentrecasteaux (1792) und andere Schriftsteller derselben Zeit rohe Völker, wie z. B. die Eingeborenen von Vandiemensland, als naive friedliche Naturkinder geschildert haben, so ist dies theils Folge der damals namentlich in Frankreich über diesen Punkt herrschenden Ansichten, welche alle Verdorbenheit nur den civilisirten Menschen aufbürdeten, theils erklärt es sich daraus, daß einzelne Seefahrer die Eingeborenen mit Geschenken überhäuften, sie durchaus friedlich und freundlich behandelten und daher auch in ihnen nicht selten das fanden, was sie zu finden erwarteten. Neuerdings gilt der Naturmensch Vielen fast für einen halben Affen, wenn nicht für einen ganzen, und es dürfte mit Recht schwer zu entscheiden sein, welche von diesen beiden Ansichten die verkehrtere ist."

Aus den geschilderten Eigenschaften der Naturvölker und der großen Bedrängniß, in die sie so häufig gerathen, folgen, wie Waitz nachweist, in moralischer Hinsicht ungeheuere Abnormitäten, nicht blos in einzelnen Handlungen, sondern auch in den festen Lebensgewohnheiten. Daß Cannibalismus, Kindermord und ähnliche Greuel als feste Sitte und ohne Bewußtsein ihrer Schändlichkeit vielfach ausgeübt worden sind und zum Theil noch ausgeübt werden, läßt keinen Zweifel zu. Scheint es in allen Fällen ursprünglich ein Uebermaaß der Rache oder außerordentliches Elend gewesen zu sein, welche zur Menschenfresserei hinführten, so war es später hauptsächlich die Macht der Gewohnheit (oft im Bunde mit Aberglauben verschiedener Art und mit sinnlicher Lüsternheit nach diesem Genusse), welche in diesem Falle, wie in so manchem andern, über das hinweghalf, was Anfangs Schauder erregt haben mochte, und das Gefühl schnell dagegen abstumpfte.

Auf analoge Weise erklären sich nach Waitz die mannigfaltigen Beispiele tiefer moralischer Verkehrtheit, die wir bei Naturvölkern antreffen. Sie gehen nicht selten so weit, daß alle Urtheilsfähigkeit über moralische Verhältnisse erloschen zu sein scheint. Die strenge talio der Rache tritt als allgemeiner Grundsatz auf. Blutrache ist strenge Pflicht und die Zulassung von Geschenken oder der förmliche Abkauf der Rache durch ein Lösegeld von Seiten des Mörders tritt als nicht unehrenhaft für den zur Rache Verpflichteten immer erst da ein, wo das Eigenthum höhern Werth erhält, wo Reichthum Macht verleiht und ungestörter Friede der Gesellschaft Bedürfniß wird. Auf eine fast gänzliche Abwesenheit moralischer Vorstellungen scheint es zu deuten, daß die Neger von Ost-Sudan (in den Nilländern) Betrug, Diebstahl und Mord nicht nur entschuldigen, sondern sie sogar für eine des Mannes ganz würdige That halten. Lug und Trug gilt als Sieg geistiger Ueberlegenheit über Beschränktheit. *)

Es ergiebt sich aus dieser Darstellung, daß das Leben der Naturvölker, ähnlich wie das der Thiere, ein Leben in der Gegenwart ist, bestimmt durch gegenwärtige Reize und Eindrücke, unbekümmert um Vergangenheit und Zukunft, der vernünftigen Leitung und Selbstbeherrschung ermangelnd. Der Naturmensch ist noch nicht im ethischen Sinne gut oder böse, denn seine Tugenden, wie seine Fehler sind noch Naturtugenden und Naturfehler. Weder seine Gutmüthigkeit und Hingebung, noch sein Haß und seine Rache, weder seine Tapferkeit, noch seine Feigheit hat ethischen Werth; denn es ist dies Alles bei ihm nur Ausfluß und Aeußerung der Natur.

Einen reinen Naturzustand giebt es freilich, wie auch Waitz nachweist, nirgends. Denn überall trifft man auch unter Naturvölkern schon eine gewisse Ordnung des Lebens, gewisse Sitten und Gesetze an. Aber der wesentliche Charakter des Naturmenschen im Gegensatze zum Culturmenschen

---

*) Vergl. Waitz, Anthropologie der Naturvölker. Erster Theil. S. 349—353.

ist doch der angegebene: das Aufgehen in der Gegenwart, das Beherrschtwerden von sinnlichen Motiven, der Mangel an Vernunft und Selbstbeherrschung.

Anders der Culturmensch. Dieser lebt nicht mehr blos in der Gegenwart, unbekümmert um Vergangenheit und Zukunft, und läßt sich nicht mehr blos durch sinnliche Motive bestimmen, sondern sein Leben ist ein planmäßiges, vernünftiges, von abstracten Motiven geleitetes. Daher bringt der Culturmensch bei seinem gegenwärtigen Thun und Lassen immer Vergangenheit und Zukunft mit in Anschlag, widersteht den sinnlichen Reizen und Impulsen, beherrscht sich im Affect und in der Leidenschaft, tritt nicht naiv und unverhüllt auf, wie der Naturmensch, sondern berechnend und sich verstellend. Es giebt freilich auch im Culturzustand noch Unzählige, die mehr oder weniger noch auf der Stufe des Naturzustandes stehen, noch blos, wie die Thiere, in der Gegenwart, unbekümmert um Vergangenheit und Zukunft, dahinleben, sich nur von sinnlichen Reizen und Impulsen bestimmen lassen, der vernünftigen Selbstbeherrschung ermangeln, u. s. w. Aber der wesentliche Charakter des Culturzustandes im Allgemeinen ist doch der angegebene, der Charakter der Vernünftigkeit. Was Schopenhauer als den Grundunterschied zwischen Thier und Mensch angiebt, daß jener nur durch anschauliche, dieser hingegen durch abstracte (begriffliche) Motive bestimmt wird*), das ist auch der eigentliche Unterschied zwischen Natur- und Culturmensch. Denn der Naturmensch ist der Anlage nach zwar der abstracten, begrifflichen, vernünftigen Motive fähig, aber factisch wird er doch, wie das Thier, noch von sinnlichen, anschaulichen, gegenwärtigen Reizen und Eindrücken beherrscht.

---

*) Vergl. Die vierfache Wurzel des Satzes vom zureichenden Grunde, 3. Aufl., §. 26, und die beiden Grundprobleme der Ethik, 2. Aufl., S. 33 fg.

Vergleichen wir nun beide Zustände, den Natur- und Culturzustand, in Beziehung auf die Sittlichkeit mit einander, so stellt sich Folgendes heraus. Von einem eigentlich sittlichen Leben kann im reinen Naturzustande so wenig, wie beim Thiere, die Rede sein. Denn das sittliche Leben setzt objective, als Pflicht anerkannte Normen voraus, es bewegt sich in Pflichterfüllungen und Pflichtverletzungen, welche dem Handelnden als Verdienst und als Schuld zugerechnet werden. Im reinen Naturzustande aber findet von allem Diesen noch nichts statt. So weit es unter Naturvölkern schon allgemein anerkannte Pflichten giebt, deren Erfüllung als Verdienst, deren Verletzung als Schuld zugerechnet, jene gelobt und belohnt, diese getadelt und bestraft wird, insoweit sind sie eben schon nicht mehr im reinen Naturzustande, sondern sind schon in den Culturzustand übergegangen. Im reinen Naturzustande kann nicht einmal von Legalität, geschweige von Moralität die Rede sein. Denn die Legalität setzt öffentliche, allgemein anerkannte Normen des Handelns voraus, und an diesen fehlt es eben noch im reinen Naturzustande.

Hingegen ist im Culturzustande diese Grundlage der Sittlichkeit gegeben, aber freilich damit erst die Grundlage. Im Culturzustande sind Vorkehrungen gegen die Illegalität getroffen, aber die Immoralität kann er nicht hindern. Er macht das äußere Leben zu einem vernünftigen und gesitteten, anständigen und rechtlichen, aber die Gesinnung vermag er nicht zu ändern, vermag nicht sie aus einer egoistischen in eine tugendhafte umzuwandeln. Der Culturmensch hat nur feinern Egoismus, als der Naturmensch, und bedient sich zur Befriedigung desselben geistigerer Mittel, als dieser; aber ob der Egoismus ein gröberer, oder feinerer ist, ob er sich geistiger oder sinnlicher Mittel bedient, das macht in Bezug auf die Moralität keinen wesentlichen Unterschied.

Doch, wenngleich Cultur als solche noch nicht identisch ist mit Moralität, so ist jene doch die negative Bedingung dieser. Denn erst muß der Mensch die rohen Ausbrüche seiner selbstsüchtigen Natur unterdrücken, erst muß er sich allgemeinen Gesetzen und Sitten fügen gelernt, erst muß er Vernunft angenommen haben, ehe sein Wille sich innerlich dem objectiv Guten zuwenden kann.

Selbst die gleißnerischen Anstands= und Höflichkeits= tugenden des Culturzustandes üben in dieser Hinsicht einen großen Einfluß aus, wie sogar der so rigoristische Kant nicht umhin konnte, einzugestehen. Kant redet nämlich den „moralischen Scheintugenden" auf folgende Weise in seiner Anthropologie das Wort: „Die Menschen sind insgesammt, je civilisirter, desto mehr Schauspieler; sie nehmen den Schein der Zuneigung, der Achtung vor Andern, der Sitt= samkeit, der Uneigennützigkeit an, ohne irgend Jemand da= durch zu betrügen, weil ein jeder Anderer, daß es hiermit eben nicht herzlich gemeint sei, dabei einverständigt ist, und es ist auch sehr gut, daß es so in der Welt zugeht. Denn dadurch, daß Menschen diese Rolle spielen, werden zuletzt die Tugenden, deren Schein sie eine geraume Zeit hindurch nur gekünstelt haben, nach und nach wohl wirklich erweckt und gehen in die Gesinnung über. Die Natur hat den Hang, sich gern täuschen zu lassen, dem Menschen weislich eingepflanzt, selbst um die Tugend zu retten, oder doch zu ihr hinzuleiten .... Höflichkeit (Politesse) ist ein Schein der Herablassung, der Liebe ein= flößt. Die Verbeugungen (Complimente) und die ganze höfische Galanterie, sammt den heißesten Freundschafts= versicherungen mit Worten, sind zwar nicht eben immer Wahrheit (Meine lieben Freunde: es giebt keinen Freund! Aristoteles), aber sie betrügen darum doch auch nicht, weil ein Jeder weiß, wofür er sie nehmen soll, und dann vornämlich darum, weil diese anfänglich leeren Zeichen des Wohlwollens und der Achtung nach und nach zu wirk= lichen Gesinnungen dieser Art hinleiten." — „Alle menschliche Tugend im Verkehr ist Scheidemünze; ein Kind ist der, welcher sie für echtes Gold nimmt. Es ist doch aber besser, Scheidemünze, als gar kein solches Mittel im Umlauf zu haben, und endlich kann es doch, wenngleich mit ansehnlichem Verlust, in baares Gold umgesetzt werden. Sie für lauter Spielmarken, die gar keinen Werth haben, auszugeben, mit dem sarkastischen Swift zu sagen: „Die Ehrlichkeit ist ein Paar Schuhe, die im Kothe ausgetreten worden" u. s. w., oder mit dem Prediger Hofstede, in seinem Angriff auf Marmontels Belisar, selbst einen Socrates zu verleumden, um ja zu verhindern, daß irgend Jemand an die Tugend glaube, ist ein an der Menschheit verübter Hochverrath. Selbst der Schein des Guten an Andern muß uns werth sein, weil aus diesem Spiel mit Vorstellungen, welche Achtung erwerben, ohne sie vielleicht zu verdienen, endlich wohl Ernst werden kann."*) In seiner „Tugendlehre" erkennt es Kant sogar als Pflicht an, die geselligen Scheintugenden zu cultiviren, sich gesellig angenehm zu machen durch Verträglichkeit, Leutseligkeit, Wohlanständigkeit, „und so der Tugend die Grazien beizugesellen". Es seien dies zwar nur Außenwerke oder Beiwerke (parerga), welche einen schönen, tugendähnlichen Schein geben, der auch nicht betrügt, weil ein Jeder weiß, wofür er ihn annehmen muß; sie gälten nur als Scheidemünze. Aber sie beförderten doch das Tugendgefühl selbst durch die Bestrebung, diesen Schein der Wahrheit so nahe wie möglich zu bringen; sie wirkten doch zur Tugendgesinnung hin, indem sie die Tugend wenigstens beliebt machen.**)

Es kann freilich sehr geleckte, alle Regeln des Anstandes und der Höflichkeit mit Grazie vollziehende Cultur-

---

*) S. Kant's Sämmtl. Werke, Ausgabe von Rosenkranz und Schubert, Bd. VII, 2. Abtheil., S. 42—44.
**) Daselbst Bd. IX, S. 339.

II. Besondere Arten von Einflüssen.

menschen geben, die ihrer Gesinnung nach dennoch abscheuliche Egoisten sind, und deren Egoismus gerade durch die feinen Formen, mit denen er sich verbindet, desto gefährlicher werden kann, weit gefährlicher, als jemals der der Verstellung, der Ränke und Intriguen unfähige Egoismus des rohen Naturmenschen. Aber darum mit Rousseau die Cultur total verdammen, wäre doch thöricht. Denn die Cultur spielt ja in solchem Falle nur die Rolle des Werkzeugs; nicht sie ist Schuld an dem Unheil, das der cultivirte Egoist stiftet, sondern sein Egoismus. So lächerlich es wäre, den Dolch des Mordes, den der Mörder damit begangen, für schuldig zu erklären und deshalb die Zeit, wo es noch keine Dolche gab, zurückzuwünschen, eben so lächerlich ist es, die Cultur für das Unheil, das der cultivirte Egoismus stiftet, verantwortlich zu machen.

Rousseau hat die Rolle, die der Intellekt in der Cultur spielt, von der des Willens nicht gehörig unterschieden, hat auf Rechnung des cultivirten Intellekts gesetzt, was auf Rechnung des, trotz der Cultur sündhaft gebliebenen Willens kommt.

Rousseau's gepriesener Vorzug des Naturmenschen vor dem Culturmenschen beruht nicht sowohl darauf, daß Jener tugendhaft, Dieser lasterhaft ist, als vielmehr darauf, daß der Egoismus des Erstern, aus intellektuellen Gründen, noch nicht so corrumpirend wirken kann, wie der des Letztern.

Der Intellekt ist nämlich, wie Schopenhauer gezeigt, für die Thiere und für den Menschen, ein Organ, eine Waffe, ein Werkzeug, so gut wie Hand und Fuß, aber ein viel mächtigeres, und, je überlegener er ist, desto gefährlicheres. Da nun der Intellekt des Culturmenschen überlegen ist über den des Naturmenschen, daher die Ueberlegenheit des Culturmenschen im Bösen über den Naturmenschen.

Die ganze Verschiedenheit ist also eine intellektuelle,

keine moralische, eine Verschiedenheit des Verstandes, nicht des Willens. Bei gleicher Schlechtigkeit, bei gleichem Egoismus, gleicher Herrschsucht, Habsucht, Wollust kann der Culturmensch unendlich mehr Schaden stiften, unendlich schwereres Unheil anrichten, als der Naturmensch, weil ihm sein entwickelterer Intellekt viel feinere und wirksamere Mittel, und dazu die reichern, vielseitigern Lebensverhältnisse mehr Stoff und Gelegenheit zum Bösen bieten, als der Naturmensch hat. Dafür kann aber auch bei gleicher Güte des Charakters, bei gleichem Wohlwollen, gleicher Gerechtigkeit und Menschenliebe, der Culturmensch unendlich mehr Gutes stiften, unendlich wohlthätiger wirken, als der Naturmensch, weil ihm auch hierzu der entwickeltere Intellekt reichere und wirksamere Mittel, so wie die vielfachen Lebensverhältnisse zahlreichere Gelegenheit bieten.

Das gute und böse Princip ist also in beiden Zuständen, im Natur- und Culturzustande, thätig, aber in beiden in verschiedener Form; dort naiv und planlos, in beschränkten Dimensionen und mit groben Mitteln; hier berechnet und planmäßig, in großen Dimensionen und mit feinen Mitteln.

Giebt es im Culturzustande mehr Reize zum Bösen, mehr Verführendes und Verlockendes, so giebt es dafür in ihm auch mehr Reize zum Guten, mehr Veredelndes und Versittlichendes.

Wenn Rousseau Kunst und Wissenschaft anklagt, daß sie die Sitten verderben, so hat er nicht bedacht, daß nur die schon durch die Sittenlosigkeit entartete Kunst und Wissenschaft, also diejenige, die schon vorher durch die grassirenden Laster des Zeitalters, durch Lüsternheit, Eitelkeit, Frivolität, Unnatur, oder durch Lügenhaftigkeit, Heuchelei, Servilität, u. s. w. verderbte Kunst und Wissenschaft depravirend wirkt, nicht aber die Kunst und Wissenschaft in ihrer Reinheit. Erst muß die Unsittlichkeit aus dem Leben in die Kunst und Wissenschaft eingedrungen sein und beide bepravirt haben, ehe sie aus der Kunst und Wissenschaft in das Leben einbringen und es depraviren kann. Auch hier also ist wieder der Wille der schuldige Theil, und nicht der Intellekt. Daß in überfeinerten Zeiten der entartete Geschmack des Publikums nicht mehr am einfach Wahren und Schönen in Werken der Kunst Gefallen findet, sondern nach raffinirten, ausgeklügelten Genüssen hascht, — daran ist nicht die Cultur Schuld, sondern die sittlich entartete Cultur, welche für die abgestumpften Nerven unnatürliche Reize sucht.

Die von Rousseau gepriesene Unschuld des Naturmenschen ist doch nur die Unschuld des Kindes, das noch intellektuell zu unreif und unentwickelt ist, um seinem Egoismus schon diejenige Form und Ausdehnung geben zu können, die er beim Erwachsenen hat. Es ist die Unschuld des noch der Werkzeuge und der Gelegenheit zum Bösen entbehrenden Sünders.

Weit richtiger, als Rousseau, urtheilte Voltaire (in seinem Briefe an Erstern) über die hier in Rede stehende Frage. Voltaire sagt nämlich, um zu zeigen, daß nicht Kunst und Wissenschaft, sondern die Unmässigkeit, Genußsucht, unersättliche Gier und Herrschsucht, also nicht der cultivirte Intellekt, sondern der verderbte Wille, die Erde zu einem Jammerthal mache: „Avouez que ni Ciceron, ni Varron, ni Lucrèce, ni Virgile, ni Horace, n'eurent la moindre part aux proscriptions. Marius était un ignorant. Le barbare Sylla, le crapuleux Antoine, l'imbécille Lépide, lisaient peu Platon et Sophocle; et pour ce Tyran sans courage, Octave Cépias, surnommé si lâchement Auguste, il ne fut un détestable assassin que dans les tems où il fut privé de la Société des gens de Lettres. Avouez que Pétrarque et Bocace ne firent pas naître les troubles de l'Italie. Avouez que le badinage de Marot n'a pas produit la St. Barthélemi, et que la Tragédie du Cid ne causa pas les troubles de la Fronde. Les grands crimes n'ont guère été commis que par de célèbres ignorants. Ce qui fait, et fera toujours de ce monde une vallée de larmes, c'est l'insatiable cupidité, et l'indomtable orgueil des hommes depuis Thamas Kouli-Kan, qui ne savait pas lire, jusqu'à un Commis de la Douane qui ne sait que chiffrer. Les Lettres nourissent l'ame, la rectifient, la consolent; elles vous servent, Monsieur, dans le tems que vous écrivez contre elles; vous êtes comme Achille qui s'emporte contre la gloire, et comme le Père Mallebranche dont l'imagination brillante écrivait contre l'imagination." *)

Es ist allerdings erklärlich, daß man sich in Zeiten, wo alle Grabheit, Einfachheit und Natürlichkeit aus dem Leben geschwunden sind, und, statt ihrer, Unnatur, Künstelei und Verstellung herrschen, nach primitiven Zuständen zurücksehnt. Diesem Umstande ist es auch zuzuschreiben, daß in neuester Zeit die Dorfgeschichten so beliebt wurden; man sehnte sich aus der Lüge des Salonlebens nach der Natur des Landlebens zurück. Konnte doch selbst ein Göthe in den Gesprächen mit Eckermann (III.) klagen: „Es geht uns alten Europäern mehr oder weniger Allen herzlich schlecht. Unsere Zustände sind viel zu künstlich und complicirt, unsere Nahrung und Lebensweise ist ohne die rechte Natur und unser geselliger Verkehr ohne eigentliche Liebe und Wohlwollen. Jedermann ist fein und höflich, aber Niemand hat den Muth, gemüthlich und wahr zu sein, so daß ein redlicher Mensch mit natürlicher Neigung und Gesinnung einen recht bösen Stand hat. Man sollte oft wünschen, auf einer der Südseeinseln als sogenannter Wilder geboren zu sein, um nur einmal das menschliche Dasein, ohne falschen Beigeschmack, durchaus rein zu ge-

---

*) Lettre à Mr. J. J. R. C. D. G. im 10. Bande der 1. Ausgabe der sämmtlichen Werke Voltaires, 1756, S. XI.

niessen." Aber derselbe Göthe würde sich doch sehr bedankt haben, wenn man ihn auf eine der Südseeinseln unter die Wilden hätte versetzen wollen. Er liebte die Cultur zu sehr, um Lust zu verspüren, wieder in den Naturzustand zurückzukehren. Er urtheilte über Iffland's Schauspiele treffend: „Er (Iffland) setzt überall Natur und Cultur in einen falschen Contrast. Cultur ist ihm nur die Quelle aller moralischen Verdorbenheit; wenn seine Menschen gut werden sollen, so kehren sie in den Naturzustand zurück; der Hagestolze geht auf seine Güter und heirathet ein Bauermädchen u. s. w. Dies ist ein ganz falscher Gesichtspunkt, aus welchem er alle Cultur verunglimpft, da vielmehr das Geschäft eines Schauspieldichters in unserm Zeitalter sein sollte, zu zeigen, wie die Cultur von Auswüchsen gereinigt, veredelt und liebenswürdig gemacht werden könne. Die Idyllenscenen aus Arkadien, die in Iffland's Stücken so wohlgefallen, sind eine süße, aber darum nur um so gefährlichere Schwärmerei."*)

Es ist oben schon gesagt worden, daß die Tugenden des Naturmenschen nur Naturtugenden sind, ohne ethischen Werth. Dies gilt besonders von der bei Rousseau so sehr gepriesenen Tapferkeit des Naturmenschen. Rousseau hat die ächte, sittliche Tapferkeit von der physischen nicht unterschieden. Schon Aristoteles schrieb mit Recht nur Dem wahre Tapferkeit zu, der diejenigen Gefahren übernimmt, die er übernehmen soll, und aus den gehörigen Bewegungsgründen, auf die gehörige Weise und zu gehöriger Zeit. Der wahrhaft Tapfere leidet und handelt nach ihm, wie es die Sache fordert und wie es die Vernunft gebietet.**)

---

*) S. K. W. Böttiger, Literarische Zustände und Zeitgenossen, in Schilderungen aus Karl August Böttiger's handschriftlichem Nachlaß, Bd. I, S. 98.

**) ῾Ο μὲν οὖν ἃ δεῖ, καὶ οὗ ἕνεκα ὑπομένων καὶ φοβούμενος, καὶ ὡς δεῖ, καὶ ὅτε· ὁμοίως δὲ καὶ θαῤῥῶν, ἀν-

Dagegen rechnet er jene Tapferkeit, deren Quelle nur Zorn und thierische Wuth ist, und die aus sinnlichem Schmerz sich blindlings in die Gefahr stürzt, zu den von ihm aufgeführten unächten Arten der Tapferkeit.*)

Vergleichen wir nun die Tapferkeit des Naturmenschen mit der des Culturmenschen, so finden wir, daß erstere unter die Kategorie der von Aristoteles beschriebenen physischen, diese dagegen unter die der vernünftigen fällt. Der Naturmensch schlägt sich in blindem Zorn und Wuth für sinnliche Zwecke; der Culturmensch dagegen führt planvolle Kriege für geistige Zwecke, für die Ehre, für das Recht, für die Freiheit. Kunst und Wissenschaft, weit entfernt, den Menschen zu verweichlichen, wie Rousseau behauptet, machen ihn erst der wahren, ächten Tapferkeit fähig, da sie ihn über blos persönliche Zwecke erheben und ihn der Begeisterung für ein Objectives, Wahres, Allgemeines fähig machen. Erst wenn die Verweichlichung aus dem Leben auch in die Kunst und Wissenschaft eingedrungen und sie ihrem objectiven Zweck entfremdet, sie frivolen

---

δρεῖος· κατ' ἀξίαν γὰρ καὶ ὡς ἂν ὁ λόγος, πάσχει καὶ πράττει ὁ ἀνδρεῖος. (Eth. Nicom. III, 7 ed. Zell.)

*) Οἱ μὲν οὖν ἀνδρεῖοι διὰ τὸ καλὸν πράττουσιν· ὁ δὲ θυμὸς συνεργεῖ αὐτοῖς· τὰ θηρία δὲ διὰ λύπην. διὰ γὰρ τὸ πληγῆναι ἢ φοβεῖσθαι· ἐπεὶ ἄν γε ἐν ὕλῃ ἢ ἐν ἕλει ᾖ, οὐ προςέρχονται· οὐ δὴ οὖν ἐστιν ἀνδρία, ὑπ' ἀλγηδόνος καὶ θυμοῦ ἐξελαυνόμενα πρὸς τὸν κίνδυνον ὁρμᾶν, οὐδὲν τῶν δεινῶν προορῶντα· ἐπεὶ οὕτω γε κἂν οἱ ὄνοι ἀνδρεῖοι ἂν εἶεν πεινῶντες· τυπτόμενοι γὰρ οὐκ ἀφίστανται τῆς νομῆς· καὶ οἱ μοιχοὶ δὲ καὶ διὰ τὴν ἐπιθυμίαν τολμηρὰ πολλὰ δρῶσιν. Οὐ δὴ οὖν ἐστιν ἀνδρεῖα τὰ δι' ἀλγηδόνος ἢ θυμοῦ ἐξελαυνόμενα πρὸς τὸν κίνδυνον· φυσικωτάτη δὲ ἔοικεν ἡ διὰ τὸν θυμὸν εἶναι, καὶ προςλαβοῦσα προαίρεσιν καὶ τὸ οὗ ἕνεκα, ἀνδρία εἶναι· καὶ οἱ ἄνθρωποι δὴ ὀργιζόμενοι μὲν, ἀλγοῦσι. τιμωρούμενοι δ', ἥδονται· οἱ δὲ διὰ ταῦτα μάχιμοι, οὐκ ἀνδρεῖοι δέ· οὐ γὰρ διὰ τὸ καλὸν, οὐδ' ὡς ὁ λόγος, ἀλλὰ διὰ τὸ πάθος· παραπλήσιον δ' ἔχουσί τι. (Eth. Nicom. III, 8 ed. Zell.)

II. Besondere Arten von Einflüssen. 393

Zwecken dienstbar gemacht hat, dann geht auch die wahre Tapferkeit verloren. Aber dann trifft die Schuld nicht die Kunst und Wissenschaft, sondern die allgemeine sittliche Entartung. Von verweichlichender Kunst und Wissenschaft rettet nicht, wie Rousseau meint, Rückkehr in den Naturzustand, sondern die ihrem objectiven, immanenten Zweck zurückgegebene Kunst und Wissenschaft.

Wie Rousseau die Verderbniß seiner Zeit fälschlich der Cultur Schuld gab, so geben auch noch heutzutage Manche die Verderbniß unserer Zeit, die sich besonders in der überhandnehmenden Zahl der Geisteskrankheiten, der Selbstmorde, der unehelichen Geburten u. s. w. kund giebt, der Cultur, der Civilisation Schuld. Gegen diese sagt Friedrich Oesterlen, der die Thatsachen, die den gegen unsere Zeit gerichteten Anklagen zu Grunde liegen, nicht in Abrede stellen will: Wenn wir auch wohl oder übel manche jener Anklagen als begründet zugeben müßten, so sei doch nicht immer ihre Deutung die richtige. Am wenigsten begründet müsse uns schon von vorne herein ein Schuldigsprechen der Civilisation in Bausch und Bogen erscheinen, weil es sich einmal um die gewiß höchst verwickelten und vielfachen Ursachen sehr complicirter, vieldeutiger Wirkungen handelt, und das was man Civilisation zu nennen pflegt, selbst ein sehr complicirtes Ding ist, jedenfalls nicht eine einfache Ursache. „Wer will, kann damit Alles und eben so gut nichts erklären, nach Belieben dieses finden, jenes umgekehrt beiseite lassen." Daß die Menge der Geisteskranken, Wahnsinnigen und Selbstmörder bei civilisirten Völkern allerdings häufiger ist, als bei andern, scheint aus vielfachen Untersuchungen hervorzugehen. Bei jenen pflegt man, nach Oesterlen, jetzt einen Geisteskranken auf etwa zweitausend Einwohner zu rechnen, in großen Städten sogar einen auf drei- bis vierhundert, während z. B. in Rußland u. a. nur einer auf vier- bis fünftausend kommen soll. Barbaren, Wilde bringen sich zudem nur selten um. In Frankreich kamen dagegen nur in den Jahren 1836 bis

1852 über 52,000 Fälle von Selbstmord vor, jährlich etwa einer auf je neun- bis zehntausend, in Paris sogar auf zweitausend Einwohner, auch in Preußen, England einer auf sechzehntausend, dagegen schon in Oesterreich nur ein Selbstmord auf dreißig- und in Rußland sogar nur auf vierzig- bis fünfzigtausend einer. Ja, sagt Oesterlen, wir finden nur zu häufig schon bei halben Kindern einen solchen Grad von Lebensüberdruß, daß sich z. B., wie Esquirol erzählt, ein Junge erhängte, blos weil er der zwölfte in seiner Classe war, ein anderer in seinem hinterlassenen Schreiben seine Erziehung und Eltern, ein dritter Gott und die Welt anklagt, während ein vierter seinen Leib der Erde und seine Seele Rousseau vermacht! Wenn aber jetzt thatsächlich in allen civilisirten Ländern nahezu ein Zehntheil aller Kinder uneheliche sind, in großen Städten ein Drittheil, und in mancher Stadt oft mehr uneheliche als eheliche Kinder zur Welt kommen, wenn zumal unsere Haupt-, Residenz- und Garnisonsstädte von Tausenden öffentlicher Dirnen, von Courtisanen und käuflichem Personal wimmeln, so brauche es keiner weitern Belege für die Prostitution und Unzucht unserer Zeit. Auch müsse wohl dieser Makel an derselben durch die ganze Frivolität ihrer Grisettenliteratur nur in ein um so traurigeres Licht gestellt werden. „Was hat aber mit dem Allen die Civilisation zu thun? Sollte wohl einer blos deshalb verrückt werden und sich ums Leben bringen, oder ein Säufer, ein Dieb und Mörder werden, weil er civilisirt, gebildet ist? Und sind wohl Mädchen, Frauen oder junge Herren deshalb geneigt, einem der mächtigsten Triebe gegen Sitte und Gesetz Folge zu leisten, weil sie sich einer gewissen Bildung erfreuen, weil sie vielleicht lesen und schreiben gelernt? Eher noch ließe sich doch aus all diesem theils auf zu wenig Bildung, auf eine gewisse Halbcultur schließen, welche den Geist nur belastet, nicht erhebt und bildet, oder auf Mangel an Selbstbeherrschung, an sittlicher Kraft; theils und noch öfter auf Elend, Armuth und gefühltes Unglück.

Denn wo diese am häufigsten sind, hat man noch überall auch die größte Sittenlosigkeit, die meisten Verbrecher gefunden, und haben sich diese irgendwo die letzten Zeiten her vermehrt, so beweist es nur, daß dort die öffentlichen Zustände schlechter, die Leute ärmer und roher, ungebildeter geworden." *)

---

2. Lebensweise.

Die Lebensweise gestaltet sich verschieden auf verschiedenen Culturstufen und in verschiedenen Ständen.

Es ist nicht meine Absicht, alle hier in Betracht kommenden Unterschiede nach ihrem Einfluß auf die Sittlichkeit durchzugehen, sondern nur einige Grundgegensätze hervorzuheben und deren Einfluß auf die sittliche Entwicklung und das sittliche Verhalten darzulegen.

Zuerst besteht ein Grundgegensatz zwischen dem unstäten, herumschweifenden und dem geregelten seßhaften Leben, der auf die Gesittung und mittelbar auch auf die Sittlichkeit von bedeutendem Einfluß ist. Die Lebensweise der Jäger-, der Hirten- und der Ackerbau treibenden Völker zeigt Dies im Großen und Ganzen. Die unstäte und ungeregelte Lebensweise der von der Jagd lebenden Völker ist noch am weitesten von der Gesittung und folgeweise auch von der Sittlichkeit entfernt, das geregelte seßhafte Leben der Ackerbau treibenden Völker ist der Gesittung und Sittlichkeit am günstigsten. Eine mittlere Stufe nimmt das Leben der Hirtenvölker ein.

Eine richtige Würdigung dieser drei Stufen findet man

---

*) Der Mensch und seine physische Erhaltung. Hygieinische Briefe für weitere Leserkreise von Friedrich Oesterlen (Leipzig, Fr. A. Brockhaus, 1859), Brief 24.

bei Lotze, im zweiten Theile des „Mikrokosmus". Lotze bemerkt sehr wahr: „Der Mensch bedarf es zunächst, durch Heimath, Eigenthum und Wirkungskreis an eine bestimmte Stelle in den Zusammenhang der Welt gestellt zu sein; er bedarf es ferner, nicht nur zufällige Begegnungen mit Andern seines Gleichen zu erfahren, sondern mit Einem wenigstens in einer dauernden Gemeinschaft des Lebens zu stehen, die dem Ganzen seiner Persönlichkeit Verständniß und Theilnahme sichert; diese enge Gruppe der Familie bedarf es weiter, daß um sie sich der umfassendere Hintergrund einer Gesellschaft ausdehne, an deren gemeinschaftlicher Ueberzeugung, Sitte und Rechtsbildung ihr eigenes Leben und Streben gemessen und von der sie, wie von ihrem Allgemeinen, getragen, unterstützt und gerichtet wird; überall endlich ist es unvermeidlich, daß der Geist eben dieser Gesellschaft ihr Gesammtleben und das Dasein jedes Einzelnen theils durch das Bewußtsein einer irdischen Geschichte mit Vergangenheit und Zukunft verknüpfe, theils durch einen gemeinsamen religiösen Glauben die Summe des Erdenlebens an den noch umfassendern Zusammenhang einer Weltgeschichte ankette."*) An diese allgemeine Bemerkung knüpft Lotze alsdann die Betrachtung des Einflusses, den die natürlichen Verhältnisse und die durch sie bedingte Lebensweise auf die höhere Gesittung üben. Wo die üppige Fülle der Thierwelt und die Nothwendigkeit sich ihrer Angriffe zu erwehren, den noch heimathlosen Menschen zunächst zu der Lebensweise des Jägers drängt, findet der Anfang höherer Gesittung mehr verzögernde Hindernisse, als schnelle Förderung. Die Nöthigung, dem unstäten Wilde zu folgen, läßt an die Stelle der eigentlichen Heimath nur die weitläufigere Vorstellung eines

---

*) Mikrokosmus, Ideen zur Naturgeschichte und Geschichte der Menschheit, von Hermann Lotze, zweiter Band (Leipzig 1858), S. 407 fg.

II. Besondere Arten von Einflüssen. 397

Jagdgrundes treten, und die Leichtigkeit, mit welcher die gemachte Beute nach geringer Zubereitung die natürlichen Bedürfnisse befriedigt, so wie die Spurlosigkeit, mit welcher die Frucht aller Anstrengungen bei diesem Leben von der Hand in den Mund verschwindet, läßt keinen Gedanken an die Aufsammlung des Gethanen zu einem abgeschlossenen Lebenswerke oder an eine Lebensführung entstehen, welche die zerstreuten Anwandelungen des Handelns zu einem planvollen Ganzen der Entwicklung verknüpfte. Hinterlistige Geduld und leidenschaftliche Wuth des Angriffes sind die beiden Fähigkeiten, die dieses Leben abwechselnd verlangt und übt: beide der höhern menschlichen Gesittung wenig förderlich. *)

Die Lebensweise der Hirtenvölker bringt, wie Lotze zeigt, schon etwas günstigere Bedingungen der Entwicklung mit sich. Sie kann nicht ganz der Tapferkeit und Rüstigkeit zum Schutze ihrer Heerden entbehren; aber sie ist doch nicht auf Vernichtung, sondern auf Pflege des thierischen Lebens gegründet; so wird sie neben einer nicht unmuthig lauernden, sondern ruhig ausharrenden Geduld mancherlei voraussehende und voraussorgende Gedanken erwecken und bei der wachsenden Mannigfaltigkeit der Bedürfnisse zu dem Anfange einer Arbeitstheilung zwischen einer kleinen Gesellschaft einander unterstützender Hände führen. An die Stelle einer plötzlichen Abwechslung von völlig thatloser Muße und erschöpfender Anstrengung, wie sie dem Jägerleben gewöhnlich ist, tritt eine stätige Reihenfolge einander ablösender und auf einander berechneter Geschäfte, an die Stelle der Vereinzelung ein Zusammenleben, in welchem die Beziehungen zu dem gemeinschaftlichen oder gesonderten Eigenthum, mit dessen Verwaltung Alle beschäftigt sind,

---

*) Mikrokosmus, Ideen zur Naturgeschichte und Geschichte der Menschheit, von Hermann Lotze, zweiter Band (Leipzig 1858), S. 409.

von selbst einfache Unterscheidungen der geselligen Geltung hervorbringen. So entstehen mit diesem beweglichen Besitz die ersten Anfänge zweier dem Jägerleben fremder Begriffe: der Oekonomie und der Gesellschaft.

Der eigentliche Beginn einer höhern menschlichen Sittigung ist überall in der Wendung des nomadischen Lebens zur seßhaften Niederlassung zu suchen. Von den mannigfachen Geschäften des Anbaus der Cerealien geht, wie Lotze zeigt, eine gemüthbildende Kraft aus. Es ist die eigene Kraft und Anstrengung, welche der ackerbauende Mensch zur Befriedigung seiner Bedürfnisse einsetzen muß; Natur und Boden, mit denen er verkehrt, lassen sich ihre Gaben weder abschwindeln, noch bieten sie dieselben freiwillig dar, aber sie gewähren sie dem unablässigen und genauen Fleiße. Die nothwendige Beachtung vieler kleiner Bedingungen, die alle den Erfolg sichern helfen, die Unerläßlichkeit einer bestimmten Reihenfolge von Geschäften, welche weder die Willkür umkehren, noch der leichtsinnige Uebermuth sich ersparen kann, die Geduld nicht nur im Kampfe mit Wetter und Jahreszeit, sondern auch im Abwarten des langsamen Reifens, das keine Hast der Begierde zu beschleunigen vermag, der Anblick endlich der Gleichförmigkeit, mit welcher im Ganzen das Werk der natürlichen Kräfte fortschreitet: alle diese Dinge lehren den Geist, sich aufgenommen und mit verwickelt zu fühlen in einen treuen, folgerichtigen und vielverzweigten Zusammenhang der Naturgesetzlichkeit, und sie werden nicht verfehlen, auch in dem ärmlichsten Gemüth das Bewußtsein zu erzeugen, wie nothwendig zum Gelingen jedes Werkes die Vollständigkeit einer zusammenhängenden Vermittlung ist, und wie wenig ein aus dem Stegreif geführtes Leben auf Erfolg und Befriedigung rechnen darf.*)

---

*) Mikrokosmus, Ideen zur Naturgeschichte und Geschichte der Menschheit, von Hermann Lotze, zweiter Band (Leipzig 1858), S. 412.

II. Besondere Arten von Einflüssen.

Alle höhere Entwicklung des Familien- und Staatslebens ist an diese seßhafte Lebensweise, zu der der Ackerbau nöthigt, gebunden, und Lotze sagt daher mit Recht: „Wenn es gilt, den sittlichen Werth von Lebensformen zu beurtheilen, auf denen auch die Cultur der Gegenwart noch beruht, so werden wir nicht zweifeln, daß die seßhafte Niederlassung und der Wirkungskreis, der sich in Haus und Hof eröffnet, die feste Grundlage eines geschlossenen Familienlebens und mittelbar durch dieses auch die Basis der größern gesellschaftlichen Ordnung bildet."*)

Es geht aus dem Angeführten hervor, daß die Tugenden, zu denen sich auf der Stufe des Jägerlebens Gelegenheit bietet, noch von sehr untergeordneter, physischer Art sind; körperliche Abhärtung, Schärfung der Sinne, Uebung in List und Geduld sind hier fast die einzigen Tugenden, die geübt werden. Weder erhebt sich der Verstand zur Wissenschaft, noch das Gemüth zu edlern Gefühlen, noch der Wille zur Hingabe an ein Allgemeines. Von ethischer Lebensauffassung kann hier noch keine Rede sein. Günstigere Bedingungen für die ethische Lebensauffassung und Gestaltung sind schon auf der Stufe des Hirtenlebens vorhanden, die günstigsten jedoch erst auf der Stufe des geregelten seßhaften Lebens der Ackerbau treibenden Völker. Hier erhebt Wissenschaft den Geist und richtet ihn auf das Allgemeine; Familien- und Staatsleben erheben das Gemüth und den Willen über blos persönliche Gefühle und Bedürfnisse und machen den Menschen der objectiven Richtung fähig. Objective Richtung ist aber die Grundbedingung der Sittlichkeit (s. Verwandtschaft der sittlichen mit der ästhetischen und wissenschaftlichen Beurtheilung).

Der Gegensatz des unstäten, unsichern, ungeregelten und des stätigen, gesicherten, geregelten Lebens spielt jedoch nicht blos auf den verschiedenen Culturstufen, sondern auch in

---

*) A. a. O.

verschiedenen Ständen und Berufsclassen eine Rolle. Ein Beispiel hiefür findet sich in Dem, was Garve über das Leben der Matrosen und Soldaten sagt.

„Man hat angemerkt, sagt Garve, daß Leute, welche in ihrer Lebensart beständigen Gefahren ausgesetzt sind, leicht in Zügellosigkeit und Ausschweifung gerathen. Der Soldat im Felde, der Matrose auf der See, oder auf den Küsten, wo er landet, läßt eben so oft Spuren seiner wilden Lüste, als seiner Raubsucht zurück. Es scheint, daß diese Menschen sich entweder für die Noth, welche sie oft leiden, durch eine desto uneingeschränktere Befriedigung ihrer Lüste schadlos halten wollen, oder daß, da sie einmal gewohnt sind, das Kostbarste, was sie haben, ihr Leben aufs Spiel zu setzen, auch alle übrigen Betrachtungen der Klugheit, oder der Pflicht ihr Gewicht bei ihnen verlieren. Der Spieler von Profession befindet sich in dem nämlichen Falle. Auch er setzt sich täglich der Gefahr aus, in Mangel und Schande zu gerathen. Kein Wunder also, daß auch er sich wild in alle Arten von sinnlichen Vergnügungen hineinstürzt, um seiner mißlichen Lage zu vergessen. Gemeiniglich sind Trunkenheit und Wollust Begleiter der Spielsucht, und was sie also selbst am Charakter noch unverdorben läßt, wird doch durch diejenigen Ausschweifungen zu Grunde gerichtet, welche sie gemeiniglich in ihrem Gefolge zu haben pflegt."*)

Außer dem Gegensatze der Stätigkeit und Unstätigkeit giebt es auch noch einen andern Gegensatz in der Lebensweise, der von bedeutendem Einfluß auf die Sittlichkeit ist. Es ist dies der Gegensatz der Einsamkeit und Geselligkeit.

Diesen Gegensatz und seinen Einfluß hat Garve in

---

*) S. Garve, „Versuche über verschiedene Gegenstände aus der Moral, der Literatur und dem gesellschaftlichen Leben", Thl. III, S. 302 fg.

II. Besondere Arten von Einflüssen.

seiner Abhandlung „Ueber Gesellschaft und Einsamkeit" so erschöpfend behandelt, daß es genügen wird, die Grundgedanken des moralischen Theiles dieser Abhandlung hervorzuheben, um den Einfluß des einsamen und des geselligen Lebens auf die Sittlichkeit zu zeigen. Ein zu großer Hang zur Gesellschaft und eine zu große Erweiterung unsers Umgangs, sagt Garve mit Recht, kann der Ausübung unserer Pflichten in sofern schädlich werden, als uns die Gesellschaft zu viel von unserer Zeit raubt; als sie unsere Aufmerksamkeit, die wir auf unsern Beruf, auf unsere häuslichen Geschäfte, oder auf uns selbst und die unsrigen wenden sollten, zu sehr auf sich zieht; in sofern endlich, als sie eine Menge kleiner Begierden und Leidenschaften rege macht, welche unsern Eifer für die großen Endzwecke des menschlichen Lebens, oder für das unserer Laufbahn vorgesteckte Ziel schwächen. Die Einsamkeit hingegen ist zu einer moralischen Aufführung in sofern beförderlich, als sie dem beschäftigten Manne zu seiner Arbeit volle Zeit und Muße giebt; — als sie vom Menschen überhaupt Zerstreuungen abhält, und ihn weniger vergessen läßt, wozu er da ist, und was er zu thun hat; in sofern endlich sie sein Gemüth ruhig erhält und ihm zu den trocknen Arbeiten und den wenig anmuthigen Unterhaltungen, die oft seine Pflicht von ihm fordert, nicht durch den Reiz lebhafter Vergnügungen den Geschmack, oder durch den Rausch derselben die Fähigkeit raubt. Die Einsamkeit begünstigt auch die Tugend der Sparsamkeit, während die Gesellschaft Versuchung zur Verschwendung giebt. Und da, besonders bei der arbeitenden und erwerbenden Classe, die Verschwendung die Quelle vieler Laster, und die Sparsamkeit die Mutter vieler Tugenden ist; so ist unter solchen Umständen der moralische Charakter des Menschen überhaupt mehr bei der Eingezogenheit, als bei einem zerstreuten Leben, außer Gefahr. Die Einsamkeit nöthigt auch, für die sinnlichen Vergnügungen, deren wir entbehren, einen Ersatz in geistigen Genüssen zu suchen, in Genüssen, zu denen mehr eigene Kraft, mehr eigene Thätigkeit erforderlich ist. „Eben dies ist der moralische Nutzen der Einsamkeit: daß sie uns das Vergnügen etwas schwerer macht, und uns also zu Anstrengungen nöthigt, die uns vervollkommnen. Indem sie den Zufluß angenehmer Empfindungen und Ideen von außen verhindert, macht sie uns auf die Schätze aufmerksam, welche in unserm eigenen Geiste verborgen liegen. Sie wird die Mutter der Tugenden durch die Schwierigkeiten, die sie uns zu überwinden giebt."

Dagegen hat die Einsamkeit für gewisse Charaktere auch, wie Garve zeigt, ihre Gefahren, dient dazu, ihre Fehler zu verstärken oder sie in denselben zu bestärken. Der Schüchterne z. B. liebt die Einsamkeit, weil er hier der Beurtheilung der Menschen nicht ausgesetzt ist; der Träge liebt sie, weil er die Mühe scheut, zur geselligen Unterhaltung beizutragen; der Liebhaber geheimer Ausschweifungen verbirgt sich in ihr vor dem Tadel der Welt. Bei allen solchen Personen wird die Sittlichkeit nicht durch die Einsamkeit befördert, da diese ihnen nicht Anlaß zur Selbstbeherrschung giebt, sondern sie in ihrem sinnlichen Trieb noch mehr bestärkt. Wie es Beispiele von Menschen giebt, welche die Einsamkeit suchen, weil sie ausschweifend leben wollten, so giebt es andere, die uns den umgekehrten Einfluß der Einsamkeit auf die Erweckung und Ausartung wollüstiger Begierden zeigen. Die Religion selbst hat die Einsiedler und Mönche nicht davor schützen können. Wie Mancher, der in der löblichen Absicht, irgend ein Studium zu verfolgen, den erlaubten Zerstreuungen im geselligen Leben entsagt hatte, lernt nach und nach in der Einsamkeit sich für so große Aufopferungen durch unerlaubte Vergnügen schadlos halten. Bei dem Einen wurde die Einbildungskraft um desto mehr erhitzt, je weniger die Sinne mit äußern Gegenständen beschäftigt waren. Bei dem Andern wuchs eine schon keimende Begierde zu einer ausschweifenden Herrschaft. Bei einem Dritten entwickelten sich geheime Anlagen zur

Unsittlichkeit, da sie durch die Aufsicht des Publikums nicht mehr im Zaume gehalten wurden. „Der gesellschaftliche Mann lebt vor den Augen der Menschen und hat die Urtheile derselben zu fürchten: der in der Einsamkeit Verborgene hat keine Zeugen und Richter seiner Handlungen, als sich selbst. Er kann also nur durch stumpfe Sinne und ein kaltes Temperament, oder durch eine höhere Gewissenhaftigkeit vor Ausschweifungen bewahrt werden."

Auch zwei in's Große gehende Erfahrungen stehen nach Garve einander gegenüber. Einerseits preisen die Dichter und Weltweisen das Glück und die Unschuld eines stillen Privatlebens und meinen, daß derjenige am besten lebe, der sich am besten zu verbergen wisse. Sie schildern die Höfe als den Sitz des moralischen Verderbnisses und suchen Tugenden und Glück nur in der Hütte des Landmanns. Andererseits zeigt uns die Geschichte in allen Zeitaltern und bei allen Völkern den Fortgang der Sittlichkeit im Gefolge der wachsenden Geselligkeit. Allenthalben, wo sich, aus welcher Ursache es auch sein mochte, der Umgang unter den Menschen vermehrte; wo Religion und Handel, oder Schauspiele und Lustbarkeiten sie häufiger zusammenbrachten und sie zum Umtausche ihrer Gedanken und Empfindungen sowohl, als ihrer Waaren veranlaßten: da wurden auch die Sitten milder. An die Stelle der alten Barbarei traten Anstand und Artigkeit; die Gesetze bekamen mehr Kraft; die Erbfeindschaften einzelner Familien und ganzer Völkerschaften hörten auf, nachdem sie sich einander genauer kennen gelernt hatten, — und mit ihnen die Mord- und Raublust, die durch den Haß war entschuldigt und gereizt worden.

Aus allen diesen einander entgegenstehenden Erfahrungen kommt Garve zu dem ganz richtigen Schluß: „daß weder die Einsamkeit an sich, noch die Geselligkeit an sich mit der moralischen Verbesserung, oder Verschlimmerung des Menschen einen nothwendigen und gleichförmigen Zusammenhang habe; daß der Mensch für keinen von diesen beiden

Zuständen ausschließend gemacht sei; daß ihm bald die Einsamkeit, bald die Geselligkeit zur Bildung seines sittlichen Charakters nützlich sei, je nachdem entweder er selbst, oder nachdem die Gesellschaft beschaffen ist, zu welcher er Zutritt hat; daß in der Regel Einsamkeit und Gesellschaft, Umgang mit uns selbst und Umgang mit andern, mit einander abwechseln müssen, wenn nicht irgend wo, im Geist oder Charakter, ein roher, ungebildeter Theil übrig bleiben soll."*)

Es zeigt sich also auch hier wieder die Relativität der auf die Sittlichkeit wirkenden Einflüsse. Einsamkeit sowohl, als Geselligkeit, haben nicht auf alle Personen und unter allen Umständen denselben Einfluß, sondern einen verschiedenen auf verschiedene Personen und unter verschiedenen Umständen. Dem Einen kann bei seinem Charakter und seiner Richtung die Einsamkeit moralisch förderlicher sein, dem andern das gesellige Leben. In Beziehung auf letzteres ist noch zu bemerken, daß der moralisch nützliche oder schädliche Einfluß desselben hauptsächlich auch von der Beschaffenheit der Gesellschaft abhängt. „Der gesellige Umgang ist moralisch nützlich, wenn die Gesellschaft selbst gut ist: er ist moralisch schädlich, wenn die Personen, mit denen man umgeht, an Geist und Sitten verdorben, oder ungebildet sind. Das Sprichwort sagt: Leute machen Leute; das heißt, der Mensch wird nach und nach denjenigen ähnlich, mit welchen er häufig in Gesellschaft ist. Er wird durch den Umgang mit einsichtsvollen Personen verständiger, mit Hofleuten artiger, mit Ausschweifenden zügelloser, mit eigensinnigen Greisen vorurtheilsvoller, mit Pedanten Pedant, und mit dem Pöbel selbst Pöbel."**)

---

*) Ueber Gesellschaft und Einsamkeit, im 3. Theile der „Versuche über verschiedene Gegenstände aus der Moral, der Litteratur und dem geselligen Leben" von Christian Garve, S. 206—234.
 **) Daselbst S. 208.

3. Stand.

Der allgemeinste Gegensatz in Beziehung auf den Stand — worunter ich hier den Geburtsstand verstehe — ist der Gegensatz der vornehmen und niedrigen Geburt. Dieser Gegensatz ist zunächst zwar hauptsächlich von Einfluß auf die Erziehung und Bildung, mittelbar aber auch auf die Sittlichkeit.

Der in vornehmem Stande Geborene ist durch seine Herkunft in den Stand gesetzt, jene persönlich harmonische Ausbildung zu erlangen, die dem Göthe'schen Wilhelm Meister als Ideal vorschwebte; während der in niedrigem Stande Geborene in der Regel nur auf eine einseitige Geschäfts- und Berufsbildung angewiesen bleibt. „Ich weiß nicht", schreibt Wilhelm Meister, „wie es in fremden Ländern ist, aber in Deutschland ist nur dem Edelmann eine gewisse allgemeine, wenn ich sagen darf personelle Ausbildung möglich. Ein Bürger kann sich Verdienst erwerben und zur höchsten Noth seinen Geist ausbilden; seine Persönlichkeit geht aber verloren, er mag sich stellen wie er will. Indem es dem Edelmann, der mit den Vornehmsten umgeht, zur Pflicht wird, sich selbst einen vornehmen Anstand zu geben, indem dieser Anstand, da ihm weder Thür noch Thor verschlossen ist, zu einem freien Anstand wird, da er mit seiner Figur, mit seiner Person, es sei bei Hofe oder bei der Armee bezahlen muß, so hat er Ursache etwas auf sie zu halten und zu zeigen, daß er etwas auf sie hält. Eine gewisse feierliche Grazie bei gewöhnlichen Dingen, eine Art von leichtsinniger Zierlichkeit bei ernsthaften und wichtigen kleidet ihn wohl, weil er sehen läßt, daß er überall im Gleichgewicht steht. Er ist eine öffentliche Person und je ausgebildeter seine Bewegungen, je sonorer seine Stimme, je gehaltener und gemessener sein ganzes Wesen ist, desto vollkommener ist er, und wenn er gegen hohe und niedere, gegen Freunde und Verwandte immer derselbe bleibt, so ist nichts an ihm auszusetzen, man darf ihn nicht anders wünschen. Er sei kalt, aber verständig; verstellt, aber klug. Wenn er sich äußerlich in jedem Momente seines Lebens zu beherrschen weiß, so hat niemand eine weitere Forderung an ihn zu machen und alles übrige was er an und um sich hat, Fähigkeit, Talent, Reichthum, alles scheinen nur Zugaben zu sein.

„Nun denke dir irgend einen Bürger, der an jene Vorzüge nur einigen Anspruch zu machen gedächte; durchaus muß es ihm mißlingen, und er müßte nur desto unglücklicher werden, je mehr sein Naturell ihm zu jener Art zu sein Fähigkeit und Trieb gegeben hätte.

„Wenn der Edelmann im gemeinen Leben gar keine Gränzen kennt, wenn man aus ihm Könige oder königähnliche Figuren schaffen kann; so darf er überall mit einem stillen Bewußtsein vor seines Gleichen treten; er darf überall vorwärts bringen, anstatt daß dem Bürger nichts besser ansteht, als das reine stille Gefühl der Gränzlinie, die ihm gezogen ist. Er darf nicht fragen: was bist du? sondern nur: was hast du? Welche Einsicht, welche Kenntniß, welche Fähigkeit, wie viel Vermögen? Wenn der Edelmann durch die Darstellung seiner Person alles giebt, so giebt der Bürger durch seine Persönlichkeit nichts und soll nichts geben. Jener darf und soll scheinen; dieser soll nur sein, und was er scheinen will, ist lächerlich oder abgeschmackt. Jener soll thun, wirken, dieser soll leisten und schaffen; er soll einzelne Fähigkeiten ausbilden, um brauchbar zu werden, und es wird schon vorausgesetzt, daß in seinem Wesen keine Harmonie sei, noch sein dürfe, weil er, um sich auf Eine Weise brauchbar zu machen, alles übrige vernachlässigen muß.

„An diesem Unterschiede ist nicht etwa die Anmaaßung der Edelleute und die Nachgiebigkeit der Bürger, sondern die Verfassung der Gesellschaft selbst Schuld; ob sich daran

II. Besondere Arten von Einflüssen.

einmal was ändern wird und was sich ändern wird, bekümmert mich wenig; genug, ich habe, wie die Sachen jetzt stehen, an mich selbst zu denken, und wie ich mich selbst und das was mir ein unerläßliches Bedürfniß ist, rette und erreiche. Ich habe nun einmal gerade zu jener harmonischen Ausbildung meiner Natur, die mir meine Geburt versagt, eine unwiderstehliche Neigung."*)

Hier sind die Eigenschaften, die den Mann von vornehmer Geburt bezeichnen: Anstand, Maaß, Gleichgewicht, ungezwungene Haltung, u. s. w. — kurz Harmonie der ganzen persönlichen Erscheinung — treffend bezeichnet, und eben so treffend ist im Gegensatz zu ihm der gemeine Mann als derjenige charakterisirt, der nicht gilt durch Das, was er ist, sondern nur durch Das, was er hat oder was er leistet, und der darüber sich selbst, seine persönliche Ausbildung verliert.

Es hat sich nun zwar hierin in Deutschland Manches geändert; aber im Ganzen besteht der Gegensatz noch fort. Dieser Gegensatz aber ist in sofern von moralischem Einfluß, als er auf die Gesinnung influirt und ein verschiedenes Werthurtheil hervorruft. Der Vornehme, der Adlige, der Mann von hohem Stand, legt übertriebenen Werth auf die ästhetischen Sitten, auf die oberflächlichen Tugenden des guten Tons, des feinen Anstandes, des geselligen Schliffs, und vernachlässigt darüber jene tiefere Charakterbildung, die allein sittlichen Werth verleiht, jene Pflichtstrenge und Gewissenhaftigkeit, ohne welche die feinste Bildung nur Tand ist. Zu Geschäften, welche mehr als weltmännische Glätte, welche Vertiefung und Ausdauer, Hingebung und Aufopferung fordern, ist er untauglich. Der gemeine Mann dagegen, mit seinem Sinn überwiegend auf das Nützliche und Fördernde gerichtet, wird

---

*) S. Göthe's Wilhelm Meister, 5. Buch, 3. Cap.

dadurch zwar fähig, sich einem besondern Geschäft mit Ernst, Fleiß und Ausdauer hinzugeben, in seinem Fache Tüchtiges zu leisten, die materiellen Güter des Lebens zu mehren; aber, da er übertriebenen Werth auf dieses Schaffen und Leisten legt, so bekommt er leicht eine banausische und philisterhafte Gesinnung, ermangelt des Sinnes für das Schöne und Edle, den zu üben doch auch Pflicht ist.

Beide Arten zu sein und zu denken sind Extreme, und sind der Ergänzung bedürftig. Weltmännische Tournüre ist gut, wo sie hingehört, in der Gesellschaft, in der Conversation; aber in's Berufsleben mit seinen ernsten und rauhen Pflichten übertragen, wirkt diese Leichtigkeit und Oberflächlichkeit nachtheilig, ist ein Hinderniß der strengen Pflichterfüllung. Eben so ist geschäftsmäßiger Sinn und Geist gut für das Berufsleben, aber in's gesellige Leben mitgebracht, wirkt er störend, macht steif und eckig.

Garve bemerkt treffend: „Was Göthe im Meister sagt, ist vollkommen richtig. Bisher ist es in Europa nur der Adliche gewesen, von welchem man eine durchgängige Ausbildung der ganzen Person, so wie sie vornehmlich zum Umgange gehört, gefordert, und bei welchem man sich mit einer solchen Ausbildung begnügt hat. Von Unadlichen verlangt man vorzüglich Brauchbarkeit zu irgend einem bestimmten Geschäfte: und der Unadliche war, in Vorbereitung auf dieses Geschäft, seine übrige Ausbildung zu vernachlässigen beinahe genöthigt.

„So wie sich zu unserer Zeit der Bürgerstand mehr hebt, mehr in Gesellschaft lebt: so wird auch unter ihm die Anzahl von Personen immer größer, die nach einer vollständigen persönlichen Ausbildung des Geistes wie des Körpers Verlangen tragen und darauf Anspruch machen.

„Indeß bleibt bei demjenigen Gleichheitssystem, welches die Franzosen einführen wollen, und welches die Stimme des gesitteten Mittelstandes und der Gelehrten fast in ganz Europa für sich hat, dieß immer noch das größte

II. Besondere Arten von Einflüssen.

Problem: wie die zu den Arbeiten und Aemtern des bürgerlichen Lebens nothwendige Anhaltsamkeit eines einförmigen mechanischen Fleißes mit der mehr superficiellen, aber ausgebreiteten und vielseitigen Ausbildung des Körpers und Geistes, die den Mann wie er sein muß (l'homme comme il faut) macht, sich verbinden lasse; wie es angestellt werden müsse, daß der Mensch zugleich ein Stubengelehrter, ein Actenschreiber, ein Künstler, ein Kaufmann und zugleich ein feiner Mann sei; ja noch mehr, wie es möglich sei, Arbeiten, welche niedrig, grob, schmutzig, — mit einem Worte pöbelhaft sind, mit reinen, edlen, staatsbürgerlichen Begriffen und Gesinnungen zu vereinigen."

Weiterhin wägt Garve den Werth der weltmännischen Bildung treffend, wie folgt, ab: „Zum guten Gesellschafter gehört eine superficielle, aber durchgängige Vollkommenheit des Menschen. Es ist nicht genug, daß er Verstand habe, er muß auch gutes Herz haben; er muß wohl aussehen, behend, geschickt, munter sein; — kurz alles, was nur an Leib und Seele gut und vorzüglich ist, das wird in einigem Maaße zum guten Gesellschafter erfordert. Aber wenig davon darf tief liegen und lang anhalten, und das am meisten Aeußerliche und am meisten in die Augen Fallende wird auch am meisten gefordert. Wohlgestalt und Kleidung und Exercitien thun mehr als Wissenschaft und Tugend. Angenehm schwatzen gilt mehr als gründlich wissen, Sanftmuth und Dienstfertigkeit mehr als Wohlwollen und Gutthätigkeit. Kurz, das Gute muß scheinen und darf auch nur scheinen. Daher kommt es, daß diese Eigenschaften so ungleich beurtheilt werden. Die ernsthaften Männer, die bemerken, daß Alles, was die Gesellschaft verlangt und schätzt, seicht ist, und nur gut sein muß, so weit gemeine und zerstreute Augen reichen; — aber die zugleich nicht bemerken, wie vielerlei die Gesellschaft fordert, und daß die Zusammenkunft vieler kleinen Tugenden doch einen beträchtlichen Werth ausmachen könne, schätzen die Sache nicht genug. Sie nennen frivol, was die Welt liebenswürdig nennt. — Andere, wie Wilhelm Meister, wie ich selbst in dem Jünglingsalter, welche den großen Umfang dessen gewahr werden, was den artigen Mann macht, und es so in die Totalität des Menschen verwebt sehen, daß sein ganzes Wesen durch den Weltton und den Umgang mit der Welt erhoben und veredelt zu sein scheint, da hingegen Wissenschaft, Genie und Kunst immer den Menschen lassen, wie er zuvor war; wir, die wir bemerkten, wie sich der Weltmann vor niemanden scheut und allen gefällt, der Gelehrte hingegen, der Philosoph, der Künstler, der Dichter, vor dem Weltmanne schüchtern stehen, und durch eine gewisse Ueberlegenheit desselben gedrückt werden: wir sahen diesen Werth des feiner gebildeten Gesellschafters, des Weltmannes als das schmeichelhafteste Ziel unsers Ehrgeizes an. Eine richtige Festsetzung des Werthes dieser Dinge; eine Beurtheilung unserer Person und unserer Lage, in wiefern selbige die Universalität erlauben und die Seichtigkeit entschuldigen, oder die Gründlichkeit und die Einseitigkeit nothwendig machen; die Kunst und Klugheit, den ganzen Menschen wenigstens erträglich zu zeigen, wenn er gleich nur durch eine Seite seinen wahren Ruf in der Welt erhält: dies ist es was dem vernünftigen Manne zu erreichen obliegt!"*)

---

4. Beruf.

Jede Berufsclasse hat, so wie ihre besondere Physiognomie, an der sich die zu ihr Gehörigen erkennen lassen,

---

*) S. Garve, Versuche über verschiedene Gegenstände aus der Moral, der Litteratur und dem gesellschaftl. Leben, 4. Theil (Breslau 1800), S. 51—54.

II. Besondere Arten von Einflüssen.

so auch ihre besondern Tugenden und Fehler. Nicht blos Mienen, Gang und Haltung unterscheiden den Handwerker, den Kaufmann, den Gelehrten, den Geistlichen, den Soldaten von einander, sondern auch gewisse Charaktereigenthümlichkeiten. Denn die dauernde Beschäftigung mit einem bestimmten Gegenstand, die beharrliche Richtung auf einen bestimmten Zweck prägt sich nicht blos körperlich aus, sondern wirkt auch auf Geist und Charakter.

Jede Berufsclasse schätzt und pflegt nämlich vorzugsweise die zu ihrer Aufgabe in Beziehung stehenden Tugenden und Güter, jede setzt ihre Ehre in etwas Anderes. Dies ist nun zwar sehr nützlich und nothwendig in Hinsicht auf die gewissenhafte Erfüllung der Berufspflichten. Es wäre schlimm, wenn nicht jeder Beruf vor Allem das ihm obliegende Gute zu fördern trachtete.

Aber jene vorzugsweise Schätzung einer bestimmten Tugend und eines bestimmten Gutes bringt bei den Berufsmenschen eine einseitige und übertriebene Schätzung mit sich. Der Berufsmensch vergißt gar zu leicht, daß er nicht blos dieser, nicht blos Gelehrter, oder Kaufmann, oder Soldat u. s. w. ist, sondern auch Mensch und Familienvater und Bürger, d. h. daß er nicht blos die Pflichten seines Berufs, sondern daneben auch noch andere Pflichten zu erfüllen hat, und mitunter wichtigere und höher stehende Pflichten. Dies ist die Schattenseite der Berufstüchtigkeit. Sie macht oft untüchtig zu anderweitiger Pflichterfüllung. Es giebt einen Berufsegoismus, wie es einen Standesegoismus giebt. Wer all sein Dichten und Trachten so ausschließlich dem Zwecke seines Berufs widmet, daß er darüber alle andern, daneben auf Berücksichtigung Anspruch machenden Zwecke aus den Augen verliert, der ist jenem Berufsegoismus verfallen. Jeder Egoismus aber thut Schaden und wirkt moralisch nachtheilig. Einseitiger Militärgeist z. B. führt zur Geringschätzung und Vernachlässigung friedlicher Bürgertugenden; einseitiger Handelsgeist zur Geringschätzung und Vernachlässigung der über den Gewinn hinausliegenden Interessen; jener macht kriegslustig, dieser erzeugt Krämerseelen.

Es kommt daher viel darauf an, daß in einem Staate nicht eine Berufsclasse über alle andern herrschend werde. Nationen, in denen die Geistlichkeit prädominirt, bleiben zurück in der Aufklärung; Nationen, in denen das Militär prädominirt, bleiben zurück in der friedlich bürgerlichen Entwicklung; Nationen, in denen die Handelsleute prädominiren, bleiben zurück in den heroischen Tugenden. Letzteres betreffend, bemerkt Helvetius nicht mit Unrecht: „L'esprit de commerce détruit nécessairement l'esprit de force et de courage ...... Partout, où le commerce fleurit, on préfère les richesses à la gloire, parce que ces richesses sont l'échange de tous les plaisirs, et que l'acquisition en est plus facile. Or, quelle stérilité de vertus et de talents cette préférence ne doit-elle point occasionner? La gloire ne pouvant jamais être décernée que par la reconnaissance publique, l'acquisition de la gloire est toujours le prix des services rendus à la patrie: le désir de gloire suppose toujours le désir de se rendre utile à sa nation. Il n'en est pas ainsi du désir des richesses. Elles peuvent être quelquefois le prix de l'agiotage, de la bassesse, de l'espionnage, et souvent du crime; elles sont rarement le partage des plus spirituels et des plus vertueux. L'amour des richesses ne porte donc pas nécessairement à l'amour de la vertu. **Les pays commerçants doivent donc être plus féconds en bons négocians qu'en bons citoyens, en grands banquiers qu'en héros.**"*)

---

*) Helvetius, De l'esprit disc. III, chap. 23.

II. Besondere Arten von Einflüssen. 413

In jeder Berufsclasse bildet sich ferner bei einseitiger Herrschaft des Berufsgeistes ein Dünkel und ein Esprit de corps aus, der dem Fortschritt hinderlich wird. Diesen nachtheiligen Einfluß hat schon Garve hervorgehoben; denn was Garve in dieser Hinsicht vom Bauernstande sagt, das gilt mehr oder weniger von allen Berufsständen. Garve weist nämlich darauf hin, wie der Bauer gewitzigt und klug gemacht wird — nicht durch Lehrer und Bücher, sondern durch seine Beschäftigung in seinem Gewerbe, auf die er seine Aufmerksamkeit richten müsse, weil die Noth dazu treibt, und auf die er alle Aufmerksamkeit wenden könne, weil er und alle die Seinigen mit keinem andern Gegenstande zu thun haben. Eine Folge dieser selbsterlangten Klugheit in einer einzigen Sache und des Mangels an Kenntnissen in allen andern ist, daß er sich noch klüger zu sein dünkt, als er ist. Diese geringe Meinung von dem Verstande Anderer ist, wie Garve treffend bemerkt, allen Menschen eigen, die selbst einen eingeschränkten, aber in Einer Sache durch Uebung geschärften Verstand haben. In Hinsicht derselben übersehen sie wirklich viele Andere. Von andern Gegenständen aber, wobei sich auch Scharfsinn und Klugheit zeigen kann, haben sie keine Begriffe. Die Pedanten unter den Gelehrten sind in eben dem Falle.

Garve zeigt ferner, welchen Einfluß auf den Charakter der Bauern der Umstand hat, daß sie sehr zusammenhängen. Sie leben viel gesellschaftlicher unter sich, als die gemeinen Bürger in den Städten. Sie sehen sich einander alle Tage, bei jeder Hofarbeit; — des Sommers auf dem Felde, des Winters in der Scheune und in der Spinnstube. Sie machen ein Corps aus, wie die Soldaten, und bekommen auch einen esprit de corps. Hieraus entstehen mehrere Folgen. Erstlich, sie werden durch den Umgang nach ihrer Art geschliffen, abgewitzigt. Der beständige Umgang, die immerwährende Gesellschaft ist es auch, was bei ihnen wie bei den Soldaten die Mühseligkeiten ihres Zustandes erleichtert. Eben dieser Umstand macht aber auch ferner, daß die Bauern wie ein politischer Körper handeln; daß bei ihnen gewissermaaßen die Unbequemlichkeiten der demokratischen Verfassung eintreten: daß ein einziger unruhiger Kopf so viel über sie vermag und oft ganze Gemeinden aufwiegeln kann. Er ist ferner Ursache, daß Personen anderer Stände so wenigen moralischen Einfluß über die Bauern haben können, es sei denn durch Herrschaft und Zwang. Man findet bei den Bauern noch eine andere Folge von dem esprit de corps; daß nämlich in manchen Gegenden, selbst in einzelnen Dörfern, ein gewisser eigner Charakter herrschend wird; daß sich die Anlage zu gewissen Lastern oder Tugenden, — auf der einen Seite Hang zur Trägheit und Lüderlichkeit, oder Widersetzlichkeit und Grobheit, oder diebisches Wesen, auf der andern Arbeitsamkeit oder Sparsamkeit, — bei den Einwohnern dieses oder jenes Distrikts gleichsam festsetzt und durch mehrere Generationen forterbt. Man wird, setzt Garve hinzu, eben dies nach dem Zeugniß verständiger Officiere unter der Armee bei einzelnen Regimentern, selbst bei Compagnien gewahr: daß sie sich durch einen gewissen Ton auszeichnen, der in jedem Individuum aus denselben mehr oder weniger sichtbar wird. So ist es der Fall bei Universitäten, bei Schulen, bei allen solchen politischen Körpern, deren Mitglieder in einer Entfernung von den übrigen Menschen leben, stark unter sich zusammenhängen, und sich nur durch einen so allmäligen Zuwachs wieder ergänzen, daß Die vom alten Stamme und von den alten Sitten über die Neuankommenden, wenn sie auch von anderer Denkungsart wären, immer die Oberhand behalten. Fehler, die in solchen Gesellschaften herrschend geworden sind, lassen sich deshalb schwer und nur langsam verbessern.

Der hier erwähnte Esprit de corps, der mehr oder weniger allen Berufsständen eigen ist, und der auf jeden Einzelnen, innerhalb eines solchen Stehenden wie ein ethi=

sches Contagium wirkt, ist ein Haupthinderniß des Fort=
schritts, und man kann daher mit Recht sagen: Um die in
einem Berufsstande eingerissene Entartung und Depravation
zu beseitigen, um reformatorisch und regenerirend auf den=
selben zu wirken, muß man außerhalb desselben stehen, muß
folglich, wenn man zu ihm gehört, aus ihm ausscheiden.
Denn nur der außerhalb Stehende ist unbefangen genug,
um die Fehler zu erkennen, und uninteressirt genug,
um die Axt an ihre Wurzel zu legen. Von geistlichen
Zunftmännern z. B. ist nichts für die Hebung und Veredlung
des Geistlichenstandes, von gelehrten Zunftmännern nichts
für die Hebung und Verbesserung des Gelehrtenstandes zu
hoffen; wohl aber von Solchen, die außerhalb der Zunft
stehen. Die Geschichte zeigt auch, daß nur Diejenigen re=
formatorisch auf einem Berufsgebiete wirkten, die nicht zur
Zunft gehörten, oder aus ihr ausschieden. Die inner=
liche Lossagung von einer Genossenschaft fordert auch eine
äußerliche Trennung für Den, der auf dieselbe um=
gestaltend wirken will.

5. Besitz.

Hinsichtlich des Besitzstandes bilden Reichthum und
Armuth die beiden Extreme, von denen es schwer ist zu
sagen, welches von beiden größere Gefahren für die Tugend
mit sich bringt.

Nach der urchristlichen Ethik, welche die Armen, die
Leidtragenden, die Hungernden und Dürstenden selig preist,
ist es leichter, daß ein Kameel durch ein Nadelöhr gehe,
als daß ein Reicher in's Reich Gottes komme (Matth. 19, 24).
Hier wird also der Reichthum, ja schon der irdische Besitz
als solcher, als ein Hinderniß der Seligkeit, hingegen Auf=

geben der irdischen Güter als eine Grundbedingung derselben betrachtet.*)

---

*) Strauß sagt über die Seligpreisung der Armen im Evangelium: „Zwischen Matthäus und Lucas findet sich hier bekanntlich die Abweichung, daß bei diesem (6, 20 fg.) von Armen schlechtweg, bei jenem von Armen im Geiste, bei dem einen von solchen, die jetzt (wirklichen) Hunger und Durst leiden, bei dem andern von solchen, die nach Gerechtigkeit hungern und dursten, die Rede ist. Hier halte ich die einfachere Darstellung bei Lucas für die ursprünglichere, die Zusätze des Matthäus für spätere Verwahrung vor Mißverstand, als hätte Jesus um blos äußerer Noth willen, ohne innere Würdigkeit, die Menschen selig gepriesen. Allerdings erinnern die Seligpreisungen in ihrer Fassung bei Lucas, wo den in der jetzigen Welt äußerlich Unglücklichen Glück in der künftigen verheißen, und durch gegenübergestellte Weherufe eben so den jetzt Glücklichen Strafe in jenem Leben angedroht wird, stark an die Ansichten des spätern Ebionitismus; aber sie erklären sich hinreichend auch schon aus den Erfahrungen, die Jesus als Lehrer gemacht haben mochte. Hatte er gefunden, daß das höhere Bedürfniß unter den reichern Volksclassen eben so gewöhnlich im sinnlichen Behagen erstickt war, als unter den Armen durch das sinnliche Mißbehagen wach erhalten wurde, so konnte er, unter den gedrückten Volkshaufen Galiläa's auftretend, sie um einer Lage willen selig preisen, unter der er die entsprechende Gemüthsverfassung mitverstand. Ist es doch bei jeder Revolution nicht anders (und das Aufkommen des Christenthums war eine der gewaltigsten), daß sie nicht bei den Satten und Befriedigten, sondern bei den Dürftigen und Unzufriedenen zuerst Anklang findet. Sofern es aber nicht das äußere Unglück an sich ist, um dessen willen die Armen, Hungrigen u. s. f. von Jesu selig gepriesen werden, so hat allerdings Matthäus durch seine Zusätze die Worte Jesu nicht unrichtig ausgelegt, insbesondere richtiger als hernach die Ebioniten mit ihrer ascetischen Uebertreibung, jeden irdischen Besitz schon an und für sich für Sünde zu halten." *)

Neander hält die das Weltliche verneinende, ascetische Richtung nur für einen Mißverstand des ächten, wahren Christenthums, und erklärt dessen Ethik vielmehr für eine aneignende, als

---

*) S. Strauß, Das Leben Jesu für das deutsche Volk bearbeitet, §. 84.

II. Besondere Arten von Einflüssen.

Es versteht sich von selbst, daß von unserm Standpunkt aus, wo nicht Weltverneinung, sondern Weltbildung, Versetzung der Dinge dieser Welt in den ihrem objectiven, immanenten Zweck entsprechenden Zustand für die sittliche Aufgabe gilt (s. Der sittliche Zweck und Endzweck), wo also das höchste Gut kein jenseitiges, sondern ein diesseitiges ist, Aufgeben des irdischen Besitzes nicht Pflicht sein kann. Vielmehr halten wir es auf unserm Standpunkt für Pflicht, nach den irdischen Gütern, so weit sie Mittel zur Realisirung des sittlich Guten sind, zu streben.

Aber eine andere Frage ist es, welchen Einfluß die extremen Besitzverhältnisse, Reichthum (das Zuviel) und Armuth (das Zuwenig) an irdischen Gütern auf die Sittlichkeit

---

verneinende. Er sagt, von dem Ursprunge jener christlichen Lehre redend, nach welcher es eine „übergesetzliche Vollkommenheit" geben sollte, eine Vollkommenheit, die hinausgehe über die gewöhnlichen Pflichten, eine höhere Tugend in sich schlösse und das Reich Gottes außerhalb der Güter der Menschheit zur Verwirklichung bringe: „Diese Ansicht wurde begünstigt durch jene einseitige ascetische Richtung, in welcher man das Reich Gottes vielmehr nur im Gegensatze gegen die Welt, als in der Aneignung der Welt betrachtete. Von diesem Standpunkte aus konnte die höchste Beziehung des Reiches Gottes nicht als diejenige erscheinen, sich in den Gütern der Menschheit darzustellen, sondern als das Höchste erschien das Heraustreten aus diesen Gütern; das göttliche Princip wurde nicht als Verklärung des Menschlichen, sondern als das allein Uebermenschliche angesehen." Neander sieht hierin eine Trübung des Christenthums durch Eindringen vorchristlicher Standpunkte in dasselbe und sagt: „Ferner konnte sich diese Ansicht an manche mißverstandene Aussprüche Christi, z. B. an die Worte, die Jesus an den reichen Jüngling richtete, der alle Gebote bereits erfüllt zu haben behauptete, anschließen." *)

*) S. Neander's Vorlesungen über Geschichte der christl. Ethik, herausgegeben von Erdmann, S. 148 fg.

haben. Da können wir denn nicht umhin, das Gefährliche derselben für die Tugend einzugestehen. Zwar dem schon in der Tugend Festen kann weder Reichthum, noch Armuth gefährlich werden, sondern ihm müssen alle Dinge zum Besten dienen. Aber für den Menschen, wie er von Natur ist, für den sinnlichen, selbstsüchtigen, genußsüchtigen Menschen, für den erst auf dem Wege zur Tugend begriffenen Menschen sind Reichthum und Armuth, ein Zuviel und Zuwenig an irdischen Gütern, große Hindernisse der Tugend, sind große Beförderer des lasterhaften Lebenswandels.

Was zunächst den Reichthum betrifft, so hat schon Aristoteles in seiner Rhetorik (II, 16) die mit demselben in der Regel verbundenen Laster treffend geschildert. Die Reichen sind nach ihm übermüthig und hochfahrend, wie wenn das Reichsein ihnen etwas angethan hätte. Denn es ist mit ihnen, wie wenn sie Alles, was gut ist, besäßen. Denn der Reichthum ist für das Uebrige gleichsam ein Maaßstab des Werthes: darum erscheint alles um denselben käuflich. Ferner sind sie üppig und ruhmredig; jenes aus Weichlichkeit und um ihr Glück zu zeigen; ruhmredig und ungebärdig darum, weil alle Welt um Das, was sie lieben und bewundern, sich bemüht, und weil sie meinen, die Andern streben mit ihnen nach dem gleichen Ziele. Ferner ist nach Aristoteles eine Folge des Reichthums die Meinung, daß man würdig sei, zu regieren, denn man meint Das zu besitzen, um dessenwillen man verdiene zu regieren. Um es kurz zu fassen, der Reichthum habe die Eigenthümlichkeit des beglückten Unverständigen. Doch finde sich zwischen den Neu- und Altreichen die Verschiedenheit der Sitten, daß jene alle die Unarten zusammen und in der schlimmern Gestalt an sich haben; denn der Zustand des Neureichen sei gewissermaaßen eine Ungeschicklichkeit im Reichsein. Ihre Vergehungen seien nicht Vergehungen der Bosheit, sondern theils des Uebermuthes, theils der rohen Sinnlichkeit, z. B. Mißhandlung und Hurerei. Das Glück überhaupt macht nach Aristoteles (Rhet. II, 17), daß man auf sinnliche Güter erpicht ist.

Aus dieser Schilderung läßt sich folgern, daß der Reichthum ein Hinderniß nicht etwa nur einer, sondern sämmtlicher Cardinaltugenden der Alten ist, und in der That macht der Hoch- und Uebermuth, die Ueppigkeit, Weichlichkeit und Genußsucht die Reichen ungerecht, unklug, unmässig und feige. Thorheit, Ungerechtigkeit, Feigheit und Unmässigkeit sind bei den Reichen nichts Seltenes, nichts Außergewöhnliches. Plagt den Armen die Noth, so plagt dagegen den Reichen die Langeweile, und Langeweile ist nicht minder eine Lasterquelle, als Noth. Die Langeweile treibt zu Unnatürlichkeiten, zu raffinirten Genüssen. Die Verschwendung, zu welcher der Reiche für seine Person geneigt ist, macht ihn leicht hartherzig gegen Andere. Auf werthlose Dinge und an Unwürdige, an Schmeichler und Schmarotzer zu viel ausgebend, behält er oft nichts für die werthvollen und für die Würdigen übrig. Die Klagen sind nicht selten, daß Reiche den Armen, der für sie arbeitet, drücken und auf Bezahlung warten lassen.

Wie der Reichthum besonders für die durch Glückswechsel plötzlich reich gewordenen Armen gefährlich ist, so wird er auch indirect, für die durch Glückswechsel plötzlich arm gewordenen Reichen in sofern gefährlich, als er sie an eine üppige Lebensweise gewöhnt hat und diese Gewohnheit sie nun unfähig macht, sich in ihre neue Lage zu fügen, die Armuth zu ertragen und die Leiden derselben zu übernehmen. Selbstmord oder Verbrechen sind in solchen Fällen die gewöhnlichste Folge des verlorenen Reichthums (s. Gewohnheit).

Solches ist, theils direct, theils indirect der Einfluß des Reichthums auf gewöhnliche Menschenkinder. Der Einfluß der Armuth ist nicht minder depravirend und demoralisirend, wenngleich es andere Laster sind, die die Armuth im Gefolge hat. Es ist schon gesagt worden, daß dem

Reichen die Langeweile, dem Armen die Noth zur Lasterquelle wird. Die Noth nun erstickt im Armen alles Mitgefühl, macht ihn hartherzig und grausam selbst gegen die eigenen Angehörigen. Die Fälle sind ja nicht selten, daß arme Eltern ihre eigenen Kinder mißhandeln, blos aus Haß gegen sie wegen der Lasten, die sie ihnen verursachen; oder sie leiten sie frühzeitig zur Unredlichkeit an, machen sie zu Theilnehmern ihrer Verbrechen, zu Helfern ihres lasterhaften Erwerbs. Der Arme ferner, der von früh bis spät unter dem Drucke schwerer Arbeit seufzt, hat keine Muße und keine Mittel, sich mit edlern geistigen Dingen, die ihn über das Gemeine erheben, zu beschäftigen. Die Muße, die ihm an Sonn- und Festtagen zu Theil wird, füllt er damit aus, das Gewonnene zu verprassen, um sich für die werktäglichen Entbehrungen zu entschädigen. Gegen die Begüterten hegt der Arme meistens die Gefühle des Neides und der Schadenfreude. Macht den Reichen der Reichthum despotisch, so macht dagegen den Armen die Armuth rebellisch. Jener wird leicht ein Feind der Freiheit, dieser der Ordnung.

Solcher Art ist der Einfluß, den Reichthum und Armuth auf die gewöhnlichen Menschenkinder üben. Anders freilich gestaltet sich der Einfluß Beider, wo Tugend herrschend ist, wo der Wille, die Gesinnung des Reichen und des Armen auf das objectiv Gute gerichtet ist. Den tugendhaften Reichen macht der Reichthum weder hoch- und übermüthig, noch üppig und verschwenderisch, sondern er wird ihm zum Mittel der Selbstbildung, der harmonischen Entwicklung seiner Kräfte, so wie zum Mittel der Beförderung fremden Wohles, der Unterstützung Nothleidender, der Aufmunterung fremder Talente, der Stiftung gemeinnütziger Anstalten. Und eben so macht den tugendhaften Armen die Armuth nicht verbrecherisch, neidisch und rebellisch, sondern arbeitsam, genügsam, ordnungsliebend, für den Mangel an äußern Gütern Ersatz in höhern innern Gütern suchend.

II. Besondere Arten von Einflüssen.

Es gilt also auch wieder von dem Einfluß des Besitzstandes auf die Sittlichkeit, was oben schon im Allgemeinen von den auf das sittliche Leben wirkenden Einflüssen gesagt worden ist, daß er ein relativer, durch die Beschaffenheit Dessen, auf den er wirkt, bedingter ist. Ob Reichthum und Armuth dem Individuum, so wie ganzen Völkern, zum Verderben oder zum Heile gereichen, das hängt von Dem ab, was das Herrschende in ihnen ist. In Zeiten sittlicher Entartung muß natürlich sowohl der Reichthum, als die Armuth steigernd auf die Entartung wirken. In Zeiten der Tugendhaftigkeit hingegen gereicht sowohl Reichthum, als Armuth der Tugend zur Stärkung.

Für die Menschenkinder gewöhnlichen Schlages taugt weder die heiße Zone des Reichthums, noch die kalte der Armuth, sondern lediglich die mittlere des Wohlstandes, und Wohlstand ist es daher auch, was die Nationalökonomen fordern und als den günstigsten Zustand für die Sittlichkeit preisen. So sagt z. B. M. v. Prittwitz am Schluß seines Werkes „Andeutungen über die Grenzen der Civilisation", „daß nur erst, wenn die dringenden Bedürfnisse des Körpers Befriedigung gefunden haben, der menschliche Geist sich zu seiner höhern Bestimmung erheben kann, und der größte Theil der Verbrechen, die in der Gesellschaft begangen werden, aus Noth, Armuth, Elend entspringen, Verbrechen und Mangel also immer Hand in Hand gehen, mithin eine Nation desto glücklicher und ruhiger sei, aus je mehr bemittelten und in Wohlstand lebenden Bürgern sie besteht." Auf die Frage, welches das Maaß des Wohlstandes sei, das im Allgemeinen für das Menschengeschlecht am wünschenswerthesten ist, antwortet derselbe Autor: „dasjenige, welches den Menschen in den Stand setzt, nur so viel mit körperlicher Anstrengung arbeiten zu dürfen, als erforderlich ist, damit einerseits seine Gesundheit und Thätigkeit erhalten und befördert werde, und andererseits die ihm dann noch verbleibende Muße genüge und ihm Gelegenheit gebe, in seiner geistigen Ausbildung fortzuschreiten; daß also, mit andern Worten, das geistige Ich dabei nicht unter den Bedürfnissen des thierischen erliege, wie es der Fall sein muß, wenn z. B. der Fabrikarbeiter täglich 16 Stunden arbeitet, oder der Holzhauer Jahr aus Jahr ein bei schwerer Arbeit so ermüdet, daß ihm außerdem nur noch gerade Zeit zum Schlafen und zum Essen übrig bleibt." —

Aus der im Vorigen auseinandergesetzten Relativität des Einflusses von Reichthum und Armuth geht auch hervor, was vom Luxus in sittlicher Beziehung zu halten ist. Der Luxus hat guten oder übeln Einfluß auf die Sittlichkeit je nach den Umständen. David Hume sagt, Luxus sei ein Wort von ungewisser Bedeutung und könne in einem guten sowohl, als bösen Sinne genommen werden. Er unterscheidet einen unschuldigen und einen tadelhaften Luxus. Die Verfeinerung in sinnlichen Genüssen, im Essen und Trinken, im Anzuge u. s. w., ist ihm an sich noch kein Laster; dergleichen Genüsse seien nur dann lasterhaft, wenn man ihretwegen sich um sein Vermögen bringt, oder in Noth und Elend versetzt. Wo sie keiner Tugend Eintrag thun, sondern noch genug übrig lassen, um seine Pflichten gegen Freunde, Familie und Nothleidende zu erfüllen, da seien sie ganz unschuldig. Lediglich mit dem Wohlleben der Tafel beschäftigt zu sein, ohne den geringsten Geschmack an geistigen und sittlichen Genüssen, das freilich sei ein unmoralischer Luxus; behalte aber ein Mann noch Zeit genug zu allen löblichen Bestrebungen und Geld genug zu allen edelmüthigen Absichten, so sei er von jedem Schatten von Tadel oder Vorwurf frei.

Da Luxus entweder unschuldig, oder tadelhaft sein kann, so hält Hume eben so die unbedingte Hochpreisung, wie die unbedingte Verwerfung des Luxus für Verkehrtheit. Er corrigirt beide Extreme und beweist, erstens, daß die Zeiten der Verfeinerung die glücklichsten sowohl, als tugendhaftesten sind; zweitens, daß, wo Luxus aufhört unschuldig zu sein, er auch vortheilhaft zu sein aufhört,

II. Besondere Arten von Einflüssen.

und, noch einen Grad weiter getrieben, ein Verderben für die Staatsgesellschaft wird.

Den ersten Punkt betreffend, zeigt Hume, wie durch den Luxus der Geist neues Leben bekommt, seine Kräfte und Fähigkeiten erweitert, und wie die Verfeinerung in den mechanischen Künsten gewöhnlich auch eine Verfeinerung in den liberalen Künsten nach sich zieht; auch können die einen nicht zur Vollkommenheit gelangen, ohne von den andern in einigem Grade begleitet zu sein. Dasselbe Zeitalter, welches große Philosophen und Staatsmänner, berühmte Feldherrn und Dichter hervorbringt, habe gewöhnlich einen Ueberfluß an geschickten Webern und Schiffszimmerleuten. Es lasse sich vernünftigerweise nicht erwarten, daß ein Stück Wollenzeug von hoher Vollkommenheit in einer Nation verfertigt werden wird, in welcher man von Astronomie nichts weiß, oder die Sittenlehre vernachläßigt. Der Geist des Zeitalters wirke auf alle Künste, und die Menschen, einmal aus ihrem Geistesschlaf geweckt und in Schwung gesetzt, wenden sich nach allen Seiten und bringen in jeder Kunst und Wissenschaft Verbesserungen an.

Je mehr die verfeinerten Künste emporkommen, desto geselliger, desto humaner werden ferner nach Hume die Menschen, sie gewöhnen sich, mit einander umzugehen und zu ihrem Vergnügen und Unterhaltung wechselseitig beizutragen. Auf solche Weise seien Gewerbfleiß, Wissenschaft und Menschlichkeit durch ein unauflösliches Band mit einander verknüpft, und seien, wie Vernunft sowohl, als Erfahrung zeigt, nur in den geschliffenern und sogenannten üppigern Zeitaltern anzutreffen. Auch, meint Hume, werde man, je mehr man das Vergnügen ausstudirt, sich desto weniger Ausschweifungen überlassen. Wir könnten sicher behaupten, daß die Tartaren sich öfter einer viehischen Gefräßigkeit schuldig machen, wenn sie an ihren todten Pferden zehren, als europäische Höflinge bei allen ihren Verfeinerungen der Kochkunst.

Auch in politischer Beziehung schreibt Hume dem wachsenden Wohlstand und der Verfeinerung gute Folgen zu. Kann man, fragt er, erwarten, daß von einem Volke eine Regierung gut werde eingerichtet werden, wenn es nicht ein Mal ein Spinnrad zu verfertigen, oder einen Weberstuhl vortheilhaft zu gebrauchen versteht? Nicht zu gedenken, daß alle unwissenden Zeiten von Aberglauben angesteckt sind, der die Regierung aus ihren Fugen bringt. In gebildetern und gesitteteren Zeitaltern werden Parteien minder erbittert, Staatsumwälzungen minder tragisch, selbst die Kriege ließen in ihrer Grausamkeit nach. Auch sei nicht zu besorgen, daß die Menschen mit der Wildheit zugleich ihren kriegerischen Geist verlieren. Wenn auch der Zorn, den man den Wetzstein des Muthes nennt, etwas von seiner Rauhheit durch Verfeinerung und Geschliffenheit verliere, so gewinne dafür das Gefühl von Ehre, welches ein stärkeres, beständigeres und lenksameres Princip sei, frische Kraft durch jene Erhebung des Geistes, die eine Folge von Wissenschaft und guter Erziehung ist.

Denjenigen Moralisten gegenüber, die auf das Exempel der alten Römer verweisen, die, so lange sie mit ihrer Armuth und Uncultur Tugend und Gemeingeist verbanden, zu einer so erstaunlichen Höhe von Macht und Freiheit emporstiegen, aber nachdem sie von ihren eroberten Provinzen das asiatische Wohlleben gelernt hatten, auf jede Art von Verderbniß verfielen, woraus Aufruhr und Bürgerkriege entstanden, die zuletzt den gänzlichen Verlust der Freiheit nach sich zogen, — diesen Moralisten gegenüber sagt Hume, es würde leicht sein zu beweisen, daß es eine Mißkennung der Ursache des Verfalls im römischen Staate sei, wenn man denselben dem Luxus und den Künsten zuschreibe, statt ihn von der schlechtverfaßten Regierung und dem unbeschränkten Umfange der Eroberungen herzuleiten. Die Verfeinerung der Ergetzlichkeiten und Bequemlichkeiten des Lebens erzeuge nicht nothwendig

II. Besondere Arten von Einflüssen.

Feilheit und Bestechlichkeit. Der Werth, den jedermann auf irgend ein besonderes Vergnügen setzt, beruhe auf Vergleichung und Erfahrung, und ein Sackträger sei nicht minder gierig nach Gelde, welches er auf Speck und Brantwein verwendet, als ein Hofmann, der Champagner und Ortolanen kauft. Reichthum sei für alle Menschen und zu allen Zeiten schätzbar, weil er immer solche Vergnügen verschafft, als Jeder aus Gewohnheit kennt und begehrt; es könne auch nichts die Liebe zum Gelde hemmen oder regeln, als ein Gefühl von Ehre und Tugend, welches natürlicher Weise am häufigsten in Zeitaltern der Wissenschaft und Verfeinerung vorhanden sein werde.

Den zweiten Satz betreffend, daß Luxus, sobald er aufhöre unschuldig zu sein, auch aufhöre, vortheilhaft zu sein, sagt Hume: Kein Genuß, wie sinnlich er auch sei, könne an sich selbst für lasterhaft erachtet werden. Eine Ergetzung sei nur dann lasterhaft, wenn sie Jemandes ganze Ausgabe wegnimmt und kein Vermögen zu den Handlungen der Pflicht und des Edelmuthes übrig läßt, zu denen seine Lage und seine Glücksumstände ihn auffordern. Luxus, im Uebermaaß getrieben, sei die Quelle von vielen Uebeln. Aber im Ganzen sei er der Faulheit und Müßigkeit vorzuziehen, die gemeiniglich an seine Stelle treten würden, und die den Privatpersonen sowohl, als dem Staat weit schädlicher sind.*)

Im Wesentlichen mit Hume über die Relativität der Wirkungen des Luxus übereinstimmend ist, was unter den Volkswirthschaftslehrern der Gegenwart Roscher sagt. Die Gründe für und gegen den Luxus treffen nach ihm nicht blos den Luxus, sondern die Licht= und Schattenseiten der höhern

---

*) S. Political Discourses by David Hume, second edition, II, of Luxury (Edinburgh, 1752). Eine deutsche Uebersetzung davon erschien zu Königsberg bei Friedrich Nicolovius, 1800.

Cultur überhaupt. „Wenn sich ein Volkswirth für oder gegen den Luxus schlechthin erklärt, so kommt mir das in der That eben so ungereimt vor, als wenn sich ein Arzt schlechthin für oder gegen die Nerven erklären wollte. Zu jeder Zeit und in jedem Lande hat es Luxus gegeben; bei einem gesunden Volke ist auch der Luxus gesund, ein wesentliches Element seiner übrigen Gesundheit; bei einem kranken Volke ist der Luxus krank und krankmachend."*) Der Verfall beginnt nach Roscher dann, wenn bei stillstehendem oder gar abnehmendem Wohlstande eines Volkes die Consumtion zu wachsen fortfährt. Alsdann sei jeder Luxus unklug. Nun pflege aber der wirthschaftliche Verfall eines Volkes von dem moralischen und politischen selten getrennt zu sein. Bei verfallenden Nationen sei der Luxus daher in der Regel auch unsittlich. Von den Zeiten des sinkenden Alterthums urtheile Rau sehr schön: „Der Luxus allein würde den Sittenverfall nicht haben bewirken können, wenn nicht andere Ursachen dagewesen wären, von denen der ungezügelte Luxus selbst wieder Symptom und Wirkung war." Hier zeige sich die Relativität alles Luxus am deutlichsten. In der Geschichte eines einzelnen Volkes lasse sich mit ziemlicher Bestimmtheit nachweisen, wo der Luxus jene heilsame Gränze überschritten hat. Von zwei verschiedenen Völkern aber könne recht gut, was bei dem einen sträfliche Vergeudung war, bei dem andern heilsamer Lebensgenuß werden, falls nämlich ihre ökonomischen Kräfte verschieden sind. Wer daher über einen Luxusfall urtheilen will, der müsse immer die ganze Geschichte des gerade vorliegenden Volkes, und in welcher Lebensperiode es nun eben steht, zu Rathe ziehen.**)

---

*) S. Ansichten der Volkswirthschaftslehre aus dem geschichtlichen Standpunkte von Wilhelm Roscher (1861), S. 407.

**) Daselbst, S. 412 fg.

6. Sitten.

Mit Recht unterscheidet man die Sitten von der Sittlichkeit und das Prädicat gesittet von sittlich. Die Sitten eines Standes, einer Nation oder eines Zeitalters können sehr unsittlich, sehr tugendwidrig, sehr lasterhaft sein; und ein gesitteter Mensch ist nicht immer auch ein sittlicher, eine gesittete Lebensart nicht immer auch eine sittliche. Nimmt man also das Prädicat sittlich, wie hier geschieht, in der engern Bedeutung von tugendhaft, so bildet es eines von den Prädicaten, welche überhaupt den Sitten zukommen können. Es giebt tugendhafte und lasterhafte Sitten, wie es grobe und feine, rauhe und zarte, geschmackvolle und geschmacklose, anständige und unanständige, edle und gemeine Sitten giebt. Alle diese Attribute sind Prädicate der Sitten.

Die Sitten sind eine Erscheinung, in der sich ein mannigfaltiges Wesen spiegelt. In den Sitten eines Volkes oder Zeitalters kommen theils physische, theils intellectuelle, theils moralische Qualitäten und Entwicklungsstufen zum äußern, sichtbaren Ausdruck. Man kann daher aus den Sitten auf diese Qualitäten und Entwicklungsstufen zurückschließen, kann aus ihnen den körperlichen Habitus, die geistige Capacität, den ästhetischen Geschmack und die ethische Richtung kennen lernen. In den Sitten prägt sich der ganze Mensch nach den verschiedenen Seiten seiner Natur aus; sie bilden so zu sagen die Physiognomie des ganzen Menschen.

So wie der Inhalt der Sitten, oder Das, was sich in ihnen ausdrückt, vielseitig ist, so auch ist ihr Umfang, oder Das, woran und worin dieser Inhalt zur Erscheinung kommt, sehr mannigfaltig. Die Sitten durchziehen alle Einrichtungen des menschlichen Lebens, von den den leiblichen Bedürfnissen dienenden an, bis hinauf zu den den geistigsten Bedürfnissen dienenden. Kleidung, Wohnung,

Geräthschaften, Schmuck, geselliger Verkehr, Spiele und Feste, gegenseitiges Benehmen der Geschlechter, Stände und Lebensalter gegen einander, — alles Dieses trägt das Gepräge der Sitten an sich.

Die Sitten sind, wie Jessen in seiner Psychologie treffend nachgewiesen hat, nur auf einer höhern Stufe des psychischen Lebens Dasselbe, was auf einer untergeordneten Stufe die Geberdung und das Benehmen sind. Das Wesen der Geberde und des Benehmens kehrt in den Sitten nur auf einer höhern Stufe wieder. Wollen wir also den Einfluß der Sitten auf den Menschen kennen lernen, so haben wir zunächst den Einfluß der Geberden und des Benehmens ins Auge zu fassen. Denn Höheres wird stets nur im Zusammenhang mit den niedern Stufen, mit denen es zu einer Classe gehört, richtig verstanden.

Was nun zunächst die Geberden betrifft, so sind sie nach Jessen unmittelbare Reflexbewegungen des Gemüthes, in denen die jedesmalige Stimmung desselben zum Vorschein kommt. Im weitern Sinne bezeichnet das Wort Geberde jeden unmittelbaren Ausdruck eines Gefühls, so daß nicht blos einzelne Muskelbewegungen, sondern auch die Verbindungen mehrerer in dem Benehmen oder Verhalten des Menschen dazu gehören. Man kann auch in Beziehung auf das Benehmen oder Verhalten des Menschen sprachrichtig sagen, daß er sich so oder anders geberde.

Die Geberden bestehen in Muskel- und Körperbewegungen, wodurch ein innerliches Gefühl äußerlich dargestellt wird, und unterscheiden sich von den aus Trieben oder Zwecken hervorgehenden Handlungen dadurch, daß der Mensch bei Letztern immer eine Veränderung in der Außenwelt hervorzubringen sucht, welche bei den Geberden als bloßen Darstellungen innerer Zustände nicht bewirkt oder wenigstens nicht bezweckt wird. „Die Geberden sind die Sprache des Gemüths, nach Außen reflectirte Gefühle, wie die Worte nach Außen reflectirte Gedanken, und die Unter-

II. Besondere Arten von Einflüssen. 429

schiede des einfachen Ausdruckes einer Empfindung von dem Benehmen und der Sitte gestatten sehr wohl eine Vergleichung mit den Unterschieden des Wortes, des Satzes und der Periode."*)

In weiterer Ausführung dieses Grundgedankens zeigt Jessen, daß das einer jeden Geberde zu Grunde liegende Gefühl eben so ihren Inhalt ausmache, wie ein bestimmter Gedanke den Inhalt eines Wortes. In ihrer Verbindung und Aufeinanderfolge, und in ihren Beziehungen oder ihrem Verhältnisse zu den äußern Umständen und Einwirkungen machen die Geberden das Benehmen oder Verhalten des Menschen aus, welches aus seinen innern Gefühlen, seiner Gemüthsstimmung, seinem Muthe, seinen Affecten und Leidenschaften hervorgeht. Das Benehmen ist in analoger Weise eine Verbindung von Geberden, wie der Satz oder das Urtheil eine Verbindung von Worten, und wie das Urtheil ein Verhältniß von Dingen zu einander ausspricht, so ist das Benehmen der Ausdruck des subjectiven Verhältnisses, in welchem wir zu den Dingen stehen, und des Eindrucks, welchen sie auf uns machen. Unser Benehmen ist freundlich, zuvorkommend, geduldig, furchtsam, ängstlich, verlegen, blöde, schüchtern, kleinmüthig, oder unfreundlich, zurückstoßend, ungeduldig, verdrießlich, mürrisch, muthig, keck, dreist, zudringlich, heftig, ungestüm, trotzig, drohend u. s. w.; im Allgemeinen offenbart sich darin eine größere oder geringere Erregung des Gemüths von entgegengesetztem Charakter: Interesse oder Gleichgültigkeit, Liebe oder Haß, Zorn oder Furcht, Spannung oder Abspannung, Exaltation oder Depression.**) Das durch mo=

---

*) S. Jessen, Versuch einer wissenschaftlichen Begründung der Psychologie, S. 282 fg.

**) An einer andern Stelle sagt Jessen: „Nach Maßgabe der vorhandenen Stimmung geben wir den innern Zustand oder die innere Spannung unsers Gemüthes durch unser Benehmen zu erkennen, wodurch wir gleichsam die Neigung unsers ralische Gefühle geleitete Benehmen nennen wir das sittliche Verhalten oder die Sitte, und es offenbart sich darin die höhere Entwicklung des Gemüths, oder die Gesinnung des Menschen. Der Gesittete unterwirft sein eigenes Benehmen den in seinem Volke und in seiner Zeit herrschenden Regeln und Gebräuchen. Die Sitten eines Volks bestehen in einer gewissen Ordnung des Benehmens nach allgemein verbreiteten moralischen Gefühlen und daraus hervorgegangenen Gesetzen. Sie sind der Maaßstab für die moralische Ausbildung desselben, und je niedriger die Stufe ist, auf welcher ein Volk in dieser Beziehung steht, desto mehr ist Unsittlichkeit in ihm vorherrschend." *)

Jessen faßt nun zwar hier die Sitten in sofern zu eng, als er in ihnen blos die Erscheinung der moralischen Ausbildung sieht, während, wie ich gesagt habe, auch die

---

Gemüthes aussprechen oder ausdrücken, wie uns selber zu Muthe ist. Das Benehmen ist eine Reflexbewegung des Selbstgefühls, es besteht in einer gewissen Combination und Succession von Geberden, welche ein bestimmtes Gefühl oder eine vorhandene Gemüthsstimmung als ihre Bedeutung enthalten. Es steht, wie schon erwähnt worden, zu den einzelnen Geberden in analogem Verhältnisse, wie der Satz zu dem Worte; es ist der Ausdruck unsers subjectiven Verhältnisses zu der Aussenwelt. Wenn wir durch einen Satz aussprechen, wie wir uns eine Sache vorstellen, und in demselben behaupten, daß sie gut oder schlecht, groß oder klein, wichtig oder unbedeutend sei, u. s. w., so drücken wir durch unser Benehmen aus, wie eine Sache uns afficirt, ob sie für uns wichtig oder unbedeutend sei, ob sie uns gefällt oder mißfällt, ob wir sie billigen oder mißbilligen, ob sie angenehme oder unangenehme Gefühle in uns erweckt. In unserm Urtheile und in den Sätzen, worin wir es aussprechen, behaupten wir immer etwas von irgend einer Sache; in unserm Benehmen suchen wir die eigene Stimmung zu behaupten gegen etwas, welches ihr freundlich oder feindlich entgegentritt." †)

*) S. Jessen, Versuch einer wissenschaftlichen Begründung der Psychologie, S. 284 fg.

†) Daselbst S. 291.

II. Besondere Arten von Einflüssen.

physischen und intellectuellen Qualitäten und Entwicklungsstufen in den Sitten sich ausprägen; aber in der Hauptsache, in der Zusammenfassung der Sitten mit den Geberden und dem Benehmen hat Jessen Recht. Die Sitten sind etwas Naturwüchsiges, Unmittelbares, Unwillkürliches, wie die Geberden und das Benehmen.

Da dieses sich nun aber so verhält, so ist auch ihr Einfluß ein ähnlicher dem Wesen nach, wie der der Geberden und des Benehmens, nämlich ein auf das Innere, von dem sie ausgehen, rückwirkender. Wie die Geberden und das Benehmen auf die Stimmung, deren Ausdruck sie sind, anfachend und verstärkend zurückwirken, so auch die Sitten auf die Neigungen und Strebungen, deren Ausdruck sie sind.

Zum Beweise dafür, wie sich die Geberden auf das Gemüth reflectiren und entsprechende Gefühle anregen, führt Jessen an: „Wenn wir uns zornig stellen, so entsteht um so leichter ein wirkliches Gefühl von Zorn in uns, je länger wir es thun. Unterdrückt man bei einem innerlich entstehenden Zorn sogleich jede Aeußerung desselben, so pflegt auch das Gefühl des Zornes bald zu verschwinden; giebt man ihm nach, so steigert sich der Zorn durch seine Aeußerungen mehr und mehr, und kann am Ende vielleicht nur durch gewaltsame Handlungen ausgeglichen werden. Wenn wir es versuchen, die uns bekannten Geberden des Zornes direct durch unsern Willen nachzuahmen, wenn wir die Stirn runzeln, die Zähne fest zusammenbeissen, die Faust ballen, so daß diese Bewegungen ohne ein vorhergehendes Gefühl von Zorn ausgeführt werden: so können wir deutlich bemerken, daß ein innerliches Gefühl von Zorn nachfolgt und durch jene Bewegungen in uns hervorgerufen wird. Wenn ein Trauriger und Leidender in einer fröhlichen Gesellschaft heiter zu erscheinen sucht, so wird er oft allmählich heiter und fröhlich, ehe er sich dessen versieht, und man kann sich von manchen unangenehmen und schmerzlichen Gefühlen dadurch befreien, daß man sich beharrlich so geberdet, als seien sie nicht vorhanden. Wer sich so in seiner Gewalt hat, daß er dies consequent durchführen kann, der kann sich dadurch in manchen Fällen von krankhafter Hypochondrie und Melancholie befreien; es giebt aber nur wenige Menschen, welche eine solche Herrschaft über sich besitzen, und je mehr man seinen Gefühlen nachgiebt, desto mehr pflegen sie sich zu steigern. So wie also jedes Gefühl eine bestimmte Geberde hervorruft, eben so regt diese ihrerseits das ihr entsprechende Gefühl an. Besonders steht die Stimme in Beziehung zum Gemüthe. Denn von dem Gemüthe hängt es ab, ob wir geneigt sind, zu sprechen, und wie wir das Gesprochene betonen. Wir können nur dann gut vorlesen, reden und declamiren, oder mit dem gehörigen Ausdrucke singen, wenn die in den Worten oder Melodien niedergelegten Gefühle während des Vortrages in uns entstehen. Allein die Betonung, die wir hineinlegen, kehrt auch zu unserm Gemüthe zurück; was wir mit rührender oder zorniger Stimme vortragen, erweckt in uns selber das Gefühl der Rührung oder des Zornes, gleichviel, welche Worte dabei ausgesprochen werden." *)

Nun, dieselbe rückkehrende Wirkung, die hier Jessen den Geberden und dem Benehmen zuschreibt, müssen wir auch den Sitten zuschreiben, und Jeder kann es an sich erfahren, wie die Sitten auf das Innere, dessen Ausdruck sie sind, zurückwirken. Es ist z. B. Sitte, bei festlichen Gelegenheiten und an Feiertagen sich anders zu kleiden, als werktäglich. Wer hätte es aber nicht schon an sich erfahren, wie das Festgewand, das er anlegt, auf die feierliche Stimmung, der es Ausdruck giebt, anfachend zurückwirkt?

Diese rückkehrende Wirkung der Sitten ist nicht gering anzuschlagen. So wie rauhe körperliche Sitten, wie sie bei Nationen von harter Körperbeschaffenheit stattfinden, auf den Körper abhärtend, weichliche hingegen verweichlichend zurückwirken,

---

*) S. Jessen, S. 319 fg.

und wie ästhetische Sitten auf den Geschmack, der sich in ihnen äußert, seiner Beschaffenheit entsprechend zurückwirken; so auch wirken ethische Sitten auf die Gesinnung, die sich in ihnen ausdrückt, ihrer Beschaffenheit entsprechend zurück. So wie, wenn wir uns gegen Jemand verächtlich oder respectvoll benehmen, dies Benehmen excitirend auf unsere Verachtung oder unsern Respect zurückwirkt, so auch wirken humane oder inhumane Sitten excitirend auf unsere Humanität oder Inhumanität zurück. Sitten, in denen Tapferkeit, Mäßigkeit, Gerechtigkeit sich ausdrückt, fachen rückwärts diese Tugenden an; entgegengesetzte die entgegengesetzten Laster.

Der rückwirkende Einfluß der Sitten giebt sich nicht blos da kund, wo dieselben ursprünglich, einheimisch, naturwüchsig sind, sondern auch da, wo sie blos nachgeahmt, von Außen eingeführt, angenommen sind. So wie eine beharrlich nachgeahmte Geberde oder ein beharrlich nachgeahmtes Benehmen das nachahmende Subject zuletzt in die Stimmung versetzt, deren Ausdruck sie ist, wie z. B. Schauspieler beim Einstudiren einer Rolle durch wiederholte Nachahmung der Geberden und des Benehmens von Königen, oder von Bedienten, oder von Verliebten u. s. w., zuletzt auch die innere Stimmung Dessen, den sie spielen, in sich erwecken, so daß es scheint, als wären sie Der, den sie spielen; eben so erwecken beharrlich nachgeahmte Sitten zuletzt dieselbe Gesinnung, aus der sie ursprünglich hervorgegangen sind. Daher kann man durch Einführung von Sitten auf die Gesinnung wirken, kann die Gesinnung ganzer Völker veredeln oder verderben, je nachdem man gute oder schlechte, tugendhafte oder lasterhafte Sitten bei ihnen einführt. Und was von Völkern, das gilt auch von Ständen eines Volkes. Ahmen z. B. erst, wie es leider schon in unserer Zeit geschieht, die niedern Stände die luxuriösen Sitten der höhern nach, so folgt diesen luxuriösen Sitten bald auch die entsprechende Gesinnung nach.

Mit Recht legt daher Herbart auf die Besserung der Sitten einen größern Werth, als Kant, indem er gegen Kant's: „Die moralische Bildung des Menschen muß nicht von der Besserung der Sitten, sondern von der Umwandlung der Denkungsart und von der Gründung eines Charakters anfangen" sagt: „Es ist ganz falsch, daß nicht von der Besserung der Sitten müsse angefangen werden; diese muß vielmehr zugleich negativ durch Abwehr schlechter Sitten, und positiv durch Alles Das, was für Schonung und Entwicklung der Naturkraft und des Wohlwollens geschehen kann, gleichen Schrittes mit dem ästhetischen Urtheil vorwärts gehen."*)

Indifferent sind selbst nicht einmal jene ganz äußern Formen in den Sitten, die man Ceremonien nennt und die bei verschiedenen Völkern für dieselbe Sache verschieden sind. Es könnte zwar scheinen, daß es gleichgültig sei, ob man diese oder jene Ceremonie beim Grüßen, diese oder jene Begräbniß- oder Trauerceremonie beobachtet. Es scheint in allen diesen Dingen nur darauf anzukommen, daß man überhaupt solche Ceremonien beobachtet, nicht aber auf das Wie derselben.

Doch bei näherer Betrachtung dürfte sich die Gleichgültigkeit der Form der Ceremonien als ein bloßer Schein erweisen. Denn es giebt keine leere, nichtssagende Form; jede Form ist der Ausdruck eines Wesens, und so wie es nicht gleichgültig ist, ob wir frei oder knechtisch gesinnt sind, so ist es auch nicht gleichgültig, ob wir bei Begrüßung Vornehmer und Vorgesetzter uns in den Staub werfen, oder blos verbeugen. Es ist ferner auch nicht gleichgültig, welchen Winkel wir bei der Verbeugung beschreiben oder wie tief wir den Hut ziehen. Denn alles dieses ist hier, bis herab auf das Aeußerlichste und Geringfügigste, Sym-

---

*) Herbart, Analytische Beleuchtung des Naturrechts und der Moral, §. 198.

II. Besondere Arten von Einflüssen.

bol des Innern und wirkt auf dieses zurück. Also nicht blos aus den Sitten, sondern auch aus den Ceremonien kann man auf das Innere schliessen. Und nicht blos die Sitten wirken auf die Gesinnung zurück, sondern auch die Ceremonien. Die Tiefe der äußern Herablassung vor den Göttern beim Gottesdienst oder vor den Mächtigen der Erde bei der Ehrenbezeigung ist ein Zeichen der Tiefe der innern Herablassung und wirkt auf diese zurück. Das ceremonielle Benehmen und die Reverenzen des männlichen Geschlechts gegen das weibliche, oder der Jugend gegen die Greise, oder der niederen Stände gegen die höheren, — Alles dieses ist Ausdruck eines Innern und wirkt auf dieses zurück. Die kleinste äußere Nüance entspricht hier einer innern, und es giebt daher in diesem Gebiete nichts Gleichgültiges, nichs Einflußloses.

---

7. Gesetze.

In ächt griechischem Geiste findet Aristoteles die Tugend, wie sie in der Ethik betrachtet wird, die Tugend als Eigenschaft des Einzelnen, die Privattugend, nicht genügend; die vollständige Verwirklichung der Sittlichkeit ist ihm erst der Staat. An sich schon ist die sittliche Thätigkeit eines Gemeinwesens größer und vollendeter, schöner und göttlicher, als die des Einzelnen; aber auch die Erzeugung und Erhaltung der Tugend gelingt nachhaltig nur im Staate, denn mit der blossen Belehrung ist bei den Wenigsten etwas auszurichten: wer seinen Neigungen lebt, hört weder auf die Ermahnung, noch versteht er sie, nur Gewöhnung und Erziehung können hier helfen, nicht allein bei der Jugend, sondern auch bei den Erwachsenen, denn auch von diesen bedürfen die Meisten zwingender Gesetze;

eine gute Erziehung aber und feste Gesetze sind nur im Staate möglich.*)

Es ist nun zwar richtig, daß der Zwang der Gesetze und die Gewöhnung durch die Gesetze von mächtigem Einfluß auf die Sittlichkeit ist. Aber erstens hat die aus Gewöhnung und Zwang geübte Tugend doch nur den Werth der Legalität, nicht der Moralität, zweitens hängt auch in Beziehung auf die Legalität die heilsame Wirkung der Gesetze doch hauptsächlich von ihrem Inhalt ab. Ist dieser ein mit den wahren sittlichen Forderungen übereinstimmender, dann wirkt der Zwang und die Gewöhnung durch die Gesetze wohlthätig; ist aber der Inhalt der Gesetze ein den wahren sittlichen Forderungen widersprechender, wie es innerhalb der historischen Entwicklung bei vielen Gesetzen der Fall ist, so wirken die Gesetze gerade durch ihren Zwang und ihre Gewöhnung nachtheilig, depravirend.

Der Einfluß der Gesetze ist also, wie der der Sitten, ein relativer. Je nachdem sie selbst beschaffen sind, je nachdem die Gesinnung und Willensrichtung, die sich in ihnen ausdrückt, eine gerechte oder ungerechte, eine tugendhafte oder lasterhafte ist, wirken sie versittlichend oder entsittlichend. Auch ist ihr Einfluß, wie der der Sitten, ein rückwirkender; sie fachen rückwärts die Gesinnung und Willensrichung, von der sie ausgegangen sind, an und befestigen sie.

Aristoteles führt außer dem Zwang und der Gewöhnung noch eine dritte Eigenschaft der Gesetze an, wodurch dieselben wohlthätig wirken, nämlich diese, daß die Menschen wegen der Autorität, die den Gesetzen innewohnt, im Allgemeinen weit geneigter sind, den Vorschriften der Gesetze, als Privatvorschriften zu folgen. Gegen Einzelne, wenn sie unsern Neigungen widerstehen, werden wir leicht

---

*) Vergl. Zeller, Die Philosophie der Griechen, II, §. 28.

aufgebracht, so gerecht auch ihr Widerstand sein mag; aber daß das Gesetz uns diesen Widerstand leiste, ertragen wir weit eher (Eth. Nicom. X, 10).

Auch Dieses ist wahr. Aber auch diese Eigenschaft des Gesetzes kann eben so verderblich, wie heilsam werden. Die Fügsamkeit unter die Autorität des Gesetzes wirkt sittlich nachtheilig, wenn sie fügsam macht auch gegen die der Stimme der Natur widersprechenden Forderungen ungerechter, inhumaner, liebloser Gesetze. Das ungeschriebene Gesetz in der Menschenbrust ist oft ein höheres, als das geschriebene positive, das Vernunftrecht ein höheres, als das historische; und überall daher, wo es sittlich gefordert ist, dem positiven historischen Recht Widerstand zu leisten im Interesse des ungeschriebenen Vernunftrechts, da wirkt die leichte Fügsamkeit unter die Autorität des bestehenden Gesetzes sittlich nachtheilig.

Die leichte Fügsamkeit der Menschen unter die Autorität des Gesetzes ist Schuld, daß sich schlechte, ungerechte und unmenschliche Gesetze wie eine Krankheit forterben, und daß es den Wenigen, die den Muth haben, im Namen der Gerechtigkeit und Menschlichkeit Einsprache gegen dieselben zu erheben, schwer wird, durchzubringen, und daß sie als Märthrer unterliegen. Damit kann es erst anders werden, wenn über der Autorität des Gesetzes die Autorität des wahren Rechtes anerkannt wird, und wenn die Menschen dem Gesetze nicht mehr blos, weil es Gesetz, sondern weil es **gutes und gerechtes Gesetz ist**, folgen. Der blinde Autoritätsglaube wirkt im Gebiete der Gesetze nicht minder verderblich, als in andern Gebieten.

Doch leugnen läßt sich auch andererseits nicht, daß das wahre Recht, um zur allgemeinen Herrschaft zu gelangen, der Form des Gesetzes bedarf. Das wahre Recht, in dessen Namen einzelne tugendhafte Männer ihre Stimme gegen ungerechte Gesetze erheben, kann so lange nicht durchbringen und das Leben umgestalten, als es nicht auch in die Gesetzgebung übergegangen ist und den Körper des Gesetzes angenommen hat. Wo Sclaverei, Kastenunterschiede, Vielweiberei u. s. w. noch gesetzlich gestattet sind, da kann das humane, sittliche Recht nicht durchbringen. Die blos principielle Verwerfung ungerechter und inhumaner Institutionen bleibt, so lange ihr das Gesetz nicht seinen Arm leiht, ohnmächtig.

Der Einfluß der Gesetze erstreckt sich nicht etwa blos auf das Handeln der Menschen, sondern auch auf ihr Bewußtsein. Denn wie die Gesetze den Menschen ansehen, so sieht er selbst sich auch an. Betrachten ihn z. B. die Gesetze als geborenen Herrn über Andere, oder als geborenen Sclaven, so sieht er selbst sich auch so an; betrachten ihn dagegen die Gesetze als gleichberechtigt mit Andern, so sieht er selbst sich ebenfalls so an. In Staaten, wo Sclaverei, wo Kastenunterschiede, wo Vielweiberei u. s. w. herrschen, ist das Rechtsbewußtsein der Stände und Geschlechter ein ganz Anderes, als da, wo Freiheit und Gleichberechtigung gesetzlich anerkannt sind. Das Rechtsbewußtsein aber, das der Mensch hat, influirt auf sein Gewissen und seine Handlungsweise. Sclavisches Bewußtsein erzeugt ein sclavisches Gewissen und sclavische Handlungsweise; Freiheitsbewußtsein erzeugt ein freies Gewissen und freie Handlungsweise.

Soll also das Gewissen und die Handlungsweise der Classen einer Gesellschaft umgebildet werden, so muß ihnen erst durch Gesetze ein anderes Rechtsbewußtsein beigebracht werden.

Die Gesetze formiren das Rechtsbewußtsein nicht blos durch Das, was sie für Recht oder Unrecht erklären, sondern auch durch den Grad, in welchem sie es dafür erklären, also nicht blos in qualitativer, sondern auch in quantitativer Hinsicht. Letzteres geschieht besonders durch die Strafgesetze. Das Unrecht, das die Strafgesetze durch die größere Strafe, die sie darauf setzen, für ein größeres erklären, gewöhnen sich auch die Unterthanen als ein größeres anzusehen, dasjenige hingegen, das die Gesetze gelinder bestrafen, als ein geringeres. Stämpeln nun z. B. die Gesetze ein an sich geringes Unrecht durch die schwere Strafe, die sie darauf setzen, zu einem großen, oder umgekehrt ein an sich großes durch geringe Strafe zu einem geringen, so werden auch die Unterthanen es eben so ansehen und diese Ansicht wird auf ihr Gewissen und ihre Handlungsweise influiren.

Es ist daher sittlich von großer Wichtigkeit, daß die Gesetze die Strafen nach der objectiven Größe der Vergehungen abmessen. Es ist damit nicht gesagt, daß in allen Ländern und zu allen Zeiten die Strafgesetze dieselben sein müßten. Vielmehr können je nach dem Bedürfniß größerer oder geringerer Abschreckung die Strafen für ein und dasselbe Vergehen bei verschiedenen Völkern und zu verschiedenen Zeiten verschieden sein. In dem einen Lande kann ein bestimmtes Vergehen strenger zu bestrafen sein, als in einem andern Lande, z. B. Baumfrevel in einem baumarmen Lande strenger, als in einem baumreichen. Aber dergleichen örtlich und zeitlich gerechtfertigte Modificationen heben die Wahrheit nicht auf, daß im Allgemeinen die Strafe nach der Größe der Vergehen abgemessen werden muß, wenn das Rechtsbewußtsein nicht irregeleitet und das Gewissen nicht verfälscht werden soll.

Montesquieu sagt unter der Ueberschrift: „De la juste proportion des peines avec le crime": „Il est essentiel que les peines aient de l'harmonie entr'elles, parce qu'il est essentiel que l'on évite plutôt un grand crime qu'un moindre, ce qui attaque plus la societé que ce qui la choque moins." Montesquieu hebt besonders die Nachtheile für die öffentliche Sicherheit hervor, die es mit sich bringt, wenn die Gesetze keinen Unterschied in der Strafe nach dem Grade des Verbrechens machen.*)

---

*) Montesquieu, De l'Esprit les Lois, Liv. VI, chap. 16.

Aber nicht blos aus Rücksicht auf die öffentliche Sicherheit, sondern auch aus Rücksicht auf die Sittlichkeit sind solche Gesetze zu verwerfen; denn, wie schon gesagt, das Rechtsbewußtsein und in Folge dessen das Gewissen wird durch sie corrumpirt. Drako's Gesetze, die mit Blut, nicht mit Dinte geschrieben waren, die alle Verbrechen ohne Unterschied mit dem Tode bestraften, den Müssiggang, wie den Mord, den Diebstahl eines Kohls oder eines Schafs wie den Hochverrath und die Mordbrennerei, diese blutigen Gesetze nennt Schiller mit Recht „den Versuch eines Anfängers in der Kunst, Menschen zu regieren", und wirft ihnen vor, daß sie doppelt zu tadeln seien, „weil sie nicht allein die heiligen Gefühle und Rechte der Menschheit wider sich haben, sondern auch, weil sie auf das Volk, dem er sie gab, nicht berechnet waren."*)

8. Verfassungen und Verfassungsformen.

Das Erste und Wichtigste an den Verfassungen ist ihr Geist; nachher erst kommt ihre Form in Betrachtung. Der Geist der Verfassungen aber wird bestimmt durch den Begriff vom Staate, der ihnen zu Grunde liegt.

Ist dieser ein richtiger, so wird die Verfassung sittlich wohlthätig wirken; ist er ein falscher, verderblich.

Der richtige Staatsbegriff ist aber offenbar dieser: der Staat hat den Zweck, das Recht der in ihm vereinigten Individuen und Gesellschaftskreise im Innern und nach Außen hin zu schützen. Der Staat ist Rechtsanstalt und nichts

---

*) S. Schillers Abhandlung über die Lykurgische und Solonische Gesetzgebung.

weiter. Der Zweck des Staates ist also eigentlich ein negativer, nämlich der, das Unrecht abzuwehren. Hingegen positive Einmischung der Staatsgewalt in die innere Organisation und die eigenthümliche Thätigkeit der im Staate vereinigten Gesellschafts- und Berufskreise, z. B. positive Einmischung in die industriellen, commerciellen, artistischen und scientifischen Angelegenheiten ist dem wahren Zweck des Staates zuwider.

Jeder Staatsbegriff, der dem Staate einen positiv bestimmenden Zweck beilegt und diesen zum dominirenden macht, folglich dem Staate das Recht einräumt, alle Kräfte diesem besonderen Zwecke dienstbar zu machen, ist ein falscher. Treffend führt ein Schüler Krause's, Prof. Ahrens, in seiner Rechtsphilosophie, folgende Gedanken aus: Der Rechtsbegriff ist ein universeller; er erstreckt sich über das ganze menschliche Leben, über alle physischen und intellektuellen Verhältnisse; er bezieht sich auf alle vernünftigen Zwecke, sowohl individuelle, als sociale, indem er die nothwendigen Bedingungen zu ihrer Erreichung begreift. Das Recht bezieht sich also auf die religiösen, wissenschaftlichen, künstlerischen, commerciellen Interessen des Menschen und der Gesellschaft, aber berührt sie nur von einer Seite, der conditionellen Seite nämlich, wonach sie von Bedingungen abhängen, die zu ihrer Existenz und Entwicklung nothwendig sind. Diese Wahrheit ist höchst wichtig für die Bestimmung des Verhältnisses, in welchem der Staat, dieses sociale Rechtsinstitut, zu den andern Zweigen der menschlichen Thätigkeit steht. Der Staat darf nämlich, obgleich er in Rapport mit allen menschlichen Interessen und allen Sphären der socialen Thätigkeit steht, dennoch, um die durch das Recht gezogenen Gränzen nicht zu überschreiten, nicht in ihre innere Organisation interveniren, sondern muß sich auf die Gewährung der zu ihrer Existenz und Entwicklung nothwendigen Bedingungen beschränken. Um den Zweck des Staates, gemäß der Idee der Menschheit und dem socialen Princip, das er zu verwirklichen hat, genau zu bestimmen, muß man vor allen Dingen den Zweck des Menschen und der Menschheit im Allgemeinen erforschen und demzufolge dann das Loos, welches dem Staate zugefallen ist, festsetzen. Aus diesen Untersuchungen aber ergiebt sich, daß die menschliche Gesellschaft mehrere besondere Zwecke verfolgt, deren jeder zu seiner vollkommenen und vollständigen Realisirung einer besondern sich von den andern unterscheidenden, seinem Gegenstande gemäß organisirten Association bedarf. Die menschliche Gesellschaft muß sich also in eben so viele besondere Fundamental-Societäten theilen, als es ursprüngliche Zwecke, welche den Gegenstand der menschlichen und socialen Thätigkeit bilden, giebt. Diese Societäten sind die, welche sich die moralische, religiöse, wissenschaftliche, künstlerische, industrielle, commercielle und juridische oder bürgerliche und politische Entwicklung des Menschen und der Menschheit zum Zweck setzen. Unter diesen Societäten befindet sich also eine, deren ursprünglicher Zweck in der Anwendung und Entwicklung des Rechts und der Gerechtigkeit besteht. Und dieses ist der Staat, also die bürgerliche und politische Gesellschaft. In Uebereinstimmung also mit der Erfahrung und gemäß dem Begriff und Princip des Rechtes, können wir den Zweck des Staates bestimmen als bestehend in der Anwendung und Entwicklung des Rechts, welche wesentlich auf der Vertheilung der gesammten äußern, von der menschlichen Freiheit abhängigen Bedingungen und Mittel beruht, die zur Erreichung der vernünftigen Zwecke der Menschheit nothwendig sind. *)

---

*) S. Cours de Droit naturel ou de Philosophie du Droit, fait d'après l'état actuel de cette science en Allemagne, par H. Ahrens. Paris 1840.

II. Besondere Arten von Einflüssen.

Es ist nun klar, daß jede Verfassung, welche diesem wahren Begriff des Staates zuwider ist, welche dem Staate, statt des universellen Zwecks der Rechtsverwaltung, einen particulären Zweck beilegt und diesen zum herrschenden über alle Gesellschafts= und Thätigkeitskreise macht, demoralisirend wirken muß. Denn sittliche Pflicht ist es für jede Lebens= und Thätigkeitssphäre, das Ihrige zu thun, den objectiven Zweck ihres Gebietes zu realisiren. Dazu bedarf eine jede der freien Entwicklung, d. h. nicht der Zügellosigkeit, sondern der Selbstbestimmung nach den objectiven, immanenten Gesetzen ihres Gegenstandes. Handel und Gewerbe z. B. können nur dann ihre Schuldigkeit thun, nur dann das von ihnen zu realisirende Gut fördern, wenn sie die diesem Gut entsprechende Thätigkeit frei entfalten und die zu seiner Erreichung führenden Mittel ungehindert anwenden dürfen; eben so Kunst und Wissenschaft und jede ein besonderes Gut zu fördern bestimmte Thätigkeit. Der particuläre Staatszweck aber, der sich Einmischung in die innern Angelegenheiten der verschiedenen Kreise erlaubt, entfremdet sie ihrem objectiven Zweck und hindert sie, das ihnen eigenthümliche Gut zu fördern, also ihre moralische Schuldigkeit zu thun. Ist der particuläre Zweck des Staates z. B. ein kirchlicher, wie in theokratisch verfaßten, in Kirchen= und Priesterstaaten, so kann in einem solchen Staat die Wissenschaft sich nicht frei entwickeln und ihre Schuldigkeit thun; oder ist der particuläre Zweck des Staates ein militärischer, dann absorbirt der militärische Zweck alle Kräfte und hindert die Entwicklung der friedlichen Gewerbe und Künste, hindert diese, ihre Schuldigkeit zu thun.

Einseitige, einem particulären Staatszweck entsprechende Verfassungen sind zwar geeignet, bestimmte Tugenden zu fördern, z. B. eine kriegerische Verfassung die Tugend der Tapferkeit. Aber eben, weil sie ausschließlich nur eine bestimmte Tugend fördern, hindern sie die Uebung und Entwicklung der übrigen Tugenden. Mit Recht tadelt daher Schiller die alte spartanische Verfassung, daß sie, die einzige Tugend der Vaterlandsliebe fördernd, alle Gefühle der edlern Menschlichkeit erstickt hat.

„Gegen seinen eigenen Zweck gehalten, sagt Schiller, ist die Gesetzgebung des Lykurgus ein Meisterstück der Staats- und Menschenkunde. Er wollte einen mächtigen, in sich selbst gegründeten, unzerstörbaren Staat; politische Stärke und Dauerhaftigkeit waren das Ziel, wonach er strebte, und dieses Ziel hat er so weit erreicht, als unter seinen Umständen möglich war. Aber hält man den Zweck, welchen Lykurgus sich vorsetzte, gegen den Zweck der Menschheit, so muß eine tiefe Mißbilligung an die Stelle der Bewunderung treten, die uns der erste flüchtige Blick abgewonnen hat. Alles darf dem Besten des Staates zum Opfer gebracht werden, nur dasjenige nicht, dem der Staat selbst nur als ein Mittel dient. Der Staat selbst ist niemals Zweck, er ist nur wichtig als eine Bedingung, unter welcher der Zweck der Menschheit erfüllt werden kann, und dieser Zweck der Menschheit ist kein anderer, als Ausbildung aller Kräfte des Menschen, Fortschreitung. Hindert eine Staatsverfassung, daß alle Kräfte, die im Menschen liegen, sich entwickeln; hindert sie die Fortschreitung des Geistes: so ist sie verwerflich und schädlich, sie mag übrigens noch so durchdacht und in ihrer Art noch so vollkommen sein. Ihre Dauerhaftigkeit selbst gereicht ihr alsdann vielmehr zum Vorwurf, als zum Ruhm — sie ist dann nur ein verlängertes Uebel; je länger sie Bestand hat, um so schädlicher ist sie. Ueberhaupt können wir bei Beurtheilung politischer Anstalten als eine Regel festsetzen, daß sie nur gut und lobenswürdig sind, in sofern sie alle Kräfte, die im Menschen liegen, zur Ausbildung bringen, in sofern sie Fortschreitung der Cultur befördern, oder wenigstens nicht hemmen. Dieses gilt von Religions-, wie von politischen Gesetzen; beide sind verwerflich, wenn sie eine Kraft des menschlichen Geistes fesseln, wenn sie ihm

II. Besondere Arten von Einflüssen.

in irgend etwas einen Stillstand auferlegen. Ein Gesetz z. B., wodurch eine Nation verbunden würde bei dem Glaubensschema beständig zu verharren, das in einer gewissen Periode als das vortrefflichste erschienen, ein solches Gesetz wäre ein Attentat gegen die Menschheit, und keine noch so scheinbare Absicht würde es rechtfertigen können. Es wäre unmittelbar gegen das höchste Gut, gegen den höchsten Zweck der Gesellschaft gerichtet." *)

Von diesem Standpunkte aus setzt Schiller mit Recht den Werth der Lykurgischen Gesetzgebung tief herab. Eine einzige Tugend sei es gewesen, die in Sparta mit Hintansetzung aller andern geübt wurde, Vaterlandsliebe. Diesem künstlichen Triebe seien die natürlichsten schönsten Gefühle der Menschheit zum Opfer gebracht worden. Auf Unkosten aller sittlichen Gefühle wurde das politische Verdienst errungen und die Fähigkeit dazu ausgebildet. In Sparta gab es keine eheliche Liebe, keine Mutterliebe, keine kindliche Liebe, keine Freundschaft — es gab nichts als Bürger, nichts als bürgerliche Tugend. Lange Zeit habe man jene spartanische Mutter bewundert, die ihren aus dem Treffen entkommenen Sohn mit Unwillen von sich stößt, und nach dem Tempel eilt, den Göttern für den gefallenen zu danken. Zu einer solchen unnatürlichen Stärke des Geistes hätte man der Menschheit nicht Glück wünschen sollen. Eine zärtliche Mutter sei eine weit schönere Erscheinung in der moralischen Welt, als ein heroisches Zwittergeschöpf, das die natürliche Empfindung verläugnet, um künstliche Pflicht zu befriedigen. Dadurch, daß der Staat der Vater seines Kindes wurde, hörte der natürliche Vater desselben auf, es zu sein. Das Kind lernte nie seine Mutter, seinen Vater lieben, weil es schon

---

*) S. Schiller's Abhandlung über die Lykurgische und Solonische Gesetzgebung.

in dem zartesten Alter von ihnen gerissen, seine Eltern nicht an ihren Wohlthaten, nur von Hörensagen erfuhr. Auf eine noch empörendere Art wurde das allgemeine Menschengefühl in Sparta ertödtet, und die Seele aller Pflichten, die Achtung gegen die Gattung, ging unwiederbringlich verloren. Ein Staatsgesetz machte den Spartanern die Unmenschlichkeit gegen ihre Sclaven zur Pflicht; in diesen unglücklichen Schlachtopfern wurde die Menschheit beschimpft und mißhandelt. In dem spartanischen Gesetzbuche selbst wurde der gefährliche Grundsatz gepredigt, Menschen als Mittel und nicht als Zwecke zu betrachten — dadurch wurden die Grundfesten des Naturrechts und der Sittlichkeit gesetzmäßig eingerissen. Die ganze Moralität wurde preisgegeben, um etwas zu erhalten, das doch nur als ein Mittel zu dieser Moralität einen Werth haben kann. Kann, frägt Schiller, etwas widersprechender sein, und kann ein Widerspruch schrecklichere Folgen haben, als dieser?*)

In anderer Weise wirkte nach Schiller die Solonische Gesetzgebung sittlich nachtheilig. Schreibt nämlich eine Gesetzgebung, die über die rechtlich erzwingbaren Forderungen hinausgehenden, rein moralischen Tugenden, wie Treue gegen den Freund, Großmuth gegen den Feind, Dankbarkeit gegen die Eltern vor, so verwandelt sie „eine freie moralische Empfindung in ein Werk der Furcht, in eine sclavische Regung." „Zur moralischen Schönheit der Handlungen ist Freiheit des Willens die erste Bedingung, und diese Freiheit ist dahin, sobald man moralische Tugend durch gesetzliche Strafen erzwingen will. Das edelste Vorrecht der menschlichen Natur ist, sich selbst zu bestimmen und das Gute um des Guten willen zu thun."**)

---

*) A. a. O.
**) A. a. O.

II. Besondere Arten von Einflüssen.

Von diesem Gesichtspunkt aus tadelt es Schiller, daß ein Solonisches Gesetz verordnete, daß jeder Bürger die Beleidigung, die einem andern widerführe, als sich selbst angethan betrachten und nicht ruhen solle, bis sie an dem Beleidiger gerochen sei. Das Gesetz sei zwar vortrefflich, wenn man seine Absicht dabei betrachte, die Absicht nämlich, jedem Bürger warmen Antheil an allen Uebrigen einzuflößen, und Alle mit einander daran zu gewöhnen, sich als Glieder eines zusammenhängenden Ganzen anzusehen. Wie angenehm würden wir überrascht werden, wenn wir in ein Land kämen, wo uns jeder Vorübergehende ungerufen gegen einen Beleidiger in Schutz nähme! Aber wie sehr würde unser Vergnügen verlieren, wenn uns zugleich dabei gesagt würde, daß er so schön habe handeln müssen! Schiller nennt es zwar einen Vorzug, den die alten Gesetzgeber vor den neuern haben, daß sie ihre Menschen den Gesetzen zubilden, die sie ihnen ertheilen, daß sie auch die Sittlichkeit, den Charakter, den gesellschaftlichen Umgang mitnehmen, weshalb auch ihre Staatskörper eine so lebendige Wärme hätten, die den unsrigen ganz fehle. Indessen verkennt er doch auch nicht, daß die alten Gesetzgeber zu weit gingen und bei aller Weisheit ihrer Absichten sich in den Mitteln vergriffen, indem sie Liebespflichten gesetzlich geboten. „Wo wir zu weit zurückbleiben, eilten sie zu weit vor. Wenn unsere Gesetzgeber Unrecht gethan haben, daß sie moralische Pflichten und Sitten ganz vernachlässigten, so hatten die Gesetzgeber der Griechen darin Unrecht, daß sie moralische Pflichten mit dem Zwange der Gesetze einschärften." *)

Das von Schiller Gesagte stimmt im Wesentlichen mit dem von mir oben Auseinandergesetzten überein, daß Verfassungen, die den wahren Begriff des Staa-

---

*) A. a. O.

tes, Rechtsanstalt zu sein, verkennen, sittlich nachtheilig wirken.

Was nun aber zweitens die verschiedenen Verfassungsformen: Monarchie, Aristokratie, Demokratie, betrifft, so hat man in Bezug auf dieselben gesagt, daß sich nicht eine für alle Völker schicke, sondern dem einen diese, dem andern jene angemessener sei. So sagt z. B. Friedrich von Raumer: „Das Bemühen, den unbedingten Vorzug einer Form der Verfassung nachzuweisen, eine schlechthin allgemein passende Normalform aufzufinden, ist ein verkehrtes Bemühen." „Jene absoluten Formenmacher gleichen einem Schneider, welcher einen Normalrock zusammennähte und in der Freude über sein Machwerk ihn allen Kunden passend über den Leib ziehen wollte; einem Schuster, welcher läugnet, daß sein Normalschuh irgend jemand drücken könne. Verfassung und Volk bedingen sich gegenseitig. Alle Versuche sprungweise das Eine über das Andere zu erheben, nicht allmählig und gegenseitig zu erziehen, sind unnatürlich; Anstrengungen über die Kräfte und Einsichten hinaus enden in Ohnmacht und Kraftlosigkeit." *)

So wahr nun aber auch Dieses vom historischen Gesichtspunkte aus ist, so ist es doch auch andererseits vom ethischen Gesichtspunkte aus nicht minder wahr, daß gewisse Verfassungsformen vor andern den Vorzug verdienen. In sittlicher Beziehung wären nämlich die verschiedenen Verfassungsformen nur dann gleich gut, wenn bei allen der Zweck des Staates, das Recht zu verwalten, gleich gut erreichbar wäre. Dies ist aber zufolge der Beschaffenheit der Menschen nicht der Fall. In Beziehung auf die sittliche Aufgabe des Staates, das Recht aller in ihm vereinigten Societäten und Interessen zu wahren, wird diejenige Verfassungsform

---

*) Historisch-politische Briefe über die geselligen Verhältnisse der Menschen, von Friedr. v. Raumer, S. 84 (Leipzig, F. A. Brockhaus, 1860).

die beste sein, die am Meisten einerseits dem Mißbrauch der Gewalt, andererseits dem Mißbrauch der Freiheit vorbeugt. Absolute Monarchien aber und Oligarchien neigen zum Mißbrauch der Gewalt, Demokratien zum Mißbrauch der Freiheit. Diejenige Verfassungsform wird daher in Beziehung auf die sittliche Aufgabe des Staates die beste sein, in welcher einerseits die Volksfreiheit die Regierungsgewalt hindert, in Despotismus, und andererseits die Regierungsgewalt die Volksfreiheit hindert, in Anarchie auszuarten, also diejenige, in welcher Freiheit und Herrschaft so gemischt sind, daß sie einander vor Ausartung schützen.

Mit Recht gaben daher schon die Alten den gemischten Verfassungsformen den Vorzug vor den reinen, ungemischten. Bestimmte Lehrsätze hierüber finden sich schon bei zwei berühmten Schriftstellern der pythagoräischen Schule, Hippodamus von Milet und Archytas von Tarent.*) Nach ersterem darf man kein ganz der Willkür überlassenes, unbeschränktes Königthum gründen, sondern nur ein solches, wie die Schwäche der menschlichen Natur es zuläßt und wie es allein dem Gemeinwesen nützt. Die Aristokratie oder die Herrschaft der Vornehmen ist dabei in einem reichlichern Maaße zuzulassen, weil in einem Staate immer eine größere Anzahl solcher Männer sich findet, welche Antheil an Ehre und Macht wünschen und verdienen, damit nicht durch den Streit, welchen sie um diese Vorzüge erheben, Gefahr für den Staat entstehe. Das demokratische Element kann aber darum nicht ganz entbehrt werden, weil jeder Bürger einen Theil von Ehre und Vortheil von Seiten des Gemeinwesens anspricht.

Nach Archytas von Tarent müssen die Staatsver-

---

*) S. Ferienschriften von Karl Zell. Neue Folge, I. Bd. (Heidelberg, Karl Winter, 1853), S. 253 fg.

fassungen Etwas von der Demokratie, von der Aristokratie und eben so von der Monarchie enthalten, in der Weise, wie ja auch die Lacedämonische Verfassung aus diesen dreien gemischt sei. Die Gesetze des Staates müßten nicht blos überhaupt und an sich vernünftig und sittlich sein, sondern zugleich so eingerichtet, daß zwischen den verschiedenen Bestandtheilen des Gemeinwesens eine gewisse gegenseitige Ausgleichung stattfinde, namentlich in Beziehung auf das Befehlen und Gehorchen.

Auch Plato in seinem Werke „von den Gesetzen" empfiehlt die gemischte Staatsverfassung, obgleich er nur zwei wesentlich verschiedene und ursprüngliche Staatsformen, gleichsam zwei Hauptstämme aller übrigen Verfassungen anerkennt: die Monarchie und die Demokratie. Die erstere ist nach ihm bei den Persern, die andere bei den Atheniensern zu ihrer vollkommenen Ausbildung und zu den äußersten Gränzen ihrer Entwicklung gelangt. Nun gerade bei der persischen Monarchie, so rein und absolut sie auch im Ganzen war, finden wir dennoch gerade in den Perioden den besten Zustand und die besten Könige, so oft die straff angezogene Strenge der Herrschaft durch einen, wenn auch kleinen Schein von Freiheit und Popularität gemäßigt wurde: so war es zur Zeit des Cyrus und Darius. Die Söhne dieser beiden, Cambyses und Xerxes, an einem königlichen Hofe aufgewachsen, mitten in der Fülle gesicherter, unbeschränkter Macht, verschmähten es, eine solche Mäßigung und Selbstbeschränkung eintreten zu lassen, und sofort gerieth das Reich in einen schlechtern Zustand. Wie die persischen Könige ein Beispiel unbeschränkter Herrschaft geben, so giebt Athen das Beispiel einer unbedingten und ungemischten Demokratie, und zwar zum Beweis, daß auch die Freiheit nicht ohne Beschränkung und Beimischung eines andern Elementes ausdauern kann. Denn sobald als die Art und Weise der alten attischen Freiheit, welche eine glückliche Beimischung von Aristokratie hatte, nach den persischen Kriegen durch allzu unbeschränkte Gewalt des ge-

II. Besondere Arten von Einflüssen.

meinen Volkes gestört worden war, so verschlimmerten sich sofort die Sitten und mit dem Sittenverderbniß ging auch der Staat dem Verderben zu.

Mehr aber noch, als aus dem bisher Angeführten, läßt sich aus dem, was Aristoteles sagt, der Vorzug der gemischten Verfassungsformen vor den ungemischten erkennen.

Aristoteles nimmt nach der üblichen Eintheilung drei Hauptgattungen der Staatsverfassung an: Monarchie, Aristokratie und die gute Demokratie, die Republik, wie wir sie nennen, welche Aristoteles aber nicht mit dem Namen der Demokratie bezeichnet, sondern Politie (πολιτεία) oder Timokratie (Censusherrschaft) nennt. Eine jede dieser drei Hauptgattungen erklärt er für zulässig und gut je nach den gegebenen Umständen: bei allen dreien bleibt aber immer die Grund- und Hauptbedingung, daß sie im Sinne und zum Zwecke der allgemeinen Wohlfahrt gegründet und verwaltet werden, so wie ferner, daß sie als letztes Ziel, nach welchem sie, wenn auch auf verschiedenen Wegen zu streben haben, immer die möglichste Annäherung zu einem, dem Wesen und der Würde der Menschheit entsprechenden Zustande, zur Eudämonie des Lebens, im Auge behalten. Jenen drei guten und preiswürdigen Hauptgattungen gehen drei Ausartungen oder Abweichungen (Parekbasen) zur Seite: die Monarchie ist nämlich der Gefahr ausgesetzt auszuarten in die Tyrannis, die Aristokratie in die Oligarchie, und die Politie in die Demokratie, wie Aristoteles diese Ausartung bezeichnet, oder, wie wir sie mit andern griechischen Schriftstellern zu nennen pflegen, in die Ochlokratie.

Aristoteles billigt nun die Ansicht Derjenigen, welche für die beste Verfassung die aus den drei Hauptformen gemischte halten, und zwar knüpft er dabei an seine Ansicht von der Tugend an, wonach dieselbe eine Mitte und Vermittlung zweier Extreme und somit gleichsam eine richtige und vernünftige Mischung verschiedener und entgegenstrebender Kräfte und Elemente ist. Auch auf politischem Gebiete sieht er den besten Zustand in einer gewissen Mischung und Vermittlung von Gegensätzen. Aber er weist auch von jeder einzelnen der drei Hauptformen der Staatsverfassung nach, daß sie für sich in ihrem absoluten Fürsichsein und in ungemischter Reinheit, ohne alle Beimischung der beiden andern Formen, weniger fest und dauerhaft sei. Der beschränkten Monarchie, bei welcher der Monarch mehr oder minder durch Gesetze, Einrichtungen und durch Theilnehmer an der Herrschaft eingeschränkt ist, giebt er den Vorzug vor der unbeschränkten, in welcher der Monarch im Besitz einer vollen, ganz willkürlichen Gewalt nach dem Vorbilde der Gewalt des Hausvaters ist. Jene hat ihm vor dieser den Vorzug, weil das Gesetz vor der Willkür, die Vernunft vor der Leidenschaft den Vorzug hat. Es sei eine anerkannte Sache, daß den Anforderungen der Vernunft um so leichter Genüge geleistet wird, je mehr die Leidenschaft entfernt bleibt. Gerade diese Befreiung und Entfernung von aller Leidenschaft komme aber dem unpersönlichen Gesetze zu; einem Menschen dagegen komme sie nicht zu. Wer deswegen dem Gesetze die Herrschaft übertrage, der übertrage sie gleichsam einem höhern, göttlichen Wesen, das von aller Leidenschaft frei ist. Wer die Herrschaft dagegen einem ganz willkürlich handelnden, keinem Gesetz unterworfenen Menschen allein übertrage, der lasse gerade dadurch gleichsam ein reißendes Thier an der Herrschaft Theil nehmen; denn die ungezügelten menschlichen Affecte und Leidenschaften, durch welche auch die Besten nicht selten von dem rechten Wege abgelenkt werden, könne man wohl mit reißenden Thieren vergleichen. Das Gesetz sei die reine, affect= und leidenschaftslose Vernunft. Endlich sei es auch etwas Widernatürliches, daß man einem einzigen Menschen allein ein solches Uebermaaß von Herrschaft über alle seine Mitbürger einräumen soll, unter denen doch gewiß Viele an Naturanlage, Tugend und Verdienst dem einen Herrscher gleichkommen. An einer andern Stelle bemerkt Aristoteles: da alle Verfassungsformen überhaupt durch Beimischung eines entgegengesetzten Elements dauerhafter werden, so gelte derselbe Grundsatz auch hinsichtlich der Monarchie, welche dadurch sich als fester und dauerhafter bewähre, daß die königliche Gewalt durch ein gewisses Maaß von Volksfreiheit gemäßigt werde.

Eben so sucht Aristoteles auch von den beiden andern Hauptgattungen, der Aristokratie und der guten Demokratie, zu beweisen, daß bei ihnen, wenn sie gut und dauerhaft gegründet werden sollen, sich gleichfalls eine gewisse Mischung mit den Elementen der andern Gattungen und eine dadurch herbeigeführte Mäßigung und Beschränkung finde. Das Princip der Aristokratie, sagt er dabei, ist die Tugend; das Princip der Oligarchie das Vermögen; das der Demokratie die Freiheit. Wenn diese drei Elemente, Tugend, Vermögen, Freiheit, passend mit einander verbunden werden, so daß einem jeden derselben der gebührende Antheil zukommt, erst dann komme die Verfassungsform der wahren Aristokratie zu Stande, welche gerade in nichts Anderm als in der richtigen Mischung dieser drei Elemente bestehe. Wenn dagegen nur zwei dieser Elemente, nämlich Vermögen und Freiheit, auf eine passende Weise mit einander verbunden werden, so entstehe dann die dritte Hauptgattung der guten Verfassungsformen, die Politie oder Timokratie. Aristoteles giebt mehrere Arten an, die Oligarchie mit der Demokratie, d. i. den Vermögenscensus und die Freiheit mit einander zu verbinden, um dadurch die Politie zu Stande zu bringen. Das richtig getroffene Maaß und Mischungsverhältniß in der Politie zeigt sich nach ihm besonders in folgender Eigenschaft. In einem jeden Staate sind unter den Staatsangehörigen Unterschiede nach Qualität und Quantität. Zu den Unterschieden der Qualität gehören z. B. Freiheit, Vermögen, Bildungsgrad, Herkunft; die Unterschiede der Quantität liegen in dem verschiedenen numerischen Verhältnisse der Bürger, welchen einer der genannten qualitativen Unterschiede zukommt oder nicht zukommt. Zur Erreichung eines festen und dauerhaften Zustandes der Politie ist nun vor Allem darauf zu sehen, daß diese quantitativen und qualitativen Unterschiede in richtigem Verhältnisse durch die Verfassung mit einander ausgeglichen werden. Wenn nämlich ohne Rücksicht auf Vermögens- und Bildungsunterschiede ein Jeder gerade eben so viel wie der Andere in der Verfassung und Verwaltung des Staates gilt, und wenn die Herrschaft bei der größern Kopfzahl und bei der unwissenden Masse ist, dann ist die ungemischte Demokratie eine ganz verkehrte und ungerechte Verfassung, die Ausartung der Politie. Wenn aber andererseits nur einige wenige, durch Vermögen, Herkunft und Bildung ausgezeichnete Bürger ganz allein herrschen und regieren, die ganze übrige Masse der Bürger aber von aller Theilnahme an der Herrschaft und Regierung ausgeschlossen ist, dann entsteht die Oligarchie, eine nicht weniger schlechte und unsichere Verfassung, als die Demokratie, da eine so große Anzahl sich auf die Länge nicht von einigen Wenigen beherrschen und unterbrücken läßt. Im Gegensatz gegen diese beiden Ausartungen und von beiden Extremen entfernt ist die Politie. In dieser Verfassung wird einerseits die große Mehrzahl der Bürger nicht von aller Theilnahme an den Angelegenheiten des Staates ausgeschlossen, und andererseits hält die kleinere Zahl durch innere und äußere Vorzüge ausgezeichneter Bürger gegen die große Masse und Mehrzahl dennoch durch eine passende Abwägung der Kräfte und des Einflusses das Gleichgewicht. Dabei muß die Hauptstärke des Regiments und der größte Theil des Einflusses auf die öffentlichen Angelegenheiten bei der Mittelklasse sein, das ist bei denjenigen Bürgern, welche zwischen den Reichsten und Aermsten in der Mitte stehn. Ohne dieses Uebergewicht der Mittelklasse werden entweder die Reichen von den Armen überwältigt und unterdrückt werden, oder umgekehrt die Armen von den Reichen. Je

II. Besondere Arten von Einflüssen.

besser diese Mischung der verschiedenen Elemente gelingt, je mehr das richtige Verhältniß getroffen ist, desto fester und dauerhafter wird der Bestand eines solchen Staates sein.*)

Das Angeführte wird genügen, um den ethischen Einfluß der Verfassungsformen und den Vorzug der gemischten vor den ungemischten zu zeigen. Es geht daraus unwiderleglich hervor, daß, welche Verfassungsform man auch historisch, d. h. für ein gegebenes Volk und eine gegebene Zeit, für die beste halten möge, doch in ethischer Beziehung, d. h. in Beziehung auf den eigentlichen und wahren Zweck des Staates, gemischte Verfassungsformen die besten sind. Denn der eigentliche und wahre Zweck des Staates ist Handhabung des Rechts und der Gerechtigkeit. Diesem Zweck steht eben so der Mißbrauch der Gewalt, als der Mißbrauch der Freiheit entgegen. In ungemischten Monarchien artet die Gewalt in Tyrannei, in ungemischten Demokratien die Freiheit in Zügellosigkeit aus. Beiden Extremen wirken die gemischten Verfassungsformen entgegen, und daher sind diese für die Verwirklichung der sittlichen Aufgabe des Staates die zweckmäßigsten.

---

*) S. Karl Zell, a. a. O.

C. Allgemein geistige Einflüsse.

1. Naturbeschauung.

Die Beschauung der Natur wirkt auf Den, der sich ihr unbefangen hingiebt, reinigend und läuternd. Denn die Natur offenbart uns Eigenschaften, die dem von der Natur vielfach abgewichenen, unnatürlichen Menschenleben abgehen. Die Natur hat einen einfachen, großen Sinn, bleibt sich selbst stets treu und wirkt consequent, ihren innern Trieben und Kräften folgend. „Sie ist unparteiisch, denn sie kennt kein Ansehen der Person, vor ihrem Gesetz sind Alle gleich.

Wegen der durchgängigen Wahrheit und Consequenz der Natur nennt Schopenhauer jede schöne Aussicht ein „Kathartikon des Geistes". Hier zeige sich Alles so durchgängig folgerecht, genau regelrecht, zusammenhängend und skrupulos richtig, hier gebe es keine Winkelzüge. „Wenn wir nun den Anblick einer schönen Aussicht blos als Gehirnphänomen in Betracht nehmen; so ist er das einzige stets ganz regelrechte, tadellose und vollkommene, unter den komplicirten Gehirnphänomenen; da alle übrigen, zumal unsere eigenen Gedankenoperationen, im Formalen oder Materialen, mit Mängeln oder Unrichtigkeiten, mehr oder weni=

ger, behaftet sind. Aus diesem Vorzug des Anblicks der schönen Natur ist zunächst das Harmonische und durchaus Befriedigende seines Eindrucks zu erklären, dann aber auch die günstige Wirkung, welche derselbe auf unser gesammtes Denken hat, als welches dadurch, in seinem formalen Theil, richtiger gestimmt und gewissermaaßen geläutert wird, indem jenes allein ganz tabellose Gehirnphänomen das Gehirn überhaupt in eine völlig normale Aktion versetzt und nun das Denken im Konsequenten, Zusammenhängenden, Regelrechten und Harmonischen aller seiner Processe, jene Methode der Natur zu befolgen sucht, nachdem es durch sie in rechten Schwung gebracht worden. Eine schöne Aussicht ist daher ein Kathartikon des Geistes, wie die Musik, nach Aristoteles, des Gemüthes, und in ihrer Gegenwart wird man am richtigsten denken." *)

Aber nicht blos ein Kathartikon des Geistes, sondern auch des Gemüthes ist jede schöne Aussicht; denn die Harmonie, die in ihr waltet, zieht auch in unser Gemüth ein und stimmt es harmonisch oder erweckt wenigstens in ihm die Sehnsucht nach gleicher Harmonie, und dieses ist schon von moralisch günstigem Einfluß, denn es bringt uns zum Bewußtsein der in der Menschenwelt noch vielfach herrschenden Unwahrheit und Disharmonie, es treibt alle Unnatur und Verzerrung, wenn auch noch nicht reell, doch wenigstens der Gesinnung nach aus uns aus.

Kant und Schiller hatten daher nicht Unrecht, wenn sie das Wohlgefallen am Schönen der Natur für kein eigentlich ästhetisches, sondern für ein moralisches hielten, weil die Natur im Contrast zu dem von der Natur abgewichenen, der Naivetät, der Wahrheit und der Eintracht mit sich entbehrenden Menschenleben es ist, was hier eigentlich das Wohlgefallen erregt.

---

*) S. Welt als Wille und Vorstellung, Bd. II, Cap. 33.

Kant spricht (§. 42 der Kritik der Urtheilskraft) vom „intellectuellen Interesse am Schönen" und sagt: Man habe Denen gegenüber, welche es für ein Zeichen eines guten moralischen Charakters halten, am Schönen überhaupt ein Interesse zu nehmen, nicht ohne Grund sich auf die Erfahrung berufen, daß Virtuosen des Geschmacks nicht allein öfters, sondern wohl gar gewöhnlich eitel, eigensinnig und verderblichen Leidenschaften ergeben, vielleicht noch weniger als Andere auf den Vorzug der Anhänglichkeit an sittliche Grundsätze Anspruch machen könnten, und so scheine es, daß das Gefühl für's Schöne nicht allein vom moralischen Gefühl specifisch unterschieden, sondern auch das Interesse, welches man damit verbinden kann, mit dem moralischen schwer, keineswegs aber durch innere Affinität vereinbar sei. „Ich räume nun zwar gern ein, daß das Interesse am Schönen der Kunst (wozu ich auch den künstlichen Gebrauch der Naturschönheiten zum Putze, mithin zur Eitelkeit, rechne) gar keinen Beweis einer dem Moralischguten anhänglichen, oder auch nur dazu geneigten Denkungsart abgebe, dagegen behaupte ich, daß ein unmittelbares Interesse an der Schönheit der Natur zu nehmen, jederzeit ein Kennzeichen einer guten Seele sei, wenn dieses Interesse habituell ist, wenigstens eine dem moralischen Gefühl günstige Gemüthsstimmung anzeige, wenn es sich mit der Beschauung der Natur gern verbindet."

„Dieser Vorzug der Naturschönheit vor der Kunstschönheit, wenn jene gleich durch diese der Form nach sogar übertroffen würde, dennoch an jener allein ein unmittelbares Interesse zu nehmen, stimmt mit der geläuterten und gründlichen Denkart aller Menschen überein, die ihr sittliches Gefühl cultivirt haben. Wenn ein Mann, der Geschmack genug hat, über Produkte der schönen Kunst mit der größten Richtigkeit und Feinheit zu urtheilen, das Zimmer gern verläßt, in welchem jene, die Eitelkeit und allenfalls gesellschaftliche Freuden unterhaltende Schönheiten

II. Besondere Arten von Einflüssen.

anzutreffen sind, und sich zum Schönen der Natur wendet, um hier gleichsam Wolluſt für seinen Geiſt in seinem Gedankengange zu finden, den er sich nie völlig entwickeln kann, so werden wir diese seine Wahl selber mit Hochachtung betrachten und in ihm eine schöne Seele voraussetzen, auf die kein Kunſtkenner und Liebhaber, um des Intereſſe willen, das er an seinen Gegenſtänden nimmt, Anspruch machen kann." Das Intereſſe an der Naturschönheit, z. B. an dem bezaubernden Schlag der Nachtigall in einsamen Gebüschen, an einem ſtillen Sommerabende, bei dem sanften Lichte des Mondes, beruht nach Kant auf der Reflexion, daß es Natur sei, nicht Kunſt und Betrug, was uns entzückt. Dieselben Scenen, als gemachte, nachgeahmte, würden keinen Reiz mehr für uns haben. „Es muß Natur sein oder von uns dafür gehalten werden, damit wir am Schönen als solchem ein unmittelbares Intereſſe nehmen können, noch mehr aber, wenn wir gar andern zumuthen dürfen, daß sie es daran nehmen sollen, welches in der That geschieht, indem wir die Denkungsart derer für grob und unedel halten, die kein Gefühl für die schöne Natur haben."

Aehnlich findet Schiller das Intereſſe an der schönen Natur mit dem moralischen Intereſſe verwandt. In seiner Abhandlung „über naive und ſentimentalische Dichtung" läßt er gleich Anfangs, in Uebereinſtimmung mit Kant, das Intereſſe an der Naturschönheit durch die Reflexion bedingt sein, daß der Gegenstand, der uns dieses Intereſſe einflößt, Natur sei, wozu er noch als zweite Bedingung hinzufügt, daß der Gegenstand in weiteſter Bedeutung des Wortes naiv sei, d. h. daß die Natur mit der Kunſt in Contraſt ſtehe und sie beschäme. „Sobald das Letzte zu dem Erſten hinzukommt, und nicht eher, wird die Natur zum Naiven. Natur in dieser Betrachtungsart iſt uns nichts Anderes, als das freiwillige Dasein, das Beſtehen der Dinge durch sich selbſt, die Exiſtenz nach eigenen und unabänderlichen Gesetzen. Diese Vorſtellung iſt schlechterdings nöthig, wenn wir an dergleichen Erscheinungen Interesse nehmen sollen. Könnte man einer gemachten Blume den Schein der Natur mit der vollkommensten Täuschung geben, könnte man die Nachahmung des Naiven in den Sitten bis zur höchsten Illusion treiben, so würde die Entdeckung, daß es Nachahmung sei, das Gefühl, von dem die Rede ist, gänzlich vernichten. Daraus erhellet, daß diese Art des Wohlgefallens an der Natur kein ästhetisches, sondern ein moralisches ist: denn es wird durch eine Idee vermittelt, nicht unmittelbar durch Betrachtung erzeugt; auch richtet es sich ganz und gar nicht nach der Schönheit der Formen. Was hätte auch eine unscheinbare Blume, eine Quelle, ein bemooster Stein, das Gezwitscher der Vögel, das Summen der Bienen u. s. w. für sich selbst so Gefälliges für uns? Was könnte ihm gar einen Anspruch auf unsere Liebe geben? Es sind nicht diese Gegenstände, es ist eine durch sie dargestellte Idee, was wir in ihnen lieben. Wir lieben in ihnen das stille schaffende Leben, das ruhige Wirken aus sich selbst, das Dasein nach eigenen Gesetzen, die innere Nothwendigkeit, die ewige Einheit mit sich selbst."

Es findet dem hier Angeführten zufolge in der sittlich reinigenden Wirkung, die der Naturgenuß, das Wohlgefallen an der schönen Natur hat, eigentlich nur eine moralische Rückwirkung statt. Aus einer ursprünglich moralischen Sinnesrichtung hervorgegangen, wirkt der Naturgenuß auf dieselbe zurück, nährt und stärkt sie. Denn die Liebe zur Naivetät, zur Wahrheit, zur Einfachheit und Folgerichtigkeit ist es ursprünglich, was uns aus der Menschenwelt in die Natur hinaustreibt, was uns für die Schönheit derselben empfänglich und des Wohlgefallens daran fähig macht. Man kann daher eben so gut sagen, daß die Liebe zur Natur schon eine gewisse Moralität voraussetzt, wie daß sie dieselbe befördert.

In anderer Weise, als das Naturschöne wirkt das Erhabene der Natur. Während das Schöne den Beschauer

II. Besondere Arten von Einflüssen.

durch die Harmonie, die es ihm offenbart, harmonisch stimmt; so weckt dagegen das Erhabene in ihm Sinn für das Grosse. Denn zwar ihn als Individuum bemüthigt es, indem es ihm seine im unendlichen Raume und in der unendlichen Zeit verschwindende Existenz zum Bewußtsein bringt und so den Egoismus, in welchem er sich als den Mittelpunkt der Welt betrachtet, niederschlägt. Dafür aber erhebt es ihn auch über sich, indem es ihm die über seine ephemere Existenz hinausreichende, über Raum und Zeit erhabene Seite seines Wesens zum Bewußtsein bringt und von dem engherzigen Haften an seiner zeitlichen Erscheinung befreit. Diese erhabene Stimmung befähigt, in's Leben übertragen, zu aufopfernden Thaten, zur Hingebung für das Allgemeine. Der erhaben Gestimmte lebt nicht mehr blos in sich, sondern im Ganzen und für das Ganze.

Auch von dieser Wirkung aber des Erhabenen der Natur ist, wie von der des Schönen zu sagen, daß sie eine moralische Rückwirkung ist. Denn nur große, über ihre Individualität bereits erhabene Seelen haben Sinn für das Erhabene der Natur, fühlen sich beim Anblick des gestirnten Himmels erhoben. Kleinliche, engherzige, egoistische Seelen kommen nicht dazu. Sie gehen stets, wie die Thiere, zur Erde gebückt und erheben ihr Haupt niemals zum Himmel.

Also zeigt sich auch hier wieder, wie bei jedem äußern Einfluß auf den Menschen, daß die Hauptsache dabei von ihm selbst abhängt. Das Schöne und Erhabene der Natur kann nur auf Den läuternd und erhebend wirken, der schon Sinn dafür mitbringt, also innerlich schon auf gewisse Weise geläutert und erhoben ist.

2. Aesthetische Beschauung und Kunst.

Die ästhetische Contemplation hat mit der wissenschaftlichen Erkenntniß und mit der sittlichen Beurtheilung dieses gemein, daß sie den Menschen objectiv macht, ihn über sein persönliches Wünschen und Wollen erhebt, ihn die Dinge nicht nach ihrer Beziehung zu seinem egoistischen Interesse, seinem Nutzen oder Vergnügen, sondern nach ihrer objectiven Idee auffassen läßt, worauf eben die Allgemeingültigkeit des ästhetischen, wissenschaftlichen und sittlichen Urtheils beruht (s. Verwandtschaft der sittlichen mit der ästhetischen und wissenschaftlichen Beurtheilung).

Auf dieser Verwandtschaft beruht aber auch der sittlich fördernde Einfluß der ästhetischen Contemplation. Dieselbe bereitet, indem sie den Menschen objectiv stimmt, in ihm den Boden auch für jene Objectivität, welche Grundbedingung der sittlichen Auffassung des Lebens und des sittlichen Verhaltens zu den Dingen ist.

Nicht, als ob die ästhetische Contemplation für sich allein schon den Menschen tugendhaft machte. Es giebt vielmehr, wie die Erfahrung lehrt, Viele, die der ästhetischen Beschauung sehr fähig sind und sie sehr lieben, dabei aber doch im Leben arge Sünder sind. Die Genie's sind ja bekanntlich nicht immer auch Tugendhelden. Die ästhetisch Hochbegabten stehen in der Tugendübung oft weit hinter den ästhetisch Unbegabten zurück. Aber, so viel ist gewiß, daß die Gesinnung des der ästhetischen Contemplation Fähigen und sie Liebenden keine sittlich schlechte und verwerfliche sein kann. Nur in der Tugend als Fertigkeit stehen die Genie's häufig hinter den ästhetisch Ungebildeten und Unbegabten zurück; aber daraus folgt nicht, daß sie ihnen auch in der tugendhaften Gesinnung nachstehen. Alles Böse, das man manchen Genie's nachgesagt hat, betrifft doch nur ihre Thaten, nicht ihren Willen, und beweist nur ihre Schwächen, ihre natürliche Sündhaftigkeit, die sie mit allen Menschenkindern gemein haben, aber nicht ihre sittliche Lasterhaftigkeit.

Sehr wahr sagt Schopenhauer in seinem Nachlaß: „Die Dummen sind meistens boshaft und zwar aus eben dem Grunde, warum die Häßlichen und Ungestalteten es sind. Eben so haben Heiligkeit und Genie eine Verwandtschaft. Sei ein Heiliger auch noch so einfältig, er wird doch einen genialen Zug haben: und habe ein Genie noch so viele Temperaments-, ja wirkliche Charakterfehler, so wird es doch eine gewisse Erhabenheit der Gesinnung zeigen, wodurch es dem Heiligen verwandt ist." „Kein Mann von Genie war je ein Bösewicht, weil die Bosheit die Aeußerung eines so heftigen Wollens ist, daß selbiges den Intellekt allein zu seinem Dienste braucht und nicht zuläßt, daß er frei werde zu einer rein objectiven Betrachtung der Dinge." *)

Was den einem Göthe und andern Genie's vorgeworfenen Egoismus betrifft, so ist zu bedenken, daß es auch einen sittlich berechtigten, tugendhaften und pflichtgemäßen Egoismus giebt. Es ist dies der Egoismus jener Heldenseelen, jener zu etwas Großem Bestimmten, die instinctmäßig ihr Wesen gegen alles von Außen anbringende Fremdartige, Störende, Ablenkende, gegen die nuberechtigten Zumuthungen und Anforderungen des Zeitgeistes, oder einer herrschenden Partei, abschließen, um es rein zu erhalten. Solchen Egoismus besaß nicht blos Göthe, sondern auch Sokrates, Jesus, Spinoza und alle großen Geister und Seelen. Sie alle folgten ihrer Natur und thaten Recht daran.

---

*) S. Aus Arthur Schopenhauer's handschriftlichem Nachlaß. Abhandlungen, Anmerkungen, Aphorismen und Fragmente, S. 399 fg.

Es wird sich also im Wesentlichen Nichts gegen die behauptete Verwandtschaft zwischen Genialität und Tugend einwenden lassen. Zur sittlichen Auffassung und Behandlung der Dinge ist vor Allem erforderlich, daß wir sie nicht nach ihrer Relation zu unserm persönlichen Willen, zu unsern egoistischen Wünschen und Bedürfnissen, sondern nach ihrem objectiven, immanenten Zweck, daß wir sie also nicht als bloße Mittel für unsern Nutzen oder unser Vergnügen, sondern als Selbstzweck auffassen, und eben diese Auffassung wird durch die ästhetische Contemplation gefördert; denn auch die ästhetische Auffassung nimmt die Dinge nicht nach ihrer Relation zu unserer Person, sondern löst sie von uns ab und stellt sie als etwas Selbstständiges hin.

Andererseits ist aber auch nicht zu übersehen, daß trotz dieser Verwandtschaft des ästhetischen mit dem sittlichen Verhalten doch auch ein Unterschied zwischen beiden obwaltet, in Folge dessen sogar das ausschließlich herrschende ästhetische Interesse sittlich nachtheilig werden kann. Aesthetisch sind wir nämlich zufrieden, wenn die Erscheinung das Wesen, die Form den Inhalt adäquat ausdrückt, wenn das Urbild (die platonische Idee) in den räumlichen und zeitlichen Abbildern zur adäquaten Verkörperung gelangt. Wilde Naturscenen gefallen daher ästhetisch nicht minder als friedliche, wofern beide nur den Geist der Natur treu wiedergeben, und lasterhafte Charaktere nicht minder, als tugendhafte, wofern beide nur ihrem Wesen getreu sich darstellen; daher auch die Kunst die Einen so gut, wie die Andern zum Gegenstande wählt. Denn für das ästhetische Wohlgefallen kommt es überall nicht sowohl auf Das an, was dargestellt wird, als vielmehr darauf, wie es dargestellt wird, daß nämlich durch die Form hindurch das charakteristische Wesen erscheine. Gegenstand der ästhetischen Beurtheilung ist die Form, und das, woran wir diese messen, ist die Idee, das Urbild der Sache, ihr wesentlicher

II. Besondere Arten von Einflüssen.

Geist und Charakter, mag dieser nun ein moralisch löblicher, oder ein verwerflicher sein. Daher giebt auch Horaz dem Dichter die Vorschrift, jeden Charakter seinem Wesen getreu darzustellen:

Bleibe der Sage getreu; wo nicht, dann dichte, was selbst sich
Treu bleibt. Wer den Achill als Feldherrn wiederum darstellt,
Schilder' ihn feurig und wild, unerbittlich, heftig im Zorne,
Laß ihn das Recht mißachten, das Schwert nur als Richter er-
    kennen.
Trotzig sei Medea, voll Starkmuth, weinerlich Ino,
Jo verwirrt, schwermüthig Orest, Jrion verrätherisch.
Wählst Du zum Stück einen Stoff, an dem sich noch keiner ver-
    sucht hat,
Schaffst einen neuen Charakter, so laß ihn das Wesen bewahren,
Das er am Anfang zeigte; sich selbst muß Jeder getreu sein. *)

Also ästhetisch sind wir zufrieden, wenn das in Natur und Kunst zur Anschauung Gelangende den wesentlichen Geist und Charakter der Sache rein und adäquat ausdrückt, so daß wir durch die individuelle Erscheinung hindurch das allgemeine Wesen erblicken. Moralisch hingegen können wir hiermit allein keineswegs zufrieden sein; wir können an einem unerbittlichen, im Zorn sich nicht beherrschenden, das Recht mißachtenden, nur das Schwert als Richter anerkennenden, oder an einem verrätherischen, boshaften, grausamen Charakter, wenn er auch noch so treu und consequent sein Wesen zur Anschauung bringt, kein moralisches Wohlgefallen haben. Aesthetisch kann ein Richard III., ein Franz Moor u. s. w. gefallen, moralisch aber nimmermehr. Denn bei der moralischen Beurtheilung messen wir nicht, wie bei der ästhetischen, die Erscheinung an ihrem Wesen, sondern wir messen das Wesen selbst an dem

---

*) Episteln. Zweites Buch, III, an die Pisonen, 119—127, nach der Uebersetzung von Ludwig Döderlein.

sittlichen Ideal. Wir begnügen uns nicht damit, daß ein Charakter gut ausgedrückt sei, sondern wir wollen, daß er an sich selbst ein guter, der sittlichen Aufgabe entsprechender Charakter sei (vergl. Unterschied der sittlichen von der ästhetischen und wissenschaftlichen Beurtheilung).

Auf diesen wichtigen Unterschied habe ich schon in meinen „Aesthetischen Fragen" hingewiesen. Ich habe dort in dem Abschnitt über den „Unterschied des ästhetischen und moralischen Urtheils" Folgendes auseinandergesetzt: Der Unterschied des ästhetischen und moralischen Urtheils, den sich klar zu machen wichtig und nothwendig ist, damit sich nicht die Moral unbefugte Eingriffe in das Gebiet der Kunst erlaube, und man nicht ästhetisch Etwas verwerfe, weil es moralisch mißfällt, noch moralisch Etwas billige, weil es ästhetisch gefällt, — besteht wesentlich in Folgendem: In der ästhetischen Auffassung und Beurtheilung verhalten wir uns zu den Dingen nicht fordernd und wollend, wie in der moralischen, sondern die Dinge sub specie aeterni, d. h. im Lichte ihrer ewigen Idee auffassend, sind wir zufrieden, wenn sie in ihrer Erscheinung ihrer eigenthümlichen Idee, ihrem Gattungstypus vollkommen entsprechen, wenn sie klarer Spiegel ihres charakteristischen Wesens sind. So kann es kommen, daß Dinge, die wir moralisch mißbilligen und verwerfen müssen, z. B. Mord- und Schlachtscenen, dennoch ästhetisch uns gefallen und zu Gegenständen der Kunstdarstellung werden. In dem moralischen Urtheile verhalten wir uns zwar auch, wie in dem ästhetischen, nicht mehr als einzelne egoistische Individuen zu den Dingen; denn die moralische Billigung oder Mißbilligung ist keine eigennützige, die einen Charakter oder eine Handlung nur darum billigt oder verwirft, weil sie uns persönlich nutzen oder schaden, für uns gut oder schlecht sind; sondern, so wie wir in der ästhetischen Auffassung das an sich Schöne zum Maaßstabe machen, so in der moralischen das an sich Gute. Das moralische Urtheil hat also mit dem ästhetischen die objective Allgemeingültigkeit, wonach es frei ist vom individuellen Belieben und Gefallen, gemein. Aber der große Unterschied zwischen dem ästhetischen und moralischen Urtheil bleibt doch immer dieser, daß wir uns in jenem rein contemplativ, also willenlos, in letzterm hingegen wollend und fordernd verhalten. Im ästhetischen Urtheil gehen wir nicht über das charakteristische Wesen der Erscheinungen hinaus. Wir sind zufrieden, wenn sie vollendeter Ausdruck desselben sind. Wir wollen nicht, daß sie wesentlich etwas Anderes seien, als sie sind. Ein Hochmüthiger, wie ein Demüthiger, ein Muthiger, wie ein Feiger, ein Rachsüchtiger, wie ein Großmüthiger, — sie Alle erlangen gleicherweise unser ästhetisches Wohlgefallen, wenn sie nur ganz und consequent als Das erscheinen, was sie wesentlich sind, wenn sie die sie beherrschende charakteristische Eigenschaft vollendet zur Anschauung bringen. Im moralischen Urtheil hingegen bleiben wir nicht bei dem charakteristischen Wesen der individuellen Erscheinung stehen und sind also nicht zufrieden, wenn ein Ungerechter, ein Geiziger, ein Rachsüchtiger nur recht treu und consequent ihrem Charakter entsprechen; sondern wir unterwerfen diesen Charakter selbst der Kritik und gehen über denselben hinaus als über Etwas, das nicht sein soll. Im moralischen Urtheil wird also nicht mehr blos, wie im ästhetischen, die Erscheinung, sondern das Wesen selbst gerichtet.*)

Uebrigens haben auch schon Kant, Lessing und Schiller auf den Unterschied des ästhetischen und moralischen Urtheils hingewiesen. Kant unterscheidet treffend die ästhetische Güte des Charakters von der moralischen, indem er sagt: „Selbst die Laster und moralischen Gebrechen führen öfters gleichwohl einige Züge

---

*) S. meine „Aesthetischen Fragen", S. 84—86.

des Erhabenen und Schönen bei sich . . . . . . Der Zorn eines Furchtbaren ist erhaben, wie Achilles Zorn in der Iliade. Offenbare, dreiste Rache nach großer Beleidigung hat etwas Großes an sich, und so unerlaubt sie auch sein mag, so rührt sie in der Erzählung gleichwohl mit Grausen und Wohlgefallen . . . . . . Entschlossene Verwegenheit an einem Schelme ist höchst gefährlich, aber sie rührt doch in der Erzählung und selbst, wenn er zu einem schändlichen Tode geschleppt wird, so veredelt er ihn doch gewissermaßen dadurch, daß er ihm trotzig und mit Verachtung entgegengeht. Von der andern Seite hat ein listig ausgedachter Entwurf, wenn er gleich auf ein Bubenstück ausgeht, Etwas an sich, das fein ist und belacht wird. Buhlerische Neigung (Coquetterie) im feinen Verstande, nämlich eine Geflissenheit, einzunehmen und zu reizen, an einer sonst artigen Person, ist vielleicht tadelhaft, aber doch schön und wird gemeiniglich dem ehrbaren, ernsthaften Anstande vorgezogen." *)

Uebereinstimmend hiermit sagt Lessing in seiner Dramaturgie: „Richard ist ein abscheulicher Bösewicht; aber auch die Beschäftigung unsers Abscheues ist nicht ganz ohne Vergnügen, besonders in der Nachahmung. Auch das Ungeheure in den Verbrechen participirt von den Empfindungen, welche Größe und Kühnheit in uns erwecken. Alles, was Richard thut, ist Greuel; aber alle diese Greuel geschehen in Absicht auf Etwas. Richard hat einen Plan, und überall, wo wir einen Plan wahrnehmen, wird unsere Neugierde rege; wir warten gern mit ab, ob er ausgeführt wird werden und wie er es wird werden; wir lieben das Zweckmässige so sehr, daß es uns,

---

*) S. Kant's „Beobachtungen über das Gefühl des Schönen und Erhabenen", in den sämmtlichen Werken, Ausgabe von Rosenkranz, IV, 405 f.

auch unabhängig von der Moralität des Zwecks, Vergnügen gewährt." *)

Schiller endlich erklärt das größere Verbrechen, wofern es sich nur mit Kraft verbindet, für ästhetisch brauchbarer als das geringere, welches mit Gemeinheit verbunden ist, indem er sagt: „Ein Mensch, der stiehlt, würde für jede poetische Darstellung von ernsthaftem Inhalt ein höchst verwerfliches Object sein. Wird aber dieser Mensch zugleich Mörder, so ist er zwar moralisch noch viel verwerflicher, aber ästhetisch wird er dadurch wieder um einen Grad brauchbarer. Derjenige, der sich durch eine Infamie erniedrigt, kann durch ein Verbrechen wieder in etwas erhöht und in unsere ästhetische Achtung restituirt werden. Denn in der ästhetischen Beurtheilung sehen wir auf die Kraft, bei der moralischen auf die Gesetzmäßigkeit. Kraftmangel ist etwas Verächtliches, und jede Handlung, die uns darauf schließen läßt, ist es gleichfalls. Jede feige und widrige That ist uns widrig durch den Kraftmangel, den sie verräth; umgekehrt kann uns eine teuflische That, sobald sie nur Kraft verräth, ästhetisch gefallen. Ein Diebstahl aber zeigt eine kriechende, feige Gesinnung an; eine Mordthat hat wenigstens den Schein von Kraft, wenigstens richtet sich der Grad unsers Interesses, das wir ästhetisch daran nehmen, nach dem Grad der Kraft, der dabei geäußert worden ist." **)

Es findet also, nach allem Gesagten, trotz der Verwandtschaft zwischen der ästhetischen und moralischen Beurtheilung, welche in der Objectivität beider besteht, dennoch ein bedeutender Unterschied zwischen beiden statt. Aesthetisch können wir an Etwas Wohlgefallen finden, woran wir moralisch keines finden können.

---

*) S. Lessing's Dramaturgie, 79. Stück.
**) S. Schiller's „Gedanken über den Gebrauch des Gemeinen und Niedrigen in der Kunst."

Hieraus folgt aber, daß einseitiges ästhetisches Interesse, ausschließliche Richtung auf die Form sittlich nachtheilig wirkt; denn theils zieht das Vorwiegen der Contemplation überhaupt ab vom Handeln, führt zum Quietismus; theils führt es dazu, Charaktere und Handlungen, die sittlich verwerflich sind, schon darum zu billigen, weil sie ästhetisch gefallen. Ueberwiegend ästhetisch gerichtete Naturen fassen die Welt und das Leben wie ein Schauspiel auf, sehen und suchen in ihr nur Stoff zu ästhetischer Contemplation oder Production, und sind daher zufrieden, wenn sie ihnen Erscheinungen darbietet, die vollendete Exemplare ihrer Gattung sind. Dieses Verhalten aber, in's praktische Leben übertragen, wo es gilt, nicht zufrieden zu sein, wenn die Dinge dem Beschauer nur ein recht charakteristisches Bild darbieten, sondern sie der sittlichen Aufgabe gemäß zu bearbeiten, muß natürlich die sittliche Thatkraft lähmen. Dies ist der erste und hauptsächlichste Nachtheil der überwiegend ästhetischen Richtung. So wie die philosophisch beschaulichen Naturen, gleich Spinoza, nur bestrebt sind die Dinge weder zu belachen, noch zu beweinen, sondern zu begreifen, so sind die ästhetisch beschaulichen, gleich Göthe, nur bestrebt, aus Allem ein Gedicht zu machen.

Es ist daher nicht zufällig, daß überwiegend praktische Naturen eine Antipathie gegen die ästhetisch Beschaulichen haben, wie z. B. Börne gegen Göthe. Bezeichnend für diese Antipathie ist z. B. folgende Stelle aus Börne's „Tagebuch": „Göthe schreibt: «Ich bin jetzt weder zu Grossem, noch zu Kleinem nütze und lese nur indessen, um mich im Guten zu erhalten, den Herodot und Thuchbides, an denen ich zum ersten Male eine ganz reine Freude habe, weil ich sie nur ihrer Form und nicht ihres Inhalts wegen lese». Bei den Göttern! Das ist ein Egoist, wie nicht noch einer! Göthe ummauert nicht blos sich, daß ihn die Welt nicht überlaufe; er zerstückelt auch die Welt in lauter Ichheiten und sperrt jede besonders ein, daß sie nicht herauskönne, ihn nicht berühre, ehe er es haben will. Hätte er die Welt geschaffen, er hätte alle Steine in Schubfächer gelegt, sie gehörig zu schematisiren; hätte allen Thieren nur leere Felle gegeben, daß sie Liebhaber ausstopfen; hätte jede Landschaft in einen Rahmen gesperrt, daß es ein Gemälde werde, und jede Blume in einen Topf gesetzt, sie auf den Tisch zu stellen. Was in der That wäre auch nebulistischer als das unleibliche Durcheinanderschwimmen auf einer Wiese! Göthe's Hofleute bewundern das und nennen es Sachdenklichkeit; ich schlichter Bürger bemitleide das und nenne es Schwachdenklichkeit. Alle Empfindungen fürchtet er als wilde muthwillige Bestien und sperrt sie, ihrer Meister zu bleiben, in den metrischen Käfig ein. Er gesteht es selbst in einem Capitel der Wahrheit aus seinem Leben, daß ihn in der Jugend jedes Gefühl gequält habe, bis er ein Gedicht daraus gemacht und so es los geworden sei. Bewahre der gute Gott mich und meine Freunde, daß wir nicht jeden Zug des Herzens als ungesunde Zugluft scheuen! Lieber nicht leben, als solch einer hypochondrisch-ängstlichen Seelendiät gehorchen! Tausendmal lieber krank sein! Göthe dictirte seine Briefe aus Objectivsucht. Er fürchtet, wenn er selbst schriebe, es möchte etwas von seinem Subjecte am Objecte hängen bleiben und er fürchtet Sympathie wie ein Gespenst. Er lebt nur in den Augen: wo kein Licht, ist ihm der Tod."*)

Außer dem Quietismus aber, zu dem die überwiegend ästhetische Richtung führt, hat sie auch zweitens, wie schon gesagt, in Hinsicht auf das moralische Werthurtheil den Nachtheil, daß sie dazu verleitet, sittlich Verwerfliches um seiner ästhetisch gefälligen Form willen zu billigen.

---

*) S. Ludwig Börne's gesammelte Schriften, VIII. „Aus meinem Tagebuche", S. 33 fg.

Ueberwiegend ästhetische Naturen sehen nämlich nicht sowohl auf das Was, als vielmehr auf das Wie der Handlung; es kommt ihnen nicht sowohl darauf an, daß Das, was geschieht, sittlich gut sei, als vielmehr darauf, daß es, es mag nun sittlich zu billigen sein, oder nicht, auf eine schöne Weise geschehe. Die Form geht ihnen über den Inhalt. Ist nur die Form der Handlung eine schöne, so ist ihnen auch die Handlung selbst damit schon gerechtfertigt. Die Sünde ist ihnen, wenn sie nur ästhetisch geschmackvoll einhergeht, keine Sünde mehr, ein ästhetischer Ehebruch z. B. nichts Verwerfliches; nur Geschmacklosigkeit ist hier Sünde. Aesthetisch feine Sitten verdecken ihnen die Unsittlichkeit eines Charakters oder einer Handlungsweise.

Nun läßt sich zwar nicht läugnen, daß ästhetisch feine Sitten etwas Veredelndes haben. Die Affecte und Leidenschaften, sobald sie die ästhetische Form annehmen, nehmen eben damit ein gewisses Maaß an. Der ästhetische Ausdruck thut in Allem weder zu viel noch zu wenig, sondern beobachtet das richtige Maaß und eben durch dieses Maaßvolle wirkt er veredelnd. Schiller sagt in der Abhandlung „über den moralischen Nutzen ästhetischer Sitten" mit Recht: „Der Geschmack fordert Mäßigung und Anstand, er verabscheut Alles, was eckig, was hart, was gewaltsam ist, und neigt sich zu Allem, was sich leicht und harmonisch zusammenfügt. Daß wir auch im Sturme der Empfindung die Stimme der Vernunft anhören und den rohen Ausbrüchen der Natur eine Gränze setzen, dies fordert schon bekanntlich der gute Ton, der nichts Anderes ist, als ein ästhetisches Gesetz, von jedem civilisirten Menschen. Dieser Zwang, den sich der civilisirte Mensch bei Aeußerung seiner Gefühle auflegt, verschafft ihm über diese Gefühle selbst einen Grad von Herrschaft, erwirbt ihm wenigstens eine Fertigkeit, den blos leidenden Zustand seiner Seele durch einen Act von Selbstthätigkeit zu unterbrechen und den raschen Uebergang der Gefühle in Handlungen durch Reflexion aufzuhalten. Alles aber, was die blinde Gewalt der Affecte bricht, bringt zwar noch keine Tugend hervor, aber es macht dem Willen Raum, sich zur Tugend zu wenden."

Aber andererseits hat Schiller auch die Gefahren der einseitigen Geschmacksherrschaft für die Tugend richtig erkannt. Denn er fügt zu der eben angeführten Stelle sogleich hinzu: „Dieser Sieg des Geschmacks über den rohen Affect ist aber ganz und gar keine sittliche Handlung, und die Freiheit, welche der Wille hier durch den Geschmack gewinnt, noch ganz und gar keine moralische Freiheit. Der Geschmack befreit das Gemüth blos in sofern von dem Joche des Instincts, als er es in seinen Fesseln führt, und, indem er den ersten und offenbaren Feind der sittlichen Freiheit entwaffnet, bleibt er selbst nicht selten als der zweite noch übrig, der unter der Hülle des Freundes nur desto gefährlicher sein kann."

Näher hat Schiller die Gefahren der einseitigen Geschmacksherrschaft für die Sittlichkeit in der Abhandlung „über die nothwendigen Gränzen beim Gebrauch schöner Formen" nachgewiesen. Er zeigt daselbst zuerst die Nachtheile, welche aus einer übertriebenen Empfindlichkeit für das Schöne der Form und zu weit ausgedehnten ästhetischen Forderungen für das Denken und für die Einsicht erwachsen. An Stelle des ernsten, gründlichen, wahrheitsuchenden Studiums reiße hier geistreiche Oberflächlichkeit, schönrednerischer Dilettantismus, belletristische Willkürlichkeit ein. „Das Schöne thut seine Wirkung schon bei der blossen Betrachtung, das Wahre will Studium. Wer also blos seinen Schönheitssinn übte, der begnügt sich auch da, wo schlechterdings Studium nöthig ist, mit der superficiellen Betrachtung und will auch da blos verständig spielen, wo Anstrengung und Ernst erfordert wird. Durch die bloße Betrachtung wird aber nie etwas gewonnen. Wer etwas Großes leisten will, muß tief eindringen, scharf unterscheiden, vielseitig verbinden und standhaft beharren. Selbst der Künstler und Dichter, obgleich beide nur für das Wohlgefallen bei der Betrachtung arbeiten, können nur durch ein anstrengendes und nichts weniger als reizendes Studium dahin gelangen, daß ihre Werke uns spielend ergötzen." Dieses ist nach Schiller auch der untrügliche Probirstein, woran man den bloßen Dilettanten von dem wahrhaften Kunstgenie unterscheiden kann.

Doch noch schlimmer, als für das Denken und die Einsicht, sind nach ihm die Gefahren der zu weit getriebenen Liebe schöner Formen für den Willen, für die Moralität. Hier führe die ästhetische Ueberfeinerung zur Verderbniß des Charakters. Zwar, so lange noch Möglichkeit vorhanden sei, daß Neigung und Pflicht in demselben Object des Begehrens zusammentreffen, könne die Repräsentation des Sittengefühls durch das Schönheitsgefühl keinen positiven Schaden anrichten, obgleich, streng genommen, für die Moralität der einzelnen Handlungen dadurch nichts gewonnen werde. Aber der Fall verändere sich gar sehr, wenn Empfindung und Vernunft ein verschiedenes Interesse haben — wenn die Pflicht ein Betragen gebietet, das den Geschmack empört, oder wenn sich dieser zu einem Object hingezogen sieht, das die Vernunft als moralische Richterin zu verwerfen gezwungen ist. Jetzt trete auf einmal die Nothwendigkeit ein, die Ansprüche des moralischen und ästhetischen Sinnes, die ein langes Einverständniß beinahe unentwirrbar vermengt, aus einander zu setzen, ihre gegenseitigen Befugnisse zu bestimmen und den wahren Gewalthaber im Gemüth zu erfahren. Aber die lange Gewohnheit, den Eingebungen des Geschmacks unmittelbar zu gehorchen, habe diesem unvermerkt den Schein eines Rechts erworben. Jetzt mache sich der Geschmack mit verfänglicher Dialektik gegen die Gewissenspflicht geltend.

II. Besondere Arten von Einflüssen. 475

Als ein Beispiel dafür führt Schiller die Sophistik der Liebe an. „Unter allen Neigungen, die von dem Schönheitsgefühl abstammen und das Eigenthum feiner Seelen sind, empfiehlt keine sich dem moralischen Gefühle so sehr, als der veredelte Affect der Liebe, und keine ist fruchtbarer an Gesinnungen, die der wahren Würde des Menschen entsprechen. Zu welchen Höhen trägt sie nicht die menschliche Natur, und was für göttliche Funken weiß sie nicht oft auch aus gemeinen Seelen zu schlagen! Von ihrem heiligen Feuer wird jede eigennützige Neigung verzehrt, und reiner können Grundsätze selbst die Keuschheit des Gemüths kaum bewahren, als die Liebe des Herzens Adel bewacht. Oft, wo jene noch kämpften, hat die Liebe schon für sie gesiegt und durch ihre allmächtige Thatkraft Entschlüsse beschleunigt, welche die blosse Pflicht der schwachen Menschheit umsonst würde abgefordert haben. Wer sollte wohl einem Affect mißtrauen, der das Vortreffliche in der menschlichen Natur so kräftig in Schutz nimmt und den Erbfeind aller Moralität, den Egoismus, so siegreich bestreitet?

„Aber man wage es ja nicht mit diesem Führer, wenn man nicht schon durch einen bessern gesichert ist. Der Fall soll eintreten, daß der geliebte Gegenstand unglücklich ist, daß er um unsertwillen unglücklich ist, daß es von uns abhängt, ihn durch Aufopferung einiger moralischen Bedenklichkeiten glücklich zu machen. Sollen wir ihn leiden lassen, um ein reines Gewissen zu behalten? Erlaubt dieses der uneigennützige, großmüthige, seinem Gegenstand ganz dahingegebene, über seinen Gegenstand ganz sich selbst vergessende Affect? Es ist wahr, es läuft wider unser Gewissen, von dem unmoralischen Mittel Gebrauch zu machen, wodurch ihm geholfen werden kann — aber heißt Das lieben, wenn man bei dem Schmerz des Geliebten noch an sich selbst denkt? Wir sind doch also mehr für uns besorgt, als für den Gegenstand unserer Liebe, weil wir lieber diesen unglücklich sehen, als es durch die Vorwürfe unseres Gewissens selbst sein wollen. — So sophistisch weiß dieser Affect die moralische Stimme in uns, wenn sie seinem Interesse entgegensteht, als eine Anregung der Selbstliebe verächtlich zu machen und unsere sittliche Würde als ein Bestandstück unserer Glückseligkeit vorzustellen, welche zu veräußern in unserer Willkür steht. Ist unser Charakter nicht durch gute Grundsätze fest verwahrt, so werden wir schändlich handeln bei allem Schwung einer exaltirten Einbildungskraft und über unsere Selbstliebe einen glorreichen Sieg zu erfechten glauben, indem wir, gerade umgekehrt, ihr verächtliches Opfer sind." „Die scheinbare Uneigennützigkeit gewisser Tugenden giebt ihnen einen Anstrich von Reinigkeit, der sie dreist genug macht, der Pflicht ins Angesicht zu trotzen, und Manchem spielt seine Phantasie den seltsamen Betrug, daß er über die Moralität noch hinaus und noch vernünftiger, als die Vernunft sein will."

Die exaltirte betrügerische Phantasie ist es, die Schiller hier anklagt, und in der That ist sie es, die durch die schöne bestechende Form, die sie falschen, unsittlichen Idealen leiht, häufig das moralische Urtheil irre leitet.

Sie thut dies besonders in aller pathologischen Poesie. Diese wirkt demoralisirend, sowohl auf den Dichter, als auf das Publicum. Auf den Dichter, weil sie in ihm die krankhafte Stimmung, deren Ausdruck sie ist, nährt, gemäß dem psychologischen Gesetze, daß jedes Gefühl und jeder Affect in seiner Aeußerung durch reflectirte Bewegungen neue Nahrung erhält, z. B. die Heftigkeit durch eifriges Disputiren, das Leiden durch unaufhörliches Klagen, die Furcht durch ängstliche Vorsicht, und eben so jede Leidenschaft durch häufige Befriedigung.*)

---

*) S. Jessen, Psychologie, S. 391.

II. Besondere Arten von Einflüssen.

Auf das Publicum, weil sie ansteckend wirkt, besonders wenn im Publicum schon eine verwandte ungesunde Stimmung und Richtung vorherrscht.

Aus allem Gesagten geht zur Genüge hervor, daß und warum zu weit ausgedehntes Interesse an der schönen Form sittlich nachtheilig wirkt. Schöne Formen können nur dann sittlich wohlthätig wirken, wenn sie von ächt sittlichem Geist durchdrungen, wenn es sittliche Wahrheit ist, die in sie gefaßt wird. Es ist damit nicht gesagt, daß der Dichter direct auf Veranschaulichung moralischer Wahrheiten ausgehen, sondern nur, daß er solche Stoffe wählen soll, aus denen von selbst die Moral des Lebens hervorspringt.

Schon in meinen „Aesthetischen Fragen" habe ich gesagt: „Je weniger die Poesie sich unmittelbar auf moralische Forderungen einläßt und tugendsame Zwecke verfolgt; desto sicherer wird sie mittelbar, durch treue Darstellung leidenschaftlicher Charaktere und Handlungen in ihrer Verkettung und ihren Folgen, moralische Besserung und Belehrung erreichen. Denn das menschliche Leben ist schon an sich von moralischer Bedeutung, die Moral steckt tief in dem Wesen desselben, und der Dichter braucht es daher nur seinem Wesen nach treu abzuspiegeln, um belehrend, bessernd und veredelnd auf das Menschengeschlecht zu wirken. Der Dichter braucht nicht moralischer zu sein, als das Leben; aber er soll auch nicht weniger moralisch sein, als dasselbe. Mag er daher immerhin in seinen Stücken Unschuldige den Schuldigen, Gerechte den Ungerechten, Freiheitsliebende den Tyrannen, Weise den Thoren, für Licht und Wahrheit Kämpfende den Finsterlingen und Lügnern zum Opfer fallen lassen, wie es im Leben geschieht; aber er zeige auch, wie der Sieg der Bösen über die Guten zum Siege des Guten über das Böse führt; er zeige, wie der Ungerechte, der Bösewicht, der Tyrann, der Lügner u. s. w., indem sie das Leben der Unschuldigen, der

Gerechten, der Freiheits- und Wahrheitsliebenden verstören und zerrütten, zugleich sich selbst die Grube graben, äußerlich und innerlich von den Furien verfolgt werden, und, sei es, daß sie zuletzt selbst zur Besinnung und Umkehr kommen, oder von den Folgen ihrer Frevel hinweggerafft werden, an sich selbst ein lebendiges Beispiel der ewigen Gerechtigkeit geben. Und dieses Alles zeige er ungezwungen, er gehe nicht von der abstracten Moral aus und suche hinterher dazu eine sie veranschaulichende Handlung; sondern er suche solche Begebenheiten auf, aus denen wie von selbst und natürlich die Moral des Menschenlebens herausspricht, wie es in den Tragödien des Sophokles und Shakespeare's der Fall ist." *)

Dem hier Geforderten entspricht alle ächte, wahre, klassische Poesie, denn sie enthüllt den sittlichen Geist des Menschenlebens durch die von ihr dargestellten Charaktere und Handlungen, und wirkt dadurch in demselben Grade mächtiger, als bloße abstracte Moralpredigt es vermag, in welchem Anschauliches überhaupt mächtiger wirkt und tiefer ergreift, als abstracte Begriffe. Oder wirkt etwa die aus der Antigone des Sophokles hervorspringende Moral:

> Glückselig zu sein, thut Weisheit noth
> vor Allem zuerst; und des Göttlichen Scheu
> soll keiner verschmähn: denn gewaltige Wort'
> hochmüthiges Sinns, mit gewaltigem Schlag
>   schwer büssend zuletzt,
>   sie lehren im Alter die Weisheit — **)

wirkt diese Moral als Ergebniß des vorangegangenen Dra-

---

*) S. meine „Aesthetischen Fragen", S. 93 fg.
**) S. den Schlußchor der Antigone, nach der Uebersetzung von August Böckh.

ma's nicht mächtiger, ergreifender, und prägt sich tiefer ein, als sie, in bloßen abstracten Begriffen hingestellt, zu thun vermöchte?

Wenn Plato die Dichter aus seinem Staate verbannt wissen wollte, weil sie bei der Menge durch nachahmende Darstellung des passiven, im Unglück der Wehklage, dem Jammer, und dem Gram sich zuneigenden Theiles der Seele statt der vernünftigen, ruhigen, sich innerlich gleich= bleibenden Gemüthsart die leidende anregten und dadurch verweichlichend wirkten, so trifft dieser Vorwurf mit Recht eigentlich nur jene schon oben als **pathologisch** bezeich= nete Poesie, welche das Krankhafte, Sentimentale und Weinerliche im Publicum anfacht und nährt. Wenn hin= gegen Dichtungen von sonst männlichem Geiste durch Ein= zelnes auf ein gewisses Publicum nachtheilig wirken; dann ist nicht die Dichtung, sondern das Publicum daran Schuld. Dies ist nämlich der Fall, wenn das Publicum sich nicht rein **ästhetisch** zu dem Dargestellten verhält, sondern ein **stoffliches** Interesse an demselben nimmt.

Was ich unter „stofflichem Interesse" verstehe, habe ich bereits in meinen „Aesthetischen Fragen" unter der Ueberschrift „Zwiefaches Interesse an Kunstwerken" dar= gelegt. Ein frappantes Beispiel, gemein stofflichen In= teresses, erzählt Valerius Maximus in dem Ca= pitel „über die seltenen Wirkungen der Künste" (VIII, 11, 4). Eine von Praxiteles im Tempel der Gnidier auf= gestellte Statue der Gattin Vulkans, die im Marmor gleich= sam zu athmen schien, war wegen ihrer Schönheit vor den wollüstigen Umarmungen eines gewissen Mannes nicht sicher; welche Wirkung Valerius Maximus in Parallele stellt mit jener einer gemalten Stute, bei deren Anblick ein Pferd unwillkürlich wieherte, und mit jener des ehernen Bildes einer Kuh zu Syrakus, das durch seine täuschende Aehn= lichkeit die Begierde weckte sie zu besteigen. „Wie sollten wir uns, setzt Valerius Maximus hinzu, wundern, daß vernunftlose Thiere durch die Kunst getäuscht werden, da wir selbst einen Menschen durch die Lineamente eines stummen Steines zu schändlicher Begierde gereizt sehen?"

Aus diesem Beispiele erhellt, worin das stoffliche Interesse im Unterschiede von dem rein ästhetischen besteht. Es besteht in einem leidenden Verhalten des Gemüths und Willens, statt in einem thätigen des Erkennens, in subjectivem Ergriffenwerden von dem Dargestellten, statt objectiver Contemplation. Aus dem stofflichen Verhalten erklärt sich auch die schädliche Wirkung der Romane auf die Menge, selbst derer von sittlichem Gehalte. Sie beruht darauf, daß das Dargestellte bei der Masse der Leser, statt die ästhetische Contemplation zu wecken, das Gemüth ergreift, statt zuerst auf den Kopf und erst mittelbar durch denselben auf das Herz zu wirken, vielmehr unmittelbar auf das Herz, auf die Affecte und Leidenschaften wirkt. Junge, leidenschaftliche Gemüther sind besonders nicht geeignet, sich ein poetisches Werk als Ganzes objectiv zu machen und es nach seinem ethischen Gehalt, seiner zu Grunde liegenden sittlichen Idee zu beurtheilen; sie vermögen sich nicht über das Einzelne, das reizt oder rührt, zu erheben, sondern bleiben in diesem Stofflichen stecken, ergreifen Partei für oder wider, sympathisiren mit dieser oder jener geschilderten Person, lieben oder hassen, trauern oder jubeln, begehren oder verabscheuen mit dem Helden der Dichtung. Seine leidenschaftliche Liebe, sein excentrisches Wesen, seine Zerfallenheit mit sich und der Welt, sein unbesonnenes Handeln oder thatenloses Grübeln, alles Dieses findet Nachahmung, als ob es der Dichter zur Nachahmung aufgestellt hätte, und dann ist das Unglück da: der Eine jagt sich mit Werther eine Kugel durch den Kopf, ein Anderer versinkt mit Hamlet in ein thatloses Brüten über den Weltlauf, ein Dritter schüttelt mit Faust

II. Besondere Arten von Einflüssen.

den Wust der Studirstube von sich und stürzt sich in den Strudel des Sinnenlebens, u. s. w. *)

Es ist klar, daß, wenn classische, von sittlichem Geist durchdrungene Werke der Poesie solche Wirkungen haben, hieran nicht das ästhetische Verhalten Schuld ist, sondern das unästhetische, und daß es daher ungerecht wäre, die Dichter dafür verantwortlich zu machen. Hier liegt die Schuld vielmehr am Publicum, welches durch die dargestellten Affecte und Leidenschaften sich in die gleichen Affecte und Leidenschaften versetzen läßt.

Aehnlich wie der von Plato beklagte üble Einfluß der Poesie, beruht auch der von Aristoteles gepriesene gute Einfluß der Musik auf der stofflichen Theilnahme des Publicums. Die Musik erklärt Aristoteles für ein wichtiges moralisches Bildungs- und Erziehungsmittel. Die Musik ist allerdings noch geeigneter, das Gemüth in Mitleidenschaft zu versetzen, als die Poesie und die bildenden Künste; denn sie drückt die Gemüthszustände unmittelbarer aus, und regt daher leichter die verwandten an. Traurige Musik stimmt traurig, heitere heiter, muthige muthig. Man denke nur an die Wirkungen der Schlachtmusik.

Stärker, als durch das Auge, werden durch das Ohr verwandte Stimmungen geweckt, und hierauf beruht die von Aristoteles der Musik zugeschriebene wichtige Rolle bei der Erziehung. Nach Aristoteles giebt es nämlich Nichts, worin Zorn und Sanftmuth, worin Tapferkeit, Mäßigung und alle andern moralischen Eigenschaften nebst ihrem Entgegengesetzten sich so deutlich und so ähnlich abbildeten, wenn man von der wirklichen Natur abgeht, als

---

*) S. meine „Aesthetische Fragen", S. 165 fg. — „Wenig Deutsche", sagt Göthe in Wilhelm Meister (5. Buch, 4. Cap.) „und vielleicht nur wenige Menschen aller neuern Nationen haben Gefühl für ein ästhetisches Ganze; sie loben und tadeln nur stellenweise; sie entzücken sich nur stellenweise."

im Gesang und im Rhythmus. Die Erfahrung beweise es; die ganze Stimmung des Gemüths ändere sich, wenn man verschiedene Arten der Musik hört. In den Tönen und ihrer Verbindung liege ein Ausdruck vieler sittlicher Eigenschaften. Alle die Hauptunterschiede, welche es zwischen den moralischen Zuständen giebt, fänden sich auch wesentlich in den verschiedenen Gattungen der Musik. Daher auch die Zuhörer von jeber in eine andere Gemüthsstimmung versetzt würden. Dies beweise die verschiedene Wirkung der lydischen, dorischen, phrygischen Tonweise. Z. B. bei der, welche man die vermischte lydische heißt, würden wir zum Klagen und zur Traurigkeit gestimmt; durch andere zu einer gewissen Erschlaffung und Gleichgültigkeit des Gemüths, und durch andere, wozu vorzüglich die dorische zu gehören scheine, würden wir gleichsam von beiden Extremen entfernt und zu einer mittlern ruhigen Fassung gebracht. Endlich die phrygische Tonart begeistere und stimme den Menschen zu einer raschen und heftigen Thätigkeit. Alle diese Unterschiede seien sehr richtig von denjenigen bemerkt worden, welche über diesen Zweig der Erziehung philosophirt haben. Um die Richtigkeit ihrer Sätze zu beweisen, beriefen sie sich auf die Erfahrung, welche wirklich diese Effekte der Musik auf Menschen zeige. Auf gleiche Weise verhalte sich die Sache mit dem Rhythmus. Es gebe Rhythmen oder Tactarten, welche den Menschen gleichsam zum Stillstehn und zur Ruhe, andere, welche ihn zur Bewegung antreiben. Unter den bewegenden Rhythmen seien einige, die zu heftigen und ausgelassenen, andere, die zu sanften und anständigen Bewegungen einladen. Hieraus also sei klar, daß die Musik, welche Gesang und Rhythmus in sich vereinigt, im Stande sei, bem moralischen Theile der Seele gewisse Beschaffenheiten einzuprägen. Verhalte sich dies aber so, so sei auch unstreitig, daß der Unterricht in derselben als ein Theil der Erziehung bei der Jugend angesehen werden müsse.

In den Gegenständen der übrigen Sinne findet Aristo=

teles zwar weniger Aehnlichkeit mit dem Sittlichen, als in den durch die Musik dargestellten Bewegungen und Zuständen; aber doch hält er auch sie für Zeichen des Sittlichen und darum schreibt er auch den bildenden Künsten einen Einfluß bei der moralischen Erziehung zu. Er sagt, in den verschiedenen Arten des Gefühls und des Geschmacks lasse sich gar keine Aehnlichkeit mit dem Sittlichen entdecken; in den Gesichtsvorstellungen einige, aber eine schwache. Denn Gestalten gebe es, denen man einen Unterschied nach dem Moralischen zuschreibt, obgleich derselbe gering ist. Ueberdies enthielten Farben und Gestalten nicht sowohl einen Ausdruck des Sittlichen und eine Aehnlichkeit mit demselben, sondern sie seien vielmehr nur Zeichen desselben, um der beobachteten steten Verbindung willen. Solche Zeichen der Seele im Körperlichen zeigten sich in allen Leidenschaften. Indeß in sofern auch Gestalten eine Gemeinschaft mit dem Moralischen hätten, würde auch das Anschauen derselben nicht gleichgültig sein können, und die Jugend werde von den Gemälden eines Pauson entfernt, und zur Betrachtung der Gemälde eines Polygnotus, und wer sonst noch von den Malern oder Bildhauern sich auf den Ausdruck des Sittlichen vorzüglich gelegt habe, angehalten werden müssen. *)

Das hier von Aristoteles über die Macht der Musik Gesagte ist richtig, aber doch nur unter Voraussetzung des stofflichen Verhaltens zu derselben, wie eben das Verhalten der Jugend und des sonstigen ästhetisch ungebildeten Publicums ist; denn nur auf ein solches Publicum hat die Musik die Wirkung, es in den gleichen Gemüthszustand zu versetzen, dessen Ausdruck sie ist. Mit ästhetischen Ohren hingegen angehört, wird ein Tonwerk keine

---

*) Aristoteles Politik, 8. Buch, 5. Cap., nach Garve's Uebersetzung.

andere Wirkung haben, als überhaupt Kunstwerke auf den ästhetisch Gebildeten haben; es wird den Hörer nicht in Mitleidenschaft versetzen, sondern ihn objectiv machen, ihn das Dargestellte im Bilde schauen lassen und ihn dadurch in das innere Wesen desselben einführen, nur daß die Tonkunst hiezu sich anderer Mittel bedient, als die andern Künste.

Man muß also, um über den Einfluß der Künste und Kunstwerke auf die Sittlichkeit richtig zu urtheilen, wohl unterscheiden, was auf Rechnung des Kunstwerkes, und was auf Rechnung des Verhaltens des Publicums zu demselben kommt. Das gediegenste, von ächt sittlichem Geist durchdrungene, den moralischen Sinn und Gehalt des Lebens zum Bewußtsein bringende Kunstwerk kann sittlich nachtheilig wirken, wenn ein ästhetisch ungebildetes Publicum von Einzelnem, aus dem Zusammenhang Gerissenen, sich in Mitleidenschaft versetzen läßt.

Das Theater, als alle Künste in sich vereinigend, hat bekanntlich den mächtigsten Einfluß auf das Publicum. Hier kommt es also am Meisten darauf an, daß einerseits das Publicum sich rein objectiv zu dem Dargestellten verhalte, und andererseits das Dargestellte selbst von sittlichem Geiste durchdrungen sei. Wird das Theater dazu herabgewürdigt, den jedesmal herrschenden rechts- und tugendwidrigen Neigungen und Leidenschaften des Publicums zu schmeicheln, so muß es natürlich diese Neigungen und Leidenschaften anfachen und stärken. Es tritt alsdann ein, was Rousseau in seinem Briefe an D'Alembert gegen das Theater sagt: „Le Théâtre purge les passions, qu'on n'a pas, et fomente celles qu'on a." *) Es findet alsdann dasselbe Gesetz der Rückwirkung statt, welches schon oben bei Bestimmung des Einflusses der Sitten und Gesetze

---

*) Vergl. meine „Aesthetische Fragen", S. 164.

hervorgehoben worden ist. Hat erst der Zeitgeist das Theater verdorben, so wirkt alsbann das Theater verderbend auf den Zeitgeist zurück.

---

3. Religion.

Es ist das Verdienst Ludwig Feuerbach's, nachgewiesen zu haben, daß die Götter nur die vergegenständlichten Wünsche und Bedürfnisse, nur die vergegenständlichten Ideale der Menschen sind, und daß darum alle Theologie wesentlich Anthropologie ist.

„Es ist ein allgemeines Bedürfniß des Menschen, höhere, übermenschliche Wesen anzunehmen und zu verehren" — zu diesem Satze bemerkt Feuerbach: „Gewiß, aber ein eben so allgemeiner Trieb des Menschen ist es, Alles unter sich zu bringen, Alles seinen Bedürfnissen zu unterwerfen. Und gerade Das, was er in der Theorie, d. h. in der Vorstellung, der Einbildung, über sich setzt, das setzt er in der Praxis, d. h. in Wahrheit und Wirklichkeit, unter sich. In der Theorie sind die Götter die Herren des Menschen; aber nur, um in der Praxis die Diener derselben zu sein. Der Mensch in den Händen Gottes ist wohl der Anfang, aber der Gott in den Händen des Menschen das Finale, der Endzweck der Religion. «Die Gläubigen, sagt Luther, sind Fürsten und Herren Gottes», und der Psalmist: «Er (Gott) thut, was die Gottesfürchtigen begehren». Aber nur in ihrem Endzwecke offenbart sich der wahre Grund und Ursprung der Religion. Die Götter sind nur die übermenschlichen Mächte in zweiter Instanz, aber die übermenschliche Macht in erster Instanz, die Macht, vor der zuerst der Mensch die Kniee beugt, ist die Macht der Noth — die Macht über Tod und Leben."*)

Aus diesem praktischen Ursprunge der Religionen erklärt es sich, daß die Götter und die Cultusformen sich ändern, so bald die wesentlichen Bedürfnisse der Gläubigen andere werden. So lange die Bedürfnisse der Gläubigen noch überwiegend physische sind, sind auch ihre Götter noch überwiegend physische Mächte; erheben sich dagegen die Gläubigen auf eine höhere Culturstufe und finden ihre wesentliche Befriedigung nur in einem politischen, ästhetischen, ethischen Leben, so werden auch die Götter politische, ästhetische, ethische Mächte. Mit den Menschen cultiviren sich also auch die Götter.

„Wie unterscheidet sich der Cultus eines gebildeten Volks von dem Götzendienst eines wilden? Nicht anders, als sich das Gastmahl eines Atheniensers von dem Fraß eines Eskimos, Samojeden oder Ostiaken unterscheidet. Wo der Mensch auf den Standpunkt der Cultur sich erhebt, da will er sich nicht einseitig, sondern allseitig, nicht nur seinen Bauch, sondern auch seinen Kopf, nicht nur seinen Magen, sondern auch seine Sinne befriedigen, da soll der Gegenstand des Bedürfnisses zugleich ein Gegenstand des Wohlgefallens (d. h. eines höhern Bedürfnisses, des theoretischen Bedürfnisses), das Nöthige zugleich ein Schönes sein. Wo aber die Aesthetik dem Menschen zum Bedürfniß, zur Nothwendigkeit wird, da werden natürlich auch seine Götter ästhetische Wesen, Gegenstände eines ästhetischen Cultus. Der Neger speit die zerkauten Speisen seinen Götzen als Opfer in's Gesicht und der Ostiake beschmiert seine Götzen mit Blut und Fett und stopft ihnen die Nase mit Schnupftabak voll. Wie häßlich, wie schmutzig sind diese Opfer gegen die Opfer der Griechen! Aber wer

---

*) S. „Ergänzungen und Erläuterungen zum Wesen der Religion", im 1. Bde. der sämmtl. Werke Ludwig Feuerbach's, S. 361.

waren denn die Götter, denen die Griechen, zwar nicht in ihrer religiösen Einbildung, aber in Wahrheit und Wirklichkeit, die köstlichen Augen- und Ohrenschmäuse ihrer Opferfeste bereiteten und so verschwenderisch Weihrauch streuten? Diese Götter waren die gebildeten Sinne der Griechen. Sich, sich nur dient der Mensch, indem er Gott dient; seiner Prachtliebe nur, seinem Hang zur Verschwendung, zum Luxus opfert er Hekatomben."*)

„Der Mensch, sagt Feuerbach an einem andern Orte, verwandelt hauptsächlich nur die Gedanken und Wünsche in Wesen, in Dinge, in Götter, welche mit seinem Wesen zusammenhängen. So verwandelt z. B. der Wilde jede schmerzliche Empfindung in ein böses, den Menschen peinigendes Wesen, jedes Bild seiner Einbildungskraft, das ihn in Furcht und Schrecken versetzt, in ein teuflisches Gespenst. So verwandelt der humane Mensch seine menschlichen Gefühle in göttliche Wesen. Unter allen Griechen hatten allein die Athener, nach Vossius, dem Mitleid, dem Mitgefühl, einen Altar errichtet. So verwandelt der politische Mensch seine politischen Wünsche und Ideale in Götter. So gab es in Rom eine Freiheitsgöttin, der Gracchus einen Tempel erbaute; so hatte auch die Eintracht einen Tempel; so auch das öffentliche Wohl, so die Ehre, kurz Alles, was dem politischen Menschen von besonderer Wichtigkeit ist. Das Reich der Christen war dagegen kein Reich von dieser Welt; sie betrachteten den Himmel als ihr Vaterland. Die ersten Christen feierten daher nicht, wie die Heiden, den Geburtstag, sondern den Todestag des Menschen, weil sie in dem Tode nicht nur das Ende dieses Lebens, sondern zugleich den Anfang des neuen, himmlischen Lebens erblickten. Das ist der Unterschied von den Heiden, deren ganzes Wesen in das Wesen der natürlichen

---

*) S. Feuerbach's „Ergänzungen und Erläuterungen zum Wesen der Religion", in sämmtl. Werke, I, S. 363.

und bürgerlichen Welt versunken war. Die Christen verwandelten daher nur die mit diesem ihrem Unterschied, diesem ihrem Wesen zusammenhängenden Wünsche, Gedanken und Vorstellungen in Wesen. Die Heiden machten den Menschen mit Haut und Haaren zum Gotte, die Christen machten nur das geistige und gemüthliche Wesen des Menschen zum Gotte. Die Christen ließen alle sinnlichen Eigenschaften, Leidenschaften und Bedürfnisse von ihrem Gott weg, aber nur weil sie dieselben von ihrem eigenen Wesen wegdachten, weil sie glaubten, daß auch ihr Wesen, ihr Geist sich, wie sie sich ausdrückten, von dieser körperlichen Schale und Hülle abschäle, daß sie einst Wesen werden, welche nicht mehr essen, nicht mehr trinken, welche reine Geister sind. Das, was der Mensch noch nicht wirklich ist, aber einst zu werden hofft und glaubt, einst werden will, was daher nur ein Gegenstand des Wunsches, der Sehnsucht, des Strebens und eben deswegen kein Gegenstand der sinnlichen Anschauung, sondern nur der Phantasie, der Einbildung ist, das nennt man ein Ideal, auf deutsch: ein Ur-, Vor- und Musterbild. Der Gott eines Volkes ist nichts Anderes als sein Ideal. Die nothwendige Folge eines geistigen, d. h. abstracten, abgezogenen Wesens oder Gottes, welches der Mensch zum Gesetz seines Lebens macht, war die Maceration, die Mortification, die Selbstentfleischung, die Selbstentleibung. Das materielle Elend der Christenwelt hatte daher zuletzt seinen Grund nur in ihrem geistigen Gott oder Ideal. Ein geistiger Gott kümmert sich nur um das Seelenheil, aber nicht um das körperliche Wohl des Menschen. Ja, das Körperwohl steht sogar im größten Widerspruch mit dem Seelenheil, wie die frömmsten und ausgezeichnetsten Christen gesagt haben." *)

---

*) S. Ludwig Feuerbach's „Vorlesungen über das Wesen der Religion", 28. Vorlesung, S. 330 fg., im 8. Bande der sämmtl. Werke.

II. Besondere Arten von Einflüssen.

Es geht aus diesen Auseinandersetzungen über Wesen und Ursprung der Religion hervor, daß der Einfluß der Religion auf die Sittlichkeit, ähnlich dem der Sitten und Gesetze, ein rückwirkender ist. Diejenigen Eigenschaften nämlich, die der Mensch zuerst von seiner jedesmaligen sittlichen Entwicklungsstufe aus in die Götter hineingelegt hat, wirken auf ihn zurück und bestärken ihn in seinen Lastern, wie in seinen Tugenden. Hat er z. B. den Göttern aus seinem eigenen eifersüchtigen und intoleranten Gemüthe heraus Eifersucht und Intoleranz angedichtet, so bestärken die Götter ihn in diesen Eigenschaften und treiben ihn zu blutigen Verfolgungen Andersgläubiger. Hat er dagegen aus seinem eigenen toleranten Gemüthe heraus in die Götter Toleranz gelegt, so bestärken sie ihn in dieser Eigenschaft, machen ihn duldsam gegen Andersgläubige. Je nachdem er also die Forderungen seines Egoismus oder seines Wohlwollens in göttliche Gebote verwandelt hat, wirkt die Religion entsittlichend oder versittlichend auf ihn zurück.

Dieser rückwirkende Einfluß ist hier aber ein um so mächtigerer, als es Götter, die mächtigsten und gefürchtetsten Wesen sind, in deren Gebote er die Forderungen seines Wesens verwandelt hat. Von blos menschlichen Geboten läßt sich an eine höhere Instanz appelliren; aber von göttlichen Geboten nicht. Diese bilden die höchste Instanz, sind über jeden Zweifel, jede Kritik erhaben. Möchten daher immerhin Vernunft und natürliches Gefühl noch so sehr gegen ein Gebot sprechen; — sobald dieses für ein göttliches angesehen wird, müssen Vernunft und Gefühl schweigen. Den Vorschriften der Götter gegenüber giebt es für Menschen nur blinde, stumme Unterwerfung. Dies ist die bedenkliche Seite des Einflusses der Religionen.

„Die Religionen, sagt Schopenhauer mit Recht, wenden sich ja eingeständlich nicht an die Ueberzeugung mit Gründen, sondern an den Glauben, mit Offenbarungen. Zu diesem letztern ist nun aber die Fähigkeit am stärksten in der Kindheit: daher ist man vor Allem darauf bedacht, sich dieses

zarten Alters zu bemächtigen. Hieburch, vielmehr noch als
durch Drohungen und Berichte von Wundern, schlagen die
Glaubenslehren Wurzel. Wenn nämlich dem Menschen,
in früher Kindheit, gewisse Grundansichten und Lehren mit
ungewohnter Feierlichkeit und mit der Miene des höchsten,
bis dahin von ihm nie gesehenen Ernstes wiederholt vorgetragen werden, dabei die Möglichkeit eines Zweifels daran
ganz übergangen, oder aber nur berührt wird, um darauf
als den ersten Schritt zum ewigen Verderben hinzudeuten;
da wird der Eindruck so tief ausfallen, daß in der Regel,
d. h. in fast allen Fällen, der Mensch fast so unfähig sein
wird, an jenen Lehren, wie an seiner eigenen Existenz, zu
zweifeln; weshalb dann unter vielen Tausenden kaum Einer
die Festigkeit des Geistes besitzen wird, sich ernstlich und
aufrichtig zu fragen: ist Das wahr? passender, als man
glaubte, hat man daher Die, welche es dennoch vermögen,
starke Geister, esprits forts, benannt. Für die Uebrigen
aber giebt es nichts so Absurdes, oder Empörendes, daß
nicht, wenn auf jenem Wege eingeimpft, der festeste Glaube
daran in ihnen Wurzel schlüge. Wäre es z. B., daß die
Tödtung eines Ketzers oder Ungläubigen ein wesentliches
Stück zum dereinstigen Seelenheil sei; so würde fast Jeder
Dies zur Hauptangelegenheit seines Lebens machen und
im Sterben aus der Erinnerung des Gelingens Trost und
Stärkung schöpfen; wie ja wirklich ehemals fast jeder Spa-
nier ein auto da fé für das frömmste und gottgefälligste
Werk hielt; wozu wir ein Gegenstück in Indien haben, an
der erst vor Kurzem durch zahlreiche Hinrichtungen, von
den Engländern, unterdrückten Genossenschaft der Thugs,
deren Mitglieder ihre Religiosität und Verehrung der Göttin
Kali dadurch bethätigten, daß sie, bei jeder Gelegenheit,
ihre eigenen Freunde und Reisegefährten meuchlerisch ermor-
deten, um sich ihres Eigenthums zu bemächtigen, und ganz
ernstlich in dem Wahne standen, etwas sehr Löbliches und
ihrem ewigen Heile Förderliches damit zu leisten. So stark
demnach ist die Gewalt früh eingeprägter religiöser Dogmen,

daß sie das Gewissen und zuletzt alles Mitleid und alle Menschlichkeit zu ersticken vermag." *)

Die Religionen können freilich, wenn es Menschenliebe, Gerechtigkeit, Barmherzigkeit, Sanftmuth, Friedfertigkeit, Versöhnlichkeit ist, was sie für göttlich geboten und für Gott wohlgefällig erklären, eben so versittlichend wirken, wie im entgegengesetzten Falle entsittlichend.

Aber das Bedenkliche, das es überhaupt hat, die Pflichten, statt sie aus der sittlichen Natur des Menschen abzuleiten, auf göttliches Gebot zu gründen, und Gehorsam gegen Gott zum Motive der Pflichterfüllung zu machen, bleibt in jedem Falle stehen. Schon Garve hat die Gefahren der Gründung der Sittlichkeit auf den Gehorsam gegen Gott treffend nachgewiesen.

Garve erkennt in seiner Kritik der verschiedenen Principe der Sittenlehre zwar den Vorzug der christlichen vor den antiken Religionen darin an, daß sie an die Stelle der blos äußern mechanischen Beobachtung von Gebräuchen moralische, die sittlichen Gefühle und Gesinnungen weckende Vorschriften gesetzt, und er giebt zu, daß unter dem Einfluß der christlichen Religion die sittlichen Zustände der Europäischen Völker im Ganzen besser geworden sind, als sie bei den Völkern des Alterthums waren. Wo bei diesen die Philosophie nicht hinbringen konnte, da war auch das Volk von allem Unterrichte in seinen Pflichten entblößt. Unter den Christen hingegen bekomme auch der gemeinste Mann, der sonst gar keine Gelegenheit etwas zu lernen hat, doch in der Kirche einige bessere und deutlichere Begriffe von der Sittlichkeit als die seinigen sind. Aber andererseits verkennt Garve auch nicht das Mißliche und Bedenkliche des eigenthümlichen Princips, welches die christliche Religion in die Moral eingeführt hat, des Princips

---

*) S. Parerga und Paralipomena, II, §. 174 (2. Aufl. §. 175).

der Pflichterfüllung aus Gehorsam und Liebe gegen Gott. Alle Tugenden, sagten diesem Principe gemäß die Kirchenlehrer, welche entweder aus den Antrieben einer wohlgeordneten Selbstliebe, oder aus den Empfindungen des Wohlwollens und der Zuneigung gegen andere Menschen, oder selbst aus der Betrachtung der Schönheit und der innern Vortrefflichkeit der Tugend geübt werden, sind in den Augen Gottes und also in der wahren Moral nichts als glänzende Laster. Sollen die Tugenden Gott gefallen und also einen wirklich sittlichen Werth haben, so müsse der einzige Beweggrund dazu sein: die Gebote Gottes des Herrn zu befolgen und ihm, als unserm größten Wohlthäter, unsere Dankbarkeit zu beweisen.

Dieses Princip ist nach Garve zwar, weil es so einfach und deutlich ist, mehr als die philosophischen Systeme, dazu gemacht, auf die Menschen im Großen und besonders auf die zahlreichern und niedrigern Volksclassen zu wirken. Es stellt ihnen keine andern sittlichen Verhältnisse dar, als die, in welchen sie sich nach ihrer politischen Lage wirklich befinden, und deren Einfluß auf ihre Handlungen sie vollkommen einsehen. Sie sind Unterthanen und erkennen sich zum Gehorsam gegen einen Oberherrn verbunden. Es ist ihnen also einleuchtend, daß der höchste Oberherr, Gott, welcher zugleich ein über die Menschen unendlich erhabenes Wesen ist, einen noch weit strengern Gehorsam von ihnen zu fordern berechtigt sei. Die Gebote eines menschlichen Regenten können auch das Unrechte befehlen: die Gesetze Gottes drücken den Stempel des Rechts und der Tugend auf alle Handlungen, welche sie vorschreiben. Jene Volksclassen fühlen sich überdies von der Wohlthätigkeit Vieler in ihrem Glücke abhängig, wissen, daß, um neue Wohlthaten zu erhalten, es kein so sicheres Mittel giebt, als sich für empfangene sehr dankbar zu bezeigen, und daß bei Höhern die beste Art der Dankbarkeit der Gehorsam gegen ihren geäußerten Willen ist. Diese ihnen so geläufigen Empfindungen nun richtete das Christenthum auf Gott, den es ihnen in der That zuerst als ihren höchsten und immerwährenden Wohlthäter darstellte, weil es ihn zum Weltschöpfer und Weltregierer erhob, welches keiner von den Göttern Roms und Griechenlands gewesen war.

Aber so populär auch dieses christliche Princip des Gehorsams und der Dankbarkeit gegen Gott ist, so ungenügend, ja verderblich ist es doch andererseits, wie Garve zeigt, wenn es zum ersten und alleinigen Princip erhoben wird. Der Gehorsam, zur Urpflicht gemacht, wirkt demoralisirend. So lange zwar, als im Christenthum mit der Verpflichtung zum Gehorsam gegen Gott zugleich das Bewußtsein gegenwärtig war, daß Gott ein weises und heiliges Wesen sei, so lange es nur Sprüche der Weisheit und Lehren der Tugend waren, die man aus der heiligen Schrift als göttliche Offenbarung schöpfte, konnte der Mangel eigner Untersuchung und Prüfung nicht auf praktische Irrthümer führen. Als aber über die Auslegung jener Schriften Streitigkeiten entstanden und die Geistlichkeit, anfangs in Kirchenversammlungen vereinigt und dann von einem einzigen Oberhaupte, dem Papste, repräsentirt, sich anmaßte, dieselben allein rechtskräftig entscheiden zu dürfen, und der einzige von Gott verordnete Ausleger des göttlichen Willens zu sein: da ward die Unbedingtheit des Gehorsams gefährlicher. Die Geistlichen und die Päpste waren doch, so wenig sie es auch immer einräumen wollten, irrende und leidenschaftliche Menschen; und es ward nun also in der christlichen Kirche der Weg zu einer Moral eröffnet, welche aus Menschensatzungen bestand, so wie auf der andern Seite das Selbstdenken der gemeinen Christen, und die eigene Prüfung dessen, was gut und wahr ist, immer mehr eingeschränkt wurde, da sie nicht mehr über den Sinn der Lehren und Gebote der Bibel urtheilen durften. Als aber vollends die Kirchenversammlungen und die Päpste sich zu wirklichen Stellvertretern Gottes erhoben, und die Canones der erstern und die Decrete der letztern für unmittelbare Gebote Gottes galten, und als die Lesung der heiligen Schriften bei den Christen Anfangs vernachlässigt, zuletzt gar verboten wurde: da bekam die Pflicht des unbedingten Gehorsams eine ganz andere und schädliche Richtung. Es blieb nicht mehr die Pflicht, Gott, — sondern es ward die Pflicht, gewissen Menschen zu gehorchen. „Wie sehr eine solche Unterwürfigkeit unter menschliche Oberherrn in moralischen Sachen die Völker erniedrigen und verunedeln, die Fähigkeit des Verstandes unter ihnen schwächen und die Sittlichkeit verderben kann, das hat die Geschichte des Mittelalters bis zur Reformation hinlänglich gelehrt. Und wie leicht Menschen ein göttliches Ansehen, welches ihnen die Meinung der Welt zugesteht, zu mißbrauchen verleitet werden: das ist aus der Geschichte der Päpste bekannt."

Eine zweite üble Folge, welche die Erhebung des Gehorsams zur Urpflicht nach sich zog, war nach Garve diese. Es wurden nunmehr alle Pflichten gleich, welche einen gleichen Gehorsam ausdrücken: — die Beobachtung eines neu eingeführten Kirchengebrauchs, und die Erfüllung der ewigen Gesetze der Gerechtigkeit und Menschenliebe. Da in jenem auf Gehorsam gebauten Sittensysteme gar keine Beziehung der Tugend weder auf öffentliches, noch auf häusliches Wohl, weder auf den durch tugendhafte Handlungen zu stiftenden Nutzen für Andere, noch auf die Vervollkommnung des Menschen selbst und auf die Uebung seiner geistigen Kräfte vorhanden ist: so wurde auch der Werth dieser beiden Arten von Pflichten, — der Pflicht der Wohlthätigkeit, der Bürgertreue, des Fleißes, und der Pflicht, sich Kenntnisse zu erwerben und seinen Verstand im Denken zu üben, — von den Christen des Mittelalters verkannt. Dies Alles hielten sie für weltliche Dinge, welche ihnen das Wohlgefallen Gottes nicht erwerben könnten. Aber die genaue Abwartung des Gottesdienstes und der von der Kirche zu gewissen Zeiten vorgeschriebenen Cultushandlungen, die strenge Beobachtung des Fastens zu bestimmten Tagen und Jahreszeiten, die Hersagung ebenfalls vorgeschriebener Gebete, schienen die eigentlich geistlichen

Pflichten und also die höhern zu sein: — und dies nicht ohne Grund; denn bei solchen nicht aus der Natur folgenden Pflichten läßt sich ja der Gehorsam besser beweisen, als bei denen, zu deren Erfüllung innerliche, natürliche Verbindlichkeit und die Schönheit, so wie der Nutzen der Sache selbst antreibt. Daher auch die Mönchsorden, welche auf die höchste christliche Vollkommenheit losarbeiteten, noch blindern Gehorsam gegen die geistlichen Obern, noch strengeres Fasten und immerwährendes Beten und Singen zu ihren Regeln machten; zwar Anfangs auch nützliche Arbeiten, als Ackerbau, Abschreiben von Büchern und das Studiren überhaupt unter ihre Pflichten aufnahmen, aber bald sie, als unheiligere Beschäftigungen, bei Seite setzten und sie endlich ganz aus ihrer Regel ausschlossen. *)

Schärfer noch, als hier Garve, sagt Condorcet zur Charakterisirung der verderblichen Folgen des kirchlichen Gehorsamprincips: „La morale, enseignée par les prêtres seuls, renfermait ces principes universels qu'aucune secte n'a méconnus; mais elle créoit une foule de devoirs purement religieux, de péchés imaginaires. Ces devoirs étoient plus fortement recommandés que ceux de la nature; et des actions indifférentes, légitimes, souvent même vertueuses, étoient plus sévèrement reprochées et punies, que des crimes réels. Cependant un moment de repentir consacré par l'absolution d'un prêtre, ouvroit le ciel aux scélérats; des dons à l'église et quelques pratiques qui flattoient son orgueil, suffisoit pour expier une vie chargée des crimes. On alla même jusqu'à former un tarif de ces absolutions. On comprenoit avec soin parmi ces péchés, depuis les foiblesses les plus innocentes de l'amour, depuis les simples désirs, jusqu'aux raffinemens et aux excès de la débauche la plus crapuleuse.

---

*) S. Garve's Abhandlung über die verschiedenen Principe der Sittenlehre von Aristoteles bis auf unsere Zeiten, im 1. Bande der Uebersetzung der Ethik des Aristoteles, S. 120 fg.

On savoit que presque personne ne pouvoit échapper à cette censure; et c'étoit une des branches les plus productives du commerce sacerdotal. On imagina jusqu'à un enfer d'une durée limitée, que les prêtres avoient le pouvoir d'abréger, dont ils pouvoient même dispenser; et ils faisoient acheter cette grâce, d'abord aux vivans, ensuite aux parens, aux amis des morts. Ils vendoient des arpens dans le ciel pour un nombre égal d'arpens terrestres; et ils avoient la modestie de ne pas exiger de retour. Les mœurs de ces temps malheureux furent dignes d'un système si profondément corrupteur." *)

Solche Corruption ist die natürliche Folge der Gründung der Pflichten auf übernatürliche göttliche Offenbarung und der Erhebung des Gehorsams gegen Gott zur ersten und unbedingten Pflicht.

Zugegeben auch, daß für die Völker in ihrer Kindheit der Offenbarungsglaube das Gute hat, sie aus ihrer sittlichen Rohheit herauszuführen, so ist es doch immer eine Stufe sittlicher Rohheit, auf der nur der Glaube an das göttliche Gebot und an die für die Erfüllung desselben verheißene Belohnung, für die Uebertretung angedrohte Strafe zum Rechten und Guten anzutreiben vermag. Jenen Glauben daher perpetuiren heißt die sittliche Rohheit perpetuiren. Mit Recht sagt Feuerbach: „Wo ein Gott dem Menschen sagen muß, daß er Etwas thue, wie er den Israeliten befahl, daß sie ihrer natürlichen Nothdurft sich an einem besondern Orte, an einem Abtritte entledigen sollten, da befindet sich der Mensch auf dem Standpunkt der Religion, aber zugleich auch der tiefsten Rohheit; wo aber der Mensch Etwas aus sich selbst

---

*) Condorcet, Esquisse d'un tableau historique des progrès de l'esprit humain (Paris, chez Agasse. L'an III.ᵉ de la République, une et indivisible, p. 156).

thut, weil es ihm seine eigene Natur, seine eigene Vernunft und Neigung sagt, da hebt sich die Nothwendigkeit der Religion auf, da tritt an ihre Stelle die Bildung. Und so wie uns jetzt lächerlich und unbegreiflich ist, wie ein Gebot des natürlichen Anstandes einst ein religiöses war, so wird es einst den Menschen, wenn sie aus dem Zustande unserer Scheincultur, aus dem Zeitalter der religiösen Barbarei heraus sein werden, unbegreiflich vorkommen, daß sie die Gebote der Moral und Menschenliebe, um sie auszuüben, als Gebote eines Gottes denken mußten, der sie für das Halten derselben belohnt, für das Nichthalten derselben bestraft." Die Cultur des rohen Menschen ist nach Feuerbach zwar die Religion, aber diese Cultur ist selbst noch Rohheit, Barbarei. Denn der religiöse Mensch wird vom Fressen und Saufen abgehalten, nicht weil er eine Abneigung dagegen hat, nicht weil er etwas dem Menschenwesen Widersprechendes, Häßliches, Thierisches darin findet, sondern aus Furcht vor den Strafen, die ein himmlischer Richter, sei's nun in diesem oder jenem Leben, darauf gesetzt hat, oder aus Liebe zu seinem Herrn, kurz aus religiösen Gründen. „Die Religion ist der Grund, daß er kein Thier, die Scheidewand zwischen der Humanität und Bestialität; d. h. in sich selbst hat er die Bestialität, außer und über sich die Humanität. Der Grund seiner Menschlichkeit, seines nicht Saufens, nicht Fressens ist ja nur Gott. Wenn kein Gott ist, so ist er eine Bestie. Wo aber der Mensch den Grund seiner Humanität außer sich hat, in einem, wenigstens seiner Vorstellung nach nicht menschlichen Wesen, wo er also aus nicht menschlichen, aus religiösen Gründen menschlich ist, da ist er eben auch noch kein wahrhaft menschliches, humanes Wesen. Die Religion hebt nur die Erscheinungen des Uebels, aber nicht die Ursachen desselben auf; sie verhindert nur die Ausbrüche der Rohheit und Bestialität, aber sie hebt nicht ihre Gründe auf, sie curirt nicht radical. Nur wo die Handlungen der

Menschlichkeit aus in der Natur des Menschen liegenden Gründen abgeleitet werden, ist eine Harmonie zwischen Princip und Consequenz, Grund und Folge, ist Vollkommenheit." *)

---

4. Wissenschaft.

Die wissenschaftliche Thätigkeit hat, wie die ästhetische, mit der sittlichen die Objectivität gemein (s. Verwandtschaft der sittlichen mit der ästhetischen und wissenschaftlichen Beurtheilung). Was daher von der ästhetischen Beschauung gesagt worden ist, daß sie, das Individuum von seiner egoistischen Auffassung der Dinge befreiend und es objectiv stimmend, den Boden auch für jene Objectivität bereitet, welche Grundbedingung der sittlichen Beurtheilung und Behandlung der Dinge ist (s. ästhetische Beschauung und Kunst) — dasselbe gilt auch von der Wissenschaft. Auch die Wissenschaft erhebt den Menschen über sein persönliches, egoistisches Wünschen und Bedürfen, auch sie lehrt ihn die Dinge nicht blos nach ihrer Relation zu seinem Nutzen oder Vergnügen, sondern nach ihrem objectiven Wesen und immanenten Zweck auffassen.

Folglich kann den Wissenschaften, noch ganz abgesehen von ihrem Inhalt, schon um ihrer Form, um ihrer Objectivität willen, nur ein günstiger Einfluß auf die Sittlichkeit nachgerühmt werden.

Aber nicht blos von Seiten ihrer Form, sondern auch von Seiten ihres Inhalts wirken die Wissenschaften günstig auf die Sittlichkeit, obwohl nicht alle gleich unmittelbar.

---

*) S. Ludwig Feuerbach's „Vorlesungen über das Wesen der Religion" (8. Bd. der sämmtl. Werke), S. 275 fg.

II. Besondere Arten von Einflüssen.

Man theilt bekanntlich die Wissenschaften ein in theoretische und praktische. Diese Eintheilung wäre falsch, wenn das Prädicat praktisch besagen sollte, daß die praktischen Wissenschaften etwas wesentlich anderes, als ein Wissen seien, daß in ihnen die Function keine theoretische sei. Denn dann könnten sie keine Art des Gattungsbegriffs Wissenschaft bilden. Nimmt man aber das Wort praktisch in dem Sinne, daß die praktischen Wissenschaften nur einen auf das Handeln bezüglichen Gegenstand haben, daß sie sich also nur dem Gegenstande, nicht der Function nach, von den theoretischen Wissenschaften unterscheiden, dann ist die Eintheilung richtig und kann beibehalten werden.

Die praktischen Wissenschaften haben es nämlich mit der Theorie zu verwirklichender Zwecke und der Mittel zu deren Verwirklichung zu thun. Sie sind, was Mill Kunstlehren nennt (vergl. Unterschied der Ethik als Wissenschaft von der Ethik als Kunstlehre). Die theoretischen Wissenschaften hingegen haben es mit der Erkenntniß des Wesens, des Ursprungs, der Elemente und Bedingungen der Erscheinungen zu thun. Die Medicin z. B. ist eine praktische Wissenschaft, eben so die Pädagogik. Jene giebt Anweisung zur Herstellung der Gesundheit und Verhütung der Krankheit, diese giebt Anweisung zur Erziehung. Dagegen sind Physiologie und Anatomie, deren die Medicin bedarf, und Anthropologie und Psychologie, deren die Pädagogik bedarf, theoretische Wissenschaften, denn ihr Gegenstand sind nicht Zwecke und die Mittel zu deren Realisirung, sondern Wesen, Ursprung, Elemente und Bedingungen der in ihren Bereich fallenden Erscheinungen.

Jede praktische Wissenschaft setzt eine oder mehrere zu ihr in Beziehung stehende theoretische Wissenschaften voraus; z. B., wie schon gesagt, die Medicin die Anatomie und Physiologie, die Pädagogik die Anthropologie und Psychologie. Aber da die zunächst zu ihr in Beziehung stehenden Wissenschaften ihrerseits wieder in Zusammenhang stehen mit entfernteren, z. B. die Physiologie mit der Chemie und Physik, die Anthropologie und Psychologie mit der Physiologie und Anatomie und durch diese mit den andern Naturwissenschaften; so hängt jede praktische Wissenschaft auch mit den entferntern theoretischen Wissenschaften, die in keiner unmittelbaren Beziehung zu ihr stehen, zusammen und steht unter dem Einfluß ihrer Entwicklung, wenngleich nur mittelbar.

Die wirkliche Praxis schreitet in dem Maaße fort, als die praktischen Wissenschaften fortschreiten, und diese wieder schreiten in dem Maaße fort, als die theoretischen Wissenschaften fortschreiten. Die Realisirung eines Guten, die eine bestimmte Praxis sich vorsetzt, hängt also zuletzt von der Erkenntniß der Wahrheit ab.

Falsche Theorien vom Wesen, Ursprung, den Elementen und Bedingungen einer Sache erzeugen auch falsche Kunstlehren, und diese wieder influiren auf die Praxis und verhindern sie, ihren Zweck zu erreichen. Falsche Theorien z. B. vom Wesen und den Functionen des Organismus erzeugen falsche medicinische Kunstlehren, und diese wiederum eine falsche Heilpraxis; falsche Theorien vom Wesen und den Functionen der Seele erzeugen eine falsche Pädagogik, und diese wiederum eine falsche Erziehungspraxis. Um nur für letzteres ein Beispiel anzuführen, so ist klar, daß die psychologische Ansicht von der Seele als einer tabula rasa, von der ursprünglich gleichen Begabung aller Individuen, in der Pädagogik zum Ignoriren der angeborenen Geistes- und Charakterunterschiede und folgeweise in der Erziehung zu dem Wahne führen muß, durch bloße Einwirkung von Außen aus jedem beliebigen Individuum jedes Beliebige, also aus dem Schaafskopf ein Genie und aus dem Schurken einen Tugendhelden machen zu können.

Da nun die sittliche Praxis überall in der Hervorbringung der objectiven Güte, oder des wahren Wohls der

II. Besondere Arten von Einflüssen.

Wesen besteht (s. der sittliche Zweck und Endzweck), die objective Güte aber oder das wahre Wohl bei falscher Ansicht von der Natur und Bestimmung der Wesen nicht erkannt werden kann; so ist klar, daß die Wissenschaft, indem sie die Begriffe von der Natur und Bestimmung der Wesen berichtigt, eben dadurch auch von wichtigem Einfluß auf die sittliche Praxis wird. Die sittliche Pflicht fordert z. B. gegen die Thiere gerecht zu sein. Diese Pflicht kann jedoch nicht erfüllt werden, wenn man von den Thieren eine falsche Ansicht hat, wenn man entweder, ihre zoologische Verwandtschaft mit dem Menschen übersehend, sie zu tief unter ihn stellt, oder, in religiösem Wahne befangen, wie z. B. im Glauben, daß sie Incarnationen von Göttern seien, sie zu hoch stellt. Um den Thieren gerecht zu werden, sie weder zu quälen, noch anzubeten, muß man eine richtige Ansicht von ihrem Wesen und ihrer Bestimmung haben. Es ist daher klar, daß die Zoologie, so fern sie auch der Moral zu liegen scheint, doch von Einfluß auf dieselbe ist, wenigstens auf einen Theil derselben, und dadurch mittelbar auch von Einfluß auf die moralische Praxis.

Wie aber in diesem Falle, so verhält es sich in allen andern Fällen. Wie die Erkenntniß und Erfüllung der Pflichten gegen die Thiere den richtigen Thierbegriff voraussetzt, so setzt auch die Erkenntniß und Erfüllung der Pflichten gegen den Menschen und gegen die verschiedenen Racen, Geschlechter, Lebensalter, Stände u. s. w. einen richtigen Begriff derselben voraus. Sclaverei, Vielweiberei, Kastenunterschiede u. s. w. sind Folge falscher Begriffe von den verschiedenen Racen, Geschlechtern, Ständen, und müssen richtigern Begriffen weichen.

Und nicht blos durch Berichtigung der Begriffe von der Natur und Bestimmung der Wesen, sondern auch durch Nachweisung der Bedingungen, von denen die sittlichen Erscheinungen so gut, wie die physischen, abhängen, wirkt die Wissenschaft fördernd auf die sittliche Praxis. Die vulgäre Ansicht von der Freiheit des Willens verleitet z. B. zu dem Wahne, daß es dem Willen möglich sei, in jedem Augenblicke Entgegengesetztes zu wollen, daß also ein von Affecten und Leidenschaften Beherrschter, statt durch dieselben zu Pflichtwidrigkeiten und Verbrechen sich fortreißen zu lassen, eben so gut auch der Macht der ihn beherrschenden Affecte und Leidenschaften sich entziehen und das Entgegengesetzte von Dem wollen kann, wozu sie ihn fortreißen. Diesen Wahn widerlegt die Wissenschaft durch eine richtige Theorie von der Freiheit des Willens, durch Nachweisung der unfrei machenden Mächte und durch Nachweisung der Bedingungen, von denen jeder, also auch der sittliche Vorsatz abhängt (vergl. Freiheit des Willens, und: Bedingungen des sittlichen Vorsatzes). Sie wirkt also in dieser Beziehung förderlich auf die sittliche Praxis.

Aber vielleicht ließe sich der Wissenschaft von ihrer subjectiven Seite ein ähnlicher Vorwurf machen, wie der ästhetischen Beschauung? Von dieser zeigte ich nämlich, daß sie leicht zum Quietismus führe, leicht die Thatkraft lähme. Schwächt nun nicht auch überwiegend wissenschaftliches Interesse, überwiegend theoretische Richtung, die Thatkraft? Sind nicht gläubige, unwissenschaftliche, unkritische Zeiten und Völker weit energischer, begeisterter, thatkräftiger, als wissenschaftliche, untersuchende und zergliedernde? Und läßt sich Dies nicht daraus erklären, daß Gemüth und Phantasie mit ihren anschaulichen Bildern den Willen weit mächtiger ergreifen, als abstracte Begriffe und Reflexionen? Könnte man also nicht mit Recht behaupten, daß in dem Grade, als das Licht des Kopfes zunimmt, die Wärme des Herzens abnimmt, daß folglich der Gewinn, den die Wissenschaft auf der einen Seite, durch Aufhellung des Kopfes bringt, auf der andern Seite wieder durch einen Verlust, durch Schwächung der Willensenergie, compensirt wird?

Es läßt sich allerdings nicht läugnen, daß in vorherrschend mit wissenschaftlichem Untersuchen, Prüfen und

Zergliedern beschäftigten Zeiten der Wille zurücktritt, die Thatkraft pausirt, und daß darum solche Zeiten den Eindruck der Kühle und Begeisterungslosigkeit machen. Aber daraus folgt nicht, daß Wissenschaftlichkeit überhaupt mit Energie des Willens, mit Begeisterung und Thatkraft unverträglich sei. Die großen Wahrheiten, welche die Wissenschaft entdeckt, werden auch eben so viele neue Antriebe zum Handeln, zur Umbildung, Umgestaltung der Dinge nach den gewonnenen richtigeren Begriffen. Die wissenschaftlichen Zeiten verhalten sich zu den gläubigen, wie der Mann zum Jüngling. Der Mann ist zwar nicht mehr der unreifen Begeisterung des Jünglings fähig, aber darum doch nicht aller Begeisterung unfähig, sondern nur für andere Ideale, als der Jüngling, sich begeisternd. So sind z. B. unsere wissenschaftlichen Zeiten nicht mehr der Kreuzzüge mit ihrer Begeisterung für das heilige Grab fähig, wohl aber der Begeisterung für jene Riesenarbeiten, durch welche theils die Natur bewältigt und den Zwecken der Menschen dienstbar gemacht wird, theils die socialen und politischen Verhältnisse umgestaltet und dem wahren Wohle der Menschheit entsprechender gemacht werden.

Die Besorgniß, als könnte die Wissenschaft die Menschheit um allen Schwung, alle Begeisterung bringen, ist also unbegründet.

Berichtigungen.

Seite 28, Zeile 8 v. u., statt: dieselben, lies: dieselbe
» 43, » 12 v. o., st.: überstimmung, l.: übereinstimmung
» 67, » 2 v. u., st.: Vernunfherrschaft, l.: Vernunftherrschaft
» 105, » 15 v. o., st.: physischen und ethischen Tugenden, l.: natürlichen und sittlichen Tugend
» 116, » 19 v. o., muß nach dem Worte „handeln" das Komma wegfallen.
» 236, » 13 v. o., st.: werdn, l.: werden
» 263, » 14 v. u., muß das Wort „an," wegfallen.
» 309, » 14 v. o., st.: dem, l.: den
» 328, » 12 v. o., st.: Verbindung, l.: Vermeidung
» 363, » 11 v. u., st.: Wortheiligkeit, l.: Werkheiligkeit
» 383, » 8 v. u., st.: jener, l.: jenes
» 388, » 7 v. u., muß das Wort „diejenige," wegfallen.
» 446, » 13 v. u., muß das Komma nach „gebung," wegfallen.
» 463, » 10 v. u., st.: nu=, l.: un=

www.ingramcontent.com/pod-product-compliance
Lightning Source LLC
Chambersburg PA
CBHW051157300426
44116CB00006B/342